Tobias Keitel

Factoring als Instrument des Risikomanagements im Projektgeschäft

GABLER EDITION WISSENSCHAFT

Tobias Keitel

Factoring als Instrument des Risikomanagements im Projektgeschäft

Mit einem Geleitwort von Prof. Dr. Ulrich Krystek

GABLER EDITION WISSENSCHAFT

Bibliografische Information der Deutschen Nationalbibliothek
Die Deutsche Nationalbibliothek verzeichnet diese Publikation in der Deutschen Nationalbibliografie; detaillierte bibliografische Daten sind im Internet über <http://dnb.d-nb.de> abrufbar.

Dissertation Technische Universität Berlin, 2008

D 83

1. Auflage 2008

Lektorat: Frauke Schindler / Viktoria Steiner

Gabler ist Teil der Fachverlagsgruppe Springer Science+Business Media.
www.gabler.de

Umschlaggestaltung: Regine Zimmer, Dipl.-Designerin, Frankfurt/Main
Gedruckt auf säurefreiem und chlorfrei gebleichtem Papier
Printed in Germany

ISBN 978-3-8349-0961-9

Geleitwort

Es ist nicht erst die aktuelle „Subprime-Krise" der Banken, die als eine ihrer zahlreichen und bedrohlichen Folgen das Liquiditätsmanagement von Unternehmen unterschiedlicher Branchen zu einem überlebenswichtigen, strategischen Erfolgsfaktor werden lässt. Gerade für die Bauindustrie, die traditionell eine Spitzenposition in den Insolvenzstatistiken einnimmt, war und ist ein konsequentes Forderungsmanagement als dessen integraler Bestandteil ein äußerst bedeutsamer, wenngleich offenbar nicht immer hinreichend gut gelöster Problembereich im Rahmen des unternehmensindividuellen Risikomanagements. Ähnliches gilt auch für Unternehmen übriger Branchen, deren Aufträge typischerweise in Form von Projekten abgewickelt werden, wie etwa den Maschinen- und Anlagenbau.

Die vorliegende Arbeit widmet sich vor diesem Hintergrund der generellen und bisher kaum thematisierten Problemstellung eines möglichen Einsatzes des Factoring als Instrument des Risikomanagements in Unternehmen des Projektgeschäfts.

Besonderes Interesse weckt diese Thematik dabei durch die offensichtliche Diskrepanz zwischen Angebot und Nachfrage: Obwohl im Projektgeschäft die typischen Merkmale für eine Nachfrage nach Factoring auf den ersten Blick erfüllt sind (erhöhte Insolvenzquote, besondere Herausforderungen im Liquiditäts- und Forderungsmanagement), zählen Unternehmen des Projektgeschäfts kaum zur Klientel der Factoringinstitute.

Aus dieser Erkenntnis leitet der Verfasser hoch interessante Fragestellungen ab, welche die vorgelegte Arbeit tragen: Durch welche besonderen Risiken wird das Projektgeschäft als Ganzes gekennzeichnet? Stellen diese Risiken spezifische Anforderungen an das Risikomanagement, insbesondere an das Liquiditäts- und Forderungsmanagement? Wenn ja, ist dann Factoring im Rahmen des Risikomanagements ein geeignetes Instrument, das diesen Anforderungen gerecht wird? Gibt es dazu ein passendes Angebot der Factoringinstitute? Und: Wenn der Markt ein passendes Angebot heute noch nicht bereit hält oder zumindest das Potential noch nicht vollständig ausgeschöpft ist, welche Voraussetzungen wären dafür zu schaffen?

Die sehr anschaulichen und dabei durchgängig sehr fundierten Darstellungen leiten den Leser in gut nachvollziehbarer Struktur über eine systematische Darstellung von Unternehmenskrisen im Sinne überlebenskritischer Risiken auf das Risikomanagement in Unternehmen des Projektgeschäfts mit dem Schwerpunkt Liquiditätsmanagement hin und münden in einer aktuellen empirischen Studie zum Anwendungsstand des Factoring im Projektgeschäft deutscher Firmen.

Der Leser findet in dieser Arbeit nicht nur differenzierte, innovative und gut belegte Antworten auf die aufgeworfenen Fragestellungen, er findet darüber hinaus zugleich auch Anregungen für eigene Handlungs- und Gestaltungskonzepte. Deshalb kann dieses sehr interessante Werk einem breiten Kreis von Interessierten bestens empfohlen werden und zugleich den Auftakt für noch weitere Forschungsarbeiten zu dieser Problematik bieten.

Prof. Dr. Ulrich Krystek

Vorwort

Die vorliegende Arbeit entstand als Dissertationsschrift am Lehrstuhl für Strategisches Controlling der Technischen Universität Berlin. Ermöglicht hat dies vor allem mein Doktorvater, Herr Prof. Dr. rer. pol. Ulrich Krystek. Ich habe allen Anlass, ihm für die Förderung meiner Arbeit zu danken. Seine spontane Bereitschaft, das Thema aufzunehmen, es kritisch zu hinterfragen, die Konkretisierung der Fragestellung und der wissenschaftlichen Ausarbeitung zu unterstützen, meine Arbeit konstruktiv zu begleiten und mir bei allen Fragen ein aufgeschlossener Ratgeber zu sein, weiß ich sehr zu schätzen. Herrn Professor Dr.-Ing. Bernd Kochendörfer, der meine berufliche Ausbildung über eine lange Zeit begleitet, geprägt und gefördert hat, bin ich zu besonderem Dank verpflichtet. Ich bin mir der hohen Bedeutung seines fachlichen und menschlichen Rats wohl bewusst.

Die ersten Gedanken, die Bedeutung des Factoring im Projektgeschäft wissenschaftlich zu untersuchen, sind während meiner Tätigkeit bei der Boston Consulting Group (BCG) entstanden. Für die fachliche Förderung und nicht zuletzt für die Freistellung während der letzten Phase der Arbeit möchte ich mich bei BCG herzlich bedanken.

Ohne die umfassende Auskunftsbereitschaft von Gesprächspartnern aus den in den Fallstudien untersuchten Unternehmen und Factoringinstituten sowie von Experten aus den Branchenverbänden hätte die vorliegende Untersuchung nicht entstehen können. Ihnen allen sei daher an dieser Stelle nochmals ausdrücklich für ihre Unterstützung und Offenheit gedankt.

Besonderer Dank gilt meinen Eltern, deren Förderung meiner Ausbildung weit über das Normalmaß hinausging. Ihre uneingeschränkte Unterstützung in vielerlei Hinsicht und zu jeder Zeit hat vieles erst ermöglicht und war für mich unendlich wertvoll: Sie waren und sind wertvolle Ratgeber und wichtiger Rückhalt. Meinem Vater danke ich besonders für zahlreiche, intensive fachliche Diskussionen und die profunde Durchsicht meines Manuskripts.

Es war wertvoll, dass ich als externer Doktorand Gast am Lehrstuhl für Strategisches Management sein durfte. Ich bin dankbar für den Erfahrungsaustausch sowie die konstruktiven Hinweise und Diskussionen. Die gemeinsame Dissertationszeit mit zwei meiner engsten Studienkollegen, Dr.-Ing. Axel Mayer und Dr. rer. oec. Ingmar Geiger, hat die Motivation gefördert und zum Gelingen dieser Arbeit beigetragen. Auch ihnen sei für ihre Unterstützung gedankt.

Meinem Bruder und Mitbewohner, aber auch engen Freunden danke ich für ihre Geduld beim Zuhören und Diskutieren sowie ihre kameradschaftliche Unterstützung, die mir das Durchhalten immer wieder erleichtert haben.

Tobias Keitel

I Inhaltsverzeichnis

II Abkürzungsverzeichnis

ABS	Asset Backed Securities
AGB	Allgemeine Geschäftsbedingungen
AKA	Ausfuhr Kreditanstalt
AktG	Aktiengesetz
BFM	Bundesverband Factoring für den Mittelstand
BGB	Bürgerliches Gesetzbuch
BGH	Bundesgerichtshof
BIP	Bruttoinlandsprodukt
CAGR	Cumulated Annual Growth Rate
CAPM	Capital Asset Pricing Model
CVA	Cash Value Added
DAX	Deutscher Aktienindex
DIHT	Deutscher Industrie- und Handelstag
DPO	Days Purchase Outstanding
DSO	Days Sales Outstanding
EBITDA	Earnings before Interests, Taxes, Depreciation and Amortisation
EDV/DV	(Elektronische) Datenverarbeitung
EVA	Economic Value Added
FIDIC	International Federation of Consulting Engineers
GMP	Guaranteed Maximum Price
GuV	Gewinn- und Verlustrechnung
HdB	Hauptverband der Deutschen Bauindustrie
HGB	Handelsgesetzbuch
HOAI	Honorarordnung für Architekten und Ingenieure
KfW	Kreditanstalt für Wiederaufbau
KonTraG	Gesetz zur Kontrolle und Transparenz im Unternehmen
NASDAQ	National Association of Securities Dealers Automated Quotations
NOPAT	Net Operating Profit After Tax
SPV	Special Purpose Vehicle
SWOT	Strengths/Weaknesses, Opportunities/Threats
TSR	Total Shareholder Return
VDMA	Verband Deutscher Maschinen- und Anlagenbau
VOB	Vertrags- und Vergabeordnung für Bauleistungen
WACC	Weighted Average Costs of Capital
ZDH	Zentralverband des Handwerks

III Abbildungsverzeichnis

1 Einleitung

Die Skyline von Frankfurt, die Brücke über den Großen Belt – wer könnte sich der Faszination einer in den Himmel ragenden Hochhaus-Kulisse oder dem kühnen Schwung einer kilometerlangen Hängebrücke entziehen? Stolz und Bewunderung sind gewiss – den Architekten der Wolkenkratzer in jedem Fall und vielleicht auch noch den Ingenieuren, die die filigranen Tragwerke entworfen und berechnet haben, kaum jedoch den Bauleuten, die mit ihrem profunden Fachwissen, ihrer internationalen Erfahrung und mit enormem Einsatz für die Errichtung der Bauwerke verantwortlich zeichnen.

In keiner Branche ist die Diskrepanz zwischen Leistung und öffentlicher Wahrnehmung so groß wie im deutschen **Baugewerbe**[1]. Überall im Land sind die Arbeiten für große und kleine Bauwerke hautnah mitzuerleben, denn Bauen geschieht vor Ort, im Alltag. Anders als in vielen anderen Branchen wird das Produkt nicht anonym in Werkshallen, dabei oft sogar im Ausland gefertigt und dann geliefert bzw. importiert. Jeder kennt aus eigenem Erleben das Bild pulsierender Baustellen, das Geräusch schwerer Bagger und die koordinierte Bewegung ganzer Gruppen hoher, schlanker Krane.

Und trotzdem würde niemand auf den Gedanken kommen, Bauwerke mit den Namen derer in Verbindung zu bringen, die sie tatsächlich erstellen; nur ein einziges Hochhaus in Deutschland[2] trägt eine Plakette, auf der nicht nur der Architekt, sondern – sogar an erster Stelle – das für die Errichtung verantwortliche Bauunternehmen verzeichnet ist. Kaum einer könnte auf Anhieb sagen, wer die längste Hängebrücke Europas errichtet hat, obwohl der Name des betreffenden deutschen Baukonzerns während der Bauzeit jahrelang durch die Presse ging.

---

[1] Der Begriff „Baugewerbe" wird nachfolgend in Übereinstimmung mit der Definition des Statistischen Bundesamtes als Oberbegriff für das Bauhaupt- und Ausbaugewerbe und in Abgrenzung zu anderen produzierenden Gewerben benutzt. Damit wird bewusst auf die Unterscheidung durch die Branchenverbände (Hauptverband der Deutschen Bauindustrie und Zentralverband Deutsches Baugewerbe) verzichtet, die zwischen Bauindustrie (große und mittelgroße Unternehmen des Bauhauptgewerbes) und Baugewerbe differenzieren. Vgl. zu einer ausführlicheren Diskussion der Begriffe **Keitel, H.-P.** (Bauindustrie, 2006), S. 54-62, zur Abgrenzung der Unternehmensgrößen Abschnitt 4.6.

[2] Commerzbank Tower in Frankfurt am Main.

Desinteresse kann nicht der Grund dafür sein – die in die Holzzäune geschnittenen Fenster großer Innenstadtbaustellen sind regelmäßig von Zuschauern umlagert, die sich von dem Geschehen begeistern lassen. Aber nicht die Faszination des Bauens prägt das Image der Branche, sondern die große Zahl der Nachrichten über deren schwierige wirtschaftliche Lage. Bauunternehmen führen Jahr für Jahr die Statistiken der Insolvenzen in Deutschland an. Es wird von Entlassungen, sogar von der Halbierung der Mitarbeiterzahlen berichtet[3]. Zu der negativen Wahrnehmung zählt auch, dass sich dem Anschein nach eine ganze Branche dem Diktat großer Bauherren unterwirft und deren mangelhafte Zahlungsmoral als gängige Praxis hinnimmt. Denn so werden Nachrichten wie die interpretiert, dass immer wieder Unternehmen des Baugewerbes wegen überfälliger Forderungen in Schwierigkeiten geraten und selbst ein großer Baukonzern[4] angeblich wegen ausstehender Zahlungen eines staatlichen Kunden in die Insolvenz gegangen sei.

Diese subjektive Wahrnehmung gibt Anlass zu fragen, ob es eine von anderen Branchen abweichende Problematik bei Forderungen gibt, sowohl bezüglich ihrer Entstehung wie ihrer Behandlung. Dabei ist sorgfältig zu prüfen, welche Spezifika des Baugewerbes eine Rolle spielen und ob diese auf Branchen mit verwandten Strukturen übertragbar sind. Wenn sich daraus besondere Anforderungen an das Liquiditäts- und Forderungsmanagement ergeben, schließt sich die Frage an, mit welchen Instrumenten dieser Problematik begegnet werden kann.

---

[3] Die Anzahl der Beschäftigten im Bauhauptgewerbe ist beispielsweise zwischen 1995 und 2006 von 1,4 Mio. auf 0,7 Mio. gefallen; vgl. **Hauptverband der Deutschen Bauindustrie** (Beschäftigte, 2007).

[4] „Die Zahlungsmoral der Bahn ist ein entscheidender Faktor für unsere Insolvenz." (Unternehmenssprecher der Walter Bau AG in **Financial Times** (Walter Deutsche Bahn, 2005), S. 25). Ähnlich wird Ignaz Walter in der Zeit zitiert: „Der Liquiditätsengpass ist dadurch entstanden, dass wir seit Monaten hohe Außenstände von circa 450 Millionen Euro haben [...] allein von der Deutschen Bahn [...] mehr als 100 Millionen Euro für Strecken und Bahnhöfe", **Die Zeit** (Walter Krise, 2005), S. 21; die gleiche Zahl wird im **Handelsblatt** (Walter Forderungen, 2007) auf S. 8 genannt, selbst der Insolvenzverwalter geht von über 125 Mio. € allein für die Deutsche Bahn aus, vgl. **Financial Times** (Walter Insolvenzverwalter, 2005), S. 8.

1.1 Forschungslücke und Forschungsfragen

Bei Betrachtung des generellen Insolvenzrisikos bestätigt die offizielle Statistik die subjektive Wahrnehmung: Allein in den letzten vier Jahren mussten jeweils zwischen 6.000 und 8.000 Bauunternehmen Insolvenz anmelden, was etwa 20% aller **Insolvenzen** in Deutschland entspricht. Die Insolvenzquoten in der Bauwirtschaft übertreffen damit die des Handels um fast das Doppelte, die des verarbeitenden Gewerbes sogar um nahezu das Dreifache. Auch wenn der überwiegende Teil der Insolvenzen auf kleine und sehr kleine Baufirmen entfällt, liegt die Zahl der Zusammenbrüche von Unternehmen nennenswerter Größe immer noch signifikant über der anderer Sektoren der Wirtschaft[5]. Dies veranlasste etwa Creditreform, den Abschnitt zur Branchenverteilung plakativ mit „Bau bestimmt Insolvenzgeschehen" zu überschreiben[6].

Auch für die zweite Beobachtung gibt es einen Beleg: Bauunternehmen unterliegen offensichtlich einem erhöhten Risiko der Illiquidität. Überfällige Forderungen sind einer der Faktoren, die systematisch dazu beitragen. So geht der Zentralverband des Deutschen Baugewerbes davon aus, dass jede vierte Insolvenz auf schlechte **Zahlungsmoral** zurückzuführen ist[7].

Allerdings lassen sich keine Hinweise darauf finden, dass die Gründe für die signifikant verzögerten Zahlungen tatsächlich in der „Moral", d. h. in der durch die spezifische Kundenstruktur beeinflussten Verhaltensweise der Auftraggeber liegen. Es ist vielmehr anzunehmen, dass sie in den Besonderheiten der Bauproduktion, nämlich der instationären[8] Produktion von Prototypen, zu suchen sind. Diese projektbezogene Fertigung, die keine Kostenrechnung für Serien und keine Katalogpreise kennt, erschwert die kaufmännische Abwicklung von der Kalkulation bis zur Abrechnung.

---

5 Vgl. **Creditreform** (Wirtschaftslage, 2006), S. 7f; **Creditreform** (Wirtschaftslage, 2006), S. 7ff: 8.160 Insolvenzen im Baugewerbe in 2003, 8.010 in 2004, 7.760 in 2005 und 6.030 in 2006; vgl. ebenfalls **Hauptverband der Deutschen Bauindustrie** (Insolvenzen, 2007).

6 **Creditreform Wirtschafts- und Konjunkturforschung** (Insolvenzen, 2006), S. 7.

7 Vgl. **Wickel, H.P.** (Zahlungsverzug, 2007), S. 39.

8 Eine instationäre Produktion liegt im Projektgeschäft beim Baugewerbe und beim Anlagenbau vor, im Sondermaschinenbau handelt es sich in Teilen um eine stationäre Produktion.

Wenn diese Annahme zutrifft, dann muss sie auch für andere Branchen gelten, die überwiegend projektbezogene Aufträge bearbeiten, so für die Unternehmen des **Anlagen- und Sondermaschinenbaus**. Tatsächlich gibt es deutliche Hinweise darauf, dass auch diese mit ähnlichen Problemen der Zahlungsmoral zu kämpfen haben[9].

Wenn Unternehmen des Projektgeschäfts – so werden sie hier begrifflich zusammengefasst – generell einem erhöhten Risiko der Illiquidität durch überfällige Zahlungen unterliegen, so lassen sich daraus spezifische Anforderungen an das Risikomanagement und insbesondere an das Forderungs- und Liquiditätsmanagement ableiten. Es wäre allerdings auch zu erwarten, dass gerade diese anscheinend besonders gefährdeten Unternehmen alles tun, um die kritischen Positionen – wenn sie vergleichsweise bedeutende Größenordnungen erreichen – aus ihren Bilanzen auszugliedern. Ein klassisches Mittel dazu ist das Factoring, der Verkauf dieser Forderungen, bei dem gegen eine entsprechende Prämie das Risiko transferiert und ein erheblicher Teil der ausstehenden Liquidität generiert werden kann.

Factoring ist in Deutschland seit 30 Jahren bekannt; richtig Fuß gefasst hat das Verfahren allerdings erst in den letzten zehn Jahren, insbesondere seit die Basel II-Richtlinien die Kriterien für die Kreditvergabe der Banken an eigenkapitalschwache Firmen – und dazu gehören viele Mittelständler, insbesondere auch Bauunternehmen – verschärft haben[10]. Durch den Forderungsverkauf tauschen die Unternehmen Forderungen gegen Liquidität und können so die bei Bilanzschwäche hochverzinslichen Kredite im Volumen reduzieren oder zu günstigeren Konditionen aufnehmen.

Die meisten Factoringunternehmen, von denen es alleine in Deutschland etwa 150 gibt, zählen aber Baufirmen nicht zu ihrer **Klientel**. Sie erklären, Spezifika der Rechnungsstellung und Gewährleistung machten das Verfahren beim Bau „kompliziert und zeitaufwendig und damit nur für wenige Factoringgesellschaften interessant“[11].

---

[9] Vgl. **Wickel, H.P.** (Zahlungsverzug, 2007), S. 39.
[10] Vgl. beispielsweise **Bergemann, M.** (Factoring, 2007), S. 140.
[11] **Bergemann, M.** (Factoring, 2007), S. 141.

Ähnliches gilt für den Anlagen- und Sondermaschinenbau, soweit es sich um projektbezogene Geschäfte handelt[12]. Auch hier werden in erster Linie die üblichen Regelungen für die Gewährleistung als Hindernis anfgeführt. Entsprechende Forderungen „wird ein klassisches Factoringinstitut [...] nicht beleihen“[13].

Es wäre Sache der Unternehmen des Projektgeschäfts, diese plakativen Einwände auszuräumen. Statt dessen machen gerade die Branchen, die besonders unter den Auswirkungen überfälliger Forderungen leiden, von dem Angebot des Factoring fast keinen Gebrauch, bedienen sich also eines der wirksamsten Werkzeuge des Liquiditäts- und Forderungsmanagements nicht.

Es lassen sich folgende **Forschungsfragen** festhalten: *Wird das Projektgeschäft als Ganzes durch besondere Risiken gekennzeichnet? Stellen diese spezifische Anforderungen an das Risikomanagement, insbesondere an das Liquiditäts- und Forderungsmanagement?* Wenn ja, *ist dann Factoring ein geeignetes Instrument im Rahmen des Liquiditätsmanagements, das diesen Anforderungen gerecht wird? Gibt es dazu ein passendes Angebot der Factoringinstitute?* Und: *Wenn der Markt ein solches Angebot heute noch nicht bereithält oder zumindest das Potential noch nicht vollständig ausschöpft, welche Voraussetzungen wären dafür zu schaffen?*

12 **Osman, Y.** (Verbriefungen, 2007), Sonderbeilage S. 6 in der Financial Times Deutschland.
13 **Hesse, M.** (Factoring, 2007), S. 4 in der Börsen Zeitung.

1.2 Aufbau und Struktur der Arbeit

Der beschriebene offensichtliche Widerspruch zwischen Bedarf und tatsächlicher Nachfrage für Factoring im Projektgeschäft ist Ausgangspunkt der vorliegenden Arbeit. Zunächst werden das Baugewerbe sowie der Bau von Anlagen und Sondermaschinen als Produktion von Prototypen für Einzelkunden strukturell eingeordnet, um die Besonderheiten zu identifizieren. Dazu wird in **Kapitel 2** in einem ersten Schritt das Projektgeschäft mit Hilfe des Geschäftstypenmodells nach Backhaus abgegrenzt und beschrieben.

Das Risiko der Illiquidität kann nur dann zutreffend analysiert werden, wenn es in die gesamte Risikosituation eingeordnet und dabei die Möglichkeit der aktiven Einflussnahme betrachtet wird. Dies geschieht im zweiten Schritt in **Kapitel 3**, der Beschreibung des generellen Risikomanagements. Darauf folgt die spezifische Einbindung des Liquiditätsmanagements als eines wesentlichen Teilaspekts, dann die Fokussierung auf das Forderungsmanagement, das wiederum einen Ausschnitt des Liquiditätsmanagements darstellt. Davon ausgehend, wird Factoring als eines der wesentlichen Werkzeuge des Forderungsmanagements beschrieben und in das Gesamtsystem des Risikomanagements eingeordnet.

In einem weiteren Schritt werden in **Kapitel 4** die spezifischen Risiken im Projektgeschäft beschrieben und darauf aufbauend die allgemeinen Erkenntnisse zu Risiko-, Liquiditäts- und Forderungsmanagement auf das Projektgeschäft übertragen. Basierend auf der vorangehenden allgemeinen Betrachtung des Factoring werden dessen Vor- und Nachteile sowie Möglichkeiten und Hindernisse für das Projektgeschäft analysiert. Dabei werden die Bedingungen aufgezeigt, unter denen Factoring in diesem Sektor erfolgreich anwendbar sein und wesentliche positive Auswirkungen auf die wirtschaftliche Situation der Unternehmen haben kann. In einem theoretischen Zwischenfazit wird dann aus Nachfrager- und Anbieterperspektive dargelegt, welchen Markt es für Factoring im Projektgeschäft geben könnte. In seiner internen Struktur folgt dieses Kapitel damit Kapitel 3.

Mit dem Ergebnis einer Befragung von Factoringinstituten, Unternehmen des Projektgeschäfts und Verbänden werden diese Feststellungen in **Kapitel 5** verprobt. Daraus ergeben sich schließlich Handlungsempfehlungen für das Factoring, aber auch über die eigentliche Anwendung dieses Werkzeugs hinaus für die Verbesserung der Strukturen und Prozesse im Projektgeschäft aus der Perspektive des generellen Risikomanagements.

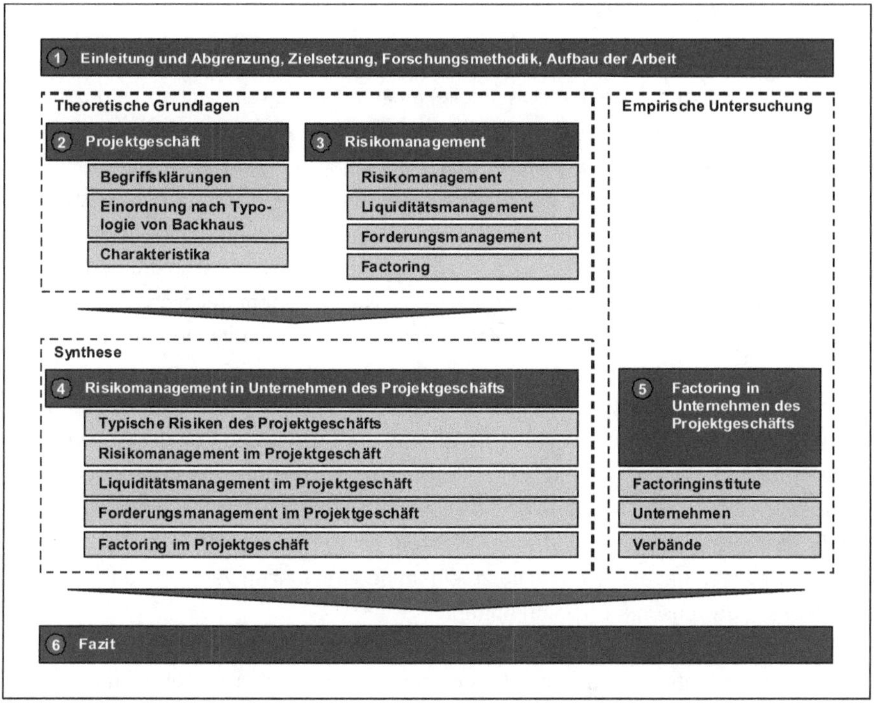

Abbildung 1: Aufbau der Arbeit

1.3 Forschungsmethodologischer Aufbau der Arbeit

In Abgrenzung zu den Formalwissenschaften (beispielsweise Logik, Mathematik), die nach Widersprüchen in einer rein intellektuellen Modellwelt suchen, streben die **Realwissenschaften** (beispielsweise Physik, Biologie, aber auch Ökonomie) nach empirischer Beschreibung, Erklärung und Gestaltung von wahrnehmbaren Phänomenen[14]. Im Rahmen seiner Antrittsvorlesung am Collège de France ordnet der kanadische Wissenschaftstheoretiker Hacking dieses Vorgehen der Neuzeit zu: "On produit des phénomènes, on les explore, on les mesure, avec des instruments et un appareillage construit dans un laboratoire"[15]. Nach diesem (bildlichen) Ort ihres Wirkens bezeichnet er die experimentelle Forschung als "style du laboratoire"[16].

Klabbers unterscheidet zusätzlich in analytische Wissenschaft und **gestaltende Wissenschaft** („science of design"[17]). Während der analytische Teil der Realwissenschaften „theory-driven"[18] agiert, charakterisiert er die gestaltende Wissenschaft als „issue-driven"[19]. Er beschreibt deren Motivation und Vorgehen mit „addresses human needs, conquers bottlenecks and capitalizes on opportunities"[20]. Im Sinne einer Synthese werden dabei Elemente so zu einem neuen Ganzen vereinigt, dass es zum Ergebnis die gewünschte Funktion erlangt[21].

Ihrem Anspruch nach kann diese Arbeit somit zunächst den **Realwissenschaften** zugeordnet werden, nach Klabbers aufgrund ihrer Zielsetzung genauer der gestaltenden Wissenschaft: Der Charakter der Synthese ist zweifelsohne erkennbar, denn die bestehenden Elemente „Projektgeschäft" und „Factoring" werden so kombiniert, dass sie einem neuen, gemeinsamen Zweck dienen[22]. Zum anderen wird das Ergebnis nicht für sich selbst bewertet, sondern am Nutzen für die Praxis gemessen. Dieser ist für die angewandten Wissenschaften – hier als Synonym für „design

---

14 Vgl. **Schanz, G.** (Wissenschaftstheorie, 1987), S. 2039f.

15 **Hacking, I.** (Raisonnement Scientifique, 2002), S. 542. In Abgrenzung dazu war Schwerpunkt der Antike: „On explore, on mesure, on observe dans phénomènes" (ebenda).

16 **Hacking, I.** (Raisonnement Scientifique, 2002), S. 543; sinngemäß als „Laborstil" zu übersetzen.

17 **Klabbers, J.H.G.** (Artifact Assessment, 2006), S. 155.

18 **Klabbers, J.H.G.** (Artifact Assessment, 2006), S. 156, wörtlich übersetzt „theoriegetrieben", aber i.S.v. „erkenntnisgetrieben".

19 **Klabbers, J.H.G.** (Artifact Assessment, 2006), S. 156, am ehesten zu übersetzen mit „sachorientiert".

20 **Klabbers, J.H.G.** (Artifact Assessment, 2006), S. 156.

21 Vgl. **Klabbers, J.H.G.** (Artifact Assessment, 2006), S. 155f.

22 Vgl. zum Aspekt der Synthese vorstehenden Abschnitt sowie vertiefend **Klabbers, J.H.G.** (Artifact Assessment, 2006), S. 155f.

science" verwandt – konstitutiv und nicht lediglich akzessorisch, wie es bei den Grundlagenwissenschaften der Fall ist[23]. Es bedarf also einer Forschungsmethodik, die dem Praxisbezug wesentliche Bedeutung zumisst.

In der Wissenschaftstheorie wurden dazu Ansätze entwickelt, welche die Synthese von Praxis und Wissenschaft in den anwendungsbezogenen Wissenschaften formalisieren. So hat Ulrich ein mehrstufiges Phasenmodell[24] entwickelt, das er als Struktur des Forschungsprozesses in den anwendungsorientierten Wissenschaften vorschlägt[25]. Grundsätzlich basiert der **Forschungsprozess** dieser Arbeit auf dieser Struktur, wie aus Abbildung 2 ersichtlich ist:

- Die Erfassung und Typisierung von praxisrelevanten Problemen erfolgte im Vorfeld der Arbeit in Form von Recherchen in praxisnahen Medien, in Diskussionen mit Industrieexperten sowie im Rahmen der empirischen Erhebung zu Beginn der jeweiligen Interviews mit Factoringinstituten und Unternehmen.
- Auf den empirischen Grundlagenwissenschaften lag insoweit Gewicht, als sie für die nahezu ausschließlich qualitativen Daten von Belang sind.
- Die theoretischen Grundlagen wurden mit problemrelevanten Verfahren aus dem Projektgeschäft und dem Risikomanagement (einschließlich dem Factoring als Instrument der Risikosteuerung) gelegt; diese Themengebiete wurden dann als Synthese zum „Risikomanagement im Projektgeschäft" zusammengeführt.
- Der Anwendungszusammenhang ergibt sich aus diesen Grundlagen und wurde durch die Befragungen ergänzt.

---

23 Vgl. **Fühlbier, R.U.** (Wissenschaftstheorie, 2005), S. 20.
24 Vgl. zu einer graphischen Darstellung **Ulrich, H.** (Systemorientierung, 2001), S. 222.
25 Vgl. **Ulrich, H.** (Forschungsprozess, 1984), S. 192ff; **Ulrich, H.** (Systemorientierung, 2001), S. 220-225.

- Aus den theoretischen Grundlagen und der empirischen Studie wurden Hypothesen zu Gestaltungsempfehlungen abgeleitet, die anschließend zusammen mit den Interviewpartnern im Anwendungszusammenhang überprüft wurden.
- Die Gestaltungs- und Handlungsempfehlungen für die Praxis sind Ergebnis der Arbeit.

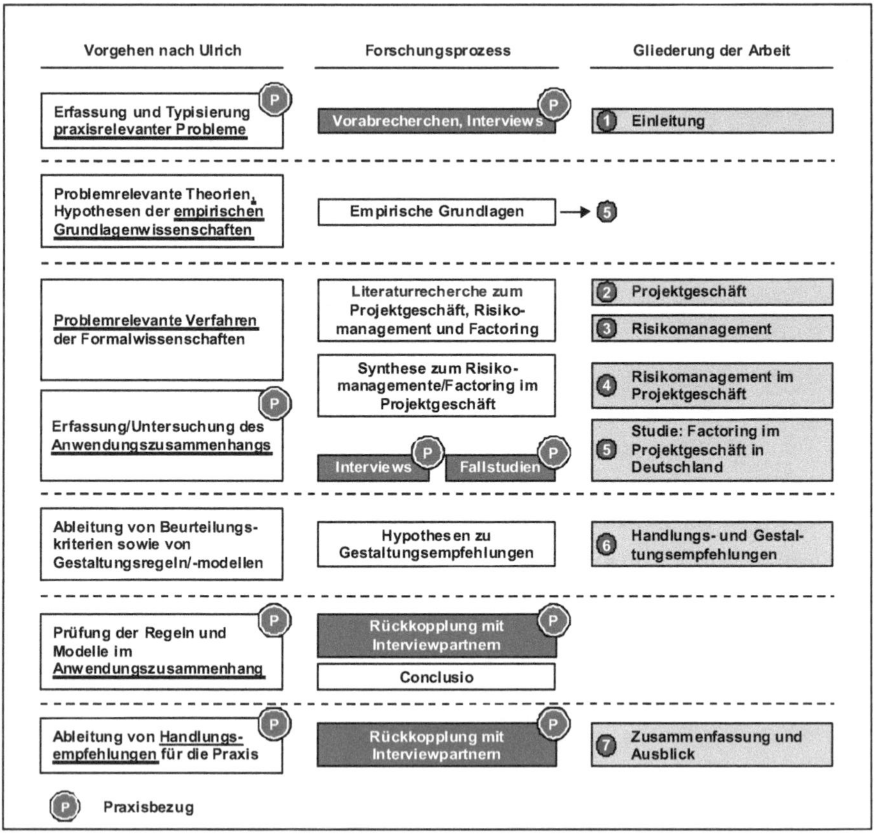

Abbildung 2: Forschungsprozess und Gliederung der Arbeit

2 Projektgeschäft auf Industriegütermärkten

Zunächst wird das Projektgeschäft definiert, um im Anschluss seine wesentlichen Charakteristika herausarbeiten zu können. Die einfachste Definition ergibt sich aus der inhärenten Organisation, die sich am Begriff des Projektgeschäfts darstellen lässt. In Abschnitt 2.1 wird jedoch deutlich, dass – auch wenn sich viele der Charakteristika des Projektgeschäfts tatsächlich aus der Organisation, d.h. aus den Eigenschaften von Projekten ableiten lassen – eine weitere Perspektive hinzutreten muss. Diese ergibt sich aus der Themenstellung:

Die vorliegende Arbeit beschäftigt sich im Rahmen des Projektgeschäfts mit dem Forderungsmanagement, das auf zwei Arten eng mit dem Absatz von Gütern und Leistungen verknüpft ist. Zum einen sind Forderungen direkte Folge erfolgreicher Verkaufsprozesse. Zum anderen hängt das Forderungsmanagement von den spezifischen Beziehungen zu den Kunden ab. Der Begriff des Projektgeschäfts wird deshalb aus der Sicht des Absatzes als einem Teil der Wertschöpfungskette erweitert und in Abschnitt 2.3 in das Industriegütermarketing eingeordnet.

Die in 2.3 und 2.4 folgende Typologisierung und Charakterisierung folgt ebenfalls dieser Marktperspektive und baut auf dem Geschäftstypenmodell nach Backhaus auf. Sie konzentriert sich auf diejenigen Aspekte, die für die vorliegende Arbeit von Relevanz sind.

2.1 Begriffe

2.1.1 Projekt

Der Begriff des Projekts wird in der Literatur weitgehend einheitlich verstanden[26]. So definiert DIN 69901 ein Projekt als „ein Vorhaben, das im Wesentlichen durch die **Einmaligkeit** der Bedingungen in ihrer Gesamtheit gekennzeichnet ist, wie z.B. Zielvorgabe, zeitliche/finanzielle/personelle und andere Begrenzungen, Abgrenzung gegenüber anderen Vorhaben und projektspezifische Organisation“[27]. Diese „zielorientierten Aktionsfolgen“ sind darüber hinaus „in der Regel [einmalig], komplex und aperiodischer Art"[28]. Es handelt sich also um „singuläre Prozesse der Leistungserstellung“, die zumeist komplex, neuartig und riskant sind[29].

2.1.2 Projektgeschäft

In der Literatur wird zur Definition des Projektgeschäfts häufig – explizit oder implizit – auf dem oben beschriebenen Begriff des Projekts aufgebaut: Ein Unternehmen ist dann im Projektgeschäft tätig, wenn es seine (externen) **Kundenaufträge als Projekte** abwickelt[30], d.h. wenn die Leistungserstellung in Projekten organisiert ist. Mit dieser einfachen Definition über die Organisation folgen die Charakteristika des Projektgeschäfts zwangsläufig den Merkmalen von Projekten; die Eigenarten des Projektgeschäfts werden daher als dem Projektmanagement[31] verwandt definiert

---

26 Vgl. zu einer ausführlicheren Darstellung beispielsweise **Kochendörfer, B./Viering, M./Liebchen, J.** (Bau-Projekt-Management, 2004), S. 4; **Pinkenburg, H.F.W.** (Projektmanagement, 1980) , S. 107ff; **Hügler, G.L.** (Projektorganisationen, 1988), S. 126ff; **Zander, R.** (Entscheidungsverfahren, 2004), S. 25f; **Gareis, R.** (Projektmanagement, 1991), S. 19-22 oder **Hahn, D./Hungenberg, H.** (PuK, 2001), S. 737; **Lachnit, L.** (Projektleistungstätigkeit, 1994), S. 21, unterscheidet in konstituierende (beispielsweise Einmaligkeit) und differenzierende Merkmale (beispielsweise Komplexität).

27 **Deutsches Institut für Normung** (Projektwirtschaft, 1987).

28 **Hahn, D./Hungenberg, H.** (PuK, 2001), S. 737.

29 **Gareis, R.** (Projektmanagement, 1991), S 19.

30 Vgl. explizit: **Schön, D.** (Risikocontrolling, 2004), S. 287; **Schön, D./Diederichs, M./Busch, V.** (Projektgeschäft, 2001), S. 379f; implizit: **Hahn, D./Hungenberg, H.** (PuK, 2001), S. 767f (spricht von Unternehmen mit „mehreren simultanen Großprojekten“); **Zander, R.** (Entscheidungsverfahren, 2004), S. 25f (spricht von „projektorientierten Unternehmen“ oder **Petry, C.** (Projektscorecards, 2005), S. 23-33 und 82-88.

31 Projektmanagement umfasst „die Gesamtheit aller Führungsaufgaben, Führungsorganisation, Führungstechniken und Führungsmittel für die Abwicklung eines Projekts“ (DIN 69901, **Deutsches Institut für Normung** (Projektwirtschaft, 1987)); vgl. zu einer ausführlicheren Definition **Kochendörfer, B./Viering, M./Liebchen, J.** (Bau-Projekt-Management, 2004), S. 8ff; ebenda zu den Grundlagen des Projektmanagements aus systemtheoretischer Sicht gegenüber dem analytischen Ansatz (S. 15-22); vgl. auch **Petry, C.** (Projektscorecards, 2005), S. 34f.

oder gar von diesem abgeleitet[32]. Diese generische Definition lässt jedoch keine für diese Arbeit taugliche, inhaltlich homogene Charakterisierung zu, weil sie dafür den Betrachtungsbereich zu weit fasst. Daher wird das Projektgeschäft im Folgenden über die Marktperspektive erfasst und charakterisiert.

2.1.3 Industriegütermärkte

Industriegüter[33] werden **von Organisationen zur Leistungserstellung erworben,** d.h. nicht unverändert an den Endkonsumenten weiterveräußert[34]. Sie können also zum einen weiterverarbeitet werden, zum anderen der Herstellung und Veredelung an sich dienen. In beiden Fällen werden sie von einem Hersteller an einen anderen Hersteller verkauft („B2B-Markt"). Davon abzugrenzen ist der Verkauf an reine Wiederverkäufer (Händler), da diese nicht an der Leistungserstellung beteiligt sind. Auch diese agieren zwar auf einem B2B-Markt, aber nicht auf dem Industriegütermarkt[35].

Der Begriff der **Investitionsgüter** wurde vor allem in früheren Beiträgen in der Literatur häufig synonym zu dem der Industriegüter verwendet[36]. In der Wirtschaftspraxis und dem allgemeinen Sprachgebrauch wird unter „Investitionsgut" jedoch häufig ein Sachgut des Anlagevermögens verstanden, „für das eine Investitionsentscheidung getroffen wird"[37]. Damit sind die Begriffe teilkongruent, da diese Merkmale auch für den Industriegütermarkt zutreffen. Darüber hinaus umfasst diese Definition aber auch Segmente außerhalb der B2B-Märkte, wo Konsumenten als Käufer auftreten, da auch hier Investitionsentscheidungen (beispielsweise Haus, Auto, Haushaltsgeräte) getroffen werden. Um Verwechslungen zu vermeiden, wird daher nachfolgend ausschließlich der Begriff „Industriegüter" verwendet[38].

---

32 Vgl. die unter Fußnote 30 zitierten Autoren zu Darstellungen der Charakteristika.

33 Der Begriff „Güter" umfasst auch (Dienst-)leistungen (vgl. beispielsweise **Backhaus, K.** (Industriegütermarketing, 2003), S. 4).

34 Vgl. **Backhaus, K.** (Industriegütermarketing, 2003), S. IXf.

35 Vgl. ausführlicher **Backhaus, K./Voeth, M.** (Besonderheiten, 2004), S. 9f; **Backhaus, K.** (Industriegütermarketing, 2003), S. IXf, inhaltlich geprägt bereits in **Engelhardt, W.H./Dichtl, E.** (Investitionsgütermarketing, 1980), S. 146 und **Engelhardt, W.H./Günter, B.** (Investitionsgüter-Marketing, 1981), S. 24.

36 Beispielsweise **Engelhardt, W.H./Dichtl, E.** (Investitionsgütermarketing, 1980); **Engelhardt, W.H./Günter, B.** (Investitionsgüter-Marketing, 1981), S. 24, aber auch in den ersten vier Auflagen des Standardwerks „Investitionsgütermarketing" (jetzt: „Industriegütermarketing") von **Backhaus, K.** (Industriegütermarketing, 2003).

37 **Kleinaltenkamp, M.** (B2B Marketing, 2000), S. 143. Er grenzt außerdem Produktionsgüter allgemeiner als „Verbrauchsgüter" von den Investitionsgütern als „Gebrauchsgüter" ab; vgl. dazu ebenda, S. 174; auf den Seiten 173-178 findet sich eine noch ausführlichere Definition.

38 Vgl. Abbildung 3 zu einer Übersicht.

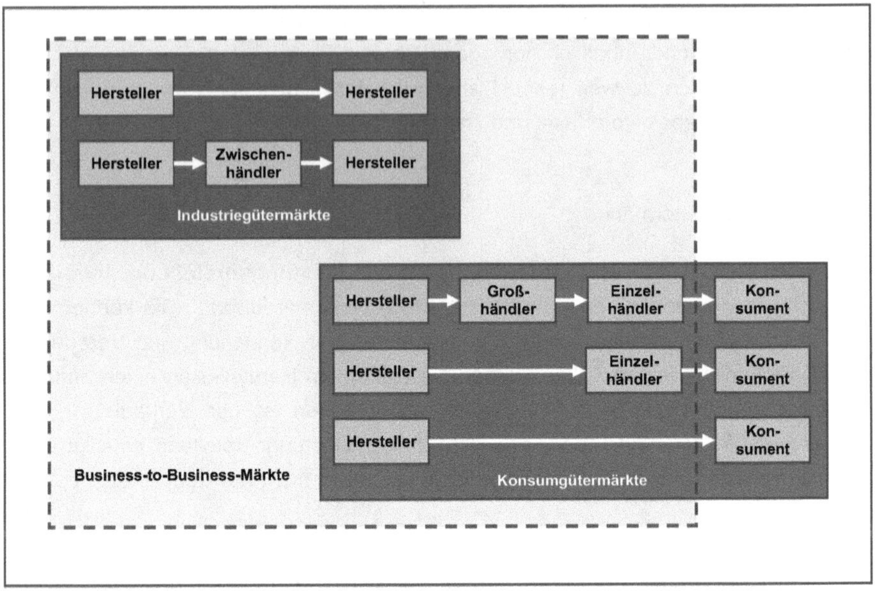

Abbildung 3: Business-to-Business-, Industriegüter- und Konsumgütermärkte [39]

[39] Vgl. Plinke (Marktabgrenzung, 1999) in einem unveröffentlichten Manuskript nach **Backhaus, K./Voeth, M.** (Besonderheiten, 2004), S. 7.

2.2 Der „Vier-Typen-Ansatz“ von Backhaus

Nachfolgend ist nun zu klären, welche Bereiche der Industriegütermärkte dem Projektgeschäft zuzurechnen sind. Um normative Aussagen ableiten zu können, sollte eine Klassifizierung so strukturiert sein, dass die Transaktionsprozesse (Käufe und Verkäufe) innerhalb der Klassen möglichst homogen und zwischen den Typen möglichst heterogen verlaufen[40]. Grundsätzlich kann nach den betrachteten **Marktparteien** in angebots- und nachfrageorientierte sowie marktseiten-integrierende Typologien unterschieden werden[41].

- Die angebotsorientierten Ansätze typologisieren nach den unterschiedlichen Kategorien der angebotenen Güter und Dienstleistungen.
- In der ersten Auflage seines Buches zum Industriegütermarketing[42] hat Backhaus eine nachfrageorientierte Typologie entwickelt, die zwischen Individual- und Routinetransaktionen unterscheidet[43]. Darauf beruht auch seine in diesem Abschnitt beschriebene, weiterführende Typologie[44].
- Die marktseiten-integrierenden Ansätze kombinieren die beiden Perspektiven zu einer **integrierten Transaktionstypologie**. Damit kann nicht nur die Effektivität einer Transaktion, sondern auch deren Effizienz betrachtet werden[45].

---

40 Vgl. zu der nachfolgenden Darstellung ausführlicher beispielsweise **Backhaus, K.** (Industriegütermarketing, 2003); **Pohl, A.** (Preisbildung, 2004), S. 1081ff; **Zander, R.** (Entscheidungsverfahren, 2004), S. 9-23.

41 Vgl. **Kleinaltenkamp, M.** (B2B Typologien, 1994), S. 77-88.
Die Ansätze in der Literatur lassen sich außerdem wissenschaftstheoretisch in drei Gruppen unterteilen: (1) Bei den morphologischen Ansätzen werden in formal-deduktiver Weise Güterkategorien gebildet. Für ein Beispiel zu einer Gütersystematik in Baumstruktur siehe **Pfeiffer, W./Bischoff, P.** (Investitionsgüterabsatz, 1974), S. 99. (2) Empirisch-induktive Ansätze katalogisieren Beschreibungsmerkmale für Kauf- und Verkaufsprozesse auf Investitionsgütermärkten. Ähnliche Linienprofile lassen sich zu Güterklassen zusammenfassen. (3) Aus einem geschlossenen theoretischen Konzept werden beim **theoretisch-deduktiven Ansatz** aufgrund theoretischer Vorüberlegungen unterschiedliche Transaktionstypen abgeleitet. Diese theoretisch entwickelten Typen werden mit praktisch beobachtbaren Transaktionstypen auf den Industriegütermärkten verglichen.
Die meisten gütertypologischen Ansätze sind im Laufe der Zeit jedoch mehrfach weiterentwickelt worden, sodass eindeutige Zuordnungen zu den oben genannten drei Ansätzen in vielen Fällen nicht mehr möglich sind. Nach **Backhaus, K.** (Industriegütermarketing, 2003), S. 300f.

42 Vgl. **Backhaus, K.** (Investitionsgütermarketing, 1982).

43 Vgl. **Weiber, R./Adler, J.** (Kaufprozesse, 1995), S. 50-63; zu den Produktpositionierungen; zu einem empirischen Beleg der Trennschärfe der Typologie vgl. vertiefend **Weiber, R./Adler, J.** (Kaufprozesse, 1995); zur Übersicht **Backhaus, K.** (Investitionsgütermarketing, 1982), S. 93.

44 Vgl. **Backhaus, K.** (Industriegütermarketing, 2003), S. 307.

45 Vgl. ausführlicher **Backhaus, K.** (Industriegütermarketing, 2003), S. 309f.

2.2.1 Entstehen von Quasirenten

Zur Charakterisierung des Projektgeschäfts eignet sich der „Vier-Typen-Ansatz“ von Backhaus am besten. Er beschreibt zunächst **Geschäfte ohne erhebliche Ex-post-Unsicherheit**. Diesen ist gemein, dass die bestehende Unsicherheit über die Transaktion vor der Beschaffungsentscheidung durch Übermittlung von Informationen abgebaut werden kann[46]. Von diesen unterscheidet er **Geschäfte mit erheblicher Ex-post-Unsicherheit**, bei denen mindestens eine der Parteien eine spezifische Investition in die Beziehung zum Vertragspartner tätigt. Dabei äußert sich die Besonderheit der Investition darin, dass die betroffenen Aktiva[47] in ihrer Verwendung eingeschränkt sind. Bei diesen Investitionen handelt es sich um Sunk Costs, die eine Abhängigkeit vom jeweiligen Vertragspartner erzeugen[48].

Backhaus bezeichnet diese Abhängigkeit bei Vertragsabschluss als **quasi-monopolistische Marktstruktur**[49]. Auf der einen Seite führt die spezifische Investition nämlich zu einer Produktivitätserhöhung, z.B. durch eine kundenspezifische Veränderung des Produkts. Auf der anderen Seite werden die Einsatzmöglichkeiten der Aktiva (in diesem Falle des kundenindividuell gefertigten Produkts) erheblich eingeschränkt, wodurch die Erträge der „nächstbesten Alternative“[50] zum Einsatz dieser Aktiva sinken.

Dieser Ertrag auf das spezifisch gebundene Kapital wird als **Quasirente** bezeichnet und unterliegt durch die Abhängigkeitsbeziehung der Gefahr einer „Ausbeutung“[51]: Für den Vertragspartner lohnt sich aus rein ökonomischer Betrachtung die Beendigung des Vertragsverhältnisses erst dann, wenn die Abschöpfung der Quasirente die

[46] **Backhaus, K.** (Industriegütermarketing, 2003), S. 315f.

[47] Beispielsweise Sachkapital in Form von Zubehörteilen oder der Installation des Produktes, aber auch Humankapital in Form von Schulungen oder Ausbildung.

[48] **Backhaus, K.** (Industriegütermarketing, 2003), S. 316f.

[49] Je nachdem, welcher Partner dabei die spezifische Investition tätigt, kann ein anbieterseitiges, nachfrageseitiges oder sogar bilaterales Monopol entstehen.

[50] Vertiefend zu der Theorie der nächstbesten Alternative auf Handlungen bezogen vgl. **Thibaut, J.W./Harold, H.K.** (Psychology, 1967), auf Verhandlungen bezogen vgl. **Raiffa, H.** (Negotiation, 1982), speziell auf S. 44ff beschreibt er das Konzept der „BATNA“, der „Best alternative to a negotiated agreement“.

[51] **Backhaus, K.** (Industriegütermarketing, 2003), S. 318, er bezeichnet dies an anderer Stelle als das „Gefährdungspotential spezifischer Investitionen, den *amount of stake* aus Sicht des spezifisch investierenden Unternehmens“ (S. 317). Vgl. zu einer ähnlichen Erklärung **Klein, B./Crawford, R./Alchian, A.A.** (Appropriable Rents, 1978), sie sehen dieses „post contractual opportunistic behaviour“ als Teil der Transaktionskostentheorie (S. 297).

Höhe der Sunk Costs überschreitet[52]. Als Beispiel dient die im Baugewerbe nicht unübliche Praxis, dass der Kunde nach Abgabe des Angebots, also nach einer erheblichen Investition des Bauunternehmens in die Angebotserstellung, den Preis nachverhandelt; umgekehrt versuchen Bauunternehmen häufig, die Rentabilität von Projekten durch Nachträge[53] ex post zu verbessern.

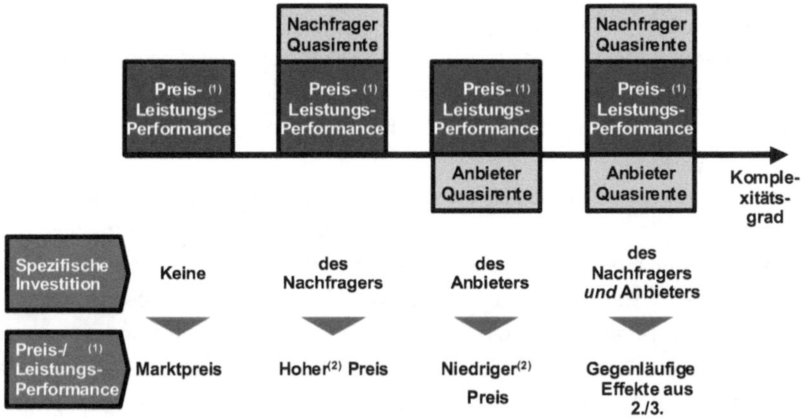

(1) Preis-Leistungs-Performance wird verstanden als Verhältnis des Preises bezogen auf (dividiert durch) die Leistung.
(2) Preis aus Sicht des Nachfragers

Abbildung 4: Systematik von Quasirenten[54]

---

[52] Vgl. zu einer ausführlicheren Darstellung dieses Abschnittes **Backhaus, K.** (Industriegütermarketing, 2003), S. 316-319.

[53] Als **„Nachträge"** werden alle Ergänzungen des ursprünglichen Vertrages nach dessen Abschluss bezeichnet. Im allgemeinen Sprachgebrauch und in dieser Arbeit soll der Begriff außerdem **synonym zu „Nachforderungen"** verwendet werden, zumal die Sachverhalte in der Praxis meist ohnehin schwer zurechenbar sind. Es handelt sich dabei um sämtliche über die vereinbarte Vertragsvergütung hinausgehenden Forderungen des ausführenden Unternehmens. Diese begründen sich in der Regel auf Über- bzw. Unterschreitung von Mengenansätzen, Änderungen des Bauentwurfs, zusätzlich auszuführender Leistungen oder Kündigung des Auftragnehmers infolge Vertragsverletzungen des Auftraggebers (vgl. **Brüssel, W.** (Baubetrieb, 2002), S. 253f, rechtliche Grundlage ist die **VOB** (VOB, 2006), § 2-9 für Nachforderungen, § 22 für reine Nachträge). Wichtig ist, dass der Kunde bei der Vergabe dieser Nachträge in aller Regel auf das ausführende Unternehmen als Vertragspartner beschränkt ist, also einem **angebotsseitigen Quasi-Monopol** unterliegt.

[54] In Anlehnung an **Backhaus, K.** (Industriegütermarketing, 2003), S. 321.

2.2.2 Geschäftstypenmodell

Eine Quasirente kann – wie in Abbildung 4 dargestellt – auf Anbieter- und/oder Nachfrageseite auftreten. Auf der **Nachfrageseite** wirkt sie als Bindung über die Einzeltransaktion hinaus, d.h. der Kunde ist innerhalb der Folgetransaktionen von der Leistungserbringung des Anbieters abhängig. Dabei kann weiter in vorab genau definierte oder aber unbestimmte Liefermengen unterschieden werden. Die Lieferung von genau definierten Liefermengen kann idealtypisch als Handeln unter Risiko betrachtet werden, während ein Verbundgeschäft mit vorab nicht eindeutig definierten Liefermengen grundsätzlich auf einem unvollständigen Vertrag beruht, der ex ante Leistungsmängel nicht abschließend definieren kann[55].

Anbieterseitig ist spiegelbildlich zu unterscheiden, wie oft der Anbieter kontrahieren kann: Ist es möglich, dasselbe Leistungskonzept gleichzeitig mehreren Kunden zu verkaufen? Ist ein mehrfacher Verkauf seines Leistungskonzepts bei demselben Kunden denkbar?[56] Backhaus ordnet diese vier Typologisierungskriterien nach der „zeitlich vertikalen Dimension“ (Folgetransaktionen mit demselben Kunden) und der „zeitlich horizontalen Dimension“ (Transaktion mit anderen Kunden)[57]. Diesen beiden Dimensionen folgend, arbeitet er eine Typologisierung in Produkt-, Projekt- (eigentlich Anlagen-), System- und Zuliefergeschäft heraus, die in Abbildung 5 übersichtsartig dargestellt wird.

Es besteht bei den Geschäftstypen mit Quasirente selbstverständlich ein Bedarf zur **Absicherung** der Quasirente. Zum einen kann die tatsächliche Abschöpfung dabei durch die jeweiligen Machtverhältnisse in der Beziehung beeinflusst werden. Zum anderen versuchen die Parteien regelmäßig, die (vermeintlich) erwartete Ausnutzung durch den Vertragspartner zumindest einzugrenzen, indem sie ihre Ex-post-Unsicherheit durch Verträge absichern. Diese Verträge zielen zumeist auf messbare Leistungsmängel ab[58].

---

[55] Vgl. **Backhaus, K.** (Industriegütermarketing, 2003), S. 318f.
[56] Vgl. **Backhaus, K.** (Industriegütermarketing, 2003), S. 319f.
[57] **Backhaus, K.** (Industriegütermarketing, 2003), S. 319-323.
[58] Vgl. Abbildung 5 und die Ausführungen im dazugehörigen Abschnitt; zu einer detaillierteren Charakterisierung des Produktgeschäfts vgl. **Backhaus, K.** (Industriegütermarketing, 2003), S. 318.

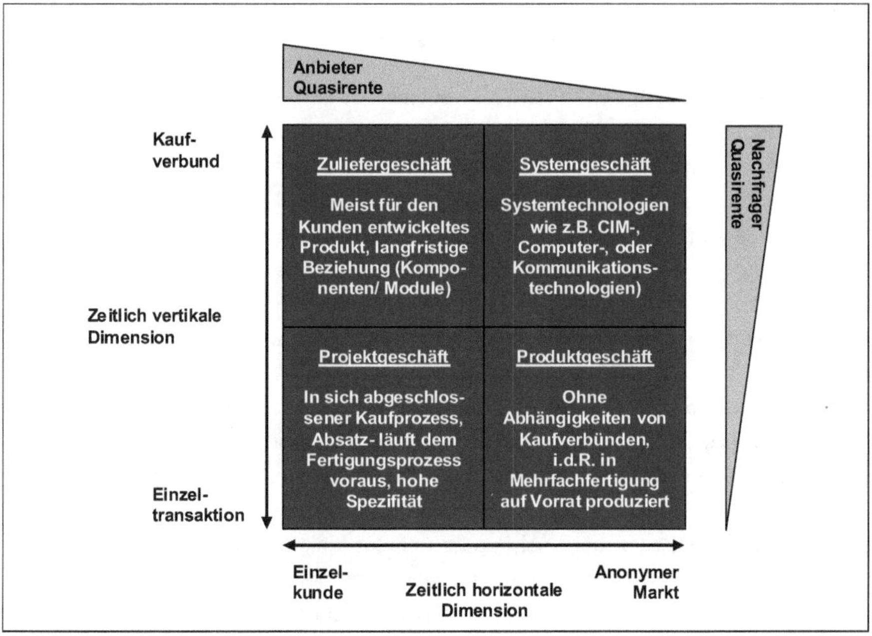

Abbildung 5: Matrix-Darstellung des „Vier-Typen-Ansatzes“ von Backhaus[59]

Der vorgestellte Ansatz von Backhaus ist über die reine Typologisierung hinaus aufgrund der ausführlichen theoretischen Absicherung in der Transaktionskostentheorie sehr wertvoll für die Ableitung von Aussagen über das Projektgeschäft. Daher wurde gerade dieser Ansatz als Grundlage für die Überlegungen zum Risiko- und Forderungsmanagement im Projektgeschäft gewählt, sodass insbesondere in Kapitel 4 darauf zurückgegriffen werden kann.

59 In Anlehnung an **Backhaus, K.** (Industriegütermarketing, 2003), S. 324.

2.3 Projektgeschäft auf Industriegütermärkten

Der „Vier-Typen-Ansatz“ von Backhaus definiert in einem Quadranten der Matrix[60] das Projektgeschäft als Teil des Geschäfts in Industriegütermärkten. Dabei hat das Projektgeschäft mit dem Produktgeschäft einen in sich abgeschlossenen Kaufprozess gemein, d.h. die Geschäftsbeziehung ist nicht auf Folgetransaktionen ausgerichtet. Im Gegensatz zu dem in den übrigen beiden Quadranten definierten System- und Zuliefergeschäft tritt also auf **Nachfrageseite keine Quasirente** auf; die Abnehmer können die Geschäftsbeziehung vielmehr jederzeit beenden, ohne spezifische Investitionen in den Anbieter als Sunk Costs zu verlieren[61].

Auf **Anbieterseite** fällt beim Projektgeschäft dagegen eine **Quasirente** an, denn der Anbieter investiert in die Erstellung eines spezifischen Produkts für den Kunden, das in der Regel keine weiteren Abnehmer am Markt findet. Der Absatzprozess dieser komplexen Projekte erfolgt meist vor dem Fertigungsprozess, bei dem „kundenindividuell erstellte Leistungen bei Nachfrage zu einem funktionsfähigen Angebotsbündel zusammengefügt werden“[62]. Diese Definition folgt der Abgrenzung des Vertragsgüterbegriffs von Alchian/Woodward: „In a contract a promise of future performance is exchanged, and investments are made, the value of which becomes dependent on the fulfillment of the other party's promises“[63].

Nach dieser Definition, die sowohl die Perspektive der Organisation wie die des Marktes berücksichtigt, ist zu fragen, ob die Begrenzung der Sicht auf Industriegütermärkte für die vorliegende Arbeit zulässig ist oder ob sie auf andere Business-to-Business-Märkte ausgedehnt werden muss. Definitionsgemäß ist das Projektgeschäft durch kundenindividuelle Produkte und Leistungen bestimmt. Bei Betrachtung von Abbildung 3 scheiden unter diesem Aspekt damit praktisch alle Marktbeziehungen aus, in denen Händler eine Rolle spielen. Aber auch der Teil des Konsumgütermarktes, in dem Hersteller direkt mit Konsumenten in Beziehung treten, ist zu vernachlässigen, da es hier in der Regel in gleicher Weise an der Individualität der Produkte mangelt. Es ist also zulässig, die Sicht auf das Projektgeschäft in Industriegütermärkten zu fokussieren.

---

60 Vgl. Abbildung 5.

61 Vgl. Abschnitt 2.2.1, **Backhaus, K.** (Industriegütermarketing, 2003), S. 324f.

62 **Backhaus, K.** (Industriegütermarketing, 2003), S. 324.

63 **Alchian, A.A./Woodward, S.** (Capitalism, 1988), S. 70.

2.4 Charakteristika des Projektgeschäfts

2.4.1 Brancheneinteilung

Zur systematischen Bestimmung der Branchen mit bedeutenden Anteilen des Projektgeschäfts am Gesamtumsatz soll eine Bewertung anhand der **Klassifikation der Wirtschaftszweige** vorgenommen werden[64]. Dabei ist zu beachten, dass eine eindeutige Zuordnung der Branchen nicht möglich ist, da es immer Ausnahmen in einzelnen Geschäftstätigkeiten geben wird. Eine stringente Zuordnung zu der Matrix[65] könnte nur auf Ebene der Einzelgeschäfte vorgenommen werden, was für die vorliegende Untersuchung aber zu weit führt. Deshalb soll eine Identifizierung von Branchen mit großen Anteilen im Projektgeschäft erfolgen und durch Beispiele illustriert werden. In der folgenden Tabelle wurde über die Merkmalsausprägungen „Einzeltransaktion“ und „Einzelkunde“ die Zugehörigkeit der Branchen zum Projektgeschäft geprüft.

---

64 Vgl. Abbildung 5.
65 Vgl. Abbildung 6 und Abbildung 7.

Kennziffer	Wirtschaftszweig	Einzel-transaktion	Einzelkunde (Spezifität)
A	Land- und Forstwirtschaft	(✓)	ø
B	Fischerei und Fischzucht	(✓)	ø
C	Bergbau, Gewinnung von Steinen und Erde	(✓)	ø
D	Verarbeitendes Gewerbe		
a	Ernährung und Tabak	✓	ø
b	Textil und Bekleidung	✓	ø
c	Leder	✓	ø
d	Holz	✓	ø
e	Papier, Verlage und Druck	✓	ø
f	Kokerei, Mineralöl, Spalt- und Brutstoffe	✓	ø
g	Chemische Industrie (Produktgeschäft)	(✓)	ø
	Chemische Industrie (Systemgeschäft)	ø	(✓)
h	Gummi- und Kunststoffwaren	(✓)	ø
i	Glas, Keramik, Steine & Erde	✓	ø
j	Metallerzeugung und -bearbeitung, Metallerzeugnisse	✓	ø
k	Maschinenbau	✓	(✓)
l	Büromaschinen, Datenverarbeitungs-technik, Elektrotechnik, Feinmechanik und Optik	ø	(✓)
m	Fahrzeugbau		
34	Kraftwagen und -teile	(✓)	ø
35	Sonstiger Fahrzeugbau	(✓)	ø
35.1	Schiffbau	✓	✓
35.2	Schienenfahrzeuge	ø	ø
35.3	Luft- und Raumfahrzeuge	(✓)	(✓)
35.4	Kraft-/Fahrräder, Behinderten-fahrzeuge	(✓)	ø
35.5	Fahrzeugbau	(✓)	ø
35.6	Möbelbau	(✓)	ø
E	Energie- und Wasserversorgung	ø	ø
F	Baugewerbe		
45.1	Baustellenvorbereitung	✓	✓
45.2	Hoch- und Tiefbau	✓	✓
45.3	Bauinstallation	(✓)	(✓)
45.4	Sonstiges Baugewerbe	(✓)	(✓)
45.5	Baumaschinen u. -personal	ø	ø
G	Handel; Instandhaltung und Reparatur von Kraftfahrzeugen und Gebrauchsgütern	(✓)	ø

Kriterium erfüllt: ✓= ja (✓)= z.T. ø=nein

Abbildung 6: Klassifikation der Wirtschaftszweige, Zuordnung Projektgeschäft I

Kennziffer	Wirtschaftszweig	Einzel-transaktion	Einzelkunde (Spezifität)
H	Gastgewerbe	ø	ø
I	Verkehr und Nachrichtenübermittlung	(✓)	ø
J	Kredit- und Versicherungsgewerbe	ø	(✓)
K	Grundstücks- und Wohnungswesen, Vermietung beweglicher Sachen, Erbringung von Dienstleistungen überwiegend für Unternehmen		
70	Grundstücks- & Wohnungswesen	(✓)	ø
71	Vermietung beweglicher Sachen o. Personal	(✓)	ø
72	Datenverarbeitung und -banken	ø	(✓)
73	Forschung und Entwicklung	ø	(✓)
74	Dienstleistungen für Unternehmen	(✓)	(✓)
L	Öffentliche Verwaltung, Verteidigung, Sozialversicherung	n.a.	n.a.
M	Erziehung und Unterricht	ø	ø
N	Gesundheits-, Veterinär- und Sozialwesen	ø	ø
O	Erbringung von sonst. öffentl. und persönlichen Dienstleistungen	(✓)	ø
P	Private Haushalte	(✓)	ø
Q	Exterritoriale Organisationen und Körperschaften	n.a.	n.a.

Kriterium erfüllt: ✓= ja (✓)= z.T. ø=nein

Abbildung 7: Klassifikation der Wirtschaftszweige, Zuordnung Projektgeschäft II[66]

[66] Eigene tabellarische Darstellung nach der Klassifikation der Wirtschaftszweige. Eine ähnliche Idee findet sich in **HOCHTIEF AG** (Projektgeschäft, 2005), Tabelle B-2.

Projektgeschäft im Sinne des Abschnitts 2.2 kann demnach auf Ebene der übergeordneten Klassen in den Wirtschaftszweigen des „Verarbeitenden Gewerbes", des „Baugewerbes" sowie der „Erbringung von Dienstleistungen überwiegend für Unternehmen" auftreten. Nach einer Überprüfung der Merkmale „Fokus Einzeltransaktion" und „Spezifische Leistungserbringung für Einzelkunden" lassen sich aus diesen Klassen folgende Branchen zu großen Teilen dem Projektgeschäft zuordnen[67]:

- weite Teile des **Baugewerbes** mit Hoch- und Tiefbau sowie der Realisierung von Infrastruktureinrichtungen[68], bei denen für andere Hersteller im Sinne der Abbildung 3 Leistungen erbracht werden; ausgenommen ist die Vermietung von Baumaschinen und deren Bedienpersonal[69];
- weite Teile des **Maschinen- und Anlagenbaus**[70] sowie des **Schiffbaus**; beispielhaft seien die Erstellung von Großanlagen für die verarbeitende und chemische Industrie, Infrastrukturanlagen[71] oder der große Passagier- und Frachtschiffbau genannt.

---

67 Vgl. zu der Klassifikation der Wirtschaftszweige **Statistisches Bundesamt** (Wirtschaftszweige, 2003), zu einer systematischen Evaluation vgl. Abbildung 7 und Abbildung 6. Für das Baugewerbe sowie den Anlagen- und Maschinenbau ist sich die Literatur weitgehend einig in der Zuordnung zum Projektgeschäft, vgl. beispielsweise **Keitsch, D.** (Risikomanagement, 2000), S. 124; **Backhaus, K.** (Industriegütermarketing, 2003), S. 481f; **Schmelcher, W.** (Anlagenbau, 2000), S. 509ff; **Zander, R.** (Entscheidungsverfahren, 2004), S. 35f.

68 Beispielsweise Verkehr, Wasserver- und -entsorgung.

69 Es handelt sich dabei um die Vermietung von standardisierten Geräten, es liegt also kein Einzelkundenbezug vor. Die Vermietung des Bedienpersonals kann sogar als Folgetransaktion gewertet werden. Damit wäre das Merkmal des Kaufverbundes erfüllt, was auf ein Systemgeschäft schließen lässt.

70 Einzelne Autoren rechnen die Bauwirtschaft ebenfalls dem Anlagenbau zu (vgl. **Schmelcher, W.** (Anlagenbau, 2000), S. 511), dieser sehr weiten Definition wird aber in dieser Arbeit nicht gefolgt. Vielmehr soll die Definition des Statistischen Bundesamtes zugrunde gelegt werden, wie dies weiter unten spezifiziert wird.

71 Beispielsweise Verkehr und Energiewirtschaft.

Einige Branchen werden in der Literatur unterschiedlich zugeordnet[72]:

- die **Luft- und Raumfahrtindustrie**, die dann dem Projektgeschäft zuzurechnen ist, wenn nicht standardisierte Produkte wie Verkehrsflugzeuge, sondern spezielle Teile für Rüstung oder Raumfahrt gefertigt werden;
- **Dienstleistungen für Unternehmen** im Sinne einer reinen **Dienstleistungserbringung**, beispielsweise Leistungen der Unternehmensberatung (Diese Leistungen werden in der vorliegenden Arbeit nicht als Projektgeschäft angesehen, da wesentliche Eigenschaften fehlen. Zwar liegt in der Regel das Hauptmerkmal „Einzelkundenbezug" vor, aber bereits das Merkmal der „Einzeltransaktion" ist meist nicht erfüllt. Gerade in der Unternehmensberatung wird oft bewusst auf eine längerfristige Kundenbeziehung mit Folgeprojekten gesetzt. Anders ist es im Bereich der Ingenieurberatung, wo Leistungen im Zusammenhang mit industriellen Projekten erbracht werden. Diese sind aber nicht gesondert, sondern als Teile der Projekte zu betrachten.);
- die **Softwareentwicklung** als **Dienstleistung für Unternehmen**, die dann dem Projektgeschäft zugerechnet werden kann, wenn es sich um die Entwicklung von individueller Software, Standardsoftware und Customizing handelt[73].

---

72 **Backhaus, K.** (Industriegütermarketing, 2003); **Zander, R.** (Entscheidungsverfahren, 2004) ordnen diese Branchen nicht explizit dem Projektgeschäft zu, bei **Keitsch, D.** (Risikomanagement, 2000), S. 124 werden diese dagegen zugerechnet. Einige weitere Branchen werden in der Literatur ebenfalls uneindeutig zugeordnet, sollen in dieser Arbeit aber nicht dem Projektgeschäft zugerechnet werden; die chemische Industrie ist weitgehend dem Produkt- oder Zuliefergeschäft zuzuordnen. Die Erstellung von DV- und Kommunikations-Anlagen, der zugehörigen Software und die diesbezügliche Beratung sind weitgehend auf Folgetransaktionen fokussiert und damit dem System- bzw. Zuliefergeschäft zuzuordnen. Die Softwareentwicklung sowie andere Forschung und Entwicklung zielen zumeist ebenfalls auf Folgetransaktionen in Form von Updates oder Individualisierungen ab, in der Regel sogar mit der Möglichkeit einer weiteren Vermarktung an andere Kunden (d.h. System- oder sogar Zuliefergeschäft). Vgl. zu widersprechenden Darstellungen beispielsweise **Pohl, A.** (Preisbildung, 2004), S. 1087; auch **Zander, R.** (Entscheidungsverfahren, 2004), S. 35ff, der allerdings Anlagen-, Projekt- und Systemgeschäft in dieser Logik ohnehin nicht klar voneinander abgrenzt (S. 34).

73 Vgl. zu den Merkmalen der Softwareentwicklung ausführlich **Wichmann, T./Nürnberg, M.** (Softwareunternehmen, 2000) S. 753-760, zum Risikomanagementprozess S. 761-776.

2.4.2 Phasenspezifischer Ansatz

Grundsätzlich werden komplexere Vorhaben in Phasen unterteilt, um so mit einer klaren Gliederung der Aufgaben eine bessere Durchführbarkeit zu erreichen[74]. Wenn von einem Lebenszyklusmodell ausgegangen wird, kann bei Projekten auf Makroebene die Systemerstellung von der Systemnutzung und -außerdienststellung unterschieden werden[75]. In der vorliegenden Arbeit stehen das Projektgeschäft und damit Unternehmen im Vordergrund, die ihre Auftragsabwicklung in Projekten durchführen und deren planmäßige Leistungserstellung mit der Übergabe abgeschlossen ist[76]. Aus diesem Grund soll nachfolgend nur auf die **Systemerstellungsphase** weiter eingegangen werden[77].

Die in der Literatur zu findenden Phasenschemata sind inhaltlich ähnlich[78] und unterscheiden sich zumeist nur in Semantik und Detaillierungsgrad[79]:

- In der **Voranfragenphase** (Vorstudienphase) kommt es zur ersten Kommunikation zwischen Anbieter und Nachfrager. Hier können technische Durchführbarkeit und Wirtschaftlichkeit gezeigt sowie Leistungsdaten, Inputgrößen und Kapazitäten berechnet werden. Zumeist findet eine Projekt- und Attraktivitätsbeurteilung zur „Freigabe der Angebotsbearbeitung“[80] statt.

---

74 Vgl. **Kochendörfer, B./Viering, M./Liebchen, J.** (Bau-Projekt-Management, 2004), S. 167f. Dieses Verständnis des Projektablaufs als Problemlösungsprozess wird in der Literatur bei den meisten Schemata geteilt. Vgl. zu einer breiteren Literaturübersicht beispielsweise **Petry, C.** (Projektscorecards, 2005), S. 30.

75 Vgl. beispielsweise **Alter, R.** (Projektcontrolling, 1991), S. 101ff; **Zogg, E.** (Systemorientiert, 1974), S. 84.

76 Vgl. **Hahn, D./Hungenberg, H.** (PuK, 2001), S. 741.

77 Vgl. zur Veranschaulichung auch Abbildung 8.

78 Nachfolgende Darstellung in Anlehnung an **Schmelcher, W.** (Anlagenbau, 2000), S. 513; **Zander, R.** (Entscheidungsverfahren, 2004), S. 26ff; zu einer Übersicht vgl. **Kochendörfer, B./Viering, M. /Liebchen, J.** (Bau-Projekt-Management, 2004), S. 167-175. **Backhaus, K.** (Industriegütermarketing, 2003), S. 486-490 fasst die Abwicklungs- und Gewährleistungsphase zusammen; vergleichbare Schemata auch bei **Alter, R.** (Projektcontrolling, 1991), S. 116f und **Petry, C.** (Projektscorecards, 2005), S. 31.

79 Die Endphase verläuft bei nicht-materieller Leistungserstellung meist leicht unterschiedlich. Eine klare Funktionsprüfung ist dabei nicht möglich, womit auch Gewährleistungsansprüche meist nicht durchsetzbar sind. Vgl. zu einer ähnlichen Darstellung für den Anlagenbau, **Bohlmann, B.** (Beschaffungsnetzwerke, 2001), S. 42, diese unterscheidet sich ebenfalls nur nach dem Detaillierungsgrad.

80 **Hilpert, N./Rademacher, G./Sauter, B.** (Projektmanagement, 2001), S. 10.

- Der Anbieter zeigt während der **Angebotsphase** (Hauptstudienphase) seine Qualifizierung zur Erfüllung der Ausschreibungsbedingungen und entwickelt technische Lösungen. Er unterbreitet einen Angebotspreis und spezifiziert sein Angebot bezüglich weiterer Variablen[81]. Bei kooperativen Angeboten nimmt er außerdem Kontakt mit den Partnern auf und gibt mit diesen ein gemeinsames Angebot ab.
- Während der **Vertragsverhandlungen** (Detailstudien- und Hauptplanungsphase) finden zwischen einem reduzierten Anbieterkreis und dem Nachfrager bilaterale Verhandlungen statt. Die Phase endet mit Abschluss eines formaljuristischen Vertrags.
- Die eigentliche Leistungserstellung erfolgt in der **Projektabwicklungsphase** (Realisierungsphase). Diese kann wiederum in die Subphasen Planung, Erstellung und Übergabe unterteilt werden. Dem Kunden wird die Funktionsfähigkeit bei der Abnahme[82] demonstriert.
- In der **Gewährleistungsphase** hat der Anbieter den Betrieb sicherzustellen und gegebenenfalls Nachbesserungen vorzunehmen.

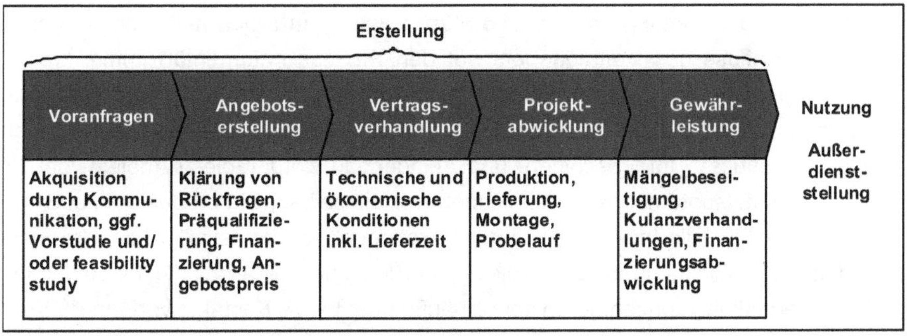

Abbildung 8: Fünf Phasen des Projektgeschäfts[83]

---

[81] Unter anderem abhängig von Vertragstyp, Finanzierung, Lieferzeit oder Funktionalität; vgl. dazu Abschnitt 4.2.3.

[82] Vgl. **Kochendörfer, B./Viering, M./Liebchen, J.** (Bau-Projekt-Management, 2004), S. 228f.

[83] Eigene Darstellung als Kombination der genannten Ansätze.

2.4.3 Geschäftsmodelle und Anbieterorganisation im Projektgeschäft

Die Projekte durchlaufen aber nicht nur sehr unterschiedliche Phasen über einen langen Zeitraum, sondern weisen in der Regel auch hohe Komplexitäten und Auftragsvolumina auf. Daher haben sich in der Praxis zahlreiche **Organisationsformen** herausgebildet, in denen Anbieter am Markt auftreten und Projekte vergeben werden. Diese unterscheiden sich im Wesentlichen hinsichtlich der Anforderungen an Kompetenz und Kapazität des Auftraggebers, aber auch hinsichtlich der Risikostreuung zwischen Auftraggeber und -nehmer[84].

Den meisten Einfluss hat der Auftraggeber bei der individuellen Vergabe an **Einzelunternehmen**, also direkt an die Bauunternehmen bzw. Lieferanten und Hersteller. Dabei behält er jedoch ein Maximum an zu koordinierenden Schnittstellen und trägt den Großteil des Haftungsrisikos selbst. Bei der gebündelten Vergabe von Leistungen an einen **(Teil-) Generalunter- bzw. -übernehmer**[85] reduziert sich die Anzahl der Schnittstellen aus Sicht des Auftraggebers; der Vertragspartner kann Schnittstellen über mehrere Prozesse hinweg intern optimieren. Dieser Effekt wird bei zusätzlicher Vergabe der Planung an einen **Totalüber- bzw. -unternehmer** noch verstärkt, wobei der Einfluss des Auftraggebers auf den Prozess naturgemäß immer weiter absinkt. Bei einer Vergabe der Projektsteuerung und -ausführung an ein **Generalmanagement** sind die Anforderungen an den Auftraggeber minimiert, damit aber auch sein Einfluss[86]. Im Maschinen- und Anlagenbau werden diese Anbieter häufig auch als „Handelsunternehmen" bezeichnet, weil sie selbst nicht produzieren und nur in Ausnahmefällen die Ingenieurleistungen erbringen, sondern sich auf den Im- und Export der Einzelleistungen, die Projektsteuerung und vor allem die Finanzierung und ihre Vermittlung konzentrieren sowie häufig über lokale Kontakte verfügen[87].

---

84 **Kochendörfer, B./Viering, M./Liebchen, J.** (Bau-Projekt-Management, 2004), S. 58.

85 Der General„-unternehmer" führt Teile des Auftrags mit eigenen Ressourcen aus, der General „-übernehmer" vergibt alle Leistungen an Subunternehmer. Analoges gilt für den Totalunter- bzw. -übernehmer.

86 Vgl. zu einer Übersicht auch Abbildung 9. Obige Darstellung in Anlehnung an **Kochendörfer, B. /Viering, M./Liebchen, J.** (Bau-Projekt-Management, 2004), S. 58-64. Vgl. ebenda zu einer ausführlicheren Darstellung und zu Sonderformen wie Construction Manager und die Anbieterorganisation als Guaranteed Maximum Price. Zum Maschinen- und Anlagenbau vgl. **VDI-Gesellschaft Entwicklung, Konstruktion, Vertrieb** (Auftragsabwicklung, 1991); zu Lieferanten und Herstellern S. 25f, zum Konsortialgeschäft S. 22-25; zu Consultants S. 26 und zu Generalunternehmern S. 21f; vgl. vertiefend und ergänzend ebenda S. 13-30. Vgl. ergänzend **Gralla, M.** (Vertragsformen 1999), S. 67-177; hier wird außerdem feiner zwischen Wettbewerbs- und Vertragsformen unterschieden, was allerdings gerade bei dem GMP nicht völlig trennscharf möglich ist. Für diese Arbeit hat diese Differenzierung keine weitere Bedeutung.

87 Vgl. **VDI-Gesellschaft Entwicklung, Konstruktion, Vertrieb** (Auftragsabwicklung, 1991), S. 16.

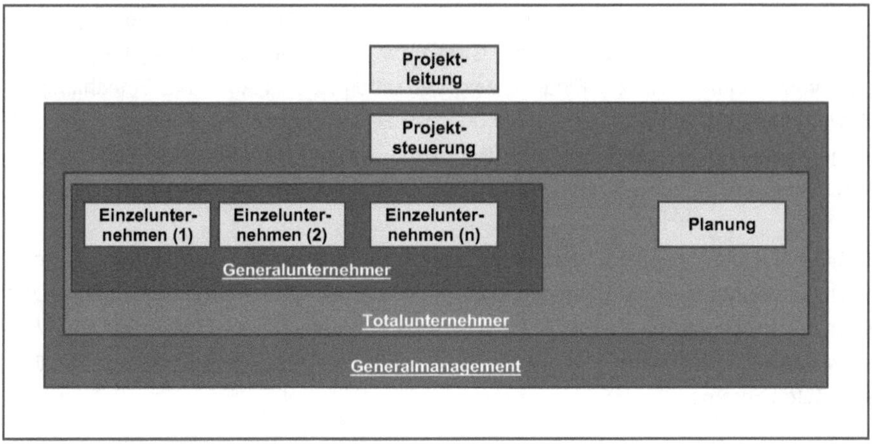

Abbildung 9: Leistungsmodelle im Projektgeschäft[88]

Im Bereich der öffentlichen Infrastruktur werden Aufträge in jüngerer Zeit auch im Rahmen einer **Public Private Partnership** vergeben. Dabei wird die Ausführung in der Regel mit der Finanzierung und dem Betrieb, zum Teil auch mit der Instandhaltung und Wartung gekoppelt[89].

2.4.4 Auftragsfinanzierung als Instrument des Marketing

Aufgrund der vergleichsweise hohen Auftragsvolumina im Projektgeschäft stellt das Instrument der Auftragsfinanzierung ein entscheidendes Marketing-Instrument dar. Die Abnehmer können die Projekte zumeist nicht bar nach Auftragsabschluss zahlen, sodass eine Finanzierung notwendig wird. In den meisten Fällen haben die Anbieter deutlich mehr Erfahrung mit Finanzierungen, verfügen über bessere Beziehungen und haben mitunter sogar eine bessere Bonität, sodass die Finanzierung der Projekte nicht nur vordergründig deren Bestand sicherstellt, sondern häufig auch zu den Kernkompetenzen von Unternehmen des Projektgeschäfts gezählt und somit von

88 Eigene, zusammenfassende Darstellung in Anlehnung an **Kochendörfer, B./Viering, M./Liebchen, J.** (Bau-Projekt-Management, 2004), S. 58-68; vgl. vertiefend zum Anlagenbau **VDI-Gesellschaft Entwicklung, Konstruktion, Vertrieb** (Auftragsabwicklung, 1991).

89 Vgl. zu einer Übersicht beispielsweise **Kochendörfer, B./Viering, M./Liebchen, J.** (Bau-Projekt-Management, 2004); ausführlich in dem Herausgeberband **Liebchen, J.H./Viering, M.G./ Zanner, C.H.** (PPP, 2007), S. 21-73.

diesen bereitgestellt oder wenigstens vermittelt wird[90]. **Auftragsfinanzierung** meint dabei die Bereitstellung des Working Capital für das Projekt und damit die Beschaffung von Finanzmitteln zur Finanzierung der Differenz aus Aus- und Einzahlungen. Soweit dies nicht aus eigenen Mitteln geschieht, zählen dazu die Refinanzierung von eingeräumten Zahlungszielen durch Banken sowie gegebenenfalls die Beschaffung von Kreditversicherungen.

Dabei kann die Finanzierung auf die eigentliche Leistungserstellung begrenzt sein, aber auch – beispielsweise bei Betreiberprojekten oder Absatzfinanzierungen – weit über die Fertigstellung des eigentlichen Objekts hinausgehen. Dazu kann die Verantwortung für die operative Abwicklung aller mit dem Auftrag verbundenen Finanzaktivitäten kommen[91].

Für die meisten Fälle lassen sich die Auszahlungsüberhänge in drei Zeiträume entlang der Projektphasen gliedern[92]:

- **Vor Angebotsvergabe** fallen Kosten für die Akquisition und Angebotserstellung an, dazu kommen gegebenenfalls noch zu hinterlegende Bietergarantien.
- **Während der Leistungserstellung** decken die An- und Teil- bzw. Abschlagszahlungen in der Regel die Kosten für die laufende Planung und Fertigung nicht voll.
- **Nach Fertigstellung** müssen Gewährleistungseinbehalte finanziert werden, dazu kommt in den meisten Fällen eine Zielfinanzierung über weitere Jahre.

Diese Finanzierungen werden in der Bundesrepublik Deutschland im Wesentlichen von den Geschäftsbanken geleistet. Darüber hinaus gibt es zwei Spezialinstitute, die speziell in der Exportfinanzierung tätig sind: die Kreditanstalt für Wiederaufbau (KfW) und die Ausfuhr Kreditanstalt (AKA)[93].

---

90 Vgl. **Backhaus, K./Voeth, M.** (Industriegütermarketing, 2007), S. 353; **Metschies, U.** (WiWo, 1995), S. 110.

91 Vgl. **Isselstein, T./Schaum, F.** (Auftragsfinanzierung, 1998), S. 164ff; **Backhaus, K.** (Industriegütermarketing, 2003), S. 550ff; **Zander, R.** (Entscheidungsverfahren, 2004), S. 84f; wobei zum Teil zwischen Auftragsfinanzierung im engeren und weiteren Sinne unterschieden wird.

92 Vgl. dazu die Projektphasen in Abbildung 8 und die Ausführungen in Abschnitt 2.4.2; teilweise auch **Backhaus, K.** (Industriegütermarketing, 2003), S. 552.

93 Die Ausfuhrkredit-Gesellschaft mbH ist ein Zusammenschluss mehrerer deutscher Geschäftsbanken mit dem Ziel der Exportfinanzierung.

Systematisch gibt es dabei drei Grundtypen der Auftragsfinanzierung[94]:

- Beim **Lieferantenkredit** räumt der Lieferant dem Besteller ein Zahlungsziel ein, das er bei einer Bank refinanziert. Die Kreditbeziehung besteht zwischen Anbieter und Bank, allerdings wird die Forderung häufig als Sicherheit abgetreten.
- Der **Bestellerkredit** dagegen wird vom Abnehmer aufgenommen, sodass eine Kreditbeziehung zwischen ihm und der Bank besteht. Darüber hinaus verlangt die Bank häufig eine Garantie des Anbieters, beispielsweise durch eine Exportkreditversicherung.
- Bei der **Forfaitierung** wird die Forderung des Auftragnehmers an einen Dritten verkauft, der damit das Ausfallrisiko und das Eintreiben der Forderung übernimmt.

Es gibt einige Unterformen dieser Auftragsfinanzierung, beispielsweise die **Projektfinanzierung**. Die Besonderheit gegenüber einer „normalen" Finanzierung liegt darin, dass die Bank Fremdkapital direkt an die Projektgesellschaft gibt und damit der Kapitaldienst aus dem Projekt bzw. dessen Cash Flow selbst erfolgt[95]. Das bedeutet, dass die Bilanz des Anbieters nicht unmittelbar belastet wird[96]. Darüber hinaus kann der Rückgriff auf das Mutterunternehmen durch die rechtliche und finanzielle Unabhängigkeit des Projekts beschränkt oder sogar ausgeschlossen und damit das Risiko begrenzt werden[97]. Die Projektfinanzierung zielt daher auf die Wirtschaftlichkeit eines Projekts ab, nicht mehr so sehr auf die Bonität von Anbieter oder Abnehmer[98].

Für diese Arbeit ist entscheidend, dass die Finanzierung der Leistungserstellung gerade bei großen Projekten zu den wesentlichen Kompetenzen von Unternehmen des Projektgeschäfts zählt. In manchen Fällen kann diese Finanzierung so erfolgen, dass die Bilanz des Auftragnehmers unberührt bleibt (z.B. bei der Projektfinanzierung). In anderen Fällen entstehen jedoch Forderungen, die unter Umständen über längere Zeit Bestand haben. Diese direkten **Forderungen des Auftragnehmers** sind Betrachtungsobjekt dieser Arbeit.

---

94 Vgl. hier und im Folgenden **Backhaus, K.** (Industriegütermarketing, 2003), S. 555-559 und **Backhaus, K./Voeth, M.** (Industriegütermarketing, 2007), S. 358ff, vgl. ebenda zu einem detaillierteren Vergleich der Instrumente.

95 Vgl. **Jacob, D./Baumgart, C.** (2007), S. 218.

96 Vgl. **Jacob, D./Baumgart, C.** (2007), S. 218.

97 Vgl. **Jacob, D./Baumgart, C.** (2007), S. 219f. Naturgemäß muss die Bank solch eine Finanzierung eingehend prüfen, wodurch ein erheblicher Zeitaufwand zusätzlich zum Aufwand für die finanzielle Strukturierung des Projekts entsteht; vgl. ebenda, S. 220f.

98 Vgl. **Tytko, D.** (Projektfinanzierung, 1999), S. 9-12; **Backhaus, K.** (Industriegütermarketing, 2003), S. 566-571.

3 Risikomanagement

Offensichtlich bestehen im Projektgeschäft einige Besonderheiten, die auch an das Risikomanagement spezielle Anforderungen stellen. Um diese zu identifizieren, wird das Risikomanagement nachfolgend **allgemein** vorgestellt, bevor in Kapitel 4 auf die Spezifika des Risikomanagements im Projektgeschäft eingegangen wird.

Risikomanagement hat in den letzten Jahren – nicht zuletzt durch die Einführung des Gesetzes zur Kontrolle und Transparenz im Unternehmen (KonTraG) – in der wissenschaftlichen Literatur und der unternehmerischen Praxis, aber auch in den Medien deutlich an Beachtung gewonnen[99]. Zur Einordnung des Begriffs soll aber nicht bei der aktuellen Darstellung begonnen werden, wo er vielfach als Modewort benutzt wird. Fast alle Elemente, die zum Risikomanagement gehören, hat es vorher lange schon gegeben, ohne dass sie unter diesem Begriff zusammengefasst worden wären. Zu diesen Elementen gehören beispielsweise das Liquiditäts- und das Forderungsmanagement.

Hier ist Factoring einzuordnen, denn Factoring ist – wie zu zeigen sein wird – ein Instrument des Liquiditäts- und Forderungsmanagements und damit des Risikomanagements.

Für die Zwecke der vorliegenden Arbeit wird zunächst in Abschnitt 3.1 ein Überblick zum Risikomanagement in Unternehmen gegeben, der zugleich als inhaltliche Einordnung des Liquiditäts- und spezieller des Forderungsmanagements dient. Das Liquiditätsmanagement selbst wird in Abschnitt 3.2 detailliert dargestellt; Abschnitt 3.3 geht noch einmal tiefer auf das Forderungsmanagement als Bestandteil des Liquiditätsmanagements ein. Factoring als Instrument des Risikomanagements wird in Abschnitt 3.4 beschrieben.

---

[99] Vgl. beispielsweise **Doerner, D./Horváth, P./Kagermann, H.** (Einordnung, 2000), S. 7.

3.1 Risikomanagement im Unternehmen

Mit der wachsenden Bedeutung des Risikomanagements ist auch eine breite Palette an Fachliteratur entstanden[100], die für die vorliegende Arbeit ausgewertet wurde. Die nachfolgende Darstellung konzentriert sich auf die Begriffsbestimmung und den grundlegenden Überblick zum Risikomanagement, um damit auch den Rahmen zur Einordnung des Liquiditätsmanagements, des Forderungsmanagements und des Factoring zu beschreiben.

3.1.1 Begriff des Risikos

Am einfachsten lässt sich „Risiko" sprachlich ableiten; das aus dem lateinischen stammenden Wort „riscare" kann mit „wagen" übersetzt werden[101]. Aber selbst diese semantischen und auch die historischen Wurzeln[102] werden in der Literatur kontrovers diskutiert und scheinen nicht abschließend geklärt. Aus historischer Perspektive könnte Risiko generell als Wagnis, in Abgrenzung zu den Begriffen Unsicherheit und Ungewissheit als **aktive Wahlentscheidung** anstatt eines bloßen Ereignisses verstanden werden[103].

So wundert es nicht, dass der Begriff des Risikos weder in Theorie noch Praxis durchgehend konsistent definiert wird; es hat sich über die Jahre lediglich ein Sprachgebrauch entwickelt. Selbst der Gesetzgeber hat im Gesetz zur Kontrolle und Transparenz im Unternehmen (KonTraG) zwar ein Risikomanagement- und -überwachungssystem gefordert, aber sowohl im Gesetzestext als auch in der Gesetzesbegründung versäumt, einen Risikobegriff zu definieren[104].

---

[100] Vgl. beispielsweise **Hahn, D./Hungenberg, H.** (PuK, 2001); **Horváth, P.** (Controlling, 2006); **Weber, J.** (Controlling, 2004); **Braun, H.** (Controllingaufgabe, 1984); **Gietl, G./Lobinger, W.** (Risikomanagement, 2006); **Götze, U./Betz, S.** (Risikomanagement, 2001); **Keitsch, D.** (Risikomanagement, 2000); **Kupsch, P.** (Risikomanagement, 1995).

[101] Vgl. **Bernstein, P.L.** (Geschichte, 1997), S. 18.

[102] Zu einer historischen Übersicht vgl. beispielsweise ausführlich **Bernstein, P.L.** (Geschichte, 1997).

[103] Vgl. **Bernstein, P.L.** (Geschichte, 1997), S. 18; vgl. zu einer ähnlichen Darstellung **Fiege, S.** (KonTraG, 2005), S. 37.

[104] Vgl. **Deutscher Bundestag** (Beschluss KonTraG, 1998) zum Gesetzestext und **Deutscher Bundestag** (KonTraG, 1998), S. 11-37 zur Begründung; **Weber, J./Weißenberger, B./Liekweg, A.** (Tracking&Reporting, 1999), S. 1711; **Fiege, S.** (KonTraG, 2005), S. 37f; S. 44-48; lediglich **Kromschröder, B./Lück, W.** (Unternehmensüberwachung, 1998), S. 239 nehmen für sich in Anspruch, einen engeren, also verlustorientierten Risikobegriff zu erkennen, genauer einen Verlustbegriff, der „über die kritische Grenze determiniert [ist]".

Die Abgrenzung zur Unsicherheit ergibt sich wissenschaftlich aus den **ursachenbezogenen Ansätzen** zum Risikobegriff. Diese stellen die aus der unsicheren Zukunftssituation resultierende Ursache des Risikos in den Fokus ihrer Betrachtung. Unsicherheit[105] und damit „unvollkommene Information"[106] gilt demnach als Voraussetzung von Risiko[107]. Dem liegt ein breiter Unsicherheitsbegriff zugrunde, der beispielsweise auch menschliches Versagen als eine Risikoursache einschließt[108]. Das Risiko an sich wird aber erst durch eine Entscheidung und eine damit verbundene zielgerichtete Handlung oder Unterlassung konstituiert, ohne die keine Zielabweichung eintreten könnte. Die ursachenbezogenen Ansätze werden daher auch als **entscheidungsorientierte** Ansätze bezeichnet[109].

Anschaulicher wird die Definition durch die Betrachtung des gegensätzlichen Begriffspaars **Risiko und Chance**. Auch hier liegt eine bewusste Entscheidung zugrunde: Risiko entsteht aus einer Entscheidung, die gegenüber einer Chance[110] abwägt. So begreift Krystek die Chance positiv als „Möglichkeit des Gewinns bei allerdings

---

105 Vgl. dazu **Albach, H.** (Ungewissheit, 1984).

106 **Wittmann, E.** (Information, 1959), S. 55; **Helten, E./Bittl, A./Liebwein, P.** (Versicherung, 2000), S. 159 spricht von „Informationsdefizit".

107 Dieses Verständnis hat sich vor allem im deutschsprachigen Raum durchgesetzt (vgl. **Helten, E./Bittl, A./Liebwein, P.** (Versicherung, 2000), S. 159; **Küppler, H.U./Weber, J.** (Controlling, 1995), S. 287; **Steinle, C./Thiem, H./Bosch, T.** (Risikomanagement, 1997), S. 360; **Fiege, S.** (KonTraG, 2006), S. 38f; **Fasse, F.W.** (Marketing, 1995), S. 50).
In der englischsprachigen Literatur wird z.T. diskutiert, ob erst die Wahrscheinlichkeit konstituierendes Merkmal von Risiko ist, genauer ihre Objektivität bzw. Subjektivität. **Knight, F.H.** (Risk, 1921) geht beispielsweise davon aus, dass nur bei objektiver Messbarkeit der Wahrscheinlichkeit ein Risiko vorliegt (S. 5), was sich aber in der Praxis offensichtlich nicht durchgesetzt hat: Objektiv messbare Wahrscheinlichkeiten liegen in Unternehmen naturgemäß nur in den seltensten Fällen vor, dennoch wird in der Praxis fast schon inflationär häufig von Risiko gesprochen (vgl. dazu ausführlicher **Fiege, S.** (KonTraG, 2005), S. 38f; **Fasse, F.W.** (Marketing, 1995), S. 50f; **Haas, M.** (Controlling, 1996), S. 16).

108 Vgl. **Bussmann, K.** (Risiko, 1955), S. 20; **Wittmann, E.** (Information, 1959), S. 36; **Schneider, D.** (Risk, 2001), S. 184.

109 Vgl. hier und im Folgenden **Krämer, G.** (Risiko 2002) S. 309f; **Imboden, C.** (Risikohandhabungsverfahren, 1983), S. 45ff; auch **Fiege, S.** (KonTraG, 2005), S. 42. Diese verwirft die Verwendung diverser Definition im Rahmen des KonTraG allerdings wieder, da auch ein „asymmetrisches Risiko" (S. 45f) wie z.B. ein Diebstahl für ein Unternehmen bestandsgefährdend sein kann. Allerdings umfasst auch ein entscheidungsorientierter Risikobegriff eine Mehrheit der asymmetrischen Risiken, da viele von diesen aus subjektiver Sicht ebenfalls durch eine Entscheidung (wie z.B. eine Versicherung, eine Sicherheitseinrichtung, etc.) beeinflusst werden.
Zu einer alternativen Definition der entscheidungsbezogenen Ansätze („Gefahr einer Fehlentscheidung") vgl. **Mikus, B.** (Risikobegriffe, 2001), S. 5.

110 Es wird an dieser Stelle nicht tiefer darauf eingegangen, ob die Chance bereits mit Eintritt des Ziels erfüllt ist, oder ob der Eintritt einer Chance über das anvisierte Ziel hinausgeht. Die Diskussion ist für die Arbeit nicht grundlegend, zumal sie naturgemäß stark abhängig von der Zieldefinition ist, genauer vom Umfang des definierten Ziels (bei dem Ziel „get as much upside as possible" beispielsweise wäre die Diskussion hinfällig). Vgl. zu einem Überblick **Fiege, S.** (KonTraG, 2005), S. 43f, vertiefend **Wossidlo, P.** (Reservierung, 1970), S. 43; **Braun, H.** (Controllingaufgabe, 1984), S. 23; **Kupsch, P.** (Risiko, 1973), S. 29.

vorhandenem [...] Risiko“[111]. In der jüngeren Literatur kristallisiert sich das Verständnis des spekulativen Risikos heraus, das Chance als Gegenausprägung von Risiko definiert. Diese Definition beruht meist auf einem zweistufigen Risikobegriff[112]: Das spekulative Risiko **im weiteren Sinne** ist als übergeordneter Begriff wertneutral und umfasst sowohl das Risiko **im engeren Sinne** als negative Abweichung wie auch die Chance als positive Abweichung von einer neutralen Ausprägung[113].

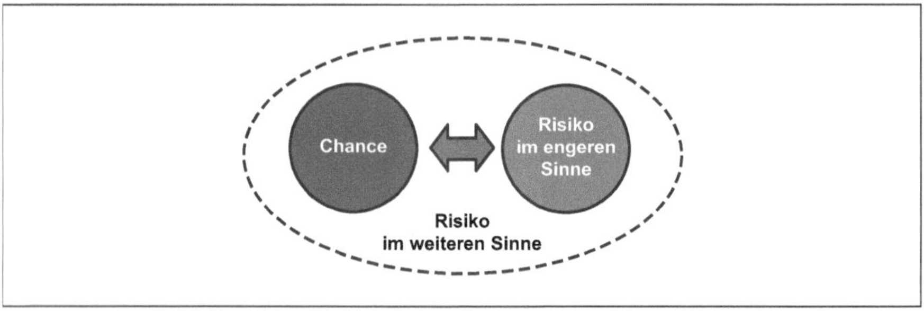

Abbildung 10: Zweistufiger Risikobegriff[114]

Aus **wirkungsbezogener** Perspektive wird Risiko zunächst als allgemeine Zielverfehlung verstanden, d.h. über die Wirkung definiert, die bei Eintritt des Risikos auftreten kann. Die meisten Definitionen meinen damit allerdings die negative Zielverfehlung, den Verlust (vergleichbar mit dem entscheidungsbezogenen Risikobegriff im engeren Sinne)[115]. Dieses Verständnis kann hier unabhängig davon betrachtet werden, welcher Verlustbegriff[116] – oft abhängig von der jeweiligen Forschungsrichtung – zugrunde gelegt wird.

---

111 **Krystek, U.** (Krisen 1989), S. 31.

112 Vgl. dazu auch Abbildung 10.

113 Vgl. dazu **Wall, F.** (Risiko, 2003), S. 665f; **Guserl, R.** (Risikomanagement, 1996), S. 525, **Steinle, C./Thiem, H./Bosch, T.** (Risikomanagement, 1997), S. 360f; **Küppler, H.U./Weber, J.** (Controlling, 1995), S. 287; **Kromschröder, B./Lück, W.** (Unternehmensüberwachung, 1998), S. 238f; zu einer breiteren Literaturübersicht **Diederichs, M.** (Risikomanagement, 2004), S. 9.

114 Eigene Darstellung, zu den Inhalten vgl. die jeweiligen Fußnoten. Zu einer alternativen Darstellung vgl. **Peridon, L./Steiner, M.** (Finanzwirtschaft, 1997), S. 98.

115 Vgl. **Hahn, D.** (Risiko-Management, 1987), S. 137; **Hahn, D./Krystek, U.** (Früherkennung, 2000), S. 159; **Helten, E./Bittl, A./Liebwein, P.** (Versicherung, 2000), S. 159; **Fiege, S.** (KonTraG, 2005), S. 43; **Steinle, C./Thiem, H./Bosch, T.** (Risikomanagement, 1997), S. 360; **Küppler, H.U./Weber, J.** (Controlling, 1995), S. 287 und **Braun, H.** (Controllingaufgabe, 1984), S. 23, hier findet sich außerdem eine breitere Literaturübersicht.

116 **Leitner, F.** (Unternehmensrisiken, 1915) und **Bussmann, K.** (Risiko, 1955) definieren Risiken in grundlegenden Arbeiten zum Risiko sehr konkret als „unmittelbare und mittelbare Vermögensbestandsverluste und Vermögensaufwendungen“ (**Leitner, F.** (Unternehmensrisiken, 1915), S. 7; ebenfalls bei **Diederichs, M.** (Risikomanagement, 2004), S. 9) bzw. „Risiko als Verlustgefahr“ (**Bussmann, K.** (Risiko, 1955), S. 19). Dagegen verstehen **Oberparleitner, K.** (Warenhandel, 1955) und **Wittmann, E.** (Information, 1959) Risiko etwas allgemeiner als „Verlustgefahr“

Risiko entsteht demnach als Folge einer Entscheidung, durch die in einer Situation der Unsicherheit über die Zukunft ein Ziel formuliert und ein Tun oder Unterlassen initiiert wird. Ursachenbezogen ist das Risiko demnach Ausfluss der Entscheidung unter Unsicherheit, wirkungsbezogen spiegelt es die Möglichkeit einer Zielabweichung wider. Der Risikobegriff umfasst dabei – zumal in der neueren Literatur – nicht nur die negative, sondern auch die positive Zielabweichung, die Chance. Dennoch wird für diese Arbeit der Risikobegriff im engeren Sinne, also allein der einer negativen Zielabweichung, zugrunde gelegt[117], da bei den für das Factoring betrachteten Grundfunktionen[118] eine positive Zielabweichung systematisch irrelevant ist.

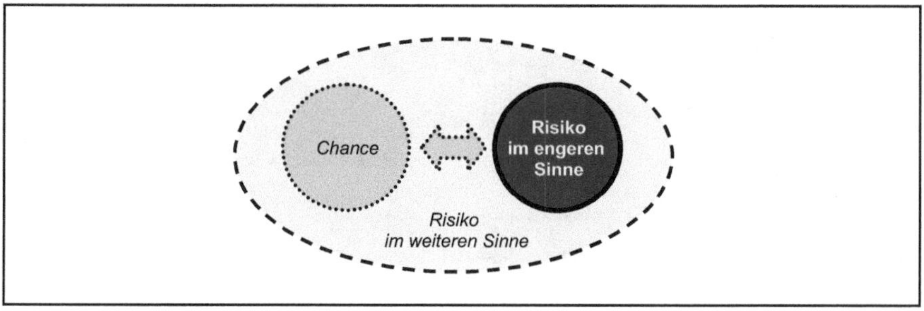

Abbildung 11: Risikobegriff für die vorliegende Arbeit[119]

3.1.2 Begriff der Unternehmenskrise

Auch eine Krise resultiert aus Risiken. Ein Risiko wird in der betriebswirtschaftlichen Literatur übereinstimmend dann als bestandsgefährdend, existenziell oder existenzbedrohend[120] bezeichnet, wenn sein Wirksamwerden zur Überschuldung oder Illiquidität des Unternehmens führen kann[121]. Unternehmenskrisen „gefährden den Fortbestand der gesamten Unternehmung substanziell und nachhaltig oder machen

(**Oberparleitner, K.** (Warenhandel, 1955), S. 99) bzw. „Eintritt eines Gefahrenereignisses" (**Wittmann, E.** (Information, 1959), S. 36).

117 Vgl. dazu Abbildung 11.

118 Die beim Factoring auszulagernden Grundfunktionen sind Bonitätsprüfung, Forderungsbegründung, Forderungsbearbeitung, Absicherung des Ausfallrisikos und Finanzierung (vgl. dazu Abbildung 33). Es ist beispielsweise nicht sinnvoll, davon auszugehen, dass eine Forderung zu mehr als 100% beglichen wird.

119 Eigene Darstellung als Abgrenzung zu Abbildung 10.

120 Begriffe werden in der Arbeit synonym verstanden.

121 Vgl. **Coenenberg, A.** (Jahresabschluss, 2000), S. 79; aus rechtlicher Sicht **Förschle, G.P.** (Überwachungssysteme, 1999), Rn. 72; **Fiege, S.** (KonTraG, 2005), S. 49; **Arbeitskreis interne und externe Überwachung der Unternehmung** (Überwachung, 2000), S. 2.

ihn sogar unmöglich"[122]. Damit entspricht eine akute Krise dem **Eintritt eines bestandsgefährdenden Risikos**[123].

Zumeist tritt eine akute Krise jedoch nicht abrupt, auch nicht grund- und ursachenlos ein, sondern hat ihre Wurzeln in vorangehenden Phasen. In einem grundlegenden Werk zu Unternehmenskrisen hat Krystek ein Phasenmodell für Unternehmenskrisen aus verschiedenen anderen wissenschaftlichen Ansätzen zu Krisenprozessen entwickelt[124].

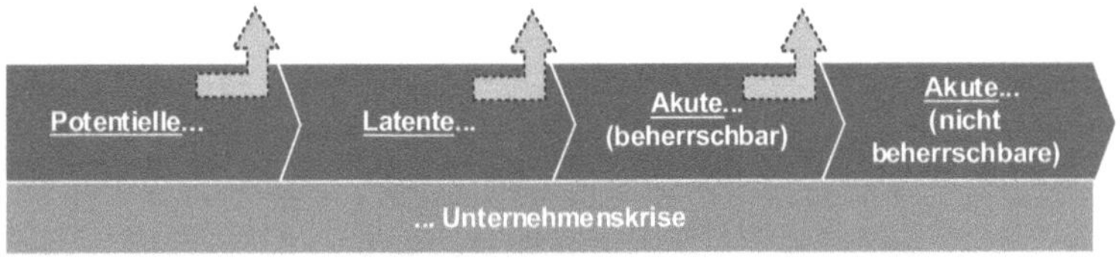

Abbildung 12: Idealtypisches Krisenverlaufsschema[125]

- Zu Beginn eines Krisenprozesses befindet sich das Unternehmen quasi im Normalzustand, die Krise ist lediglich eine denkbare Möglichkeit. Obwohl hier systematisch die ersten Ursachen für die Krise begründet sind und damit der Steuerung bereits entscheidende Bedeutung zukäme, wird die **potentielle Unternehmenskrise** meist noch nicht erkannt[126].
- Während der zweiten Phase ist die **latente Unternehmenskrise** mit dem normalen Instrumentarium der Früherkennung[127] immer noch nicht erkennbar, obwohl eine Verschärfung der Situation bereits wahrscheinlicher geworden ist. Auch zu diesem Zeitpunkt sind noch ursachenbezogene Steuerungsmaßnahmen möglich, die eine akute Krise abwenden könnten[128].

---

122 Hier und im Folgenden **Krystek, U.** (Unternehmungskrisen, 2002), S. 89; ähnlich **Krystek, U.** (Unternehmungskrisen, 1987), S. 5.

123 Vgl. **Krystek, U.** (Unternehmungskrisen, 2002), S. 89, **Krystek, U.** (Unternehmungskrisen, 1987), S. 4-6f; **Institut der Wirtschaftsprüfer** (Handbuch, 1998), S. 306f; ebenfalls **Bickhoff, N./ Eilenberger, G.** (Krisen, 2004), S. 5f; **Krystek, U./Moldenhauer, R.** (New Economy, 2004), S. 223f; **Krystek, U.** (Aufgaben, 1999), S. 146; **Fiege, S.** (KonTraG, 2005), S. 50f.

124 Vgl. **Krystek, U.** (Unternehmungskrisen, 1987),S. 11-32.

125 Vereinfachte Darstellung in Anlehnung an **Krystek, U.** (Unternehmungskrisen, 1987), S. 30. Dort wird ein wesentlich umfassenderes Modell vorgestellt, was zusätzlich auf Vermeidungs- und Bewältigungsanforderungen und -potential, Identifikationspotential, Früherkennungsanforderungen und Intensität der Wirkungen eingeht.

126 Vgl. **Krystek, U.** (Unternehmungskrisen, 1987), S. 29f.

127 Vgl. zum Begriff der Früherkennung vertiefend Abschnitt 3.2.6 und Abbildung 25.

128 Vgl. **Krystek, U.** (Unternehmungskrisen, 1987), S. 30f.

- In der Phase einer **akuten**, aber noch **beherrschbaren Unternehmenskrise** sind erste destruktive Wirkungen bereits wahrnehmbar, sodass der Zeitdruck steigt. Die Anforderungen an die Krisenbewältigung nehmen zu und mögliche Maßnahmen sind zunehmend wirkungsbezogen, um Handlungsspielraum zurückzugewinnen[129].
- Bei der **akuten Unternehmenskrise** übersteigen die Anforderungen an die Krisenbewältigung bereits die möglichen Maßnahmen, sodass existenzielle Ziele nicht mehr erreicht werden können. Die Krise ist **nicht mehr beherrschbar**[130].

Auch wenn es sich um einen ungeplanten und ungewollten Prozess handelt, ist der Krisenverlauf jedoch keineswegs schicksalhaft vorgegeben, sondern kann aktiv beeinflusst werden und hat damit zunächst einen „**ambivalenten Ausgang**. [...] Eine erfolgreiche Krisenbewältigung ist ebenso möglich wie die Unternehmensaufgabe"[131]. Es handelt sich dabei um den Verlauf, der eintritt, falls Gegenmaßnahmen auf den verschiedenen Stufen nicht oder wenigstens nicht erfolgreich eingeleitet werden[132]. Ein Beginn und ein Ende der Krise ist in jeder der vier Phasen möglich[133].

Es lässt sich erkennen, dass eine Krise ihre Wurzeln meist in wesentlich früheren Phasen hat, lange bevor sie akut (d.h. bestandsgefährdend) wird[134]. Inhaltlich durchläuft eine Krise idealtypisch drei Stadien. Während der **strategischen Krise** sind die Erfolgspotentiale bedroht oder gehen sogar verloren. Dadurch ist der operative Unternehmenserfolg, d.h. die Gewinnerzielung gefährdet. Daraus entsteht eine **Erfolgskrise**. Als Ergebnis macht das Unternehmen Verlust und gerät nachfolgend in eine **Liquiditätskrise**. Diese ist – nach oben genannter Definition – unmittelbar existenzbedrohend. Besonders verheerend ist dabei, dass der Handlungsdruck zwar immer weiter zunimmt, gleichzeitig der Handlungsspielraum aber immer stärker eingeschränkt ist[135].

---

[129] Vgl. **Krystek, U.** (Unternehmungskrisen, 1987), S. 31.
[130] Vgl. **Krystek, U.** (Unternehmungskrisen, 1987), S. 31f.
[131] **Krystek, U./Moldenhauer, R.** (New Economy, 2004), S. 224.
[132] Vgl. dazu Abbildung 12, sowie **Krystek, U.** (Unternehmungskrisen, 1987), S. 31f.
[133] Vgl. **Krystek, U.** (Unternehmungskrisen, 1987), S. 31f; in der Graphik durch gestrichelte Pfeile gekennzeichnet.
[134] Vgl. Abbildung 12.
[135] Vgl. **Krystek, U./Moldenhauer, R.** (New Economy, 2004), S. 224f, zur Veranschaulichung Abbildung 13.

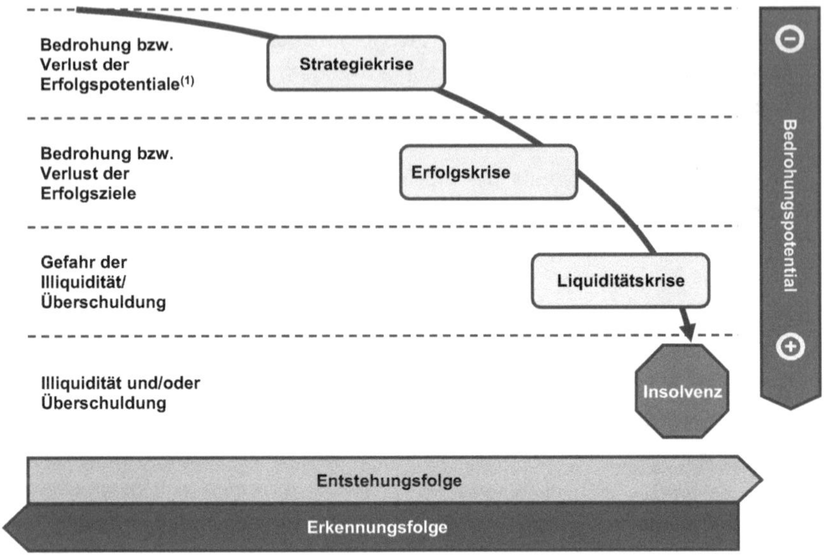

Abbildung 13: Inhaltlicher Verlauf einer Krise[136]

Die Einordnung der Liquiditätskrise in den idealtypischen Krisenverlauf lässt erkennen, dass sie der Insolvenz unmittelbar vorgelagert ist. In diesem Stadium ist die Unternehmenskrise in aller Regel akut, d.h. es handelt sich um bestandsgefährdende Risiken[137]. Auf eine weitergehende graduelle Abstufung[138] kann in dieser Arbeit deshalb verzichtet werden. Die Literatur bietet außerdem zahlreiche Ansätze, die sich mit dem Erkennen, Bewerten und Steuern von Krisen beschäftigen[139]. Auch diese Ansätze zum Krisenmanagement gehen über den Fokus dieser Arbeit hinaus und sollen an dieser Stelle ebenfalls nicht vertieft werden.

---

136 Nach **Krystek, U./Moldenhauer, R.** (New Economy, 2004), S. 225; vgl. ursprünglich **Müller, R.** (Krisenmanagement, 1986), S. 317; zu einer handlungsorientierten Weiterentwicklung vgl. **Bickhoff, N./Eilenberger, G.** (Krisen, 2004), S. 16.

137 Vgl: dazu vertiefend Abschnitt 3.2.3.

138 **Fiege, S.** (KonTraG, 2005), S. 49f unterscheidet bestandsgefährdende, wesentliche, relevante und unwesentliche; vgl. vertiefend **Coenenberg, A.** (Jahresabschluss, 2000), S. 79, **Helten, E./ Bittl, A./Liebwein, P.** (Versicherung, 2000), S. 447-450; **Arbeitskreis interne und externe Überwachung der Unternehmung** (Überwachung, 2000), S. 2.

139 Vgl. beispielsweise **Krystek, U.** (Unternehmungskrisen, 1987); **Müller, R.** (Krisenmanagement, 1986); **Krystek, U./Moldenhauer, R.** (New Economy, 2004); zu einer handlungsorientierten Weiterentwicklung vgl. **Bickhoff, N./Eilenberger, G.** (Krisen, 2004). Zu einer kurzen Zusammenfassung und inhaltlichen Einordnung vgl. außerdem Abschnitt 3.1.6.3.

3.1.3 Begriff des Risikomanagements

Es liegt nahe, dass Risiken im Unternehmensalltag nicht schlicht als Ereignis hingenommen werden können, sondern im Sinne von Risikomanagement aktiv angegangen werden müssen. Risikomanagement[140] ist zunächst in den 50er Jahren im amerikanischen Sprachraum als **Management versicherbarer Risiken** (Risiken im engeren Sinne[141]) bekannt geworden. Diese ursprüngliche Form des Risikomanagements hat primär die Versicherbarkeit eines Risikos und dann eine möglichst kostengünstige Versicherung dieses Risikos bis hin zum prämienfreien Hedging[142] zum Ziel[143] und wird auch als spezielles Risikomanagement, Risikomanagement im engeren Sinne oder treffender als Insurance-Management bezeichnet[144].

Das Risikomanagement im weiteren Sinne geht darüber hinaus und umfasst generell das Erkennen und Steuern von Risiken. In diesem Sinne wird Risikomanagement als Instrument der **Führungsunterstützung** verstanden. Ein wesentliches Merkmal der Unternehmensführung sind Entscheidungen und Verantwortung[145]; dazu gehören insbesondere auch Entscheidungen unter Unsicherheit[146]. Diese sind ihrerseits untrennbar mit Risiken verbunden[147] und können sogar ihrerseits ein Risiko begründen[148]. Das Risikomanagement soll – ähnlich wie das Controlling – die Führung mit entscheidungsrelevanten Informationen versorgen und Handlungsempfehlungen ableiten[149]. Während die allgemeine Unternehmensführung also die generellen Unternehmensziele optimiert, soll das Risikomanagement gewissermaßen eine

---

140 Zu einer sprachlichen Herleitung des Begriffs über „manus agere" (an der Hand führen) bzw. „mansionem agere" (Haus für den Eigentümer bestellen) vgl. **Diederichs, M.** (Risikomanagement, 2004), S. 20f.

141 Vgl. dazu Abschnitt 3.1.1.

142 Beispielsweise durch perfect hegdges (also hedges, die das Risiko komplett eliminieren), vgl. dazu **Hull, J.C.** (Derivatives, 2003), speziell zu perfect hedges S. 70. Allerdings schränkt er ein, dass perfect hedges rar sind: „The only perfect hedge is in a Japanese Garden" (ebenda, S. 70).

143 Vgl. **Fiege, S.** (KonTraG, 2005), S. 51, **Haller, M.** (Risiko-Management, 1986), S. 10; eine Einsparung der Versicherung kann durch perfect hedges möglich werden (also hedges, bei denen zwei Positionen sich gegenseitig so neutralisieren, dass das Risiko komplett eliminiert wird), vgl. dazu **Hull, J.C.** (Derivatives, 2003), speziell zu perfect hedges S. 70.

144 Vgl. dazu vertiefend **Helten, E./Bittl, A./Liebwein, P.** (Versicherung, 2000), S.173-191; **Braun, H.** (Controllingaufgabe, 1984), S. 27, **Hahn, D./Hungenberg, H.** (PuK, 2001), S. 38 und 138; **Fiege, S.** (KonTraG, 2005), S. 138; **Hahn, D.** (Unternehmensführung, 1987), S. 139.

145 Vgl. dazu ausführlich **Ansoff, H.I.** (Strategy, 1965); ebenfalls in **Mintzberg, H.** (Decision, 1990), S. 171; **Hahn, D./Hungenberg, H.** (PuK, 2001), S. 3ff, S. 35.

146 Vgl. **Hahn, D.** (Risiko-Management, 1987), S. 137ff; **Hahn, D./Hungenberg, H.** (PuK, 2001), S. 71-75.

147 Vgl. **Hahn, D./Hungenberg, H.** (PuK, 2001), S. 3ff, S. 37-39; **Diederichs, M.** (Risikomanagement, 2004), S. 11.

148 Vgl. dazu die Ausführungen zum entscheidungsorientierten Risikobegriff in Abschnitt 3.1.1.

149 Vgl. beispielsweise **Baum, H.G./Coenenberg, A./Günther, T.** (Controlling, 2004), S. 3f; **Weber, J.** (Controlling, 2004), S. 5ff; **Horváth, P.** (Controlling, 2006), S. 97-100.

Abweichung von diesen Zielen verhindern[150]. Wie in Abschnitt 3.1.1 dargestellt, umfasst Risiko im weiteren Sinne nicht nur negative, sondern auch positive Abweichungen, also Chancen. Das Risikomanagement muss sich folglich auf diesen erweiterten Risikobegriff, d.h. auf ein Verlassen des Zielkorridors in beide Richtungen beziehen[151]. Dies gilt selbst dann, wenn der Risikobegriff – wie in der vorliegenden Arbeit – auf die negativen Abweichungen begrenzt wird. Auch dann können Risikominimierung und -vermeidung nicht ausschließliche Aufgabe des Risikomanagements sein. Vielmehr müssen auch in diesem Fall im Rahmen des Risikomanagements Chancen – u.a. solche, die als Konsequenzen der Steuerungsmaßnahmen entstehen – mit betrachtet werden.

3.1.4 Ziele, Aufgaben, grundlegende Strategien des Risikomanagements

Naturgemäß leiten sich die **Ziele** des Risikomanagements individuell aus den jeweiligen Oberzielen des Unternehmens sowie seiner grundsätzlichen Risikoneigung ab[152]. Dennoch lassen sich allgemeingültig die Ziele der Sicherung, des Erhalts sowie der erfolgreichen Weiterentwicklung des Unternehmens festhalten[153] und als **Sicherungsaspekt** zusammenfassen. Dieser ist unabdingbare Voraussetzung („Metaziel“[154]) für alle übrigen Ziele, sodass ihm eine übergeordnete Bedeutung zukommt[155]. Die restlichen Ziele des Unternehmens lassen sich in die drei Gruppen der leistungswirtschaftlichen, sozialen und finanziellen Ziele gliedern[156].

Aus wirkungsbezogener Perspektive soll erfolgreiches Risikomanagement den Grad der Zielerreichung erhöhen[157]. Dazu gilt es, die Risiken aus der Zielsetzung und dem

---

150 Vgl. **Mikus, B.** (Risikomanagement, 1996), S. 108; **Fiege, S.** (KonTraG, 2005), S. 52. Selbstverständlich ist dies eine Idealvorstellung, das Verhindern einer Abweichung ist in der Praxis nicht, oder nur unter Aufwendung von Kosten, möglich. Der Ertrag ist letztlich vom Risiko (finanzwirtschaftlich als Volatilität definiert und gemessen) abhängig, sodass die Unternehmensführung Risiken eingehen muss. Vgl. dazu ausführlich 3.1.1.

151 Vgl. **Schmalenbach Tagung** (Risikomanagement und -controlling, 1999), S. 277.

152 Vgl. **Diederichs, M.** (Risikomanagement, 2004), S. 12, **Hahn, D./Hungenberg, H.** (PuK, 2001), S. 38.

153 Vgl. **Hahn, D./Hungenberg, H.** (PuK, 2001), S. 38; **Braun, H.** (Controllingaufgabe, 1984), S. 44f; **Haller, M.** (Risiko-Management, 1986), S. 484.

154 **Guserl, R.** (Risikomanagement Projektgeschäft, 1999), S. 426; ebenfalls in **Diederichs, M.** (Risikomanagement, 2004), S. 14.

155 Vgl. **Hahn, D.** (Risiko-Management, 1987), S. 139; **Baum, H.G./Coenenberg, A./Günther, T.** (Controlling, 2004), S. 5; **Fiege, S.** (KonTraG, 2005), S. 52; **Diederichs, M.** (Risikomanagement, 2004), S. 12f; **Glaum, M.** (Risikomanagement, 2000), S. 20 belegt dies auch empirisch: 1998 gaben 80% der befragten Unternehmen in einer deutschen Industriestudie (74 Teilnehmer, Rücklaufquote 48%, Fokus auf große deutsche AGs ohne Finanzdienstleister) die Sicherung des Unternehmensfortbestands als wichtigstes Ziel des Risikomanagements an.

156 Vgl. zu dieser Strukturierung **Diederichs, M.** (Risikomanagement, 2004), S. 12.

157 Vgl. **Mikus, B.** (Risikomanagement im Führungsprozess, 1999), S. 86.

Prozess der Zielerreichung zu erkennen und zu bewerten. Grundlage dafür ist die Schaffung eines generellen **Risikobewusstseins** im Unternehmen durch das Risikomanagement. Dieses bezieht sich auf die gesamte bestehende Risikosituation des Unternehmens sowohl hinsichtlich der Einzelrisiken wie der Gesamtexposition[158].

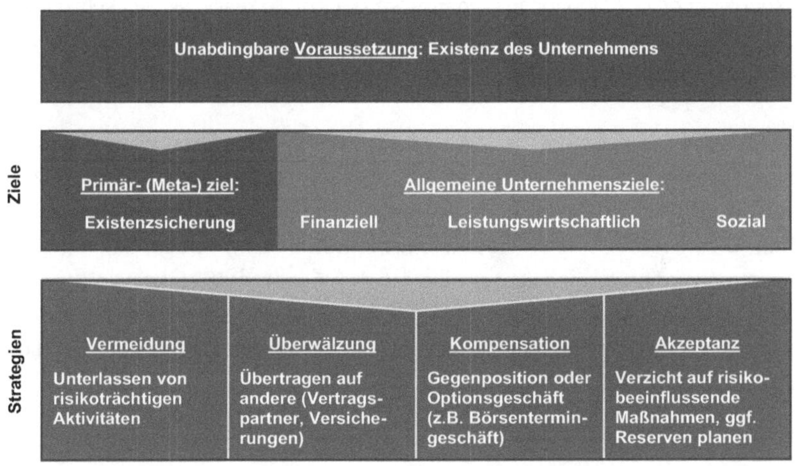

Abbildung 14: Ziele und Strategien des Risikomanagements[159]

Darüber hinaus gilt es, die Risikoposition nicht nur zu kennen, sondern auch zu beeinflussen. Wie dargestellt, geschieht dies nicht nur durch Reduzierung und Vermeidung, sondern auch in Abwägung gegenüber den Chancen[160]. Eine Zielverfolgung wird allgemein als Strategie formuliert. Wie in Abbildung 14 dargestellt, stehen den Unternehmen vier grundsätzliche Strategien zur Verfügung, um mit einer

[158] Vgl. **Braun, H.** (Controllingaufgabe, 1984), S. 43 und 58f; **Fiege, S.** (KonTraG, 2005), S. 53; **Diederichs, M.** (Risikomanagement, 2004), S. 14f.

[159] Eigene Darstellung in Anlehnung an **Diederichs, M.** (Risikomanagement, 2004), S. 14. Vgl. ähnlich **Hahn, D./Hungenberg, H.** (PuK, 2001), S. 39; **Hornung, K./Reichmann, T./ Diederichs, M.** (Risikomanagement, 1999), S. 321; **Haller, M.** (Risiko-Management, 1986), S.31f; ähnlich **Scharpf, P.** (Finanzrisiken, 2000), S. 265; allerdings argumentiert **Diederichs, M.** (Risikomanagement, 2004), S. 14 genau umgekehrt: Durch die Unterstützung der Unternehmensführung bei allen Aktivitäten wird die Existenz des Unternehmens gesichert. **Weber, J./ Weißenberger, B./ Liekweg, A.** (Tracking&Reporting, 1999), S. 1715 schlagen zusätzlich die Reduktion von Auswirkungen negativer Veränderungen vor, sie führen Richtlinien, Kontrollen oder Schutzmaßnahmen als Beispiele an.

[160] Vgl. **Braun, H.** (Controllingaufgabe, 1984), S. 44; **Haller, M.** (Risiko-Management, 1986), S. 8.

erkannten Risikoposition umzugehen[161]. Neben der passiven Strategie der Vermeidung (Unterlassung von risikoträchtigen Aktivitäten) liegt das Gewicht auf den **aktiven Strategien**: Um eine Chance zu wahren, muss ggf. ein erkanntes Risiko grundsätzlich eingegangen werden. In günstigen Fällen kann das Risiko einer negativen Zielabweichung zu akzeptablen Kosten überwälzt (Übertragung auf andere, beispielsweise Versicherung) oder kompensiert (Hedging beispielsweise durch Gegenpositionen oder Optionsgeschäfte) werden. Andernfalls wird es schlicht akzeptiert[162]. Diese Einbeziehung von Chancen in die Betrachtung gründet auf dem unter Abschnitt 3.1.1 eingeführten, spekulativen Risikobegriff.

Ziel des Risikomanagements ist also die nachhaltige Existenzsicherung des Unternehmens durch die Vermeidung einer negativen Zielabweichung. Es sollen ein Risikobewusstsein etabliert und geeignete Handlungsempfehlungen abgeleitet werden. Dies geschieht durch die erfolgreiche Bewältigung von Risiken mit geeigneten Strategien, die gleichzeitig auf eine möglichst maximale Nutzung von Chancen abzielen. Das Risikomanagement hat dafür sämtliche betrieblichen Aktivitäten auf ihr Risikopotential hin zu untersuchen und die gewonnenen Erkenntnisse in die Entscheidungsfindung des Unternehmens zu integrieren.

3.1.5 Risikopolitische Grundsätze

Das im Rahmen des Risikomanagements zu schaffende Risikobewusstsein beschränkt sich nicht nur auf die Kenntnis der Existenz konkreter Risiken, sondern umfasst vielmehr eine übergreifende, **risikobewusste Kultur** im Unternehmen. Diese Kultur ist neben den zweifellos wichtigen Instrumenten wesentliche Voraussetzung eines funktionierenden Risikomanagements und schafft Sensibilität für mögliche Ursachen von Risiken, aber auch die Voraussetzung für einen systematischen und konsistenten Umgang mit ihnen[163].

Für die wertorientierte Unternehmensführung besteht ein permanenter Zielkonflikt zwischen der Wahrung von Chancen, also der Ertragsmaximierung einerseits und

---

[161] Vgl. dazu vertiefend Abschnitt 3.1.6.3.

[162] Vgl. **Hahn, D./Hungenberg, H.** (PuK, 2001), S. 39; **Kromschröder, B./Lück, W.** (Unternehmensüberwachung, 1998), S. 244; **Haller, M.** (Risiko-Management, 1986), S. 31f.

[163] Vgl. dazu **Hahn, D.** (Risiko-Management, 1987), S. 138; **Braun, H.** (Controllingaufgabe, 1984); **KPMG** (Risikomanagement, 1998), S. 58ff; S. 10; **Steinle, C./Thiem, H./Bosch, T.** (Risikomanagement, 1997), S. 359; **Diederichs, M.** (Risikomanagement, 2004), S. 17. Zu einer umfassenden Darstellung der von Unternehmenskultur, Risikopolitik, Planung und Frühaufklärung sowie der Abgrenzung zwischen strategischem Controlling und strategischem Management vgl. **Steinle, C./ Thiem, H./Bosch, T.** (Risikomanagement, 1997),S. 365-370.

der Risikominimierung andererseits[164]. Idealtypisch ist Ertrag in einem perfekten Markt sogar abhängige Variable des Risikos (definiert als Volatilität)[165]. Ein Unternehmen mit Gewinnerzielungsabsicht muss – zumindest teilweise unter Einschränkung des Sicherheitsgedankens[166] – Risiken eingehen.

KPMG hat für die „**Risikokultur**“[167] des Unternehmens eine Typologie in Form einer Matrix entwickelt, in der grundsätzlich die Kultur eines „risikobewussten, kontrolliert handelnden Unternehmers“[168] empfohlen wird. Auch hier wird befürwortet, Risiken mit einem angemessenen Renditeversprechen[169] (informiert und) kontrolliert einzugehen[170].

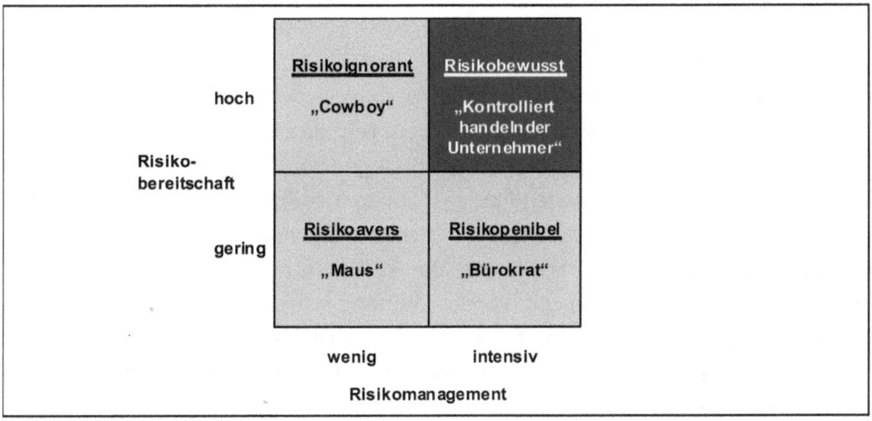

Abbildung 15: Risikokultur-Typen[171]

[164] Vgl. **Braun, H.** (Controllingaufgabe, 1984), S. 58f.
[165] Vgl. dazu grundlegend beispielsweise **Brealey, R.A./Myers, S.C.** (Corporate Finance, 2000), S. 195, das Capital Asset Pricing Model (CAPM) geht von einer Security Market Line aus, die in einem Diagramm aus erwartetem Return und Risiko liegt. Auf dieser Geraden kann der vom Markt erwartete Return jedes Investments in Anhängigkeit des Risikos als Aufschlag auf den risikolosen Zins abgelesen werden. Vgl. zu einer ausführlicheren Erklärung ebenda, S. 187-203, zu alternativen Theorien S. 203-209; vgl. außerdem **Hahn, D./Hungenberg, H.** (PuK, 2001), S. 154-158.
[166] Vgl. dazu beispielsweise **Haller, M.** (Risiko-Management, 1986), S. 25.
[167] **KPMG** (Risikomanagement, 1998), S. 8
[168] Vgl. Abbildung 15. Die Achsen der Typologisierung sollten allerdings als diskret und nicht stetig angesehen werden, es ist nicht eine Optimierung im Sinne von „je mehr … desto besser“ gemeint. Vielmehr soll ausgedrückt werden, dass Risiken (unter oben genannten Abwägungen) aktiv und bewusst eingegangen und gründlich gesteuert werden sollten.
[169] Vgl. dazu **Diederichs, M.** (Risikomanagement, 2004), S. 18.
[170] Vgl. **KPMG** (Risikomanagement, 1998), S. 7; illustriert durch ein Zitat von Bertrand Russell: „A life without adventure is likely to be unsatisfying, but a life with adventure is allowed to take whatever form it will and is likely to be short.“. Vgl. ausführlicher ebenda, S. 8ff.
[171] In Anlehnung an **KPMG** (Risikomanagement, 1998), S. 9, allerdings mit geänderter Achsenbezeichnung; außerdem Achsen nicht als stetig angenommen.

Die risikopolitischen Grundsätze des Unternehmens dienen gewissermaßen als Rahmen für den aktiven Umgang mit Risiken[172]. Aus einer solchen, oftmals sehr generalistischen Vorgabe der Geschäftsführung können dann konkrete Ziele abgeleitet und das Risikomanagement operativ ausgestaltet werden. Über die interne Bedeutung hinaus haben die risikopolitischen Grundsätze auch externe Informationsfunktionen. Sowohl Eigen- als auch Fremdkapitalgeber machen ihre Entscheidungen von Ertrags- und Risikopositionen des Unternehmens abhängig. Die dafür notwendigen Informationen entnehmen sie nicht nur dem Zahlenwerk wie Bilanzen, GuV und Bewertungen, denn gerade die Zukunftserwartungen resultieren entscheidend auch aus den Aussagen der Unternehmen über ihre Strategie[173].

3.1.6 Prozess des Risikomanagements

Risikomanagement wird nachfolgend entlang eines in sich geschlossenen Prozessschemas strukturiert und dargestellt[174]. Diesem liegt das Verständnis des Risikomanagements als Kreislauf in zweierlei Hinsicht zugrunde: Zum einen handelt es sich um einen iterativ rückgekoppelten Prozess, bei dem sowohl die zugrunde liegenden Informationen als auch der Prozess an sich ständig überarbeitet und verbessert werden[175]. Zum anderen „verschwinden“ die Risiken in der Regel nach einmaligem Durchlaufen des Prozesses nicht, sondern müssen weiterhin überwacht und gegebenenfalls neu bewertet werden. In manchen Fällen kann das im Ergebnis bedeuten, dass der Kreislauf mit seinen vier Phasen erneut zu durchlaufen ist[176]. Die vier Phasen werden nachfolgend dargestellt.

---

172 Vgl. **Diederichs, M.** (Risikomanagement, 2004), S. 16ff; **Fiege, S.** (KonTraG, 2006), S. 97f; **Scharpf, P.** (Finanzrisiken, 2000), S. 59f.

173 Vgl. **Lischke, T./Kirner, H.** (Risikomanagementsysteme, 2000), S. 45; **Fiege, S.** (KonTraG, 2006), S. 97.

174 Zu einer ausführlicheren Übersicht vgl. **Fiege, S.** (KonTraG, 2006), S. 93-227.

175 Vgl. **Diederichs, M.** (Risikomanagement, 2004), S. 15; **Fiege, S.** (KonTraG, 2006), S. 96f; ebenfalls in **Eggemann, G./Konradt, T.** (Risikomanagement, 2000), S. 504.

176 Vgl. zu diesem Aspekt 3.1.7, sowie 3.1.6.2 und 3.1.6.3.

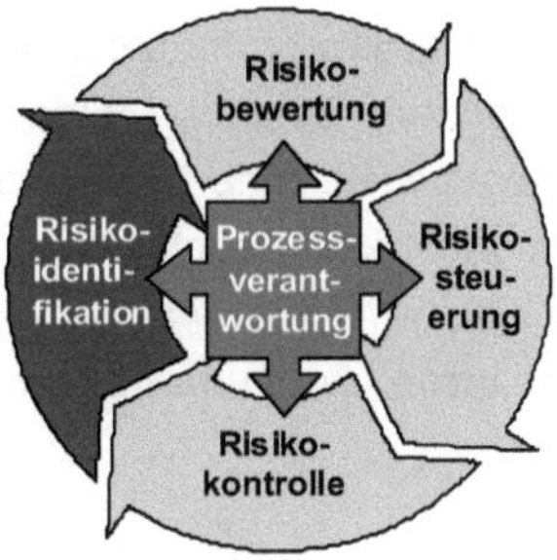

Abbildung 16: Prozess des Risikomanagements[177]

3.1.6.1 Risikoidentifikation

„Forecasting is getting more and more difficult, but doing without it is even worse. In other words, not using risk-assessment tools could be the riskiest proposition of all"[178].

Grundlage für alle nachfolgenden Phasen und damit wichtigster Schritt ist eine frühzeitige **Identifikation** der Risiken[179]. Dabei handelt es sich um einen wiederkehrenden Prozesschritt im Risikomanagementkreislauf[180], der von der Risikokontrolle nicht trennscharf abzugrenzen ist[181]. Zur besseren Verwertbarkeit der Erkenntnisse sollten bereits bei der Identifikation eine erste Klassifizierung der Risiken

---

177 Darstellung in Anlehnung an **Fiege, S.** (KonTraG, 2006), S. 96; zu den vier Prozesschritten vgl. auch **Braun, H.** (Controllingaufgabe, 1984), S. 65ff; **Hornung, K./Reichmann, T./Diederichs, M.** (Risikomanagement, 1999), S. 320; **Diederichs, M.** (Risikomanagement, 2004), S. 15; eine ähnliche Darstellung mit den zusätzlichen Prozesschritten „Berichterstattung" und „Strategie" findet sich bei **Weber, J./Weißenberger, B./Liekweg, A.** (Tracking&Reporting, 1999), S. 1712 und **Mikus, B.** (Risikobegriffe, 2001), S. 15; **Kromschröder, B./Lück, W.** (Unternehmensüberwachung, 1998), S. 240 schieben zwischen Identifikation und Bewertung noch die Meldung ein und drehen die Reihenfolge von Kontrolle und Steuerung um.

178 **Yu, L.** (Risk Management, 2002) zieht damit die Conclusio aus einer Befragung von E. Noy von 93 israelischen Spitzenmanagern, aus der dieser ernüchtert die Bilanz zieht, dass die Manager sich zwar mitunter der bestehenden Risiken bewusst seien, diese aber weder systematisch bewerten noch steuern.

179 Vgl. **Braun, H.** (Controllingaufgabe, 1984), S. 217; **Fasse, F.W.** (Marketing, 1995), S. 79; vgl. ausführlich zu Kategorisierungen und Instrumenten **Fiege, S.** (KonTraG, 2006), S. 103-158.

180 Vgl. dazu auch Abbildung 15.

181 Die Unterscheidung zwischen neuen und alten Risiken ist in der Regel schwer möglich, zumal der zusätzliche Erkenntnisgewinn bei dieser Unterscheidung begrenzt ist. Entscheidend ist vielmehr die (nicht redundante) Berücksichtigung in der Gesamtrisikoposition des Unternehmens beispielsweise bei der Erstellung eines Risikolageberichts.

vorgenommen[182] sowie deren Interdependenzen – soweit möglich – dokumentiert werden[183]. In Wissenschaft und Praxis wurden dazu zahlreiche **Instrumente** entwickelt, die sich in Analysemethoden, Prognosemethoden und die Mischform der Früherkennung[184] kategorisieren lassen. Eine Zusammenstellung wichtigster Ansätze zeigt Abbildung 17. Auf eine detaillierte Beschreibung und kritische Würdigung der Instrumente wird an dieser Stelle verzichtet, da diese nicht unmittelbar Fokus der Arbeit sind und zudem auf eine breite Literaturbasis verwiesen werden kann[185].

182 Beispielsweise nach Beeinflussbarkeit durch das Unternehmen, Zeithorizont (strategisch vs. operativ), Herkunft (extern/intern) oder internen Funktionsbereichen. Vgl. zu einer Übersicht **Fiege, S.** (KonTraG, 2006), S. 103-109; vertiefend **Keitsch, D.** (Risikomanagement, 2000), S. 11ff (extern/intern); **Arbeitskreis interne und externe Überwachung der Unternehmung** (Überwachung, 2000), S. 2ff (Funktionsbereiche); **Bussmann, K.** (Risiko, 1955), S. 23-25 (Funktionsbereiche).

183 Vgl. **Fiege, S.** (KonTraG, 2006), S. 102.

184 Zum Begriff der Früherkennung: Die Frühwarnung warnt vor Gefahren, die Früherkennung identifiziert Risiken und erkennt Chancen und die Frühaufklärung leitet darüber hinaus Reaktionsstrategien ein. Vgl. **Krystek, U./Müller-Stewens, G.** (Frühaufklärung, 1993), S. 21; **Krystek, U./Müller, M.** (Frühaufklärungssysteme, 1999), S. 177; analog in **Fiege, S.** (KonTraG, 2006), S. 123ff. Zu einer ausführlichen Typologie vgl. **Hahn, D./Krystek, U.** (Früherkennung, 2000), S. 77.

185 Vgl. zu einer ausführlichen Beschreibung und kritischen Würdigung **Fiege, S.** (KonTraG, 2006), S. 109-152; **Baum, H.G./Coenenberg, A./Günther, T.** (Controlling, 2004), S. 52-73 und S. 308-338 (Instrumente zu Frühaufklärung der 1., 2., und 3. Generation). Vgl. vertiefend zur Umweltanalyse **Baum, H.G./Coenenberg, A./Günther, T.** (Controlling, 2004), S. 53-62 und **Fasse, F.W.** (Marketing, 1995), S. 98f; zu Porter's Five Forces vgl. **Porter, M.E.** (Wettbewerbsstrategie, 1999), S. 33-64; zu dem Produktlebenszykluskonzept vgl. **Porter, M.E.** (Wettbewerbsstrategie, 1999), S. 215-221; zur Wertkette vgl. **Porter, M.E.** (Wettbewerbsvorteile, 1999), S. 63-85, vertiefend bis S. 96; zur SWOT-Analyse vgl. beispielsweise **Baum, H.G./Coenenberg, A./Günther, T.** (Controlling, 2004), S. 72f; zur Bilanzanalyse vgl. **Hauschildt, J.** (Unternehmenskrisen, 2002); zu Umweltprognosen vgl. **Hahn, D./Hungenberg, H.** (PuK, 2001), S. 324-340; zu Hochrechnungen **Krystek, U./ Müller-Stewens, G.** (Frühaufklärung, 1993); S. 63f; zu indikatorbasierter Früherkennung vgl. **Krystek, U./Müller, M.** (Frühaufklärungssysteme, 1999), S. 179f und **Hahn, D./Krystek, U.** (Früherkennung, 2000), S. 81ff; zur strategischen Früherkennung vgl. **Krystek, U.** (Früherkennung, 2003), S. 129-134 und ergänzend zur Delphi-Methode vgl. **Krystek, U./Müller-Stewens, G.** (Frühaufklärung, 1993), S. 216ff; zu quantitativen Prognosemethoden vgl. **Streitferdt, L.S.** (Prognosemethoden, 2002), Sp. 1564-1572; **Welge, M.K./Al-Laham, A.** (Strat. Management, 2001), S. 289-294; zu qualitativen Prognosen vgl. **Welge, M.K./Al-Laham, A.** (Strat. Management, 2001), S. 294-298; **Götze, U./Mikus, B.** (Strat. Management, 1999), S. 73-79 zu Delphi- und Szenariotechnik; **Standop, D.** (Prognosemethoden, 2002), Sp. 1551-1558, vgl. ebenda Sp. 1558-1562 zu Kombinationen von qualitativen und quantitativen Prognosemodellen.

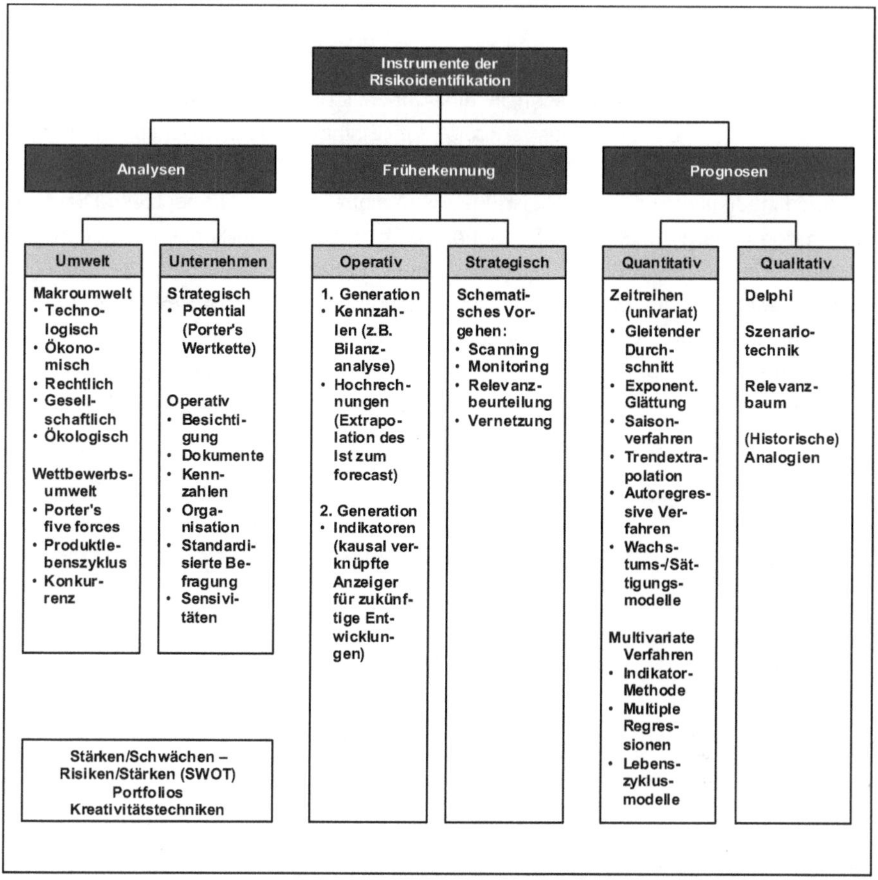

Abbildung 17: Instrumente der Risikoidentifikation[186]

[186] Eigene, zusammenfassende Darstellung in Anlehnung an **Fiege, S.** (KonTraG, 2006), S. 109-152.

3.1.6.2 Risikobewertung

Die identifizierten Risiken müssen in einer nächsten Phase **bewertet** werden. Im einfachsten Fall geschieht dies anhand der Eintrittswahrscheinlichkeit und dem drohenden Vermögensverlust bei Eintritt des Risikos[187]. Dazu kommt zusätzlich die Schadenshäufigkeit, wenn ein Risiko mehrfach eintreten kann, wobei diese Dimension von den anderen beiden nicht unabhängig ist[188]. Die Multiplikation der genannten Faktoren wird als Höhe des Risikos bezeichnet und ist der statistische Erwartungswert des Risikos[189]. Einige Risken lassen sich allerdings nicht zweifelsfrei auf diese Weise quantifizieren, sodass nur eine qualitative Einschätzung möglich ist[190]. Die wesentlichen Instrumente zur Risikobewertung werden nachfolgend – unterschieden in quantitative und qualitative Analyseformen – übersichtsartig dargestellt[191].

---

187 Vgl. beispielsweise **Hornung, K./Reichmann, T./Diederichs, M.** (Risikomanagement, 1999), S. 321; **Weber, J./Weißenberger, B./Liekweg, A.** (Chancen- und Risikomanagement, 2001), S. 164-169 gehen von einer doppelten Wahrscheinlichkeitsverteilung aus: Verteilung der Anzahl der Zielabweichungen x Verteilung der Höhe einer Zielabweichung entspricht Verteilung der Gesamtzielabweichung; vgl. ausführlicher **Helten, E./Bittl, A./Liebwein, P.** (Versicherung, 2000),S. 164-169, hier wird unterschieden in „Zielabweichungszahlverteilung" (Anzahl der Abweichungen im Planungszeitraum), „Zielabweichungshöhenverteilung" (Ausmaß der Zielabweichung) und „Gesamtzielabweichungsverteilung" (aus den Einzelabweichungen kumulierte Abweichung).

188 Vgl. **Braun, H.** (Controllingaufgabe, 1984), S. 32. Dieser argumentiert, dass zum einen die Schadenshäufigkeit und die Eintrittswahrscheinlichkeit voneinander abhängen, zum anderen auch Eintrittswahrscheinlichkeit und Schadenshöhe meist negativ korrelieren.

189 Vgl. **Fasse, F.W.** (Marketing, 1995), S. 59.

190 Vgl. beispielsweise **Scharpf, P.** (Finanzrisiken, 2000), S. 263; **Weber, J./Weißenberger, B./ Liekweg, A.** (Chancen- und Risikomanagement, 2001), S. 58 empfiehlt, diese dann bewusst nicht zu quantifizieren, sondern ihre Wesentlichkeit beispielsweise in einem Risikoportfolio nach Eintrittswahrscheinlichkeit und maximaler Abweichung zu bestimmen.

191 Vgl. dazu Abbildung 18. Vgl. zu einem knappen Überblick **Weber, J./Weißenberger, B./ Liekweg, A.** (Tracking&Reporting, 1999), S. 24-28; **Hornung, K.** (Risikocontrolling, 1999), S. 68ff. Zu einem ausführlicheren Überblick und einer kritischen Würdigung vgl. **Fiege, S.** (KonTraG, 2006), S. 165-185; **Fasse, F.W.** (Marketing, 1995), S. 214-238.

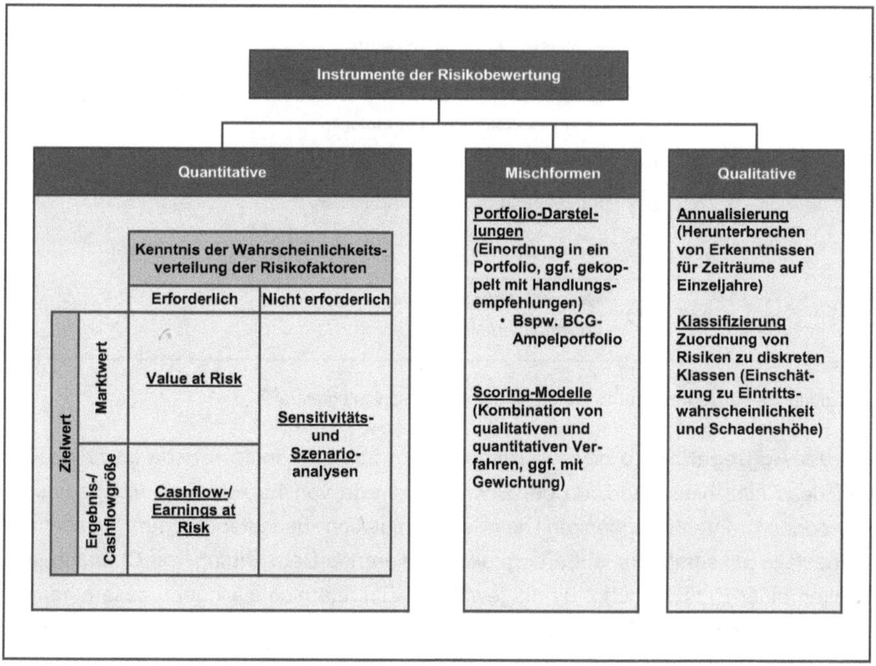

Abbildung 18: Instrumente zu Risikobewertung[192]

Kromschröder/Lück argumentieren, dass es wesentliche Aufgabe der Bewertung sei, die bestandsgefährdenden Risiken von den weniger kritischen Risiken zu separieren[193]. Von der Unternehmensführung sollten dafür Meldegrenzen für Einzelrisiken festgelegt werden, bei deren Erreichen ein Bericht an vorgesetzte Ebenen vorgeschrieben wird[194]. Ein Beispiel zur Berechnung der Wesentlichkeitsgrenze für das Gesamtunternehmen findet sich bei Weber/Weißenberger/Liekweg, die zur Bestimmung dieser Grenze von der Schwelle zur Bestandsgefährdung ausgehen[195].

192 Eigene, zusammenfassende Darstellung: Vgl. **Fiege, S.** (KonTraG, 2006), S. 165-185, zum Value at Risk vgl. speziell **Holst, J./Holtkamp, W.** (VaR, 2000), S. 815-820.

193 **Kromschröder, B./Lück, W.** (Unternehmensüberwachung, 1998), S. 243.

194 Vgl. **Weber, J./Weißenberger, B./Liekweg, A.** (Tracking&Reporting, 1999), S. 17f. Bei kleineren Gesellschaften ist dies in der Regel die Geschäftsführung, bei größeren Unternehmen sind mehrstufige Regelungen üblich, die den Ebenen (beispielsweise Produktionsleiter, Geschäftsbereichsleiter, Bereichs-/Divisionsvorstand) individuelle Entscheidungsspielräume zugestehen. Vgl. dazu auch Abbildung 19.

195 Vgl. **Weber, J./Weißenberger, B./Liekweg, A.** (Tracking&Reporting, 1999), S. 17; die Berechnungsformel ist in Abbildung 18 dargestellt.

Geplanter Cash Flow im Quartal

(+) Flüssige Zahlungsmittel

(+) Leicht liquidierbare Finanzanlagen

(+) Unausgeschöpfte Kreditlinie

(./.) Kurzfristig fällige Verbindlichkeiten

(./.) Sicherheitsabschlag

(=) Wesentlichkeitsgrenze des Gesamtunternehmens

Abbildung 19: Faustformel zur Berechnung der Wesentlichkeitsgrenze[196]

Bei der **Aggregation** zu einem Risikoprofil auf übergeordneter Ebene ist zu beachten, dass eine bloße Addition der Erwartungswerte von Einzelrisiken nicht zulässig ist, sondern Interdependenzen bei der Kumulation beachtet werden müssen[197]. Keinesfalls akzeptabel ist außerdem eine saldierende Betrachtung von Chancen und Risiken einer Entscheidung, da die jeweiligen Eintritte nicht zwingend zusammenfallen, sondern sich zum Teil sogar gegenseitig ausschließen[198].

3.1.6.3 Risikosteuerung

Grundsätzlich können Unternehmen auf identifizierte Risiken in Abhängigkeit von ihren Unternehmenszielen und risikopolitischen Grundsätzen – wie in Abschnitt 3.1.4 und Abbildung 14 dargestellt – durch vier unterschiedliche Strategien reagieren: Vermeidung, Überwälzung, Kompensation und Akzeptanz[199]. Bei der **Steuerung** – d.h. der Reaktion auf die identifizierten und bewerteten Risiken – kann also in den meisten Fällen nicht allein der Erwartungswert der Handlungsoptionen maximiert werden. Gerade bei Risiken mit sehr hohem Schadensausmaß (d.h. selbst bei geringer Eintrittswahrscheinlichkeit als bestandsgefährdend einzustufen) würde die Unternehmensführung sonst den Unternehmensfortbestand riskieren[200]. Selbst bei

---

196 Eigene Darstellung, vgl. inhaltlich **Weber, J./Weißenberger, B./Liekweg, A.** (Tracking&Reporting, 1999), S. 17.

197 Vgl. **Fasse, F.W.** (Marketing, 1995), S. 66ff; **Lange, K.W.** (Risikoberichterstattung, 2001), S. 141.

198 Vgl. **Hornung, K./Reichmann, T./Diederichs, M.** (Risikomanagement, 1999), S. 319.

199 Einige Autoren schlagen eine etwas andere Typologisierung vor (vgl. die Literaturangaben in Fußnote 159), die detaillierteren Darstellungen lassen sich jedoch in der Regel durch Kombination der Grundstrategien bilden.

200 Der Umgang von Unternehmen mit Risiken wird maßgeblich von ihrer Risikopolitik beeinflusst (vgl. dazu Abschnitt 3.1.5). Es kann jedoch davon ausgegangen werden, dass Unternehmen nicht allein eine Maximierung ihres Erwartungswertes anstreben. Mit der Principal-Agent-Theorie (vgl.

suboptimalem Erwartungswert würde auf ein bestandsgefährdendes Risiko also in der Regel mit einer Vermeidungsstrategie reagiert. Es müssen folglich Handlungsoptionen entwickelt und umgesetzt werden, die zwischen Chancen und Risiken im Spannungsfeld der unternehmensweiten Risikopolitik[201] abwägen. Eine übersichtsartige Klassifizierung der dazu zur Verfügung stehenden Maßnahmen wird in Abbildung 20 vorgenommen.

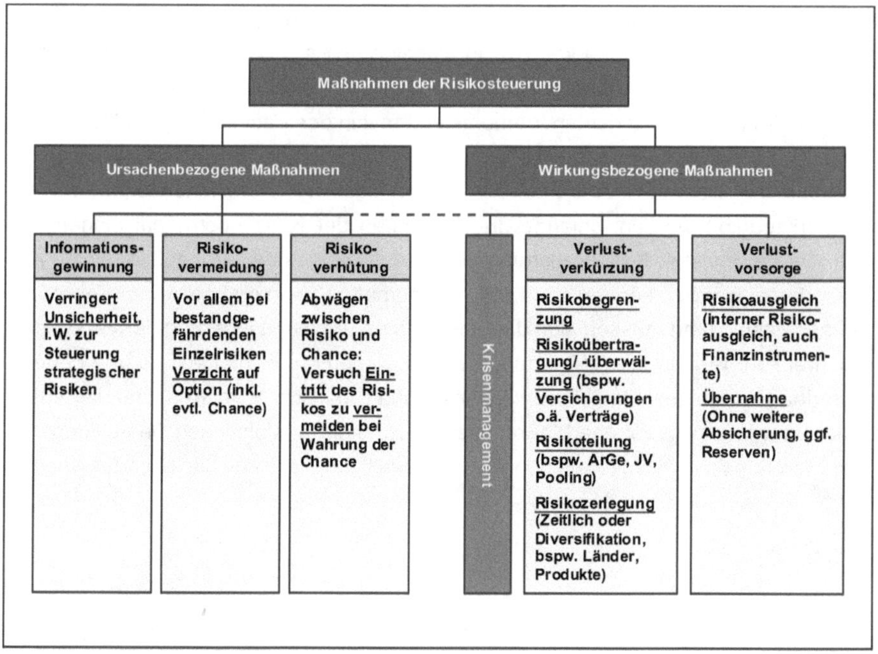

Abbildung 20: Maßnahmen der Risikosteuerung[202]

dazu Fußnote 672) lässt sich zeigen, dass dies bei nicht-eigentümergeführten Unternehmen aufgrund der Risikoaversion der Agents unwahrscheinlich ist. Darüber hinaus ist die Übernahme des Risikos einer Insolvenz aber auch für die Eigentümer – selbst bei einer hohen Risikoneigung – aufgrund der damit verbundenen Transaktionskosten nicht vorteilhaft (vgl. dazu **Brealey, R.A./Myers, S.C.** (Corporate Finance, 2000), S. 497-510).

201 Vgl. dazu vertiefend den nachfolgenden Abschnitt.

202 Eigene, zusammenfassende Darstellung. Vgl. zu einer ähnlichen Darstellung der wirkungsbezogenen Maßnahmen **Kupsch, P.** (Risikosteuerung, 1975), S. 155, zu einer ähnlichen Darstellung **Fiege, S.** (KonTraG, 2006), S. 186. Vgl. inhaltlich **Fiege, S.** (KonTraG, 2006), S. 185-192; **Kupsch, P.** (Risikosteuerung, 1975), S. 154-156; **Helten, E./Bittl, A./Liebwein, P.** (Versicherung, 2000), S. 169-173 und **Kupsch, P.** (Risiko, 1973), S. 41. Zum Teil werden in der Literatur Zweifel an der Trennschärfe einer Kategorisierung in ursachen- bzw. wirkungsbezogene Ansätze geäußert: Vgl. beispielsweise **Braun, H.** (Controllingaufgabe, 1984), S. 275f, selbst bei geringen Überschneidungen ist diese jedoch als Strukturierung und zur Übersicht sehr hilfreich.

Die klassischen Möglichkeiten der Risikosteuerung werden durch das **Krisenmanagement** ergänzt[203]. Wie in Abschnitt 3.1.2 beschrieben, entspricht eine akute Krise dem Eintritt eines bestandsgefährdenden Risikos; Krisenmanagement soll genau dies verhindern[204]. Krisenmanagement umfasst dabei sowohl die Krisenvermeidung als auch die Krisenbewältigung. Somit stellt Abbildung 20 streng genommen nur einen Teil des Krisenmanagements dar; die Prozessteile der Krisenidentifikation, -bewertung und -kontrolle kommen dazu. Krisenmanagement kann daher auch als inhaltliche Spezifizierung des Risikomanagements – bezogen auf existenzgefährdende Risiken – verstanden werden. In dieser Arbeit soll der Fokus des Krisenmanagements auf der Steuerungsphase liegen, da hier die Schwerpunkte des Liquiditäts- und Forderungsmanagements und mithin des Factoring liegen[205].

Während der ersten Phasen einer Krise kann noch mit ursachenbezogenen Maßnahmen reagiert werden, solange die Wirkungen der Krise noch nicht eingetreten sind. Da die meisten Krisen allerdings aufgrund mangelnder Frühaufklärung[206] erst spät erkannt werden, können auch Steuerungsmaßnahmen erst später im Krisenverlauf ansetzen. Dann müssen sich die Maßnahmen auf eine Linderung der Wirkungen beschränken, welche die Gefährdung des Unternehmens zumindest vorübergehend zu reduzieren suchen. Im Wesentlichen handelt es sich beim Krisenmanagement daher um wirkungsbezogene Maßnahmen[207]. Zu einer ausführlichen Darstellung von Instrumenten der Krisenvermeidung und -bewältigung sei auf die Literatur verwiesen[208].

---

203 Vgl. zu einer Einordnung des Krisenmanagements Abbildung 20.

204 Vgl. zu dieser Definition ebenfalls **Krystek, U.** (Unternehmungskrisen, 1987), S. 90; allerdings gibt dieser zu bedenken, dass in Ausnahmefällen auch Maßnahmen zum Krisenmanagement gehören, die den Fortbestand nicht (mehr) sichern. Dabei ist beispielsweise an die Liquidation der Unternehmung oder eine Insolvenzabwicklung zu denken.

205 Vgl. dazu die Ausführungen zur Liquiditätskrise in Abschnitt 3.2.3.

206 Vgl. zum Begriff der Frühaufklärung Abschnitt 3.2.6. Die Frühaufklärung hat nämlich genau die „Wahrnehmung, Sammlung/Auswertung und Weiterleitung von Informationen über latent (d.h. verdeckt) bereits vorhandene Chancen und Bedrohungen in einem so frühen Stadium [zur Aufgabe], dass noch ausreichend Zeit für eine Planung und Realisierung von Strategien und Maßnahmen zur Nutzung signalisierter Chancen oder zur Abwehr angezeigter Bedrohungen verbleibt". **Krystek, U.** (Frühaufklärung, 1990), S. 68.

207 **Krystek, U.** (Unternehmungskrisen, 1987), S. 106ff spricht von aktivem gegenüber reaktivem Krisenmanagement. Ersteres ordnet er den potentiellen und latenten Krisen (antizipatives und präventives Krisenmanagement) zu, das reaktive Krisenmanagement rechnet er der akuten Unternehmenskrise zu und gliedert es in repulsives und liquidatives Krisenmanagement.

208 Vgl. beispielsweise **Krystek, U.** (Unternehmungskrisen, 1987), S. 121-212 zur Krisenvermeidung und S. 213-299 zur Krisenbewältigung.

3.1.7 Risikokontrolle

Risiken unterliegen – vor, während und nach ihrer Bewertung und Steuerung – weiteren Einflüssen und können sich so im Zeitablauf verändern. Im Rahmen der Risikokontrolle sollte daher fortlaufend geprüft werden, ob die angenommene und dokumentierte Risikosituation des Unternehmens mit seiner tatsächlichen übereinstimmt und die ergriffenen Maßnahmen wirken[209]. Gegebenenfalls sind Anpassungen bei der Risikosteuerung vorzunehmen. Es handelt sich dabei um einen Routinevorgang im Rahmen des Risikomanagements, der in der Regel von prozessabhängigen Personen durchgeführt wird[210]. Keinesfalls sollten die Begriffe Risikokontrolle und Risikocontrolling verwechselt werden, da Risikocontrolling das Risikomanagement über den gesamten Prozess steuernd unterstützt[211].

Eine Abgrenzung des Begriffs der Kontrolle zum übergeordneten Begriff der Überwachung wird in Abbildung 21 vorgenommen: Kontrolle erfolgt grundsätzlich durch prozessabhängige Stellen, meist unternehmensintern durch Controlling und/oder Rechnungswesen oder die Unternehmensführung selbst.

---

209 Vgl. **Martin, T.A./Bär, T.** (Krisenfrüherkennung, 2002), S. 105f; **Mikus, B.** (RM im Führungsprozess, 2001), S. 88-92 unterscheidet zwischen den einzelnen Kontrollen nach ihren Plan- und Vergleichsgrößen: Ergebniskontrolle (Betrachtung von Zielabweichungen zwischen Soll und Ist), Planfortschrittskontrollen (Betrachtung von Teilergebnissen, Zwischenzielen und Extrapolation auf Ziele); Zielkontrollen (Konsistenz von Zielen, Zielanpassungen); Prämissenkontrollen (Prüfung der Exaktheit von Prämissen im Zeitablauf); Prognosekontrolle (Wird-Wird-Vergleich, ähnlich Zielkontrolle); Allgemeine Überwachungskontrolle (offene Beobachtung bisher nicht identifizierter Entwicklungen/Risiken); Verhaltenskontrolle (Fokus auf Mitarbeiter); und Frühaufklärungssysteme (ursachenbezogene Beobachtung von Indikatoren und schwachen Signalen).

210 Vgl. zu diesem Abschnitt **Fiege, S.** (KonTraG, 2006), S. 204-211.

211 **Risikocontrolling** wird zwar ebenfall als Teil des Risikomanagements verstanden, allerdings in anderer Hinsicht. (Risiko-)controlling nimmt als „methodische Unterstützung" (**Hornung, K.** (Risikocontrolling, 1999), S. 70) eine Teilaufgabe des (Risiko-)managements als „unternehmerische Führungsaufgabe" (ebenda) wahr. Risikocontrolling unterstützt das Risikomanagement methodisch vor allem in den Prozessschritten der Identifikation, Bewertung und Kontrolle und leistet wichtige Informationsfunktionen zur Entscheidungsvorbereitung (vgl. **Hornung, K.** (Risikocontrolling, 1999), S. 68ff; **Fiege, S.** (KonTraG, 2006), S. 80ff). **Diederichs, M.** (Risikomanagement, 2004), S. 24 sieht Risikocontrolling als „Querschnittsfunktion des Controlling" an, das entlang der Struktur des Controllings nach **Reichmann, T.** (Systemgestützt, 2001) (S. 6ff: Ziele -> Aufgaben -> Konzeption -> Controllingsystem -> Controllinginstitution) etabliert hat. Es ist damit quasi risikospezifische Parallelhierarchie des Controlling – analog oder sogar als Teil des strategischen Controllings. Vgl. zu der Abgrenzung ausführlicher die oben genannten Autoren. Der Vollständigkeit halber sei darauf hingewiesen, dass Risikocontrolling an anderer Stelle auch als Synonym für Risikomanagement verwendet wird, was allerdings als begriffliche Unsauberkeit erscheint (vgl. beispielsweise **Horváth, P./Gleich, R.** (Risikocontrolling, 2000), S. 101).

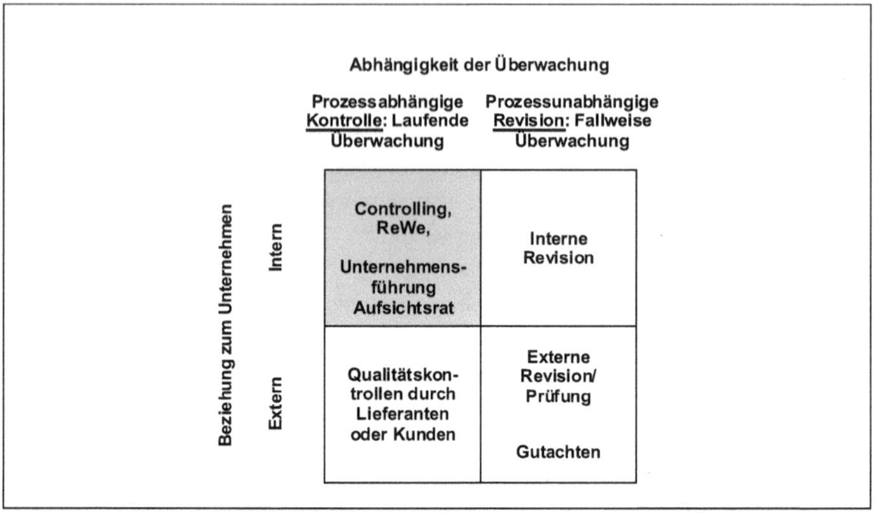

Abbildung 21: Begriffe der Überwachung: Kontrolle vs. Revision[212]

3.1.8 Integration des Risikomanagements in die Unternehmensführung

Wie in Abschnitt 3.1.3 dargestellt, sind Entscheidungen – speziell unter Risiko – wesentliches konstituierendes Merkmal der Unternehmensführung. Damit ist Risikomanagement grundlegende Voraussetzung unternehmerischen Handelns. In den bisherigen Abschnitten wurde vor allem auf die operative Ausgestaltung des Risikomanagements eingegangen. Darüber hinaus ist eine ganzheitliche und effiziente **Integration** in das Unternehmen und seine Unternehmensführung wesentliche Voraussetzung für ein funktionierendes Risikomanagementsystem[213].

---

[212] In Anlehnung an **Buderath, H./Amling, T.** (Überwachung, 2000), S. 130, hier wird allerdings nicht weiter zwischen externer und interner Kontrolle unterschieden bzw. **Schewe, G./Littkemann, J./Beckemeiner, P.O.** (Kontrollsysteme, 1999), S. 1484f mit einer ähnlichen Unterscheidung bezogen auf die internen Kontroll-/Überwachungssysteme.

[213] Vgl. **Hahn, D.** (Risiko-Management, 1987), S. 137f; **Mikus, B.** (RM im Führungsprozess, 2001), S. 69; **Gleißner, W.** (Strat. Unternehmensführung, 2000), S. 1629 sieht Risikomanagement als Bestandteil der strategischen Unternehmensführung. Vgl. ausführlicher **Fiege, S.** (KonTraG, 2006), S. 233-247; auch **Diederichs, M.** (Risikomanagement, 2004), S. 56f; zu ausführlichen Gestaltungsempfehlungen Grundlagenwerke wie **Weber, J.** (Controlling, 2004), S. 535-599; **Horváth, P.** (Controlling, 2006), S. 77-140 und 745-879; **Kratzheller, J.B.** (Organisation Risikomanagement, 1997), insbesondere S. 104-113.

Drei wesentliche Dimensionen der Integration sind[214]:

- die **risikopolitischen Grundsätze** als inhaltliche Vorgabe der operativen Ausgestaltung des Risikomanagements und Festlegung der Risikoposition des Gesamtunternehmens[215]. Durch die Schaffung eines risikoorientierten Bewusstseins[216] im Unternehmen reagiert das Risikomanagement vor allem auf „betriebswirtschaftliche Notwendigkeiten" unternehmerischen Handelns, aber auch auf den „gesetzlichen Pflichtenrahmen" [...] „bzw. daraus resultierende Anforderungen des Wirtschaftsprüfers"[217].
- die **prozessorientierte Integration** zur Verankerung des Risikomanagements in die Abläufe des Unternehmens zur frühzeitigen Identifikation, Beurteilung und Steuerung von Risiken im Rahmen des täglichen operativen Handelns[218]. Risikomanagement sollte systematisch und ganzheitlich angewandt und dabei flexibel an aktuelle Erfordernisse angepasst werden[219].
- die **inhaltliche Integration**, die nicht völlig trennscharf zur prozessorientierten Integration ist. Mikus schlägt daher vor, Risiken bereits bei der Zielfestlegung in den Führungsprozess zu integrieren und anschließend bei der Alternativensuche, -bewertung und -auswahl zu berücksichtigen[220]. Als Beispiele von Instrumenten, die sowohl dem Risikomanagement, als auch der strategischen Unternehmensführung dienen, nennt sie die Szenariotechnik[221], die SWOT-Analyse[222], die Portfolio-Technik[223] sowie die Balanced Scorecard[224] als Instrument der Implementierung[225].

---

214 In dieser Form eigene Zusammenstellung, vgl. dazu auch Abbildung 22. Vgl. zu den Einzelaspekten die jeweiligen Fußnoten; auch **Reichmann, T./Form, S.** (BCR, 2000), hier wird eine Umsetzung in Form eines Balanced Chance- and Risk-Managements vorgeschlagen (in Anlehnung an die Balanced Scorecard); auch **Pollanz, M.** (Risk Adjusted BSC, 1999) schlägt vor, die Balanced Scorecard um die Dimension des Risikos zu erweitern, da bei den bisherigen Konzepten (beispielsweise TSR oder EVA mit CAPM) nicht konsequent genug zukunftsgerichtete Investitionen und Risiken betrachtet werden (S. 1277f), zum Konzept der Risk Adjusted Balanced Scorecard als Integration von ganzheitlichem Risikomanagement und wertorientierter Unternehmensführung vgl. S. 1279-1281. Ähnlich **Form, S./Hüllmann, U.** (Scorecards, 2002), S. 691-700 zur Chance- and Riskscorecard.

215 Vgl. dazu (und zu Literaturverweisen) Abschnitt 3.1.5.

216 Vgl. Abschnitt 3.1.4.

217 **Diederichs, M.** (Risikomanagement, 2004), S. 56.

218 Vgl. Abschnitt 3.1.6.

219 Vgl. zu einer ausführlicheren Darstellung **Diederichs, M.** (Risikomanagement, 2004), S. 57f.

220 Vgl. **Mikus, B.** (Risikomanagement im Führungsprozess, 1999), S. 88f und 97-104; ebenso in **Mikus, B.** (RM im Führungsprozess, 2001), S. 72-75, 84-87.

221 Vgl. **Götze, U./Mikus, B.** (Risikomanagement/Strat. Unternehmensführung, 2001), S. 395ff.

222 Vgl. **Götze, U./Mikus, B.** (Risikomanagement/Strat. Unternehmensführung, 2001), S. 398, dort als TOWS-Analyse vorgestellt, die allerdings letztlich auch nur eine SWOT-Analyse in Matrix-Darstellung ist.

223 Vgl. **Götze, U./Mikus, B.** (Risikomanagement/Strat. Unternehmensführung, 2001), S. 399-404, sie stellen eine Analyse des Geschäftsfeld-Portfolios dar, welches eine Kombination aus Kostenposition, Ressourcenverfügbarkeit, Marktattraktivität und Produktlebenszyklus darstellt, vgl. vertiefend ebenda.

- die **organisatorische Integration** zur Schaffung klarer Verantwortlichkeiten und Entscheidungsbefugnisse. Nur durch die Implementierung klarer Zuständigkeiten und die entsprechende Zuordnung verantwortlicher Personen ist gewährleistet, dass Risikomanagement tatsächlich gelebt[226] und nicht lediglich als Handbuch oder Prozessleitfaden abgelegt wird. Die Kultur allein reicht nämlich nicht aus, um konkrete, zielgerichtete Handlungen zu initiieren; es müssen zusätzlich eindeutige Verantwortlichkeiten geschaffen werden. De Zeeuw schlägt dazu vor, einzelnen Risiken jeweils „Risk Owner" zuzuordnen und diese fachlich einem zentralen „Risikokoordinator" zu unterstellen, der für den unternehmensweiten Prozess zuständig ist und die dezentralen Risk Owner unterstützt[227]. Eine der pragmatischsten organisatorischen Lösungen ist die Einbindung des Risikomanagements in das Controlling, sodass dessen Organisationsmodell gefolgt werden kann. Nach herrschender Meinung geht dies – zumindest bei leichter Aufstockung um ein explizites Risikocontrolling – mit den Anforderungen des KonTraG konform[228].

---

224 Vgl. vertiefend **Kaplan, R.S. et al.** (Balanced Scorecard, 1997), insbesondere S. 142-160 zur Verknüpfung der Balanced Scorecard mit der Unternehmensstrategie bzw. -zielen.

225 Vgl. **Götze, U./Mikus, B.** (Risikomanagement/Strat. Unternehmensführung, 2001), S. 404-406.

226 Vgl. ausführlicher **Fiege, S.** (KonTraG, 2006), S. 233-247; **Diederichs, M.** (Risikomanagement, 2004), S. 15 und 204-211; **Hornung, K./Reichmann, T./Diederichs, M.** (Risikomanagement, 1999), S. 322, vgl. vertiefend **Lischke, T./Kirner, H.** (Risikomanagementsysteme, 2000), S. 44-49.

227 Vgl. **de Zeeuw, A.B.** (Führungsinstrument, 2000), S. 71.

228 Vgl. **Hahn, D./Krystek, U.** (Früherkennung, 2000), S. 101; **Löhr, D.** (Prüffähiges Risikomanagement, 2000), S. 312f.

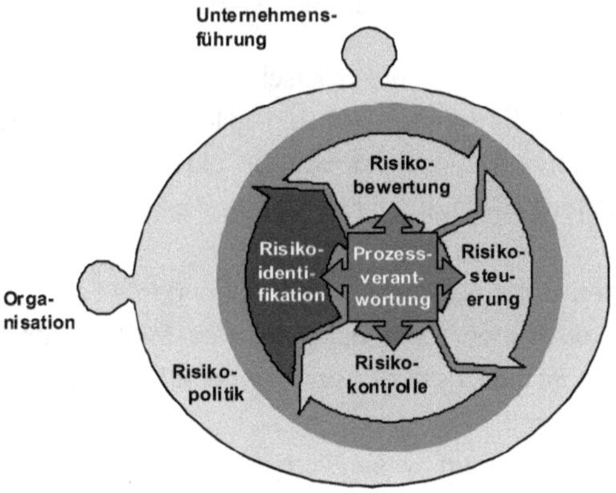

Abbildung 22: Integration des Risikomanagements[229]

[229] Eigene Darstellung; vgl. zu ähnlichen Darstellungen **Diederichs, M.** (Risikomanagement, 2004), S. 15; **Fiege, S.** (KonTraG, 2006), S. 96. Zu einer alternativen Darstellung vgl. **Doerner, D./ Horváth, P./Kagermann, H.** (Einordnung, 2000), S. 3: Sie stellen Risikomanagement als Summe seiner Aufgaben/Themenfelder (Früherkennung, Controlling, intern Überwachung und Versicherung) dar, den Rahmen bilden (von innen nach außen) die Prüfung des Risikomanagements, das Führungssystem, die Corporate Governance und das KonTraG.

3.2 Liquiditätsmanagement im Rahmen des Risikomanagements

Benjamin Franklin – sonst eher für sein politisches und gesellschaftliches Engagement bekannt – fasste die Bedeutung von Liquidität mit den Worten zusammen: „There are three faithful friends – an old wife, an old dog, and ready money“[230] – also: unmittelbar verfügbares Geld, d.h. Liquidität.

Wurden Entscheidungen unter Risiko im vorhergehenden Abschnitt über das Risikomanagement im Unternehmen als konstituierendes Merkmal unternehmerischen Handelns bezeichnet, so ist die Liquidität überhaupt erst Voraussetzung unternehmerischen Handelns und damit ständiges Oberziel. Zu geringe Liquidität schränkt unternehmerische Entscheidungen wesentlich ein, während Illiquidität sogar eine existenzielle Gefährdung des Unternehmens bedeutet. Somit ist das Liquiditätsmanagement integraler Bestandteil des Risikomanagements und aufgrund seiner existenziellen Bedeutung auch wesentlicher Bestandteil des Krisenmanagements.

3.2.1 Begriff der Liquidität

Allgemein wird Liquidität (englisch: „cash“) als die materielle Voraussetzung für die Fähigkeit des Unternehmens verstanden, „die zu einem Zeitpunkt zwingend fälligen **Zahlungsverpflichtungen** uneingeschränkt zur erfüllen“[231]. Liquidität ist damit auch notwendige Bedingung für den Fortbestand eines Unternehmens, da Zahlungsunfähigkeit (also fehlende Liquidität) nach geltendem Wirtschaftsrecht einen Insolvenzgrund darstellt[232] und damit unmittelbar den Fortbestand des Unternehmens gefährdet[233]. Darüber hinaus ist Liquidität die Voraussetzung zur Durchführung operativer und strategischer Maßnahmen[234]. Coenenberg schreibt der Liquidität deshalb eine „Vorsteuerungsfunktion“ zu, d.h. sie ist notwendige (naturgemäß damit noch nicht hinreichende) Bedingung für die Erfolgsziele[235]. Häufig wird auch von Liquidität als **notwendiger Nebenbedingung** im Zielsystem des Unternehmens gesprochen. Während Rentabilität oder Wertbeitrag das oberste finanzwirtschaftliche

230 Benjamin Franklin, zitiert in **Reider, R.** (Cash Management, 2005), S. 7.
231 **Kokalj, L./Paffenholz, G./Schröer, E.** (Forderungsmanagement, 2000), S. 13.
232 Vgl. § 92 Abs. 2 AktG; § 64 Abs. 1 GmbHG
233 Vgl. **Boettger, U.** (Cash Management, 1995), S. 77.
234 Vgl. **Baum, H.G./Coenenberg, A./Günther, T.** (Controlling, 2004), S. 7; vgl. vertiefend Abschnitt 3.2.5 zu den Zielen des Liquiditätsmanagements.
235 Vgl. **Coenenberg, A.** (Jahresabschluss, 2000) S. 7; er dreht damit allerdings die Argumentation von **Gälweiler, A./Schwaninger, M.** (Strat. Unternehmensführung, 1990), S. 28ff um, der die Erfolgspotentiale als Vorsteuerungsfunktion von Erfolg und Liquidität bezeichnet.

Ziel zur langfristigen, nachhaltigen Existenzsicherung des Unternehmens darstellt, ist Liquidität eine absolut notwendige Nebenbedingung[236].

Diese Definition geht damit weit über den reinen Zahlungsmittelbestand hinaus[237]. Selbst „Zahlungsfähigkeit" im Sinne der Fähigkeit zur Bezahlung aller Verbindlichkeiten und Bedienung des Schuldendienstes geht nach diesem Verständnis nicht weit genug. Es sollte neben einem Sicherheitspuffer zusätzlich genügend Liquidität für „unanticipated opportunities"[238] zur Verfügung stehen[239].

3.2.2 Liquidität als Erfolgsindikator

"Determining earnings requires subjective judgments and estimates. On the other hand, cash [...] is both precise and essential to survival and success"[240]. Aufgrund seiner Bedeutung im Unternehmensalltag und für die Existenz des Unternehmens liegt es nahe, den Cash Flow (also die periodische Veränderung der Liquidität) als Maßstab für den Unternehmenserfolg zu verwenden[241]. Reider geht sogar so weit zu behaupten, „profit can be thought of [only] as an emergency number – created by accountants"[242].

Die Boston Consulting Group schlägt aus diesem Grunde ein auf dem Cash Flow basierendes Wertbeitragskonzept, den **Cash Value Added** (CVA) zur Wertsteuerung vor. Dabei ist der CVA als absolute Erfolgskennzahl vereinfacht ausgedrückt der in einer Periode erwirtschaftete Cash Flow abzüglich der Kapitalkosten und Abschreibungen[243]. Gegenüber dem EVA (Economic Value Added)[244] umfasst der CVA also

---

236 Vgl. beispielsweise **Baum, H.G./Coenenberg, A./Günther, T.** (Controlling, 2004), S. 5; **Peridon, L./Steiner, M.** (Finanzwirtschaft, 2004), S. 6; **Reichmann, T.** (Controlling, 1997), S. 3 sowie S. 36f; **Gallinger, G.W./Healey, P.B.** (Liquiditätsmanagement, 1991),S. 6f.

237 Vgl. **Coenenberg, A.** (Jahresabschluss, 2000) S. 7.

238 **Reider, R.** (Cash Management, 2005), S. 13. Dabei meint „unanticipated" solche Chancen, die nicht detailliert vorhersehbar waren, sondern sich kurzfristig ergeben. „Anticipated" sind diese insofern, als sie in der Liquiditätsplanung berücksichtigt werden sollten.

239 Vgl. **Beehler, P.J.** (Cash Management, 1978), S. 4ff; **Reider, R.** (Cash Management, 2005), S. 13.

240 **Goldberg, S.R./Godwin, J.H.** (Cash Management, 2003), S. 75

241 Vgl. zu ähnlichen Empfehlungen beispielsweise **Gundavelli, V.** (Cash Flow, 2006), S. 52; **Reichmann, T.** (Controlling, 1997) empfiehlt dies im Rahmen seines RL-Kennzahlensystems; vgl. ebenso **Gallinger, G.W./Healey, P.B.** (Liquiditätsmanagement, 1991), S. 9ff, dort insbesondere vor dem Hintergrund der Allokationsproblematik im Zusammenhang mit der Agency-Theory, vertiefend S. 154-187.

242 **Reider, R.** (Cash Management, 2005), S. 7.

243 Vgl. **Roos, A./Stelter, D.** (Wertmanagement, 2000), S. 385ff.

244 Der EVA (Economic Value Added) ist ebenfalls ein Übergewinnkonzept. Zur Berechnung wird ein Return (als Net Operating Profit After Taxes plus Zinsen) auf das investierte Kapital (zu Buchwerten) errechnet, von dem wiederum die Kapitalkosten abgezogen werden. Das Produkt der so –

statt des NOPAT (Net Operating Profit After Tax) den Cash Flow zur Berechnung des Übergewinns und sieht darüber hinaus einige Bereinigungen buchhalterischer Verzerrungen vor. Dafür wird eine ökonomische Abschreibung, nämlich der tatsächliche Wertverfall des Anlagevermögens[245], statt der buchhalterischen Abschreibung berechnet. Außerdem wird das investierte Kapital zu Anschaffungskosten angesetzt, um die Perspektive des Kapitalgebers zu wahren, der die Verzinsung auf das gesamte eingesetzte (und nicht lediglich auf das noch nicht abgeschriebene) Kapital rechnen muss[246].

Bei Betrachtung der Verbreitung dieser Erfolgskennzahl als Maß für ihre Akzeptanz zeigt sich, dass sich der CVA bisher in der Unternehmenswirklichkeit offensichtlich nicht nachhaltig durchgesetzt hat. Von den DAX30-Unternehmen steuern laut Geschäftsbericht nur (erst) 18 nach absolutem Wertbeitrag, zwölf betrachten eine reine Renditekennzahl. Von diesen 18 Unternehmen steuern 16 nach einem gewinnbasierten Wertbeitrag, nur zwei Unternehmen betrachten den Wertbeitrag auf Basis des Cash Flows[247]. Der Schluss liegt nahe, dass der CVA den tatsächlichen Wertbeitrag zwar exakter[248] abzubilden vermag, diese zusätzliche Genauigkeit aber offensichtlich für viele Unternehmen den Mehraufwand bei der Ermittlung bisher nicht aufwiegt.

3.2.3 Liquiditätskrise im Rahmen der Unternehmenskrise

Im akuten Krisenverlaufsschema nach Krystek/Moldenhauer[249] resultiert die Liquiditätskrise idealtypisch aus einer Erfolgskrise, die ihre Ursache wiederum meist bereits in einer früher begründeten Strategiekrise hat. Die Krise wird bei einem solchen Verlauf erst (zu) spät erkannt, da die Auswirkungen oft erst mit Eintreten der Erfolgskrise offensichtlich werden, wobei häufig erst die Liquiditätskrise zu einer unmittelbaren Reaktion zwingt. Zunehmend muss dann auf wirkungsbezogene Maßnahmen fokussiert werden, da das Zeitfenster für ursachenbezogene Maßnahmen bereits

---

über die Kapitalkosten hinaus – berechneten Rendite und des investierten Kapitals ist der absolute Übergewinn, der EVA. Zu einer aktualisierten Darstellung des Konzepts vgl. beispielsweise **Stern, J.M./Shiely, J.S./Ross, I.** (EVA, 2002). Dort finden sich außerdem Hinweise zur Umsetzung sowie Praxisbeispiele.

245 Beispielsweise über geänderte Abschreibungsdauern.

246 Vgl. **Roos, A./Stelter, D.** (Wertmanagement, 2000),S. 389f.

247 Eigene Analyse anhand der Geschäftsberichte aus dem Jahr 2005. Die Bayer AG verwendet das CVA Konzept, die Lufthansa AG ein nur leicht abgewandeltes Konzept auf Basis des EBITDA.

248 Die Genauigkeit des CVA hängt allerdings entscheidend von der Sorgfalt bei der Berechnung des investierten Kapitals (Brutto-Investitions-Basis) und der ökonomischen Abschreibung ab. Gerade bei Geschäftsaktivitäten mit hohem Kapitaleinsatz wird der Übergewinn entscheidend durch die Höhe der (kalkulatorischen) Abschreibungen determiniert.

249 Vgl. Abbildung 13.

geschlossen ist. Liquiditätsmanagement[250] wäre auf diesen Krisenverlauf abgebildet also **wirkungsbezogen**[251].

Krystek weist allerdings bereits bei der Entwicklung des zugrunde liegenden Phasenmodells darauf hin, dass die Phasen keineswegs immer chronologisch durchlaufen werden müssen und in jeder Phase ein Beginn und ein Ende denkbar sind[252]. Es ist daher auch ein abweichender Krisenverlauf denkbar, da einer Liquiditätskrise nicht zwingend eine Erfolgskrise vorausgehen muss. Selbst in Unternehmen mit gesunder Ertragslage und guter strategischer Ausrichtung kann es zu operativen Liquiditätsengpässen kommen, wenn beispielsweise Investitionen, aber auch hohe Lager- oder Forderungsbestände erhebliche Liquidität beanspruchen. Soweit in einem solchen Fall überhaupt noch Liquidität beschafft werden kann, wird eine kurzfristige Finanzierung regelmäßig mit hohen Kosten verbunden sein. Falls nicht ausreichend Liquidität beschafft werden kann, ist damit der Handlungsspielraum des Unternehmens eingeschränkt und Erfolgspotentiale können eventuell nicht wahrgenommen werden, was wiederum den Erfolg gefährdet. In beiden Szenarien wäre der idealtypische Krisenverlauf damit umgedreht, eine Erfolgskrise resultierte aus einer Liquiditätskrise.

Falls keine schnelle und zufriedenstellende Lösung für eine Liquiditätskrise gefunden werden kann, droht darüber hinaus eine Verstärkung durch falsche Fokussierung der Unternehmensführung. Das Management ist mit dem Generieren von Liquidität beschäftigt und vernachlässigt das operative Geschäft bis hin zum Unterlassen der strategischen Planung. Daraus können Ertragsschwächen entstehen, die eine ohnehin angespannte Liquiditätssituation zusätzlich verschärfen. Um diesen Verlauf zu illustrieren und den Vergleich zu ermöglichen, wird nachfolgend das idealtypische Krisenverlaufsschema abgewandelt dargestellt[253].

---

250 Vgl. zu einer Definition des Liquiditätsmanagements Abschnitt 3.2.4.

251 Vgl. dazu ausführlicher auch Abschnitt 3.2.6.

252 Vgl. **Krystek, U.** (Unternehmungskrisen, 1987), S. 31f; zu dem grundlegenden Phasenmodell **Krystek, U.** (Unternehmungskrisen, 1987), S. 30, sowie vereinfacht Abbildung 12.

253 Vgl. Abbildung 23.

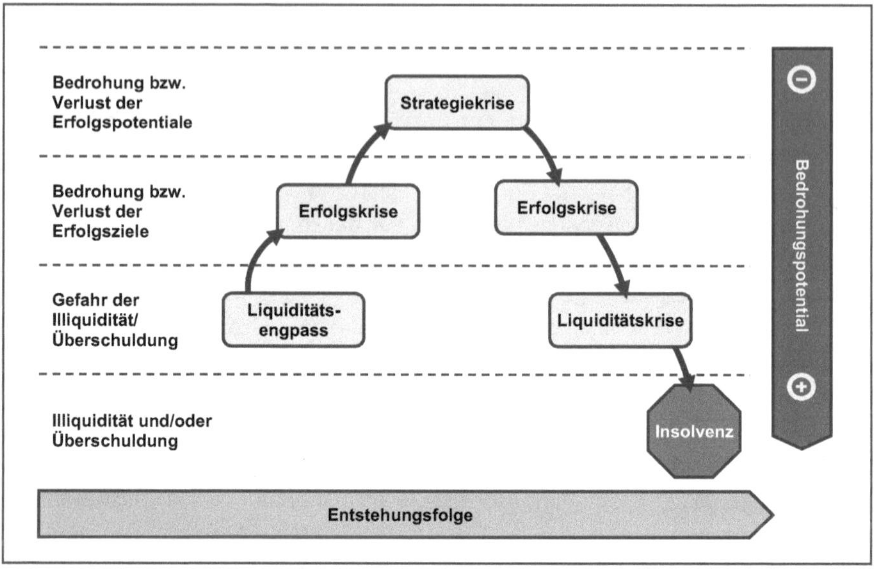

Abbildung 23: Von einer Liquiditätskrise ausgehender Krisenverlauf[254]

Somit sind aus der Perspektive des Liquiditätsmanagements zwei Krisenverläufe denkbar: die Liquiditätskrise als Folge einer Ertrags- (Strategie-)krise sowie die Liquiditätskrise bei gesunder Ertragssituation, die allerdings ihrerseits leicht zu einer Ertrags- (Strategie-)krise führen kann. Im ersten Fall ist die Liquiditätskrise Wirkung, im zweiten Fall Ursache einer Erfolgs- und Strategiekrise.

3.2.4 Begriff des Liquiditätsmanagements

Liquiditätsmanagement ist inzwischen als wesentliche Unternehmensfunktion etabliert[255], obwohl die ersten Instrumente zum Liquiditätsmanagement an der Wall Street beispielsweise erst in den 50er Jahren eingeführt wurden[256]. Der Begriff des Liquiditätsmanagements (dieser wiederum ist synonym für Cash Management) hat sich in der Literatur über die letzten Jahre gewandelt. Vor allem in frühen Beiträgen zum Liquiditätsmanagement wird darunter primär die Anlage, also die Verwendung der

---

254 Ursprüngliche Idee zum typischen Krisenverlauf aus **Krystek, U./Moldenhauer, R.** (New Economy, 2004), S. 225; Abbildung inhaltlich weiterentwickelt, um einen atypischen Krisenverlauf, ausgelöst durch einen Liquiditätsengpass, zu illustrieren.

255 **Beehler, P.J.** (Cash Management, 1978), S. 9; **Saperstein, R.** (Corporate Cash, 2006), S. 24; **Froot, K./Scharfstein, D.S./Stein, J.C.** (Risk Management, 1994), S. 94.

256 Vgl. **Saperstein, R.** (Corporate Cash, 2006), S. 24.

liquiden Mittel verstanden[257]. In einigen Beiträgen werden darüber hinaus noch Empfehlungen zur Höhe der Liquiditätsreserven gegeben, die allerdings weitestgehend statisch auf Kennzahlen[258] beruhen oder Sicherheitsbestände errechnen[259], nicht jedoch aus einer dynamischen Liquiditätsplanung[260] oder Frühaufklärung[261] resultieren. In dieser Arbeit soll dies als **Liquiditätsmanagement im engeren Sinne** verstanden werden[262].

Dem **Liquiditätsmanagement im weiteren Sinne** kommt eine weitaus aktivere Rolle zu. Neben der Festlegung eines Sollbestands und der Verwendung vorhandener Mittel wird – zumeist aus der allgemeinen Finanzplanung – eine Liquiditätsplanung generiert. Sie wird typischerweise innerhalb der Finanzrechnung bzw. Kapitalflussrechnung abgebildet[263]. Soweit notwendig, kommt aber vor allem auch die Generierung von Liquidität sowie deren Sicherung dazu[264]. Vereinfacht ausgedrückt sorgt Liquiditätsmanagement im weiteren Sinne also dafür, dass nicht zu wenig, aber auch nicht zu viel Liquidität im Unternehmen zur Verfügung steht, sondern genau das richtige Volumen[265].

---

257 Vgl. beispielsweise **Hohenstein, G.** (Cash Flow, 1990); ebenfalls **Boettger, U.** (Cash Management, 1995), beide fassen Cash Management als „die Anlage von Überschussliquidität" auf (S. 298). Vgl. ebenfalls **Beehler, P.J.** (Cash Management, 1978), allerdings stellt er bereits Prognoseansätze in seinem Buch vor und sagt diesen eine höhere Bedeutung in der Zukunft voraus (S. 213).

258 Beispielsweise Liquidität in % des Umsatzes, Liquidität in % der Bilanzsumme und Liquidität im Verhältnis zu den kurzfristigen Verbindlichkeiten (Liquidität 1. Grades), vgl. zu einer Übersicht **Boettger, U.** (Cash Management, 1995), S. 42-47.

259 Vgl. zu einer Übersicht **Boettger, U.** (Cash Management, 1995), S. 55-58.

260 Vgl. dazu vertiefend 3.2.6.

261 Vgl. ebenda.

262 Vgl. Abbildung 23.

263 Vgl. **Baum, H.G./Coenenberg, A./Günther, T.** (Controlling, 2004), S. 7; **Reichmann, T.** (Controlling, 1997), S. 185f; **Gallinger, G.W./Healey, P.B.** (Liquiditätsmanagement, 1991), S. Vf.

264 Vgl. dazu vertiefend Abschnitt 3.2.6, spezifisch die Anmerkungen zur Steuerung.

265 **Reider, R.** (Cash Management, 2005), S. 13: „[...] not too much, not too little, but just the right amount".

Abbildung 24: Begriff des Liquiditätsmanagements[266]

3.2.5 Ziele und Aufgaben des Liquiditätsmanagements

Damit sind die Ziele des Liquiditätsmanagements bereits formuliert. **Hauptziel** des Liquiditätsmanagements ist die ständige Sicherung der Zahlungsfähigkeit eines Unternehmens. Dabei kann zwischen der strukturellen Liquiditätssicherung durch die Einhaltung einer ausgeglichenen Finanzierungsstruktur und der laufenden Liquiditätssicherung durch die Koordination der Ein- und Auszahlungen unterschieden werden[267]. Die weiteren Ziele, die naturgemäß sowohl zum Oberziel als auch untereinander teilweise in Konflikt[268] stehen, lassen sich in folgende **Nebenziele** gliedern:

- Maximierung der Geldanlageerträge
- Minimierung der Transaktionskosten
- Minimierung der Finanzierungskosten
- Minimierung der (Opportunitäts-)kosten der Kassenhaltung
- Wahrung der (finanziellen) Unabhängigkeit[269]

Als Beispiel für die komplexen Wirkungszusammenhänge zwischen Zielen werden nachfolgend die finanzielle Unabhängigkeit und die **Höhe des Cash-Bestands** gegeneinander abgewogen. Auf der einen Seite sichert ein hoher Bestand an Liquidität die unternehmerische Dispositionsfreiheit und die finanzielle Basis für das Fortbestehen des Unternehmens. Zu geringe Liquidität führt zu Zahlungsunfähigkeit und gefährdet damit die (finanzielle) Handlungsfähigkeit des Unternehmens. Auf der

---

266 Eigene Darstellung.

267 Vgl. **Reichmann, T.** (Controlling, 1997), S. 182f.

268 Der Konflikt geht dabei letztlich aus von der grundsätzlichen Entscheidung, in welcher Höhe liquide Mittel vorgehalten werden sollen. Eine möglichst knappe Überschussliquidität führt beispielsweise zu niedrigeren Finanzierungskosten des Liquiditätsbestands und geringen Opportunitätskosten der Kassenhaltung. Vgl. dazu die nachfolgenden Ausführungen in diesem Abschnitt.

269 Vgl. **Scharpf, P.** (Finanzrisiken, 2000), S. 260; ebenfalls in **Brealey, R.A./Myers, S.C.** (Corporate Finance, 2000), S. 889-898; **Reichmann, T.** (Controlling, 1997), S. 182-185.

anderen Seite wird häufig argumentiert, dass drohende Unternehmensübernahmen auf dem Kapitalmarkt dafür sorgen, dass Unternehmen ihre angehäufte Überschussliquidität ausschütten. Dies beruht auf der Überlegung, dass bei einer ertragsorientierten Bewertung des Unternehmens in diesen Fällen in der Regel Abschläge vorgenommen werden müssen, da offensichtlich nicht genügend rentable Investitionen mit positivem Barwert bestehen oder zumindest diese nicht wahr genommen werden[270]. Außerdem kann zur Finanzierung der Übernahme teilweise auf diese Barmittel des Zielunternehmens zurückgegriffen werden. Dieser Kontrollmechanismus wird durch die Studie von Faleye gestützt: Übernahmeziele halten 23% mehr Cash als die Vergleichsgruppe; d.h. Unternehmen sind wahrscheinlicheres Ziel einer Übernahme, d.h. sie riskieren ihre Unabhängigkeit, wenn sie viel Liquidität vorhalten[271] – Mittel, die im Rahmen einer Übernahme deutlich abnehmen[272]. Allerdings kommt Faleye im Weiteren zu der Erkenntnis, dass der tatsächliche Erfolg eines feindlichen Übernahmeversuchs negativ mit hoher Liquidität korreliert. Unternehmen sind dann nämlich besser in der Lage, Abwehrstrategien wie gezielte Aktienrückkäufe, Kartellverfahren oder eine Gegenofferte umzusetzen[273]. Dieses Beispiel zeigt, dass keinesfalls zwischen allen Zielen des Liquiditätsmanagements Komplementarität vorliegt, sondern diese unter Umständen gegeneinander abgewogen werden müssen.

Ein weiterer – wenn auch nicht unstrittiger – Aspekt des Liquiditätsmanagements ist die **Innenfinanzierung**[274]. Unternehmen ziehen diese nämlich der Finanzierung durch Fremd- oder Eigenkapital vor[275]. Dies verwundert zunächst, da es der Grundannahme von Modigliani/Miller widerspricht, dass die Finanzierungsstruktur einer Unternehmung/Investition nicht über deren Wert entscheidet[276]. Froot/Scharfstein/Stein gehen allerdings davon aus, dass eine externe Finanzierung durch Aufnahme von Fremd- oder Eigenkapital – aufgrund der Ineffizienz der

270 Bei einer rein bilanz-/vermögensorientierten Bewertung greift diese Argumentation nicht, davon ist allerdings in der Regel nicht auszugehen.

271 Vgl. **Faleye, O.** (Cash, 2004), S. 2041 und 2049f.

272 Vgl. **Faleye, O.** (Cash, 2004), S. 2059; und zwar entsteht dieser Effekt nicht etwa durch den hohen Verbrauch an Cash während der Übernahme, sondern durch verstärkte Ausschüttung an die Aktionäre.

273 Vgl. **Faleye, O.** (Cash, 2004), S. 2059; siehe S. 42ff zu einer Literaturübersicht zu der oben genannten Agency-Problematik von Überschussliquidität und dem angeblichen Versagen der Kontrollmechanismen des (Übernahme-) Kapitalmarkts.

274 Vgl. zur Innenfinanzierung **Schreck, O.** (Finanzierungsformen, 2006), S. 99-116.

275 Vgl. **Froot, K./Scharfstein, D.S./Stein, J.C.** (Risk Management, 1994), S. 94.

276 Vgl. beispielsweise **Brealey, R.A./Myers, S.C.** (Corporate Finance, 2000), S. 465-471; ursprünglich bei **Modigliani, F./Miller, M.H.** (Irrelevance, original, 1958), S. 261-297 bzw. kompakter in **Modigliani, F./Miller, M.H.** (Irrelevance, short, 1969), S. 592-595.

Kapitalmärkte[277] – ungünstiger ist als die Innenfinanzierung[278]. Aus diesem Grund steht die Innenfinanzierung in der „financial pecking order"[279] der Unternehmen ganz oben. Sie erklären damit die vergleichsweise hohen Liquiditätsbestände in den Unternehmen und argumentieren sogar, dass es wesentliche Aufgabe eines „postmodern [...], integral risk management" ist, für ausreichend Liquidität zu sorgen, um profitable Investitionen mit positivem Barwert tätigen zu können. Insgesamt stimmen sie zwar grundsätzlich mit Modigliani/Miller überein, dass die Rentabilität einer Investition von ihrer Finanzierung unabhängig ist, geben allerdings zu bedenken, dass die Finanzierungskosten nicht immer markteffizient sind. Unzureichende Liquidität kann damit die Durchführbarkeit von effizienten Investitionen erschweren[280]. Selbst wenn dieser Argumentation nicht gefolgt wird, hat die Innenfinanzierung – und damit letztlich das Generieren von Liquidität – aus Sicht der Unternehmensführung den Vorteil einer höheren Flexibilität. Zum einen kann über eigene Mittel schneller verfügt werden, zum anderen erfordert eine externe Aufnahme von Kapital immer auch die Preisgabe von Informationen zur Begründung[281].

---

[277] Bei der **Eigenkapitalaufnahme** argumentieren sie mit einer Informationsasymmetrie zwischen dem emittierenden Unternehmen und den Anlegern. Die potentiellen Anleger haben damit einen Informationsnachteil bei der Festlegung des Ausgabepreises einer Kapitalerhöhung. Falls die Anleger den Preis zu niedrig einschätzen, ist die Kapitalaufnahme für das Unternehmen zu teuer und sollte vermieden werden. Nach dieser Logik müssen Anleger aber davon ausgehen, dass Unternehmen nur dann Eigenkapital emittieren, wenn sie als Insider im Vergleich zum Markt weniger günstige Erwartungen haben, da die Kapitalaufnahme dann vergleichsweise günstig ist. An dieser impliziten Aussage kann ein Unternehmen aber wiederum kein Interesse haben (vgl. **Froot, K./ Scharfstein, D.S./Stein, J.C.** (Risk Management, 1994) S. 94). Diese Diskussion wurde in der Wissenschaft oft geführt, häufig mit ähnlichem Ausgang (vgl. beispielsweise **Brealey, R.A./ Myers, S.C.** (Corporate Finance, 2000), S. 379). Gestützt wird dies außerdem durch die Empirie: **MacKie-Mason, J.K.** (Asymmetric Information, 1990) zeigt in seiner Studie, dass nur 2% der Unternehmensfinanzierung in den USA aus Eigenkapital erfolgt (vgl. S. 63).
Bei der Aufnahme von **Fremdkapital** ist die Argumentation etwas populärwissenschaftlicher: Nach ihrer Ansicht schränkt Fremdkapital die Handlungsfähigkeit des Unternehmens ein. Außerdem zögern Banken angeblich mit der Kreditvergabe an hochverschuldete Unternehmen, weil sie eine Verwendung zur Rückzahlung anderer Kredite anstelle von Investitionen fürchten. Im äußersten Fall kann eine hohe Verschuldung ihrer Ansicht nach zu Zahlungsschwierigkeiten bis hin zur Insolvenz führen (vgl. **Froot, K./Scharfstein, D.S./Stein, J.C.** (Risk Management, 1994), S. 94).

[278] „[...] The bottom line is that financial markets do not work as smoothly as Modigliani and Miller envisioned. The costs we have outlined make external financing of any form – be it debt or equity – more expensive than internally generated funds", **Froot, K./Scharfstein, D.S./Stein, J.C.** (Risk Management, 1994), S. 94.

[279] **Froot, K./Scharfstein, D.S./Stein, J.C.** (Risk Management, 1994), S. 94.

[280] Vgl. **Froot, K./Scharfstein, D.S./Stein, J.C.** (Risk Management, 1994), S. 93.

[281] Eine Eigenkapitalerhöhung muss beispielsweise von der Hauptversammlung genehmigt werden, sodass eine breite Öffentlichkeit davon erfährt. Vgl. beispielsweise die Pressereaktionen auf den entsprechenden Antrag der Porsche AG in ihrer Hauptversammlung; hier wurde sofort über eine Akquisition von Volkswagen spekuliert (vgl. beispielsweise **Handelsblatt** (VW-Kauf, 2006): „Porsche rüstet sich für VW-Kauf"; **Frankfurter Allgemeine Zeitung** (Porsche, 2006): „Porsche: Keine Überlegungen zur Übernahme von Audi"; **Wirtschaftswoche** (Porsche, 2006): „Porsche könnte VW-Kauf stemmen"). Das Problem einer unzureichenden Kontrolle dieser Finanzierungsquelle gegenüber alternativen Finanzierungsquellen und daraus gegebenenfalls resultierenden Ineffi-

3.2.6 Prozess des Liquiditätsmanagements

Auch beim Liquiditätsmanagement lassen sich die für das Risikomanagement typischen **Prozessschritte**[282] der Risikoidentifikation, -bewertung, -steuerung und -kontrolle unterscheiden[283]. Die grundlegenden Überlegungen einschließlich der Vorstellung der Instrumente sind bereits in Abschnitt 3.2.6 erfolgt, sodass nachfolgend lediglich die Spezifika im Liquiditätsmanagement beschrieben werden.

Zentrales Instrument des Liquiditätsmanagements ist die **Liquiditätsplanung**. Sie umfasst Ein- und Auszahlungen der jeweils nächsten Periode und hilft so, den Liquiditätsbestand zu planen sowie Engpässe und Überschüsse zu identifizieren[284]. Im Regelfall wird die Liquiditätsplanung primär aus der allgemeinen Finanzplanung abgeleitet[285], außerdem werden Informationen wie Refinanzierungsmöglichkeiten (Passiva-Perspektive) und Verfügungsbeschränkungen für Vermögenswerte (Aktiva-Perspektive) mit Fristen betrachtet[286].

Wie in Abschnitt 3.2.3 diskutiert, können die Ursachen von Liquiditätsproblemen oft weit in der Vergangenheit liegen, mithin aus allgemeinen Ertragsschwierigkeiten eines Unternehmens oder sogar Defiziten in der Strategie resultieren[287]. Somit könnte eine ursachenbezogene **Risikoidentifikation** schon bei bereits vorhandenen oder latenten Unternehmensschwächen ansetzen, um mögliche Liquiditätskrisen frühzeitig zu erkennen und daraus resultierende Risiken zu **bewerten**[288]. Allerdings soll der Begriff des Liquiditätsmanagements nicht so weit gefasst, sondern nachfolgend auf die direkten Aspekte der Liquidität fokussiert werden, um eine Abgrenzung zum allgemeinen Risikomanagement zu schaffen.

---

zienzen ist sicherlich nicht von der Hand zu weisen, soll an dieser Stelle allerdings nicht vertieft werden.

282 Vgl. zum Prozess des Risikomanagements Abschnitt 3.1.6, zum Prozessschema Abbildung 16.

283 Vgl. **Scharpf, P.** (Finanzrisiken, 2000), S. 259, dort allerdings ohne Risikokontrolle; bei **Reichmann, T.** (Controlling, 1997), S. 181-216 findet sich eine wesentlich planungsorientiertere Interpretation.

284 Vgl. **Scharpf, P.** (Finanzrisiken, 2000), S. 261 und 266

285 Vgl. **Baum, H.G./Coenenberg, A./Günther, T.** (Controlling, 2004), S. 7; **Reichmann, T.** (Controlling, 1997), S. 185f.

286 Vgl. **Scharpf, P.** (Finanzrisiken, 2000), S. 261.

287 Vgl. dazu Abschnitt 3.1.2 und Abbildung 13.

288 Vgl. **Baum, H.G./Coenenberg, A./Günther, T.** (Controlling, 2004), S. 307f.

Somit kann die klassische, strategische Frühaufklärung[289] nicht originäre Aufgabe des Liquiditätsmanagements sein. Dennoch ist das Instrument der **Frühaufklärung** im Sinne einer „frühzeitigen Ortung von Bedrohungen/Risiken“[290] im operativen Liquiditätsmanagement von Bedeutung, wenn auch mit einem kürzeren Zeithorizont als z.B. bei Absatz-, Versorgungs- oder Umfeldrisiken. Auch die „Einleitung von (Gegen-) Strategien und -maßnahmen“[291] sollte – zumindest wirkungsbezogen – erfolgen[292]. Konkret heißt das für die Unternehmensführung beispielsweise, dass die Aufklärung von Marktentwicklungen nach wie vor vom Marketing oder vom Vertrieb geleistet werden muss, zumal auch gegebenenfalls zu ergreifende Gegenmaßnahmen nicht im Verantwortungsbereich des Liquiditätsmanagements liegen. Dagegen sollte das Liquiditätsmanagement auch aus diesen Themenfeldern Auswirkungen auf die Liquidität ableiten und rechtzeitig angemessen reagieren und disponieren. An anderer Stelle wird Liquiditätsmanagement deshalb sogar verkürzt[293] als wirkungsbezogene Maßnahme klassifiziert: Es verhindert nicht den Eintritt einer Krise, sondern mildert deren Auswirkungen für das Unternehmen ab[294].

---

289 Vgl. grundlegend zur Frühaufklärung **Krystek, U.** (Frühaufklärung, 1990); zu Frühwarnsystemen **Wolf, K.** (Frühaufklärungssysteme, 2002), S. 127-132 als knappen Überblick aus Perspektive der Praxis; vertiefend **Lück, W.** (Umgang, 1998), S. 11, zu deren Aufbau und Integration in die Planung S. 11-13. In der Unternehmenspraxis sind allerdings zumeist die Frühaufklärungssysteme der zweiten Generation verbreitet, die jedoch zum einen keine kausale Verknüpfung zwischen Indikator und Zielgrößen zulassen und zum anderen nur auf bereits identifizierte Risiken fokussieren, dagegen neue außer Acht lassen (vgl. **Götze, U./Mikus, B.** (Risikomanagement/Strat. Unternehmensführung, 2001), S. 408). Dem sind die Systeme der dritten Generation vorzuziehen, die langfristig ausgerichtet sind und (alle) strategisch bedeutsamen Informationen systematisch erfassen und verarbeiten (vgl. grundlegend **Krystek, U.** (Unternehmungskrisen, 1987), S. 166-170, aufbauend auf dem Konzept der schwachen Signale (vgl. **Ansoff, H.I.** (1975), S. 21ff) sowie der Diffusionstheorie (vgl. **Krystek, U.** (Unternehmungskrisen, 1987), S. 167f, zu einer Literaturübersicht vgl. ebenda). Vgl. zur Früherkennung zum Überblick **Krystek, U.** (Früherkennung, 2003), S. 121-147 mit Fokus auf die Unternehmensplanung; ergänzend **Bea, F.X./Haas, J.** (Früherkennung, Krisenmanagement, 1994), S. 487-491; **Krystek, U./Müller, M.** (Frühaufklärungssysteme, 1999), S. 177-183; **Krystek, U.** (Entwicklungstendenzen, 1990), S. 421-442.

290 **Hahn, D./Krystek, U.** (Früherkennung, 2000), S. 78.

291 Vgl. **Hahn, D./Krystek, U.** (Früherkennung, 2000), S. 78.

292 Vgl. zu den wirkungsbezogenen Maßnahmen die Ausführungen in Abschnitt 3.1.6.3.

293 Diese Verkürzung ist allerdings nicht sinnvoll, da damit eine Reduzierung auf die Steuerung einhergeht, somit die Aspekte der Risikoidentifizierung, -bewertung und -kontrolle unbeachtet bleiben.

294 **Fiege, S.** (KonTraG, 2006), S. 190ff; vgl. ebenda auch zu weiterführender Literatur.

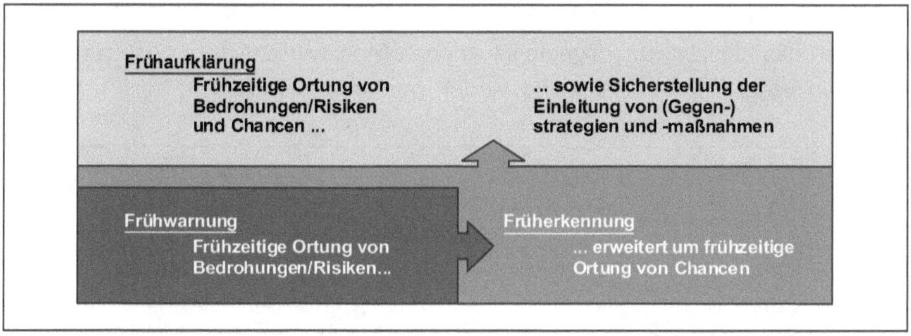

Abbildung 25: Begriffe der Frühwarnung, Früherkennung und Frühaufklärung[295]

Die wichtigste **Steuerungsgröße** im Liquiditätsmanagement ist der Liquiditätsbestand, wobei hier der bereits im vorhergehenden Abschnitt beschriebene Zielkonflikt fortbesteht. Die hier zu treffende Entscheidung ist mit dem Optimierungsproblem des optimalen Lagerbestands in der Beschaffungslogistik vergleichbar; auch die dafür eingesetzten Instrumente sind grundsätzlich ähnlich. Allerdings sind die Konsequenzen eines „Versorgungsengpasses" unterschiedlich: Während aus Lagerengpässen „nur" Produktions- und Lieferengpässe resultieren können, bedroht ein Liquiditätsengpass unmittelbar den Fortbestand des Unternehmens. Somit ist die Bedeutung der „Versorgungssicherheit" im Liquiditätsmanagement ungleich höher, worauf typischerweise mit Reservebildung reagiert wird. Unterschieden werden dabei die Vorhaltung von Liquidität im eigenen Unternehmen sowie die Strategie der Überwälzung auf Versicherungen oder Fonds[296].

In Abhängigkeit von der Entscheidung über die Höhe des Liquiditätsbestands sowie der Ein- und Auszahlungen ist es offensichtliche und wichtigste Aufgabe der **Steuerung**, die Höhe der Liquidität zu regulieren[297]. Falls Liquiditätsbedarf festgestellt wird, muss Liquidität geschaffen werden; falls überschüssige Liquidität vorhanden ist, muss über deren Verwendung entschieden werden. Abbildung 26 zeigt die Analogie zwischen der Steuerung des Liquiditätsbestands und des Lagerbestands. Aus diesem Grund greifen viele wissenschaftliche Beiträge zum Liquiditätsmanagement

295 Mit geringfügigen graphischen Änderungen entnommen aus **Hahn, D./Krystek, U.** (Früherkennung, 2000), S. 78.

296 Vgl. **Brealey, R.A./Myers, S.C.** (Corporate Finance, 2000), S. 890-893; vertiefend zu Möglichkeiten der Versicherung **Helten, E./Bittl, A./Liebwein, P.** (Versicherung, 2000), S. 174-191. Dort finden sich auch Hinweise zu Versicherbarkeit und Preisbildung; **Peridon, L./Steiner, M.** (Finanzwirtschaft, 2004), S. 147-159.

297 Vgl. zu Möglichkeiten der Regulierung ausführlich **Gallinger, G.W./Healey, P.B.** (Liquiditätsmanagement, 1991), S. 203-228.

auch auf die Methoden zur Optimierung der Lagerbestandshöhe zurück[298]. Weitere Aufgaben des Liquiditätsmanagements wie das finanzwirtschaftliche Risikomanagement sind nicht Fokus der Arbeit und werden daher hier nicht vertieft[299].

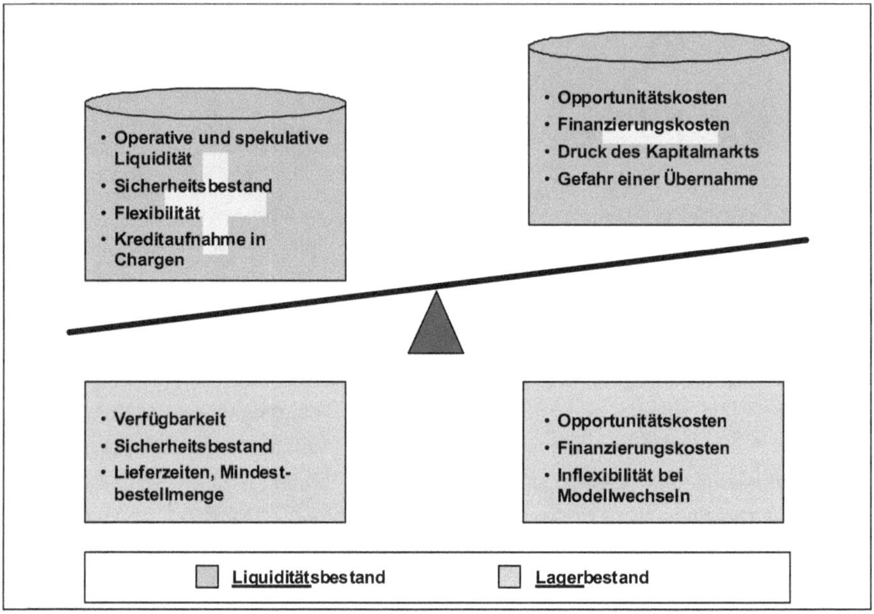

Abbildung 26: Analogie zwischen Höhe des Liquiditäts- und Lagerbestands[300]

Mögliche Quellen und Anlagen für Liquidität sind in Abbildung 27 übersichtsartig dargestellt. Eine Unterscheidung kann zwischen operativen und finanzwirtschaftlichen Finanzierungs- und Anlageoptionen sowie nach dem zeitlichen Horizont erfolgen. Im Ergebnis entsteht dann eine Matrix mit den Ausprägungen „Operatives Geschäft“, „Anlagevermögen“, „Geldmarkt“ und „Kapitalmarkt“.

---

298 Vgl. beispielsweise **Boettger, U.** (Cash Management, 1995); alternativ **Gallinger, G.W./ Healey, P.B.** (Liquiditätsmanagement, 1991), S. 236-255.

299 Vgl. zum finanzwirtschaftlichen Risikomanagement von Nichtbanken beispielsweise **Bieta, V./ Siebe, W.** (Financial Risk, 2000), S. 507-517; **Bartram, S.M.** (Finanzwirtschaftliches Risikomanagement, 2000), S. 107-117, vgl. ebenda zu einer weiterführenden Literaturübersicht; vgl. grundlegend **Peridon, L./Steiner, M.** (Finanzwirtschaft, 2004), S. 299-333 zu Risikomanagement mit Termingeschäften; weiter **Gallinger, G.W./Healey, P.B.** (Liquiditätsmanagement, 1991), S. 300-315; **Glaum, M./Wirth, A.** (Finanzinstrumente RM, 1998), S. 201-226, hier mit Fokus auf das Risikomanagement innerhalb des Liquiditätsmanagements.

300 Eigene Darstellung. Zu den Inhalten vgl. die Ausführungen in diesem Abschnitt, sowie in Abschnitt 4.3.

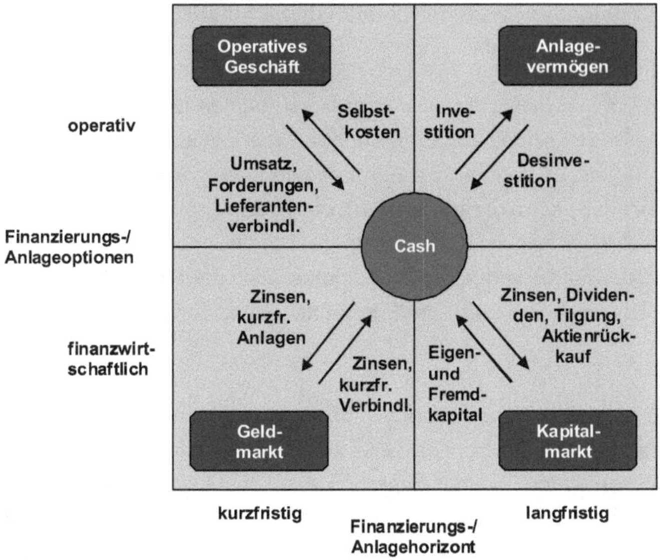

Abbildung 27: Schematische Übersicht von Cash Flows im Unternehmen[301]

Bei den langfristigen Optionen zur **Liquiditätsgewinnung** kann in der Regel davon ausgegangen werden, dass zunächst die finanzwirtschaftlichen Refinanzierungsmöglichkeiten am Kapitalmarkt ausgeschöpft werden, bevor zur Vermögensliquidation übergegangen wird[302]. Genau gegenteilig verhält es sich beim kurzfristigen Finanzierungshorizont: Hier sollten zunächst Effizienzreserven im Umlaufvermögen gehoben werden, beispielsweise indem der Lager- oder Forderungsbestand reduziert[303] oder zur Absicherung einer Finanzierung herangezogen wird. Die Option einer Ausweitung der Lieferantenverbindlichkeiten steht zumeist erst an zweiter Stelle, da dies mit höheren Kosten verbunden ist.

---

[301] Darstellung übersetzt und mit kleineren Änderungen entnommen aus **Reider, R.** (Cash Management, 2005), S. 12. Aus Vereinfachungsgründen wurde auf die im Original berücksichtigten Steuerzahlungen verzichtet.

[302] Vgl. **Scharpf, P.** (Finanzrisiken, 2000), S. 266.

[303] Damit ist selbstverständlich eine betriebswirtschaftlich sinnvolle Entscheidung gemeint.

3.3 Forderungsmanagement im Rahmen des Liquiditätsmanagements

Eine bestimmende Größe für die Liquidität im Unternehmen ist der Bestand an Forderungen. Wächst dieser an, wird dem Unternehmen Liquidität entzogen, umgekehrt kann durch den Abbau von Forderungen Cash generiert werden. In der Systematik der Abbildung 27 gehören die Forderungen in den linken oberen Quadranten, sind also **operative, kurzfristige Quelle bzw. Anlage**. Allerdings bezieht sich dies nur auf die Fristigkeit, da die Bilanzposition der Forderungen bei konstantem Umsatz ohne Zutun dauerhaft bestehen bleibt und daher auch dauerhaft Liquidität bindet; bei wachsenden Unternehmen steigt der Forderungsbestand in der Regel sogar mit dem Umsatz[304].

Eine **Studie** hat bei 3.350 NASDAQ-Unternehmen (außer Finanzinstituten) einen Forderungsbestand von im Schnitt 19% des Gesamtvermögens aus den Bilanzen errechnet[305]. Dies wurde in einer ähnlichen Analyse bestätigt, die – basierend auf Compustat-Daten – bei produzierenden Unternehmen in den USA einen Forderungsbestand von 21% des Kapitals ermittelt[306]. Die Höhe der bei Optimierung der Forderungsbestände freizusetzenden Liquidität lässt sich naturgemäß wissenschaftlich nicht exakt bestimmen. Allerdings gibt es Schätzungen, die bei US-Unternehmen $ 162 Milliarden[307] (bezogen auf die 24 größten Unternehmen) und sogar $ 590 Milliarden[308] (bezogen auf die gesamte US-Wirtschaft) möglichen Cash Flow aus der Optimierung von Forderungen vermuten. Dabei wird davon ausgegangen, dass diese Aussagen insbesondere auf mittelgroße Unternehmen zutreffen, d.h. diese besonders hohe Forderungsbestände aufweisen[309].

Ausgehend von derart hohen gebundenen Finanzmitteln im Forderungsbestand verwundert der sich in den Untersuchungen spiegelnde anscheinend laxe Umgang der Unternehmen mit diesem Kapital. Während Investitionen zumeist einem strengen Genehmigungsprozess unterliegen und die Entscheidungsbefugnisse nach

304 Vgl. **Grass, M.** (Working Capital, 1972), S. 56ff; **Asselbergh, G.** (Factoring, 2002), S. 3.

305 Vgl. **Mian, S.L./Smith, C.W.** (Financing Receivables, 1994), S. 75.

306 Vgl. **Mian, S.L./Smith, C.W.** (Accounts Receivable, 1992), S. 169.

307 Vgl. **Gundavelli, V.** (Cash Flow, 2006), S. 52; Studie bei 24 Top-US-Unternehmen, dort könnten in Summe $162 Milliarden Cash Flow freigesetzt werden, wenn das Management der Forderungen und Verbindlichkeiten optimiert würde.

308 Vgl. **Payne, C.** (Cash Management, 2004), S. 3. Er schätzt, dass insgesamt $ 590 Milliarden Umlaufvermögen durch besseres Management freigesetzt werden könnten und geht davon aus, dass der Großteil davon Forderungen sind.

309 Vgl. **Mian, S.L./Smith, C.W.** (Financing Receivables, 1994), S. 75.

Hierarchiestufen gestaffelt sind, finden sich dagegen kaum ähnliche Regularien für das Begründen von Forderungen[310].

3.3.1 Entstehen von Forderungen

Forderungen entstehen grundsätzlich durch das zeitliche Auseinanderfallen von erbrachter Leistung und dazu gehörender Gegenleistung. In der Regel handelt es sich dabei um technisch bedingte, überschaubare Zeiträume. Diese können ausgeweitet werden durch das Einräumen von Zahlungszielen, die auch als preispolitisches Instrument oder klassische Absatzfinanzierung dienen. Es kann sich aber auch um Fristüberschreitungen handeln, die durch das Verweigern oder Verzögern von Zahlungen durch den Kunden entstehen.

Ein hoher Forderungsbestand muss nicht immer negativ für das Unternehmen und Spiegelbild einer verfehlten Absatzpolitik sein. Zahlungsmodalitäten können – gerade für kleinere Unternehmen – wesentliches Instrument des Marketings sein und vertriebsunterstützend wirken[311]. In manchen Fällen ist die Finanzierung des Absatzes an sich sogar profitabel wie bei General Electric, Siemens oder einigen Automobilherstellern[312]. In anderen Fällen überbrückt ein Lieferantenkredit die „Inkongruenzen zwischen Geldbedarf und Geldvorrat beim Abnehmer“, dient also der Absatzförderung[313]. Zahlungsmodalitäten können also durchaus Teil der Strategie sein und müssen nicht nur als notwendiges Übel der Geschäftstätigkeit angesehen werden. Die Entscheidung pro oder contra Absatzfinanzierung ist im Einzelfall zu treffen[314].

---

310 Vgl. **Salek, J.G.** (Receivables Management, 2006), S. 56.

311 Vgl. **Backhaus, K./Voeth, M.** (Industriegütermarketing, 2007), S. 353: „[...], sodass das Instrument der Auftragsfinanzierung zum entscheidenden Marketing-Instrument im internationalen Anlagenbau geworden ist“, ähnlich **Summers, B./Wilson, N.** (Credit Management, 2000), S. 38 und S. 55.

312 Bei Siemens beispielsweise trägt das Geschäftsfeld Financial Services bereits mit über 300 Mio. € zum Bruttokonzernergebnis von 4,3 Mrd. € bei, das ist immerhin fast die Hälfte des traditionellen Geschäftsbereichs der Kraftwerks- und Turbinensparte „Power Generation“ und übertrifft den Bereich „Com“, vgl. **Siemens AG** (Geschäftsbericht, 2007), Lagebericht ab S. 97.

313 **Schepers, C.** (Factoring, 1994), S. 16.

314 Vgl. dazu den nachfolgenden Entscheidungsbaum.

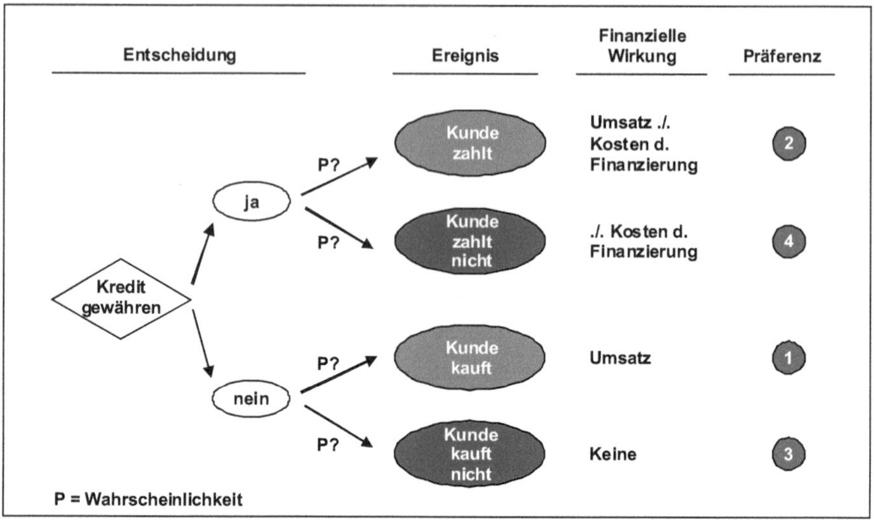

Abbildung 28: Entscheidungsbaum zur Vergabe von Finanzierungen[315]

Die wesentlichen Gründe für das Einräumen von Zahlungszielen können – in Anlehnung an Mian/Smith – in die drei Gruppen Kostenvorteile des Verkäufers, Preisdifferenzierung und Steuereffekte gegliedert werden.

- **Kostenvorteile des Verkäufers** gegenüber einer alternativen Finanzierung können resultieren aus[316]
  - einer günstigeren **Verwertung** des eigenen Produkts. VW Financial Services beispielsweise sieht eine wesentliche Kernkompetenz darin, Autos günstig verwerten (d.h. weiterverkaufen) zu können. Damit ist der Restwert einer Rücknahme aus einer geplatzten Finanzierung oder einem ausgelaufenen Leasingvertrag für VW höher als für andere Anbieter[317].
  - einem **Informationsvorteil** bei der Bonitätsprüfung. Aus einer intensiven Kundenbeziehung können relevante Informationen zur Bonität unter Umständen effizienter und effektiver gewonnen werden[318].

[315] Erweiterte Darstellung aus **Brealey, R.A./Myers, S.C.** (Corporate Finance, 2000), S. 915, dort ist der untere Ast („nein") nicht weiter ausdifferenziert.

[316] Vgl. **Mian, S.L./Smith, C.W.** (Accounts Receivable, 1992), S. 172; **Mian, S.L./Smith, C.W.** (Financing Receivables, 1994), S. 76f.

[317] Vgl. ein Interview mit einem Mitarbeiter der Unternehmensentwicklung von VW Financial Services. Selbstverständlich hat VW Financial Services außerdem Marketingaufgaben im Sinne einer Vertriebsunterstützung, die jedoch an dieser Stelle nicht weiter diskutiert werden sollen.

[318] Vgl. dazu ebenfalls die Ausführungen in Abschnitt 3.3.6, dort im Zusammenhang mit einer Make or buy-Entscheidung im Forderungsmanagement diskutiert.

 - einer vereinfachten **Abwicklung** der Transaktion bei einer rein bilateralen Beziehung, falls die Gefahr einer Unterschlagung besteht und die Leistung Zug um Zug erfolgen muss. Ein finanzierender Dritter müsste sonst beispielsweise mit der Problematik umgehen, dass er gegebenenfalls zahlt, bevor das Produkt oder die Leistung im Besitz seines Gläubigers ist.

- Bei ausreichender Marktmacht des Verkäufers kann dieser versuchen, den Absatz und die Marge durch **Preisdifferenzierung (-diskriminierung)** zu optimieren. Die individuelle Vereinbarung von Zahlungsbedingungen wird dabei oft der Einräumung von Rabatten oder anderen direkt auf den Verkaufspreis wirkenden Maßnahmen vorgezogen, da sie weniger transparent sind[319].
- Einen Steuerstundungseffekt kann der Verkäufer erreichen, wenn er seinen Gewinn erst bei Zahlungseingang verbucht. Diese **Steuervorteile** sind allerdings naturgemäß von der jeweiligen Steuergesetzgebung, dem zu versteuernden Gewinn sowie dem Grenzsteuersatz abhängig[320].

3.3.2 Begriff des Forderungsmanagements

Unabhängig davon, aus welchem Grund Forderungen resultieren, sollte im Unternehmen in jedem Fall ein möglichst optimales Forderungsmanagement betrieben werden. Forderungsmanagement im engeren Sinne wird auch als „**Forderungsbearbeitung**“[321] bezeichnet. Dieses Verständnis ist – wie Gespräche vor Ort bestätigt haben – gerade bei Inkassounternehmen verbreitet, die darunter ihre Dienstleistungen der Rechnungserstellung, Zahlungseingangskontrolle, des Mahnverfahrens und des Inkassos subsumieren[322].

- Die **Debitorenbuchhaltung** ist gewissermaßen die Voraussetzung eines funktionierenden Forderungsmanagements[323], denn hier erfolgt die technische Bearbeitung der Forderungen. Damit kommt ihr die Aufgabe der Informationsbereitstellung zu; intern benötigt das Unternehmen stets aktuelle und korrekte

[319] Vgl. **Mian, S.L./Smith, C.W.** (Financing Receivables, 1994), S. 78; **Mian, S.L./Smith, C.W.** (Accounts Receivable, 1992), S. 172f.

[320] Vgl. **Mian, S.L./Smith, C.W.** (Accounts Receivable, 1992), S. 173.

[321] **Kokalj, L./Paffenholz, G./Schröer, E.** (Forderungsmanagement, 2000) S. 7.

[322] Vgl. beispielsweise **Creditreform** (Forderungsmanagement, 2006); **Buergel** (Forderungsmanagement, 2006); **Structured Finance Group** (Forderungsmanagement, 2006); auch Factoring-Dienstleister definieren den Begriff ähnlich: „Debitorenmanagement“: **Eurofactor** (Debitorenmanagement, 2006); „Debitorenverwaltung“: **Deutsche Factoring Bank** (Debitorenverwaltung, 2006); **SüdFactoring** (Dienstleistungen, 2006).

[323] Vgl. **Bette, K.** (Factoringgeschäft, 1999), S. 19f; **Seraphim, K.** (Debitorenmanagement, 1997), S. 120; **Kandlbinder, K.P.** (Debitorenmanagement, 1980), S. 7 und 11, dieser hält diese Daten sogar für so wichtig, dass er in seinem Buch vorschlägt, die Einzeldaten zu Kennzahlen zu verdichten, um diese der Unternehmensführung zur Verfügung stellen zu können.

Daten zur Entscheidungsfindung, extern müssen Rechnungserstellung und Mahnwesen pünktlich und zuverlässig funktionieren[324]. Dieser Komplex wird in der Literatur ausführlich gewürdigt[325]. Besonders in älteren Beiträgen wird häufig bemängelt, dass die Debitorenbuchhaltung – insbesondere von mittelständischen Unternehmen – überraschend stark vernachlässigt werde[326].

- Im Rahmen des **Mahn- und Inkassowesens** sollen überfällige Forderungen schnellstmöglich durchgesetzt werden, um mögliche Ausfälle einzugrenzen[327]. Die Aufgaben des Mahn- und Inkassowesens können damit – vor allem bei langfristigen Kundenbeziehungen – häufig in Konflikt mit den Zielen des Vertriebs stehen. Allerdings ist davon auszugehen, dass gerade ein stringenter und transparenter Prozess im Unternehmen die Möglichkeit eines flexiblen und ausgeglichenen Umgangs mit diesen Zielsetzungen ermöglicht[328].

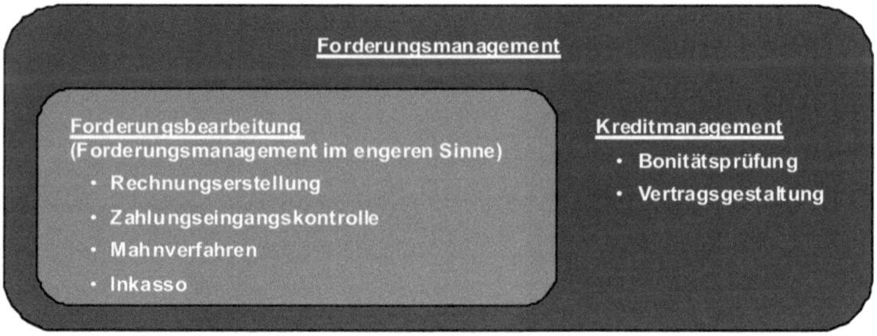

Abbildung 29: Begriff des Forderungsmanagements[329]

Wie in Abbildung 29 dargestellt, soll in dieser Arbeit ein weitergehender Begriff des Forderungsmanagements zugrunde gelegt werden: Über die Forderungsbearbeitung hinaus umfasst dieser auch das Kreditmanagement, also alle weiteren „Maßnahmen

324 Vgl. **Kokalj, L./Paffenholz, G./Schröer, E.** (Forderungsmanagement, 2000), S. 12. Untermauert wird die Bedeutung des Debitorenmanagements von der Insolvenzforschung, vgl. beispielsweise **Pfaffenholz, G.** (Krisen, 1998), S. 48ff.

325 Vgl. beispielsweise **Kandlbinder, K.P.** (Debitorenmanagement, 1980); **Bünzli, K.** (Debitoren-Management, 1997); **Winston, A./Winston, J.** (Credit & Collection, 2006); **Siegel, D.D.** (2005); **Schaeffer, M.L./Bernabe, J.B.** (Credit Collections, 1999); **Bertl, A.** (Forderungen, 2004); **Riedl, E.** (Forderungen, 2005).

326 Vgl. **Rödl, H.** (Forderungsmanagement, 1998), S. 5; **Kandlbinder, K.P.** (Debitorenmanagement, 1980), S. 7,10; **Mayer, H.V.** (Anerkennung, 1999), S. 45.

327 Vgl. **Kokalj, L./Paffenholz, G./Schröer, E.** (Forderungsmanagement, 2000), S. 12f.

328 Vgl. **Kokalj, L./Paffenholz, G./Schröer, E.** (Forderungsmanagement, 2000), S. 13; **Kandlbinder, K.P.** (Debitorenmanagement, 1980), S. 14f.

329 Eigene Darstellung.

zur Risikobegrenzung und Risikovermeidung“[330]. Im Rahmen der **Bonitätsprüfung** soll dabei das Ausfallrisiko minimiert werden, das sich aus Adressausfallrisiko[331] und Terminrisiko[332] zusammensetzt. Diese Funktion steht zumeist im Spannungsfeld mit dem Vertrieb, da Bonitätsrisiken und Zahlungsziele oft als Marketinginstrumente angesehen werden. Dieser Zielkonflikt zieht sich letztlich ähnlich durch bis hin zur Entscheidung über eine Auslagerung des Inkassos an Dritte oder zum Outsourcing durch Factoring[333]. Das Kreditmanagement muss damit zwischen etwaigen Forderungsverlusten und Umsatzchancen abwägen[334], was letztlich wesentlich von der Risikopolitik des Unternehmens geprägt sein sollte[335]. Für die Bonitätsprüfung stehen der Praxis eine Reihe von Instrumenten zur Verfügung, die beispielsweise nach internen und externen Informationsquellen sowie qualitativen und quantitativen Verfahren gegliedert werden können[336]. Darüber hinaus ist die jeweilige **Vertragsgestaltung** wichtiges Steuerungsinstrument des Risikomanagements[337].

3.3.3 Ziele und Aufgaben des Forderungsmanagements

Wie in Abschnitt 3.3.1 ausgeführt, können Forderungen wesentliche vertriebsunterstützende Funktionen haben. Diese Funktionen sind jedoch nicht originäre Aufgabe des Forderungsmanagements, sondern gestalten sich im Dialog zwischen Vertrieb, Marketing und einem aktiven Forderungsmanagement. Werden die Rahmenbedingungen von Vertrieb oder Marketing vorgegeben, reduziert sich das Forderungsmanagement – was nicht wünschenswert ist – auf das **Minimieren** der durch Forderungen verursachten **Kosten**.

---

330 **Kokalj, L./Paffenholz, G./Schröer, E.** (Forderungsmanagement, 2000), S. 7.

331 Adressausfallrisiko meint das Risiko eines „vollständigen oder teilweisen Ausfalls der Gegenpartei [...] und damit des ganzen oder teilweisen Verlusts des Kapitals oder der aufgelaufenen Erträge“, **Scharpf, P.** (Finanzrisiken, 2000), S. 256. Zum Teil werden spezifische Umfeldrisiken eines Kunden oder Auftrags wie Länderrisiken und Marktrisiken ebenfalls dem Adressausfallrisiko zugerechnet.

332 Terminrisiko beschreibt das Risiko einer verzögerten Zahlung.

333 Vgl. **Kandlbinder, K.P.** (Debitorenmanagement, 1980), S. 14f.

334 Vgl. **Kandlbinder, K.P.** (Debitorenmanagement, 1980), S. 9.

335 Vgl. Abschnitt 3.1.5.

336 Vgl. vertiefend die Ausführungen zur Bonitätsprüfung in Abschnitt 3.4.5.2.

337 Vgl. **Kandlbinder, K.P. (Debitorenmanagement, 1980)**, S. 10f.

Diese lassen sich wiederum in zwei wesentliche Kostenarten unterteilen, die **Kapitalkosten** und die **Risikokosten**. Kapitalkosten entstehen durch die Finanzierung der Forderungen, wobei an dieser Stelle nicht vertieft werden soll, ob hier die Grenz- oder Durchschnitts-[338] oder sogar die tatsächlichen[339] Kosten der Finanzierung angesetzt werden. Die Risikokosten entstehen primär durch Forderungsausfälle, wobei auch Zahlungsverzögerungen dazu gerechnet werden können. Das Risiko, ob Forderungen überhaupt bestehen (Veritätsrisiko[340]), ist nicht als originäres Risiko des Forderungsmanagements anzusehen, da es dort nicht gesteuert werden kann. Das Forderungsmanagement setzt erst dann ein, wenn von dem Bestehen einer Forderung auszugehen ist. Zweifel daran entstehen nicht durch Unzulänglichkeiten des Forderungsmanagements, sondern durch Probleme der Produktion[341] oder der Vertragsgestaltung[342], wie dies z.B. bei mangelnder Werthaltigkeit einer Nachtragsforderung der Fall ist.

Aufgabe des Forderungsmanagements sollte mithin zum einen sein, den Forderungsbestand zu minimieren und ihn günstig zu finanzieren. Damit ist zwar auch der Einfluss auf die Entscheidung über die an Kunden bewilligten Zahlungsziele gemeint, vor allem aber ein effizientes Forderungsmanagement, das ausstehende Zahlungen zügig eintreibt[343]. Zu den Möglichkeiten der Forderungsfinanzierung kann an dieser Stelle auf die Abschnitte 3.4 und speziell 3.4.1 verwiesen werden.

Zum anderen sollten Adressausfälle vermieden[344] sowie Länderrisiken reduziert werden. Das bedeutet, Forderungen sollten gegen Ausfall abgesichert werden bzw. zumindest sollte die Höhe der Ausfälle unter Kontrolle sein. Dafür gibt es interne und externe Lösungsansätze, beispielsweise externe Auskünfte oder interne Datenbanken[345]. Salek dreht die Wirkungsrichtung in gewisser Weise um. Er argumentiert, dass der Forderungsbestand Indikatorfunktion hat, u.a. für die Qualität des order to delivery-Prozesses, der Arbeit des Vertriebs, der Produktqualität oder der

338 Mit Finanzierungskosten sind die Weighted Average Costs of Capital (WACC) gemeint, die sich aus den Fremd- und (kalkulatorischen) Eigenkapitalkosten bestimmen lassen. Vgl. dazu grundlegend **Brealey, R.A./Myers, S.C.** (Corporate Finance, 2000), S. 227 oder **Hahn, D./ Hungenberg, H.** (PuK, 2001), S. 159ff.

339 Je nachdem, ob diese in der Praxis zugerechnet werden können, wie das beispielsweise beim Factoring der Fall ist.

340 Vgl. dazu vertiefend Abschnitt 3.4.5.

341 Vgl. zum Veritätsrisiko ebenda.

342 Vgl. dazu vertiefend Abschnitt 4.2.3.

343 Vgl. **Payne, C.** (Cash Management, 2004), S. 3f.

344 **Scharpf, P.** (Finanzrisiken, 2000), S. 260.

345 Vgl. **Gundavelli, V.** (Cash Flow, 2006), S. 53.

Kundenzufriedenheit[346]. Diese Aussage plädiert allerdings keineswegs für einen Verzicht auf ein sorgfältiges und gut funktionierendes Forderungsmanagement.

Die **Prognostizierbarkeit** der Cash Flows ist wichtiges Ziel des Liquiditäts- und damit auch des Forderungsmanagements[347]. Während Zahlungsziele in der Liquiditätsplanung einfach berücksichtigt werden können, ist dies bei Zahlungsverzögerungen und Forderungsausfällen aufgrund der Fremdbestimmtheit nur schwer möglich. Damit kann nur auf Erfahrungswerte der Vergangenheit bzw. Wahrscheinlichkeitsbetrachtungen zurückgegriffen werden oder es sind ausreichende Reserven zu bilden[348].

3.3.4 Prozess des Forderungsmanagements

Forderungsmanagement ist Bestandteil des **Risikomanagements**, sodass auch dessen **Prozesschema**[349] übertragen werden kann. Wie schon in Abschnitt 3.1.6 zum Risikomanagement dargestellt, wird daher nachfolgend auf eine Darstellung des gesamten Prozesses zugunsten einer Fokussierung auf die Besonderheiten verzichtet.

Spezifikum des Forderungsmanagements ist, dass sehr viele **unterschiedliche Bereiche** eines Unternehmens am Prozess beteiligt und häufig auch entscheidungsberechtigt sind wie Vertrieb, Logistik, Buchhaltung, Finanzabteilung sowie gegebenenfalls die Rechtsabteilung[350]. Umso wichtiger ist es, dass diese Beteiligten untereinander vernetzt sind und ein klarer Prozess mit möglichst (nur) einem Gesamtprozess-Verantwortlichen definiert wird[351].

Die **Ansprüche** an das Forderungsmanagement haben in den letzten Jahren in den meisten Unternehmen durch eine verstärkt internationale Kundenbasis und die Koordination von weltweiten Cash Flows und Zahlungsbedingungen zugenommen. Nicht nur zur besseren Vernetzung sollten diese Tätigkeiten zentral wahrgenommen werden, sondern auch um diesem gestiegenen Anspruch mit einem hohen Niveau an Professionalität durch Spezialisierung begegnen zu können[352].

---

[346] Vgl. **Sharpe, W.F.** (Investments, 1995), S. 56.
[347] Vgl. **Williams, D.V.** (Cash Flow, 2005), S. 16.
[348] Vgl. **Kokalj, L./Paffenholz, G./Schröer, E.** (Forderungsmanagement, 2000), S. 14.
[349] Vgl. zum Risikoprozess Abschnitt 3.1.6, zu einer Darstellung des Prozesschemas Abbildung 16.
[350] Vgl. **Gundavelli, V.** (Cash Flow, 2006), S. 53.
[351] Vgl. **Gundavelli, V.** (Cash Flow, 2006), S. 54.
[352] Vgl. **Gundavelli, V.** (Cash Flow, 2006), S. 53.

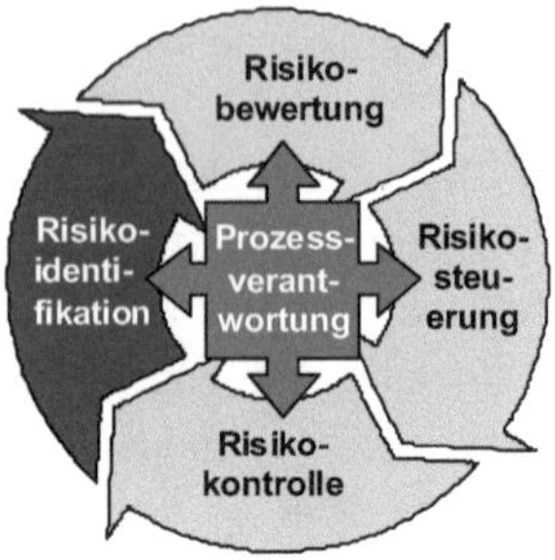

Abbildung 30: Prozess des Forderungs- (Risiko-)managements[353]

Das Hauptaugenmerk der **Risikoidentifikation** im Forderungsmanagement liegt auf den Ausfallrisiken. Adressausfall- und Länderrisiken können über eine Analyse der Geschäftspartner und deren Bonität erfolgen, zusätzlich können externe Quellen (z.B. unabhängige Ratingagenturen) herangezogen werden[354]. Außerdem kann zumeist auf Erfahrungen aus früheren Transaktionen und bestehende Geschäftsbeziehungen zurückgegriffen werden[355].

Bei den Adressausfallrisiken ist die **Bewertung** in den letzten Jahren insgesamt immer mehr in den Vordergrund gerückt und wurde damit wesentlich professionalisiert[356]. Gerade im Bankensektor (vgl. auch Eigenkapitalrichtlinien nach Basel II)[357] werden immer mehr umfassende Instrumente wie Kreditderivate angeboten, die auf exakten Bewertungen dieses Risikos beruhen und damit weitgehende Transparenz schaffen[358].

Die **Risikosteuerung** im Forderungsmanagement wird häufig auf die wirkungsbezogene Strategie der **Überwälzung** reduziert. Dazu kann auf Kredit- und Finanzderivate zurückgegriffen werden[359]. Außerdem sind Kreditversicherungen verfügbar, die gewissermaßen als „kollektive Reservebildung“[360] das Adressausfallrisiko absichern.

353 Vgl. Abbildung 16.
354 Vgl. **Scharpf, P.** (Finanzrisiken, 2000), S. 161.
355 Vgl. **Gundavelli, V.** (Cash Flow, 2006), S. 52.
356 Vgl. **Scharpf, P.** (Finanzrisiken, 2000), S. 264.
357 Vgl. zu der Problematik von Finanzierung nach Basel II sowie weiterführender Literatur die Fußnote 811.
358 Vgl. **Scharpf, P.** (Finanzrisiken, 2000), S. 264. Für eine Übersicht zu Instrumenten der Bewertung von Adressausfallrisiken vergleiche ebenda.
359 Vgl. **Scharpf, P.** (Finanzrisiken, 2000), S. 266f zu den Kreditderivaten, zu den Finanzderivaten vgl. **Scharpf, P.** (Finanzrisiken, 2000), S. 267-277.
360 **Helten, E./Bittl, A./Liebwein, P.** (Versicherung, 2000), S. 174.

Eine weitere Möglichkeit liegt darin, die Risiken im Forderungsbestand entlang der Wertschöpfungskette zu überwälzen. Im einfachsten Fall kann das die Abstimmung der Zahlungsbedingungen bei Forderungen und Verbindlichkeiten sein, wobei aufgrund der eigenen Wertschöpfung trotzdem eine Liquiditätslücke bestehen bleibt[361]. Etwas weiter geht die – vor allem bei Generalunternehmern im Baugewerbe verbreitete – Praxis der „back to back"-Vereinbarungen mit Subunternehmern: Hier wird das Veritäts- und Bonitätsrisiko der Kunden an den Subunternehmer durchgestellt.

Ein proaktives Debitorenmanagement ist nicht nur Grundlage von Risikoidentifikation und -bewertung, sondern hilft auch, die Forderungen effizient „einzutreiben". Forderungsbestände sollten ständig nachverfolgt und Debitoren gegebenenfalls frühzeitig kontaktiert werden, um Probleme erkennen und lösen zu können[362]. Gerade den Konflikt- und Streitfällen sollte dabei besondere Aufmerksamkeit zukommen, denn sie bergen zwei wesentliche Probleme: Die Forderungen könnten ausfallen und/oder die Kundenbeziehung ist gefährdet. Außerdem können kostspielige gerichtliche Klärungen mitunter hohe Kosten verursachen. Daher sollten im Streitfall in der Regel Lösungen gefunden werden, die beiden Seiten zugute kommen[363], jedoch im Extremfall auch den Missbrauch von gütlichen Einigungen aufdecken und daraus Konsequenzen ziehen[364].

Es sollte nicht übersehen werden, dass auch im Forderungsmanagement ursachenbezogene Strategien zur Anwendung kommen können und sollten. Hier ist vor allem an die grundlegende Strategie der **Risikovermeidung** zu denken. Payne weist darauf hin, dass Zahlungsmodalitäten zwar ein wesentliches Instrument des Vertriebs sind, von diesem aber sehr bewusst und diszipliniert eingesetzt werden sollten[365]. Er empfiehlt daher, klare Regeln für das Forderungsmanagement gemeinsam mit den Abnehmern zu vereinbaren, diese intern wie extern ausreichend zu kommunizieren und in der Folge konsequent einzuhalten und nachzuverfolgen[366].

---

361 Vgl. **Payne, C.** (Cash Management, 2004), S. 3. Diese Argumentation geht davon aus, dass weniger Vorleistungen eingekauft werden, als Umsatz gemacht wird. Bei gleichen Zahlungsbedingungen sind damit die Umsatzforderungen höher als die Verbindlichkeiten aus Lieferungen und Leistungen, es entsteht also ein Liquiditätsbedarf.

362 Vgl. **Payne, C.** (Cash Management, 2004), S. 3f.

363 Vgl. **Payne, C.** (Cash Management, 2004). S. 7.

364 Vgl. **Payne, C.** (Cash Management, 2004), S. 4. und **Salek, J.G.** (Receivables Management, 2006), S. 56. **Salek, J.G.** (Receivables Management, 2006) empfiehlt außerdem, dass Streitigkeiten sauber dokumentiert werden, um so extern die Qualität des eigenen Prozesses nachweisen und interne Fehler beheben zu können (S. 4).

365 Vgl. **Payne, C.** (Cash Management, 2004), S. 7.

366 Vgl. **Payne, C.** (Cash Management, 2004), S. 3.

Zur Risikovermeidung können im weitesten Sinne auch die Festlegung von Kontrahentenlimiten und die Bestellung von Sicherheiten gezählt werden[367]. Die Nutzung von Finanzderivaten wie Optionen, Swaps, Futures, Forwards oder Termingeschäften zählt je nach Ausprägung zur Überwälzung oder zur Kompensation[368] und sichert die Markt- und Länderrisiken ab[369].

Ein guter Indikator für den Erfolg des Forderungsmanagements und damit ein geeigneter Ansatz zur **Risikokontrolle** ist der Vergleich von Forderungsreichweiten und Verbindlichkeitsreichweiten[370].

3.3.5 Zusammenhang zwischen Forderungsmanagement und Insolvenz

Obwohl in der Tagespresse häufig unterstellt[371], wurde der Zusammenhang zwischen Forderungsverzug und Unternehmensinsolvenz noch nicht zuverlässig mit Hilfe moderner statistischer Verfahren nachgewiesen. Dies überrascht nicht besonders, da der Zusammenhang eher komplexer Natur zu sein und vermutlich noch von einer Vielzahl anderer Faktoren abzuhängen scheint. Dennoch ist **normativ** die Argumentation eingängig, dass sich Forderungsverzug oder -ausfall negativ auf die Liquidität auswirkt und Illiquidität wiederum unmittelbar zur Insolvenz führt.

In einer Umfrage der Euler Hermes Kreditversicherungs AG wurde die verspätete Zahlung der Kunden von den befragten Unternehmen mehrheitlich als gefürchtetes Unternehmensrisiko angesehen. Als besonders problematisch wurden die Branchen Bauhaupt- und -nebengewerbe sowie der Einzelhandel angesehen[372]. **Qualitativ** würde damit die Hypothese gestützt, dass Forderungsmanagement eine wichtige und kritische Aufgabe des Risikomanagements ist, jedoch sollte aus einer derartigen subjektiven Einschätzung der Betroffenen darüber hinaus kein (quantitativ erklärender) Zusammenhang abgelesen werden. Auch Kantner untersucht diesen

---

367 Vgl. **Scharpf, P.** (Finanzrisiken, 2000), S. 266f.

368 Vgl. **Scharpf, P.** (Finanzrisiken, 2000), S. 267-277.

369 Vgl. zu diesen Instrumenten sowie grundlegenden Erklärungen Abschnitt 3.1.6.3.

370 Days Sales Outstanding (DSO) beschreibt die Forderungsreichweite in Tagen und ist definiert als Quotient aus Höhe der Forderungen und Umsatz, multipliziert mit 365 Tagen. Days Purchase Outstanding (DPO) beschreibt die Verbindlichkeitsreichweite als Quotient aus Verbindlichkeiten aus Lieferungen/Leistungen und Vorleistungen, ebenfalls multipliziert mit 365 Tagen. Vgl. **Payne, C.** (Cash Management, 2004), S. 7ff zu einer ausführlichen Erklärung und Beispielen.

371 Vgl. **Wickel, H.P.** (Zahlungsverzug, 2007), S. 39 und die Ausführungen zu Fußnote 7; außerdem **Financial Times** (Walter Insolvenzverwalter, 2005), S. 8; **Handelsblatt** (Walter Forderungen, 2007), S. 8; **Die Zeit** (Walter Krise, 2005), S. 21; **Financial Times** (Walter Deutsche Bahn, 2005), S. 25.

372 **Euler Hermes Kreditversicherungs AG** (Zahlungsmoral, 2004), S. 14; Studie mit 400 Unternehmen mit einem Umsatz > 0,5 Mio. €.

Zusammenhang qualitativ und analysiert die Gründe der beim größten österreichischen Gläubigerschutzverband (KSV) eingegangenen Insolvenzanträge. Dabei kommt er zu ähnlichen Aussagen, allerdings ist auch diese Studie aufgrund des differenzierenden Zuschnitts der Kategorien für diese Arbeit nur eingeschränkt brauchbar.

Bei der Interpretation einer solchen Befragung sollte die grundsätzliche menschliche Neigung berücksichtigt werden, Ursachen für schlimme Ereignisse eher extern, statt die Ursache bei sich selbst zu suchen. Daher würde es nicht überraschen, wenn bei einer solchen Befragung externe Gründe[373] gegenüber internen Fehlern überwiegen.

Auch wenn der Wirkungszusammenhang zwischen Unternehmensinsolvenzen und Forderungsmanagement bisher also weder in quantitativen noch qualitativen Untersuchungen zufriedenstellend nachgewiesen werden konnte, kann wohl die Hypothese mit der zu Beginn dieses Abschnitts aufgestellten normativen Argumentation aufrechterhalten werden, dass Forderungsmanagement wesentlicher integraler Bestandteil des Risikomanagements ist.

3.3.6 Outsourcing im Forderungsmanagement

Fraglich ist, ob ein solch wichtiger Bestandteil des Risikomanagements zwingend intern erbracht werden muss, oder auch extern geleistet werden kann. Der Begriff des Outsourcing entstammt semantisch den Worten „outside“, „resource“ und „using“ und ist damit eine Kurzform des Kunstworts „Outside-resource-using“[374]. Theoretische Grundlage des Outsourcing ist damit die Transaktionskostentheorie als Teil der Neuen Institutionenökonomie. Sie geht zurück auf die grundlegende Arbeit von Coase, die von Williamson weiterentwickelt wurde, und beschäftigt sich im Schwerpunkt mit der Auswahl effektiver und effizienter Koordinationsmechanismen für die Gestaltung von Transaktionen. Dabei können die Ansätze zur Erklärung von Unternehmensgrenzen als theoretisches Fundament für die dem Outsourcing zugrunde liegenden Make or buy-Entscheidungen genutzt werden[375].

---

373 Also beispielsweise Zahlungsmoral, Druck von Abnehmern, Fehler von Lieferanten, Umweltauflagen, Personalkosten statt Managementfehlern oder Qualitätsproblemen.

374 Vgl. **Koppelmann, U.** (Outsourcing, 1996) S. 6.

375 Vgl. zur Vertiefung beispielsweise **Coase, R.H.** (Transaction Costs, 1937), S. 386ff; **Williamson, O.E.** (1973), S. 316ff; oder **Williamson, O.E.** (Transaction Costs, 1985); auf das Factoring bezogen **Smith, J.E./Schnucker, C.** (Factoring Decision, 1994). Die Transaktionskostentheorie unterscheidet fünf Kostenarten der Transaktion entlang der unterschiedlichen Phasen: Kosten der Anbahnung, Vereinbarungskosten, Abwicklungskosten, Kontrollkosten und Anpassungskosten.

Outsourcing-Entscheidungen beinhalten darüber hinaus meist auch eine strategische Komponente, da sie häufig langfristige Partnerschaften begründen; sie sollten deshalb über die Kosten hinaus wesentliche weitere Aspekte[376] berücksichtigen[377].

Letztlich muss das Management eines Unternehmens also darüber entscheiden, welche Funktionen besser intern und welche Funktionen besser extern wahrgenommen werden[378]. Häufig können Funktionen intern auch so weit zentralisiert werden, dass quasi ein interner, integriert arbeitender Dienstleister entsteht[379]. Genau diese Überlegungen sollten auch das Forderungsmanagement zum Gegenstand haben, sodass auch hier eine typische Make or buy-Entscheidung vorliegt.

Eine Übersicht zu den drei Grundfunktionen des Forderungsmanagements[380] und den infrage kommenden externen Dienstleistern bietet Abbildung 31. Nicht zweifelsfrei zu klären ist, ob die Absicherung des Forderungsausfalls ebenfalls Funktion des Forderungsmanagements ist; dazu lässt sich in der Literatur keine Quelle finden. Allerdings wäre dies sinnvoll, da es letztlich eine Form der Risikosteuerung – nämlich eine Überwälzung – ist, die als Reaktion auf die Risikoidentifizierung und damit als Alternative zur Akzeptanz gesehen werden muss. Daher ist diese Funktion in der weiterführenden Abbildung 33 zusätzlich berücksichtigt.

Grundfunktionen des Forderungsmanagements	Externe Dienstleister
Bonitätsprüfung	Auskunftsdienste
Vergabe / Vertragsgestaltung	./.
Forderungsbearbeitung	Inkassodienste

Abbildung 31: Externe Dienstleister im Forderungsmanagement[381]

376 **Bruch, H.** (Outsourcing, 1998), S. 17 bezieht sich dabei beispielsweise auf Aspekte der Qualität und des Services. Auf das Forderungsmanagement bezogen sind das z.B. Überlegungen zum Umgang mit den Abnehmern, eine Veränderung der Ausfallquoten oder zusätzliche Dienstleistungen wie die Buchführung.

377 Vgl. **Bruch, H.** (Outsourcing, 1998), S. 17. Vgl. vertiefend zur Make or buy-Entscheidung in der Unternehmensführung **Mikus, B.** (Make or Buy, 1997): Zur Festlegung der Fertigungstiefe S. 16-34; zu den Entscheidungsprozessen S. 135-166.

378 Vgl. **Mian, S.L./Smith, C.W.** (Financing Receivables, 1994), S. 76.

379 Vgl. **Summers, B./Wilson, N.** (Credit Management, 2000), S. 38.

380 Vgl. dazu auch Abbildung 29.

381 Eigene Darstellung, vgl. zu einer detaillierteren Übersicht **Mian, S.L./Smith, C.W.** (Accounts Receivable, 1992), S. 171 oder **Mian, S.L./Smith, C.W.** (Financing Receivables, 1994), S. 75f. Zu den Inhalten und Erläuterungen der Begriffe vgl. z.B. **Summers, B./Wilson, N.** (Credit Manage-

Eine allgemeingültige Empfehlung für oder wider Outsourcing lässt sich nicht geben und in der Literatur auch nicht finden. Vielmehr müssen die Argumente im Einzelfall abgewogen werden. In einigen Fällen kann sogar ein priorisiertes Vorgehen sinnvoll sein, bei dem beispielsweise die (wertmäßig) ersten 80% vom Umsatz[382] intern erfüllt und die restlichen 20% extern vergeben werden[383].

Nachfolgend sind die wesentlichen Argumente für eine **interne Lösung** dargestellt:

- Wenn Unternehmen Zahlungsbedingungen und Inkasso systematisch und in erheblichem Umfang als Marketinginstrumente einsetzen[384], sollte das Forderungsmanagement intern erfolgen, da sonst der Koordinierungsaufwand mit einem externen Dienstleister zu hoch wird. Für solche **Preisdiskriminierungen** herrschen nämlich zumeist keine allgemeinverbindlichen Vorgaben, sondern nur individuelle Vereinbarungen mit den jeweiligen Kunden(-gruppen)[385]. Allerdings konnte Mian/Smith empirisch das Gegenteil zeigen: Bei Unternehmen mit Preisdiskriminierung durch Zahlungsmodalitäten stellt er einen erhöhten Trend zum Outsourcing fest; er vermutet dahinter einen erhöhten Kapitalbedarf der Unternehmen[386].
- Bei **hohen Investitionen in die Informationsbeschaffung** über die Abnehmer (beispielsweise zur Bonitätsprüfung, zum Aufbau einer Geschäftsbeziehung) droht dem Anbieter der Dienstleistung die Abschöpfung einer Quasi-Monopolrente[387]. Er tätigt spezifische Investitionen in einen Kunden, die er als Sunk Costs bei Abbruch der Geschäftsbeziehung nicht zurückerhält. Damit kann ihn der Kunde theoretisch dazu bringen, den Preis bis zu seinen variablen Kosten zu sichern[388]. Diese Gefahr macht die Übernahme der Bonitätsprüfung für externe Anbieter unattraktiv[389], oder sie müssen sich dieses Risiko mit

ment, 2000), S. 38; **Mian, S.L./Smith, C.W.** (Accounts Receivable, 1992), S. 169f, 196-199 sowie die Ausführungen in Abschnitt 3.3.2.

382 Diese Annahme geht davon aus, dass wenige große Kunden einen sehr hohen Umsatzanteil haben und der verbleibende Umsatz aus vielen Einzelabnehmern besteht, die jeweils wenig Umsatz generieren.

383 Vgl. **Gundavelli, V.** (Cash Flow, 2006), S. 53.

384 Vgl. dazu die Ausführungen in Abschnitt 3.3.1.

385 Vgl. **Mian, S.L./Smith, C.W.** (Accounts Receivable, 1992), S. 42 und S. 173; **Smith, J.E./ Schnucker, C.** (Factoring Decision, 1994), S. 128; **Mian, S.L./Smith, C.W.** (Financing Receivables, 1994), S. 75.

386 Vgl. **Mian, S.L./Smith, C.W.** (Accounts Receivable, 1992), S. 63.

387 Analog der Argumentation zur Quasirente in Abschnitt 2.2.1.

388 Vgl. **Smith, J.E./Schnucker, C.** (Factoring Decision, 1994), S. 40f und S. 124. Die Spezifität von Assets begünstigt opportunistisches Verhalten, d.h. sobald die Spezifität begründet ist, kann die Gegenseite versuchen, den Vertrag zu für sie günstigeren Konditionen neu zu verhandeln.

389 Vgl. **Mian, S.L./Smith, C.W.** (Accounts Receivable, 1992), S. 176; **Mian, S.L./Smith, C.W.** (Financing Receivables, 1994), S. 80.

höheren Gebühren vergüten lassen. Aus der Gesamtbetrachtung sind damit die Transaktionskosten hoch, die externe Vergabe von (Teilen des) Forderungsmanagements ist in diesen Fällen eher unwahrscheinlich[390]. Dies wurde auch von Smith/Schnucker in ihrer empirischen Studie bestätigt[391].

- Auch die **Distributionskanäle** haben Einfluss auf die Make or buy-Entscheidung. Bei einem eigenen Vertrieb mit häufigem direktem Kontakt zum Kunden (im Gegensatz zum Vertrieb durch Vertreter, Telefon oder Internet) können die Unternehmen leicht an Informationen kommen und ihre Kunden gut einschätzen. In diesen Fällen dürften Unternehmen zum internen Forderungsmanagement tendieren[392]. Außerdem argumentieren Unternehmen häufig, dass sie nicht den Kontakt zu ihren Kunden verlieren wollen, indem der Dienstleister das Unternehmen beim Forderungsmanagement gegenüber dem Abnehmer repräsentiert[393]. Der Dienstleister sollte daher zumindest sorgfältig ausgewählt werden[394]. In der Studie von Summers/Wilson allerdings konnte weder nachgewiesen werden, dass der verminderte Aufwand bei der Informationsgewinnung noch der verminderte Kundenkontakt aus Sicht des Kunden gegen Factoring sprechen[395]. Beim Einsatz von Großhändlern finanziert dieser die Abnehmer häufig selbst durch Lieferantenkredite, sodass diese Aufgabe für den Produzenten entfällt und damit den Einsatz externer Dienstleister ebenfalls unwahrscheinlicher macht[396].
- Eine **Kongruenz von Verantwortung und Incentivierung** besteht dann, wenn alle Informationen, Aufgaben, Entscheidungen, Chancen, Risiken und Gewinne bei einem Unternehmen liegen[397]. Auf der nächsten Stufe bedeutet das allerdings für das Unternehmen, dass diese Kongruenz auch intern sichergestellt werden muss. So empfehlen Mian/Smith eine Incentivierung des

---

390 Vgl. **Smith, J.E./Schnucker, C.** (Factoring Decision, 1994), S. 120.

391 Vgl. **Smith, J.E./Schnucker, C.** (Factoring Decision, 1994), S. 135. Es handelt sich um eine Studie mit 770 Unternehmen, die per Fragebogen (Rücklaufquote 39%) und Compustat-Daten analysiert wurden (S. 129f).

392 Vgl. **Mian, S.L./Smith, C.W.** (Financing Receivables, 1994), S. 81; **Smith, J.E./Schnucker, C.** (Factoring Decision, 1994), S. 126f.

393 Vgl. **Summers, B./Wilson, N.** (Credit Management, 2000), S. 45. Dabei handelt es sich um eine der umfassendsten Studien zum Factoring überhaupt, sie basiert auf Daten aus Großbritannien von Dun&Bradstreet. Dabei wurden die Hypothesen in einer Sekundärdatenanalyse univariat und multivariat getestet. Soweit signifikant und relevant, wurden die Ergebnisse nachfolgend im Kontext ergänzt bzw. in Abschnitt 3.4.6 angeführt.

394 Vgl. **Weisel, J.A./Harm, N./Bradley, C.F.** (Factoring, 2003), S. 33.

395 Vgl. **Summers, B./Wilson, N.** (Credit Management, 2000), S. 64.

396 Vgl. **Mian, S.L./Smith, C.W.** (Financing Receivables, 1994), S. 81; **Smith, J.E./Schnucker, C.** (Factoring Decision, 1994), S. 126f.

397 Vgl. **Mian, S.L./Smith, C.W.** (Accounts Receivable, 1992), S. 177; auch **Kaplan, R.** (Accounting, 1982), S. 75ff argumentiert, dass die Entscheidung für eine Kreditvergabe immer dort zu fallen hat, wo die meisten Informationen vorliegen und die Konsequenzen verantwortet werden müssen.

Vertriebs in Bezug auf die gesamten Finanzierungskosten seiner Absatzkredite – einschließlich eines eventuellen Forderungsausfalls[398].

Für eine **externe Vergabe** (ganz oder in Teilen) des Forderungsmanagements sprechen im Wesentlichen die **Skaleneffekte** eines integrierten Forderungsmanagements, und zwar mit jeweils unterschiedlichen Schwerpunkten[399]:

- Voraussetzung ist zunächst eine interne **Entscheidung zur vertikalen Integration** des Forderungsmanagements, unabhängig ob dieses dann extern vergeben wird. Dies wiederum hängt u.a. davon ab, wie gut Informationen zu Debitoren zugänglich sind, ob eine Wirtschaftsauskunftsdatei gegebenenfalls besseren Zugang hat oder ob der Kunde über seinen Vertrieb effizienter an diese Informationen kommt[400].
- Mit **spezialisiertem Personal und arbeitsteiligen Abläufen** beim Factorer können Leistungen oft günstiger erbracht werden als bei einer Erledigung „nebenbei", gerade in kleineren Unternehmen.
- Saisonale Schwankungen kann ein Factorer oft zwischen den Kunden besser ausgleichen als ein Unternehmen für sich[401]. Dazu kommt, dass **saisonale Schwankungen** des Umsatzes die Wahrscheinlichkeit für das Entstehen von Forderungen erhöhen können, wenn Forderungen als Marketinginstrument zum temporären Glätten der Umsätze eingesetzt werden[402]. Dies wurde empirisch ebenfalls gezeigt, allerdings mit der Vermutung, dass Outsourcing von Debitorenmanagement und Delkredereübernahme nur in Kauf genommen wird, um die Finanzierungsfunktion des Factoring nutzen zu können (mangelndes Angebot von Invoice Discounting)[403].

---

398 Vgl. **Mian, S.L./Smith, C.W.** (Accounts Receivable, 1992), S. 176; auch **Payne, C.** (Cash Management, 2004), S. 7 empfiehlt über „Sales Targets" hinaus auch „Cash Targets" zu setzen und zu incentivieren.

399 Vgl. zu einer wesentlich gröberen Übersicht auch **Schepers, C.** (Factoring, 1994), S. 24ff und 136f.

400 Vgl. **Summers, B./Wilson, N.** (Credit Management, 2000), S. 39f, vgl. vertiefend **Smith, J.E./Schnucker, C.** (Factoring Decision, 1994), S. 119-138 und zu einer Zusammenfassung S. 133-137.

401 Vgl. **Mian, S.L./Smith, C.W.** (Accounts Receivable, 1992), S. 174f; **Smith, J.E./Schnucker, C.** (Factoring Decision, 1994), S. 41.

402 Vgl. **Mian, S.L./Smith, C.W.** (Financing Receivables, 1994), S. 81.

403 Vgl. **Summers, B./Wilson, N.** (Credit Management, 2000), S. 61f.

- Durch den **begrenzten Abnehmerkreis** in der gesamten Industrie kann ein externer Dienstleister unter Umständen mehrfach mit einem Abnehmer kontrahieren, mit dem seine Kunden jeweils nur einmal in Beziehung treten[404], und damit Skalenvorteile realisieren[405].
- Das gleiche Argument gilt bei einer geringen **Wiederholfrequenz von Transaktionen** zwischen Kunde und Abnehmer bei gleichzeitig vielen Wiederhol-Transaktionen zwischen einer Gruppe von Anbietern und einem Abnehmer[406]. Beide Argumente können Smith/Schnucker empirisch untermauern: Bei einer schlechten Informationslage des Kunden bezüglich der Bonität seiner Abnehmer kommt es signifikant häufiger zum Abschluss von Factoringverträgen[407].
- Diese Skalenvorteile wirken sich besonders stark bei **kleinen und mittelgroßen**, darüber hinaus speziell bei **dezentral** organisierten Unternehmen aus[408].
- **Geographische Diversifizierung** spricht grundsätzlich für eine Kooperation mit externen Anbietern, da diese sich geographisch spezialisieren können, während beim Forderungsmanagement in unterschiedlichen Kultur-, Rechts- und Finanzsystemen mit jeweils geringem Transaktionsvolumen in aller Regel mit überdurchschnittlichen Transaktionskosten gerechnet werden muss[409]. Smith/Schnucker können dies in ihrer Studie empirisch zeigen[410].

Es wird klar, dass keine allgemeingültige Empfehlung für oder wider Outsourcing im Forderungsmanagement gegeben werden kann. Vielmehr bedarf es einer differenzierten Abwägung der Argumente im Einzelfall. Nachfolgend wird das Instrument des Factoring als Mittel zum Outsourcing von Forderungsmanagement und Teilen des Liquiditätsmanagements dargestellt[411]. Die allgemeinen Ausführungen zum Outsourcing im Forderungsmanagement bilden dabei die Basis für die Überlegungen pro oder contra Factoring im Speziellen.

---

404 Das bedeutet idealtypisch, dass jeder Kunde zwar nur einmal mit dem Abnehmer, aber der Factorer mit diesem mehrfach kontrahiert.

405 Vgl. **Mian, S.L./Smith, C.W.** (Accounts Receivable, 1992), S. 176; **Mian, S.L./Smith, C.W.** (Financing Receivables, 1994), S. 79.

406 Vgl. **Mian, S.L./Smith, C.W.** (Financing Receivables, 1994), S. 79.

407 Vgl. **Smith, J.E./Schnucker, C.** (Factoring Decision, 1994), S. 135.

408 Vgl. **Mian, S.L./Smith, C.W.** (Accounts Receivable, 1992), S. 174f.

409 Vgl. **Mian, S.L./Smith, C.W.** (Financing Receivables, 1994), S. 80.

410 Vgl. **Smith, J.E./Schnucker, C.** (Factoring Decision, 1994), S. 135.

411 Vgl. dazu Abbildung 33.

3.4 Factoring als Instrument des Risikomanagements

Eine sehr anschauliche Erklärung des Factoring findet sich in Weisel/Harm/Bradley: "If you used your credit card to buy gas on your trip to the office this morning, then you understand the essential elements of factoring receivables. [...] A company sells a product to a customer who agrees to pay at some future point of time. The company 'sells' that receivable [...] minus a small percentage [...] to a host bank, which collects the full amount later"[412]. Da der Verkauf auch die Übernahme des Debitorenmanagements, des Inkassos und des Ausfallrisikos bedeutet, trägt diese einfache und anschauliche Definition bereits zum Verständnis bei[413]. An anderer Stelle wird der Factoringmarkt auch als Anschlussmarkt an die Gewährung von Lieferantenkrediten beschrieben[414].

Mit der Anmerkung „Revenues for which cash has not been received will not pay bills" unterstreicht Goldberg/Godwin die Bedeutung der kurzfristigen (Zwischen-) finanzierung von Forderungen für die Unternehmen[415]. Bei vielen Unternehmen kommt die ursprüngliche Motivation für das Factoring aus der Finanzierungsfunktion. Sie räumen ihren Kunden – wie auch anhand der Statistiken in Abschnitt 4.5.3 beschrieben – zumeist aus Wettbewerbsgründen langfristige Zahlungsziele ein, sodass ständig Kapital zur Finanzierung dieser Forderungen benötigt wird. In vielen Fällen sind die traditionellen Kreditrahmen der Unternehmen – gerade bei schnellem Wachstum – allerdings bereits ausgenutzt, und es stehen keine zusätzlichen Sicherheiten im Anlagevermögen für eine Kreditfinanzierung zur Verfügung[416]. Zu diesen Fällen kommen alternativ Finanzierungen in Frage, die auf zukünftige Cash Flows abstellen, oder solche, die direkt auf die Forderungen an sich als Sicherheit zurückgreifen. Zu den Krediten, die durch die Forderungen selbst besichert sind, gehören Zessionskredite, Wechseldiskontgeschäfte, Finanzierungen oder Asset Backed Securities (ABS); diese werden nachfolgend übersichtsartig dargestellt.

412 **Weisel, J.A./Harm, N./Bradley, C.F.** (Factoring, 2003), S. 29.
413 Zu einer ausführlicheren Begriffsdefinition vgl. Abschnitt 3.4.2.
414 Vgl. **Schepers, C.** (Factoring, 1994), S. 16.
415 **Goldberg, S.R./Godwin, J.H.** (Cash Management, 2003), S. 75.
416 Vgl. **Bette, K.** (Factoring, 2001), S. 21f.

3.4.1 Direkte Finanzierungsformen für Forderungen

Die Finanzierung über eine Beleihung von Forderungen – in der Regel – durch die Hausbank (sogenannte „**Zessionskredite**") ist aufgrund der hohen Abschläge von 40% bis 60% auf inländische Forderungen zumeist unattraktiv. Diese hohen Abschläge sind vor allem dadurch begründet, dass die Bank bei dieser Konstruktion einen schlechten Überblick über die aktuelle Höhe der Sicherheiten hat. Zum einen verändert sich der beliehene Forderungsbestand durch den laufenden Geschäftsgang ständig, zum anderen ist die Position der Bank bei Kollision mehrerer (oft vorab nicht erkennbarer) Sicherungsrechte relativ ungünstig[417]. Außerdem sind diese Finanzierungsrahmen in der Regel nicht direkt an den Umfang des Forderungsbestands gekoppelt, sodass die Höhe gerade bei Umsatzschwankungen oder starkem Wachstum immer wieder neu vereinbart werden muss[418].

Wechsel sind verbriefte Zahlungsversprechen, die aufgrund sehr weitgehender gesetzlicher Regelungen bereits Wertpapiercharakter haben[419]. **Wechseldiskontgeschäfte** sind Forderungsverkäufe[420], die dem Verkäufer kurzfristig Liquidität zur Verfügung stellen. Der Forderungsnennwert wird abzüglich eines Diskonts für die Laufzeit ausgezahlt und steht dem Verkäufer als Finanzierung zur Verfügung. Wechseldiskontgeschäfte sind streng reglementiert und die Konsequenzen bei Nichtleistung des Schuldners sind äußerst scharf, sodass der Ausfall eines Wechsels vergleichsweise selten vorkommt. Sogar dann muss für den Ankäufer noch kein unmittelbarer Schadensfall eintreten, weil ihm der Verkäufer der Forderung als

---

417 Vgl. **Schepers, C.** (Factoring, 1994), S. 102. Die Konfliktlage von Sicherungsrechten wurde bereits in zahlreichen juristischen Beiträgen diskutiert und soll hier nur im Ergebnis dargestellt werden. Die Grundproblematik ist, dass Forderungen z.T. mit zahlreichen widerstreitenden Ansprüchen behaftet sind. Zum einen sichern Lieferanten ihre Geschäfte oft durch einen verlängerten Eigentumsvorbehalt ab: Der Eigentumsvorbehalt erlischt regelmäßig bei Weiterverarbeitung oder -verkauf, oft verlangen die Lieferanten daher die Forderung aus dem Weiterverkauf als Sicherheit in Form einer Anschlusszession. Die Globalzession einer Bank zur Kreditsicherung ist gegenüber diesem verlängerten Eigentumsvorbehalt – trotz der höheren Priorität – nachrangig, was in der geltenden Rechtsprechung mit dem juristischen Konstrukt der Sittenwidrigkeit begründet wurde. Dazu kommt, dass die globale Vorausabtretung im Factoringgeschäft anders als die Globalzession behandelt und als vorrangig zum verlängerten Eigentumsvorbehalt angesehen wird. Vgl. **Bette, K.** (Factoring, 2001), S. 38ff; **Bette, K.** (Factoringgeschäft, 1999), S. 51-66; **Bette, K.** (Kollision, 1997), S. 213-236; **Bähr, G.** (Kollision 1989).

418 Vgl. **Schepers, C.** (Factoring, 1994), S. 125f. Die Abtretung wird im **Bürgerlichen Gesetzbuch** (BGB 2006), § 398 geregelt und in §§ 399-413 weiter ausgestaltet. Vgl. außerdem **Bette, K.** (Factoringgeschäft, 1999), S. 2; vertiefend zur Securitization **Palia, D./Sopranzetti, B.J.** (Accounts Receivable, 2004) S. 29-32 und 36.

419 Vgl. **Peridon, L./Steiner, M.** (Finanzwirtschaft, 2004), S. 439, zum Wechsel allgemein S. 439ff.

420 Der Rückgriff des Verkäufers für den Ausfall der Forderung begründet kein Kreditgeschäft, sondern stellt lediglich einen Haftungstatbestand dar; vgl. **Bette, K.** (Factoring, 2001), S. 29.

Rückgriffschuldner haftet[421]. Ein Wechselverkauf bietet also keinen Delkredereschutz[422]; außerdem setzt diese Finanzierungsform voraus, dass überhaupt eine Wechselforderung besteht, die aus praktischen Gründen zumindest im nationalen Zahlungsverkehr so gut wie nicht mehr vorkommt[423].

Bei **ABS-Finanzierungen** können auch nicht-verbriefte Forderungen verkauft werden; hier haftet in der Regel der Käufer für den Zahlungsausfall. Die Forderung wird an ein Special Purpose Vehicle (SPV)[424] verkauft. Zur Refinanzierung werden wiederum die an diesem SPV verbrieften Anteile – zumeist an institutionelle Anleger – veräußert[425]. Der Verkäufer sollte im Idealfall Inhaber von kleinvolumigen Massenforderungen sein, für die sich durch das Gesetz der großen Zahlen eine gut prognostizierbare Ausfallwahrscheinlichkeit retrospektiv ermitteln lässt. Dies gilt z.B. für Kreditkartenunternehmen, Leasinggesellschaften und Konsumentenfinanzierungen. Auf eine Bonitätsprüfung der Einzelforderung wird in diesen Fällen verzichtet, die Finanzierung der aufkaufenden Gesellschaft erfolgt zumeist durch Ausgabe von Schuldverschreibungen. Der Ankauf kann sich auch auf zukünftige Forderungen erstrecken, sodass eine revolvierende Finanzierung möglich ist[426].

Bei der **Forfaitierung**[427] werden ebenfalls Forderungen angekauft, und zwar ebenfalls mit voller Delkredereübernahme. Bei diesen Verfahren werden einzelne Forderungen angekauft, die typischerweise großvolumig und langfristig sind. Oftmals handelt es sich dabei um Forderungen aus Exportgeschäften, die zur besseren Absicherung häufig mit Wechseln unterlegt und/oder über Bankgarantien (Avale), Bankakzepte[428] oder Staatsgarantien abgesichert sind[429].

---

421 Vgl. zum Wechseldiskontgeschäft beispielsweise **Peridon, L./Steiner, M.** (Finanzwirtschaft, 2004),S. 441ff; **Brealey, R.A./Myers, S.C.** (Corporate Finance, 2000), S. 910ff.

422 Delkredereschutz meint die Absicherung gegen das Ausfallrisiko; vgl. dazu ausführlicher Abschnitt 3.4.4.

423 Vgl. **Peridon, L./Steiner, M.** (Finanzwirtschaft, 2004), S. 439.

424 Das SPV dient in diesem Fall lediglich als Pool, in dem die Forderungen gesammelt und im Anschluss verbrieft werden.

425 Vgl. beispielsweise **Weiskirch, B.** (2006), S. 20; **Deutscher Factoring-Verband e.V.** (Factoringmarkt Deutschl., 2004), S. 1. Siemens hat dazu ein Verfahren „ABS Light" entwickelt, das eine Kombination aus ABS und Factoring darstellt (vgl. vertiefend ebenda, auch **Baumeister, J.X./ Strobl, A.** (2005), S. 2; **Hartge, M. (Factoring, 2005)**, S. 2).

426 Vgl. **Hartge, M. (Factoring, 2005)**, S. 2; **Peridon, L./Steiner, M.** (Finanzwirtschaft, 2004), S. 455-458.

427 Aus dem Französischen kann „à forfait" mit „in Bausch und Bogen" oder mit „pauschal" übersetzt werden.

428 Beim Akzeptkredit haftet die Bank für die Einlösung des Wechsels, d.h. sie „akzeptiert" den Wechsel ihres Kunden gegenüber dem Gläubiger (z.B. einem Lieferanten).

429 Vgl. **Tytko, D.** (Projektfinanzierung, 1999), S. 55-55 und S. 31; **Bette, K.** (Factoring, 2001), S. 47; **Weiskirch, B.** (2006), S. 20; **Deutscher Factoring-Verband e.V.** (Factoringmarkt Deutschl., 2004), S. 1; **Schepers, C.** (Factoring, 1994), S. 12f.

3.4.2 Begriff des Factoring

Der Begriff des Factoring wurde bisher nicht ins Deutsche übersetzt, sondern wird als Fremdwort auch im deutschen Sprachgebrauch verwendet. **Semantisch** ist der Wortstamm wohl entfernt mit „facture“ (frz. Rechnung), enger mit „Factor“ (engl. Agent, hier mit Verkaufsagent zu übersetzen) verwandt[430].

Aus **geschichtlicher Perspektive** reicht das Factoring mindestens[431] bis zur Kolonialzeit in Amerika zurück. Die damaligen Factorer verteilten als Verkaufskommissionäre die in Europa erzeugten Waren für große Teile der Tuch- und Bekleidungsindustrie in Amerika und zogen den Kaufpreis ein. Später boten diese Mercantile Agents (synonym für Factorer) zusätzlich die Garantie für die Bezahlung der Kommissionsware an; ihr Erfolg ermöglichte ihnen bald außerdem das Angebot einer Finanzierung der Forderungen. Sie zahlten ihren Prinzipalen Vorschüsse auf die ausgelieferten Waren. Zum einen durch die Verkürzung der Transportwege, zum anderen durch die Erhebung von Schutzzöllen und die zunehmende Entwicklung einer lokalen Industrie bedingt, fiel die Verteilung der Waren durch die Factorer später weg. Die Anbieter griffen dennoch gerne weiter auf deren Expertise zurück. Diese boten die Übernahme von Debitorenprüfung und Inkasso sowie die Sicherung des Ausfallrisikos und die Finanzierung der Forderungen an[432]. In Deutschland hat sich das Factoring verstärkt seit den 70er Jahren etabliert. So wurde 1974 der Deutsche Factoring-Verband gegründet; 1978 entschied der Bundesgerichthof, dass der Factoringzession im echten Factoringverfahren vor dem verlängerten Eigentumsvorbehalt Vorrang einzuräumen sei[433].

---

430 Vgl. **Bette, K.** (Factoring, 2001), S. 42.

431 **Secker, J.W.** (Factoring, 2006), S. 10 zitiert sogar bereits eine Erwähnung im Altertum bei den Phöniziern.

432 Vgl. **Secker, J.W.** (Factoring, 2006); **Smith, J.E./Schnucker, C.** (Factoring Decision, 1994), S. 120 und S. 10; **Lea, T./Trollope, W.** (Factoring, 1996), S. 132 und **Bette, K.** (Factoring, 2001), S. 42f.

433 Vgl. **Deutscher Factoring-Verband e.V.** (Factoringmarkt Deutschl., 2005), S. 18.

3.4.3 Funktionsweise des Factoring

„Factoring is defined as the selling of accounts receivable at a discount“[434]. Auch Factoring erfüllt also die Aufgabe der Umsatzfinanzierung, geht allerdings mit weiteren Funktionen darüber hinaus. So lautet eine prägnante und kurze Definition: „**Factoring** ist der käufliche Erwerb von Forderungen“[435]. Zumeist handelt es sich dabei konkreter um den fortlaufenden Ankauf kurzfristiger Forderungen gegenüber Mehrfachabnehmern[436]. Factoringinstitute[437] kaufen Forderungen „umsatzkongruent“[438] zu in der Regel 80-90% des Nennwerts[439] an und stellen dem Unternehmen so kurzfristig Liquidität zur Verfügung. Allerdings ist dies meist auf einen zuvor definierten Debitorenkreis mit individueller Bonitätsprüfung und Limitvergabe beschränkt.

Ausgangsfunktion ist die Erfüllung der vertraglichen Leistung durch den Factoringkunden gegenüber seinem Abnehmer, als Gegenleistung entsteht die entsprechende Geldforderung, wiederum zwischen dem Factoringkunden und dem Abnehmer. Durch Verkauf dieser Forderung vom Factoringkunden an das Factoringinstitut geht diese auf den Factorer über, sodass dieser in alle Rechte und Pflichten aus der Forderung eintritt. Er übernimmt damit im Regelfall das gesamte Debitorenmanagement und das Delkredererisiko[440].

---

[434] **Weisel, J.A./Harm, N./Bradley, C.F.** (Factoring, 2003) S. 29.

[435] **Bette, K.** (Factoringgeschäft, 1999), S. 15; ebenfalls bei **Deutscher Factoring-Verband e.V.** (Factoring, 2006), S. 11. Allerdings handelt es sich dabei nicht um eine formal-rechtliche Definition, sondern um ein Ergebnis der wirtschaftlichen Praxis. Genauso könnte beispielsweise der Erwerb von Leasingforderungen als Factoring bezeichnet werden, auch der Übergang zum Erwerb langfristiger Forderungen (dem sogenannten „à forfait-Geschäft“) ist fließend, vgl. **Bette, K.** (Factoringgeschäft, 1999), S. 16.

[436] Vgl. **Bette, K.** (Factoring, 2001), S. 46; **Bette, K.** (Factoringgeschäft, 1999), S. 15.

[437] Nachfolgend synonym mit dem Begriff Factorer verwendet.

[438] **Bette, K.** (Factoringgeschäft, 1999), S. 2.

[439] Allerdings erfolgt in den meisten Fällen eine zusätzliche Absicherung von Gegenansprüchen der Kunden (im Wesentlichen Mängelrügen und Vertragsstrafen) über ein Sperrkonto, vgl. **Bette, K.** (Factoringgeschäft, 1999), S. 18.

[440] Vgl. Abbildung 32 und **Schiller, B./Tobiczyk, I./Marek, M.** (Factoring, 2002), S. 5; **Brink, U.** (Begriffsbestimmungen, 1997) S. 17; **Deutscher Factoring-Verband e.V.** (Factoringmarkt Deutschl., 2004), S. 2.

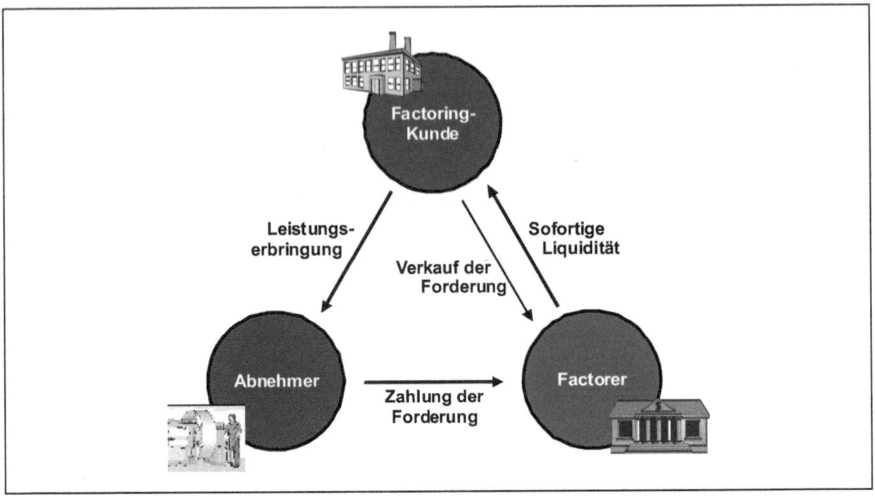

Abbildung 32: Funktionsweise des Factoring[441]

Das Factoring grenzt sich durch den fortlaufenden Ankauf kurzfristiger Forderungen von **à forfait-Geschäften** ab, bei denen einzelne Forderungen angekauft werden, die typischerweise aus der Investitionsgüterindustrie stammen und damit langfristiger sind. Zudem werden beim Factoring offene Buchforderungen, beim à forfait-Geschäft dagegen in der Regel Wechselforderungen verkauft[442]. Bei den **Asset Backed Securities (ABS)** handelt es sich ebenfalls um eine Forderungsfinanzierung, die in der Regel eine Delkredereübernahme mit einschließt. Allerdings bleibt der Forderungsverkäufer hier für das Debitorenmanagement sowie das Kreditmanagement[443] selbst verantwortlich. Es handelt sich somit um eine stille Abtretung.

3.4.4 Factoring aus Nachfragerperspektive

Zur Analyse der Marktchancen des Factoring sollen die Funktionen, Leistungen, Gegenleistungen und Risiken entsprechend der grundlegenden Struktur des Marktes aus der jeweils maßgeblichen Sicht von Nachfrage und Angebot betrachtet werden, d.h. aus der Perspektive des Kunden (Nachfrage) und der Perspektive des Factorers (Angebot). Auch in der Literatur zum Factoring werden zumindest implizit die

441 Vereinfachte Darstellung in Anlehnung an **Deutscher Factoring-Verband e.V.** (Factoring, 2006); zu einer detaillierteren Darstellung vgl. ebenda oder **Soufani, K.** (Factoring, 2002), S. 23 oder **Lea, T./Trollope, W.** (Factoring, 1996), S. 16.

442 Vgl. **Bette, K.** (Factoring, 2001), S. 47; **Weiskirch, B.** (2006), S. 20; **Deutscher Factoring-Verband e.V.** (Factoringmarkt Deutschl., 2004), S. 1.

443 Vgl. zu den Begriffen die Definition unter 3.3.2 und Abbildung 28.

Nachfrage- und die Angebotsperspektive behandelt, indem Vor- und Nachteile des Factoring aus der Sicht des Kunden und Empfehlungen zum Risikomanagement aus der Sicht des Factorers behandelt werden[444].

Die im allgemeinen Sprachgebrauch übliche Reihenfolge (Angebot und Nachfrage) wird dabei bewusst umgekehrt, da mit den Grundfunktionen, Vorteilen und Kosten des Factoring aus Nachfragerperspektive begonnen werden soll, bevor die Risiken, das Risikomanagement und die Entscheidungsfindung aus Angebotsperspektive diskutiert werden können.

3.4.4.1 Grundfunktionen des Factoring

Beim Standard-Factoring[445] werden alle drei Funktionen des Forderungsmanagements ausgelagert: die Finanzierungs-, die Versicherungs- und die Dienstleistungsfunktion. Wie aus Abbildung 31 ersichtlich, ist es damit die weitestgehende Form des Outsourcing in diesem Bereich. Dazu kommen die Absicherung des Ausfallrisikos sowie die Finanzierung der Forderungen. Damit ist Abbildung 33 eine Weiterentwicklung von Abbildung 31, denn die Absicherung des Ausfallrisikos und die Finanzierung kommen als Funktionen des Liquiditätsmanagements zu den Funktionen des Forderungsmanagements hinzu[446].

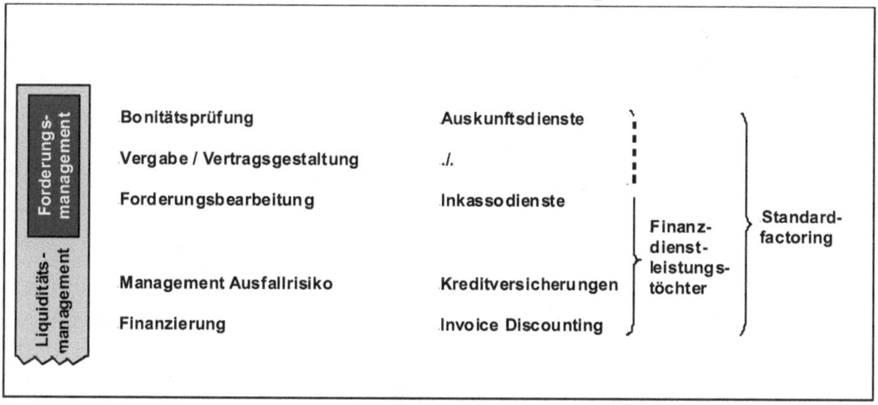

Abbildung 33: Factoring als externe Dienstleistung im Liquiditätsmanagement[447]

[444] Vgl. beispielsweise **Bette, K.** (Factoringgeschäft, 1999), **Bette, K.** (Factoring, 2001), **Brink, U.** (Factoringvertrag, 1997), **Secker, J.W.** (Factoring, 2006).
[445] Zu Weiterentwicklungen und speziellen Formen des Factoring vgl. Abschnitt 3.4.4.4
[446] Das Liquiditätsmanagement umfasst darüber hinaus noch andere Funktionen, vgl. Abschnitt 3.2.
[447] Eigene Darstellung.

Diese – aus der Perspektive des Liquiditätsmanagements – fünf Funktionen werden in der Literatur zum Factoring in drei Grundfunktionen des Factoring zusammengefasst[448]:

- Die **Finanzierungsfunktion** ist vergleichbar den unter 3.4.1 beschriebenen Finanzierungsformen für Forderungen.
- Darüber hinaus hat Factoring eine **Versicherungsfunktion** für das Ausfallrisiko der Forderungen.
- Das Forderungsmanagement wird in der **Dienstleistungs- (Service-)funktion** zusammengefasst.

Aus formaler Sicht ist die **Finanzierungsfunktion** keine wirkliche Finanzierung im strengen bilanziellen Sinn, sondern ein Aktivtausch im Umlaufvermögen von Forderungsbestand zu disponiblem Geldbestand, also streng genommen eine Liquidierung[449]. Es ist gewissermaßen eine „Verflüssigung" der Außenstände, die liquide Mittel freisetzt. Die Finanzierungsfunktion besteht darin, dass mit Forderungen an sich keine Investitionen getätigt oder Verbindlichkeiten reduziert werden können, während dies durch die Generierung von Liquidität (Cash) möglich wird.

Dieser Finanzierungseffekt fällt besonders bei stark wachsenden Unternehmen ins Gewicht, da bei diesen der Forderungsbestand naturgemäß mit dem Umsatz wächst. Durch den zeitlichen Abstand zwischen dem Entstehen der Selbstkosten[450], der Generierung des Umsatzes und der Bezahlung der Leistung wird diese Lücke bei wachsenden Unternehmen immer größer[451]. In der Literatur wird als Ergebnis des Factoring häufig auch eine Verbesserung der Rentabilität des Unternehmens angeführt[452]. Dieser Effekt entsteht allerdings nur dann, wenn eine zuvor angespannte Liquiditätssituation entschärft werden kann und die Kosten des Factoring[453] unter den alternativen Grenzfinanzierungskosten[454] des Unternehmens liegen. Außerdem

448 Vgl. **Brink, U.** (Begriffsbestimmungen, 1997), S. 15; **Bette, K.** (Factoringgeschäft, 1999), S. 2; **Secker, J.W.** (Factoring, 2006), S. 14f; **Schwarz, W.** (Factoring, 2002), S. 26-31.

449 Vgl. **Schreck, O.** (Finanzierungsformen, 2006), S. 182ff; **Secker, J.W.** (Factoring, 2006), S. 15; **Weisel, J.A./Harm, N./Bradley, C.F.** (Factoring, 2003), S. 30f; **Deutscher Factoring-Verband e.V.** (Factoringmarkt Deutschl., 2004), S. 2.

450 Hier verstanden als die Kosten der Leistungserstellung einschließlich Vertriebskosten.

451 Vgl. **Mayer, V.U.** (Finanzierungsinstrument, 1997), S. 107f; **Bette, K.** (Factoringgeschäft, 1999), S. 18f.

452 Vgl. beispielsweise **Mayer, V.U.** (Finanzierungsinstrument, 1997), S. 110ff; **Bette, K.** (Factoringgeschäft, 1999), S. 117-121. Die Argumentation zielt dabei auf Zähler und Nenner ab. Die Kapitalkosten sinken nämlich, wenn die Kosten für Factoring unter den Grenzfinanzierungskosten liegen; zusätzlich sinkt das Working Capital durch den Abbau der Forderungen.

453 Vgl. dazu Abschnitt 3.4.4.3. Dazu kommt z.T. noch eine Kostenbeteiligung an der Bonitätsprüfung des Abnehmers; vgl. **Bette, K.** (Factoringgeschäft, 1999), S. 23.

454 Beispielsweise den Kosten eines Kontokorrentkredits oder den Opportunitätskosten aus der Nicht-Inanspruchnahme von Skonti, vgl. **Mayer, V.U.** (Finanzierungsinstrument, 1997), S. 111. Wenn

gilt dies selbstverständlich nicht exklusiv für Factoring, sondern für alle kostengünstigeren Finanzierungen. Eine Umfrage des Deutschen Factoring-Verbands ergab, dass 90% der Kunden die Verbesserung der Liquidität als wesentliches Argument für Factoring sehen, die Absicherung des Delkredererisikos dagegen nur 53%[455].

Weiterhin bietet Factoring aus Kundensicht eine **Absicherung**[456] des Ausfallrisikos[457]. Das Factoringinstitut übernimmt nämlich das Delkredererisiko[458] (Ausfallrisiko), was in der Substanz mit einer Warenkreditversicherung[459] vergleichbar ist. Allerdings verlangt der Warenkreditversicherer in der Regel einen Selbstbehalt, außerdem obliegen dem Forderungsempfänger weiterhin das Inkasso und gegebenenfalls der Nachweis der Zahlungsunfähigkeit des Kunden. Beim Factoring gehen diese Verpflichtungen mit der Forderung zusammen auf den Factorer über[460]. Im Risiko ähnlich wie die Zahlungsunfähigkeit kann die Zahlungsunwilligkeit gesehen werden, die allerdings zumeist nicht zu einem Zahlungsausfall, sondern lediglich zu einer Zahlungsverzögerung führt[461]. Die Haftung des Factoringkunden für den rechtlichen Bestand der Forderung bleibt allerdings in allen Fällen bestehen, d.h. der Factorer zahlt nur dann, wenn die Forderung rechtswirksam entstanden ist, er also auch eine Forderung gegen den Debitor hat[462].

---

die Vollkosten des Factoring und nicht nur dessen Finanzierungskosten berücksichtigt werden sollen, so muss den Dienstleistungsgebühren und der Kostenbeteiligung an der Bonitätsprüfung selbstverständlich noch der Wegfall von Forderungsausfällen, gegebenenfalls einer Kreditversicherung und interner Verwaltungsaufwand gegenrechnet werden; vgl. **Bette, K.** (Factoringgeschäft, 1999), S. 23.

455 Vgl. **Deutscher Factoring-Verband e.V.** (Factoringmarkt Deutschl., 2005), S. 15. Es wurden 323 Unternehmen aus Industrie, Handel und Dienstleistung befragt, über Rücklaufquote und Identifikation der Stichprobe (Repräsentativität) wurden allerdings keine Angaben gemacht (vgl. ebenda).

456 An anderer Stelle auch als „Versicherungsfunktion" bezeichnet, doch ist dies eine terminologische Ungenauigkeit. Der Erwerber der Forderung versichert nämlich kein fremdes Risiko, sondern übernimmt dieses als sein eigenes. Vgl. **Bette, K.** (Factoringgeschäft, 1999), S. 19f.

457 Vgl. **Mian, S.L./Smith, C.W.** (Accounts Receivable, 1992) S. 177f, allerdings können sie dies empirisch nicht zeigen. Sie vermuten eine mangelnde Repräsentativität der Stichprobe (keine Factoringkunden enthalten) als Ursache. Vgl. außerdem **Weisel, J.A./Harm, N./Bradley, C.F.** (Factoring, 2003), S. 30; **Smith, J.E./Schnucker, C.** (Factoring Decision, 1994), S. 121f.

458 Eigentlich ist dies begrifflich unsauber, da dies eine Übernahme fremden Risikos impliziert. Tatsächlich geht aber das Risiko für den Ausfall des Debitors schlicht zusammen mit der Forderung bei Verkauf auf den Factorer über. Der Verkäufer haftet nur bis einschließlich des Verkaufs für die Bonität des Schuldners, durch die Limitvereinbarung wird dieser Zeitpunkt aber nach vorne verschoben. Vgl. vertiefend **Bette, K.** (Kollision, 1997), S. 198f.

459 Vgl. vertiefend zum Zessionskredit **Baumann, H.A.** (Warenkreditversicherung, 1966), insbesondere in der Abgrenzung zum Factoring und zum Zessionskredit.

460 Vgl. **Bette, K.** (Factoringgeschäft, 1999), S. 20; **Secker, J.W.** (Factoring, 2006), S. 18f; **Deutscher Factoring-Verband e.V.** (Factoringmarkt Deutschl., 2004), S. 2.

461 Vgl. **Schepers, C.** (Factoring, 1994), S. 31ff.

462 Zur Absicherung dieser Haftung vgl. Fußnote 439.

Sopranzetti widerspricht der Absicherungsfunktion allerdings mit dem Hinweis auf die Tatsache, dass Unternehmen in der Praxis nur ihre weniger risikobehafteten Forderungen verkaufen können, jedoch auf den tatsächlich risikobehafteten sitzen bleiben[463]. In diesen Fällen bildet sich kein hinreichend niedriger Marktpreis, zu dem die Forderungen angekauft werden, es liegt also Marktversagen vor. Dieses resultiert für ihn aus einer Problematik der Informationsasymmetrie, der Adverse Selection[464] bzw. des Moral Hazard[465]. Daher kommt er zu dem Schluss, dass diese Absicherungsfunktion quasi keine Bedeutung haben kann[466]. Diesem Einwand muss in der Praxis – wie zu zeigen sein wird – durch geeignete Maßnahmen begegnet werden, da sich auch für problematische Forderungen ein (entsprechend niedriger) Preis herausbilden kann, d.h. die Absicherungsfunktion erhalten bleibt.

Im Standardfall übernimmt das Factoringinstitut auch das gesamte Forderungsmanagement im Sinne von Abschnitt 3.3.2. Das bedeutet, dass der Factorer die Debitorenbuchhaltung und Bonitätsprüfung sowie im Bedarfsfall das Mahnwesen, das Inkasso und gegebenenfalls die Rechtsverfolgung leistet[467]. Durch diese **Dienstleistungsfunktion** kann der Kunde Verwaltungskosten einsparen[468]; im Idealfall verkürzt sich durch das professionellere Forderungsmanagement außerdem die Forderungsreichweite[469]. Der Factorer wiederum kann diese Dienstleistungen für mehrere Kunden bündeln und damit kostengünstiger erbringen als dies für das einzelne Unternehmen möglich wäre. Je mehr er außerdem die Prozesskette des order-to-cash in seine Verantwortung bringt, über umso mehr Informationen verfügt er, umso besser kann er sein eigenes Risiko identifizieren, beurteilen und steuern[470].

---

463 Diese Tatsache konnte in mehreren Studien empirisch gezeigt werden. Vgl. beispielsweise **Palia, D./Sopranzetti, B.J.** (Accounts Receivable, 2004), S. 36; zu einer Literaturübersicht **Sopranzetti, B.J.** (Factoring, 1998), S. 340.

464 Adverse Selection beschreibt eine negative Auslese; also Auslese derjenigen, die eigentlich gerade nicht ins Portfolio kommen sollten. Vgl. zu einer Erklärung von Adverse Selection Abschnitt 3.4.5.1, ebenda zu weiterführenden Literaturhinweisen.

465 Moral hazard meint im Grundsatz, dass der Einzelne ein Interesse hat, gegen die Allgemeininteressen zu handeln. Vgl. zu einer Erklärung von Moral Hazard Abschnitt 3.4.5.1, ebenda zu weiterführenden Literaturhinweisen.

466 Er verweist dabei auf eine Studie von **Stieglitz, J.E./Weiss, A.** (Imperfect Information, 1981), die ein solches Marktversagen für den Kreditmarkt zeigen konnten, d.h. es trat ebenfalls kein Market Clearing Price ein. Vgl. dazu **Sopranzetti, B.J.** (Factoring, 1998), S. 340.

467 Vgl. **Bette, K.** (Factoringgeschäft, 1999), S. 21; **Brink, U.** (Begriffsbestimmungen, 1997), S. 16; **Secker, J.W.** (Factoring, 2006), S. 20f.

468 Vgl. **Weisel, J.A./Harm, N./Bradley, C.F.** (Factoring, 2003), S. 30f; **Bette, K.** (Factoringgeschäft, 1999), S. 21.

469 Vgl. **Deutscher Factoring-Verband e.V.** (Factoringmarkt Deutschl., 2004), S. 2.

470 Vgl. **Bette, K.** (Factoringgeschäft, 1999), S. 18f: Der Factorer kennt ständig den aktuellen Forderungsbestand, außerdem ist er über die Bonität der Abnehmer informiert.
Gegenüber Zessionskrediten (die zeitliche Priorität der Globalzession ggü. einem verlängerten Eigentumsvorbehalt wurde vom BGH als sittenwidrig eingestuft, s.o.) hat der Factorer den Vorteil, dass die Forderungsabtretung dem verlängerten Eigentumsvorbehalt (Konstrukt, das aus einer

Allerdings muss angemerkt werden, dass die Abgabe der Debitorenbuchhaltung an sich für den Kunden mit dem Einzug komfortablerer und günstigerer EDV in den letzten Jahren zunehmend an Reiz verloren hat[471]. Der Deutsche Factoring-Verband hat 1995 bei einer Befragung seiner Mitglieder festgestellt, dass inzwischen 61% des Umsatzes im sogenannten Inhouse-Factoring-Verfahren[472], also ohne Dienstleistungsfunktion abgewickelt wird[473].

Factoring kann damit im Sinne der vier grundlegenden Strategien des Risikomanagements[474] als **Risikoüberwälzung** eingeordnet werden. Im Rahmen der Versicherungsfunktion wird das Delkredererisiko auf den Factorer abgegeben und mit ihm auch Teile des notwendigen Risikomanagements (eben das Forderungsmanagement), oben als Dienstleistungsfunktion des Factoring bezeichnet. Nur im weitesten Sinne handelt es sich aufgrund der Finanzierungsfunktion auch um eine Vermeidungsstrategie: Wenn Illiquidität als Risiko betrachtet wird, so ist Finanzierung eine Vermeidung dieses Zustands.

3.4.4.2 Vorteile des Factoring für den Kunden

Viele der Quellen zum Factoring stammen aus der Factoringbranche oder stehen ihr nahe. Es überrascht daher nicht, dass in diesen Werken jeweils Kosten-/Nutzen-Analysen und Fallbeispiele zu finden sind, die vor allem den Nutzen des Factoring herausstellen[475]. Die Vorteile des Factoring sind deshalb zu objektivieren; sie lassen sich am einfachsten anhand der zugrunde liegenden Funktionen[476] gliedern.

Weiterentwicklung des Eigentumsvorbehalts resultiert. Der einfache Eigentumsvorbehalt des Lieferanten ggü. seinem Abnehmer endet mit dem Weiterverkauf bzw. der Weiterverarbeitung. Da aber in vielen Fällen die Bezahlung der Ware erst durch deren Weiterverkauf finanziert wird, wurde der sogenannte erweiterte Eigentumsvorbehalt entwickelt, nämlich die Vorausabtretung der Forderung des Kunden an dessen Abnehmer) vorrangig ist. Vgl. **Bette, K.** (Factoringgeschäft, 1999), S. 51-56.

471 Vgl. **Bette, K.** (Factoring, 2001), S. 44.

472 Vgl. zu einer ausführlicheren Definition Abschnitt 3.4.4.4.

473 Vgl. **Deutscher Factoring-Verband e.V.** (Factoringmarkt Deutschl., 2005), S. 10.

474 Vgl. Abschnitt 3.1.4.

475 Vgl. beispielsweise **Secker, J.W.** (Factoring, 2006), S. 36-43; **Bette, K.** (Factoring, 2001), S. 64-73; **Bette, K.** (Factoringgeschäft, 1999), S. 22-24 und S. 117-123; **Mayer, V.U.** (Finanzierungsinstrument, 1997), S. 107-115.

476 Vgl. Abschnitt 3.4.4.

Durch die **Finanzierungsfunktion** steht dem Unternehmen kurzfristig Liquidität zur Verfügung[477], bilanziell findet – wie dargestellt – ein reiner Aktivtausch vom Umlaufvermögen in die liquiden Mittel statt. Factoring begründet keine Verbindlichkeit oder Verpflichtung und muss deshalb nicht passivisch verbucht werden; es hat somit keinen Einfluss auf die Eigenkapitalquote[478]. Es handelt sich schlicht um einen Aktivtausch[479]. Damit unterscheidet es sich signifikant von vermögensbesichertem Fremdkapital (wie z.B. durch Forderungszession besicherte Kredite) oder Cash Flow-basierten Darlehen[480]. Diese Liquidität kann naturgemäß unterschiedlich verwendet werden, in jedem Fall ist jedoch zu beachten, dass die Rendite der Kapitalverwendung die Kosten[481] der Finanzierungsfunktion des Factoring übersteigen muss, wenn ein positiver Ertragseffekt entstehen soll[482].

- In den seltensten Fällen wird die zusätzliche Liquidität im Anlagevermögen aufgehen, da dies allein schon aufgrund der unterschiedlichen Fristigkeit nicht empfehlenswert ist[483]. Außerdem sind dafür die Finanzierungskosten zu hoch. Aus diesem Grund scheiden auch kurzfristige Finanzanlagen aus.
- Die höchste Rendite verspricht in der Regel die Inanspruchnahme von Skonti oder ähnlichen Vorteilen gegenüber Lieferanten, die sich aus einer schnellen Barzahlung ergeben. Diese Option wird daher zumeist auch für die Beispielrechnungen der Factorer verwendet[484].
- Zudem kann ein Abbau der Bankverbindlichkeiten attraktiv sein, speziell wenn es sich um kurzfristig zur Verfügung gestelltes Kapital mit hohen Kosten handelt[485].
- Durch diese beiden Möglichkeiten des Abbaus von Verbindlichkeiten durch Bilanzverkürzung erhöht sich zudem die Eigenkapitalquote, was sich in der Regel positiv auf die Kapitalkosten des Unternehmens auswirkt[486]. Alternativ

---

477 Vgl. **Weisel, J.A./Harm, N./Bradley, C.F.** (Factoring, 2003), S. 30; **Bette, K.** (Factoring, 2001), S. 67.

478 Vgl. **Weisel, J.A./Harm, N./Bradley, C.F.** (Factoring, 2003), S. 33.

479 Vgl. **Weisel, J.A./Harm, N./Bradley, C.F.** (Factoring, 2003), S. 30.

480 Vgl. **Weisel, J.A./Harm, N./Bradley, C.F.** (Factoring, 2003), S. 30; vgl. zu einer detaillierten Übersicht der Unterschiede zwischen den Finanzierungsformen ebenda in Tabelle 1. Zur Securitization vgl. außerdem **Palia, D./Sopranzetti, B.J.** (Accounts Receivable, 2004), S. 29-32 und S. 36.

481 Vgl. Abschnitt 3.4.4.3 zu den Kosten, diese lassen sich selbstverständlich nur näherungsweise nach den verschiedenen Funktionen splitten.

482 Vgl. **Schepers, C.** (Factoring, 1994). S. 141f.

483 Vgl. beispielsweise die „goldene Finanzierungsregel" und andere in **Peridon, L./Steiner, M.** (Finanzwirtschaft, 2004), S. 530-535.

484 Vgl. **Secker, J.W.** (Factoring, 2006), S. 37; **Mayer, V.U.** (Finanzierungsinstrument, 1997), S. 107f; **Bette, K.** (Factoringgeschäft, 1999), S. 121.

485 Vgl. **Secker, J.W.** (Factoring, 2006), S. 37.

486 Allerdings kann dieses Argument nur für die nominalen Fremdkapitalkosten gelten. Bei marktwertorientierten Finanzierungskosten, die beispielsweise auch den WACC zugrunde liegen, sinken die nominalen Kapitalkosten nur aufgrund des geringeren Risikos, das sich aus dem

könnte – bei konstanter Fremdkapitalquote – haftendes Eigenkapital abgezogen werden.

Die Argumentation, dass durch den **Versicherungseffekt** Forderungsausfälle vermieden oder die Kreditversicherung „eingespart" werden können[487], ist offensichtlich verkürzt. Auf einem perfekten Markt werden die Abschreibungen auf Forderungen ohne Factoring vielmehr exakt den in Rechnung gestellten Kosten für die Delkredereübernahme entsprechen; aufgrund der in 3.4.4.1 angesprochenen Informationsasymmetrie könnten die Kosten von Factoring sogar noch höher liegen.

Allerdings entsteht ein Vorteil dann, wenn der Factorer das Ausfallrisiko[488] verringern oder zumindest besser absichern kann. Hier wird ein ganz wesentlicher Vorteil deutlich: Der Factorer übernimmt nicht einfach – passiv – eine bestimmte Risikosituation, die damit nur verlagert, aber nicht verändert wird, sondern nimmt aktiv Einfluss in einer Weise und durch Möglichkeiten, die ihm strukturell zur Verfügung stehen, nicht aber seinem Kunden.

- Ein Factoringinstitut hat in der Regel besseren Zugang zu Informationen über Debitoren. Außerdem ist die Bonitätsbeurteilung eine Kernkompetenz, sodass Mengen- und Verbundeffekte[489] genutzt werden können und das Risikomanagement bezogen auf Debitoren effektiver und effizienter erfolgen kann[490].
- Die bessere Absicherung des Risikos ist ein Aspekt der Risikosteuerung. Ein Factorer profitiert mit seinem größeren Portfolio bereits automatisch von einer breiteren Diversifizierung. Darüber hinaus kann er die Forderungsausfälle aufgrund seiner Größe regelmäßig effizienter absichern[491].

verringerten Gearing des Unternehmens ergibt. Die relativen Kapitalkosten (nämlich relativ zum verringerten Risiko) bleiben gleich. In einem perfekten Markt werden gleichzeitig das Risiko und die Verzinsung des Eigenkapitals sinken. Vgl. dazu beispielsweise **Gleißner, W.** (Strat. Unternehmensführung, 2000), S. 1626f.

487 Vgl. beispielsweise **Bette, K.** (Factoringgeschäft, 1999), S. 120.

488 Die Verringerung des Ausfallrisikos bedeutet, die Ausfallwahrscheinlichkeit zu verringern (beispielsweise durch effektivere Debitorenprüfung und -auswahl) oder aber das Schadensausmaß zu begrenzen (durch effektiveres Inkasso).

489 Economies of Scale and Scope.

490 Vgl. **Bette, K.** (Factoring, 2001), S. 67.

491 Diese Argumentation folgt letztlich analog der Argumentation für jede Versicherung, die die Risiken ihrer Versicherten bündelt und „managed" (identifiziert, bewertet, steuert und kontrolliert). Die effizientere Absicherung kann in einer großvolumigen Anlage von Kapital bestehen, oder auch mit Kapitalmarktinstrumenten, die nur ab einem größeren Volumen rentabel bzw. sogar zugänglich werden (z.B. Währungsrisiken, Länderrisiken, Konjunkturrisiken, Preisrisiken, Wetterrisiken oder anderen Absatzrisiken, die direkt oder indirekt abgesichert werden können). Vgl. dazu z.B. **Albrecht, P.** (Versicherung, 1987), S. 12ff.

- Durch den Wegfall der Unsicherheit bei den ausstehenden Forderungen (nur die Finanzierungskosten sind noch unsicher, nicht mehr aber Ausfall und Zeitpunkt der Zahlung) wird außerdem die Finanz- und Liquiditätsplanung vereinfacht[492].

Die Vorteile der **Dienstleistungsfunktion** des Factoring lassen sich nicht völlig trennscharf von der Versicherungsfunktion abgrenzen. Wie bereits unter 3.4.4 beschrieben, hat die externe Debitorenbuchhaltung mit der Weiterentwicklung der EDV in den Unternehmen an Bedeutung verloren und der Hauptnutzen hat sich hin zur Bonitätsbeurteilung und dem Inkasso verschoben.

- Wesentlicher positiver Effekt eines professionellen Forderungsmanagements können die Verkürzung der Forderungslaufzeiten und die Reduktion der Forderungsausfälle sein, von denen der Kunde aufgrund niedrigerer Finanzierungskosten profitiert[493].
- Die Argumentation, dass sich die Unternehmen mehr ihrem Kerngeschäft widmen können und das Management weniger durch Nebentätigkeiten gebunden wird[494], ist zumindest schlecht quantifizierbar. Diese Argumentation gilt außerdem für eine Vielzahl von Outsourcing-Angeboten und muss gegen eventuelle Nachteile abgewogen werden, was an dieser Stelle jedoch nicht vertieft werden soll.

Letztlich verlaufen gerade die Abwägungen bei der Versicherungs- und Dienstleistungsfunktion analog zu denen anderer Make or buy-Entscheidungen im Unternehmensalltag; diese wurden bereits ausführlich in Abschnitt 3.3.6 diskutiert. Abhängig davon, welche Ressourcen im Unternehmen vorhanden sind, welche Kompetenzen die Unternehmensführung im eigenen Haus vorhalten will, welche externen Angebote vorhanden sind und wie die internen und externen Kostenstrukturen sind, muss zwischen eigener und fremder Leistung entschieden werden. In großen Unternehmen ist das Forderungsmanagement eher als wichtige Kompetenz anzusehen, während es für kleinere und mittlere Unternehmen kaum empfehlenswert sein wird, eigene umfangreiche Fähigkeiten auf diesem Gebiet aufzubauen, die dann nicht ausgelastet sind. Ressourcen für den Zugang zu Debitoreninformationen, eigene Instrumente und Methoden zur Bonitätsbeurteilung oder juristische Expertise im Inkasso sind dann nicht wirtschaftlich selbst vorzuhalten.

---

492 Vgl. **Mayer, V.U.** (Finanzierungsinstrument, 1997), S. 110; **Schepers, C.** (Factoring, 1994), S. 147f.
493 Vgl. **Schepers, C.** (Factoring, 1994), S. 37f; **Bette, K.** (Factoringgeschäft, 1999), S. 23 und 121.
494 Vgl. beispielsweise **Schepers, C.** (Factoring, 1994), S. 143; **Bette, K.** (Factoring, 2001), S. 67.

3.4.4.3 Kosten des Factoring

„Factoring klingt ganz attraktiv, aber zu teuer", so zitiert die Financial Times plakativ einen potentiellen Mittelstandskunden[495]. Naturgemäß lässt sich das weder allgemein bestätigen, noch widerlegen; die Kosten des Factoring hängen im Einzelfall nämlich vom jährlichen Gesamtumsatz, dem Volumen der Einzelforderungen (Gesamtumsatz und Einzelvolumen korrelieren jeweils negativ mit den Gebühren), der Länge der Zusammenarbeit zwischen Kunde und Factorer, dem Forderungsumschlag (also der durchschnittlichen Forderungslaufzeit), der historischen Forderungsadressausfallrate[496] sowie der Höhe und Konzentration der Bonitätsrisiken ab[497].

Somit kann eine Kostenzusammenstellung auch nur einen Anhaltspunkt bieten und die typischen Kosten des Standard-Factoring[498] beschreiben[499].

- Die **Finanzierungsfunktion** lassen sich die Factoringinstitute im Normalfall in Höhe vergleichbarer kurzfristiger Zinskonditionen (Kontokorrentsatz) vergüten[500]. Für die Entlohnung der Finanzierung würde sich – ähnlich dem Wechselgeschäft – eine Diskontierung des Kaufpreises anbieten, allerdings ist beim Factoring der Zahlungszeitpunkt ungewiss, sodass der tatsächliche Zeitpunkt der Bezahlung durch den Abnehmer erst ex post berücksichtigt wird[501]. In der

---

495 **Financial Times Deutschland** (Factoring, 2007), S. 16.

496 **Weisel, J.A./Harm, N./Bradley, C.F.** (Factoring, 2003), S. 32 zielen dabei nur auf das Adressausfallrisiko ab. Das Veritätsrisiko wird zwar einen geringeren Einfluss haben, da hier ein Rückgriffsrecht auf den Kunden besteht, dennoch entsteht bei Problemen mit der Verität zumindest ein Verwaltungsaufwand für den Factorer, gegebenenfalls sogar ein Ausfallrisiko bei Zahlungsunfähigkeit seines Kunden und einer damit wertlosen Rückgriffsforderung. Vgl. dazu detaillierter Abschnitt 3.4.5.1.

497 Vgl. **Weisel, J.A./Harm, N./Bradley, C.F.** (Factoring, 2003), S. 32.

498 Vgl. 3.4.4.4 zu einer Abgrenzung und genaueren Definition der unterschiedlichen Formen.

499 Vgl. zu einer Übersicht Abbildung 34; vgl. zu einer alternativen Darstellung **Lea, T./Trollope, W.** (Factoring, 1996), S. 59-67; **Hawking, D.** (Factoring, 1993), S. 37-44.

500 Vgl. **Bette, K.** (Factoring, 2001), S. 64f.; **Secker, J.W.** (Factoring, 2006), S. 36; **Bette, K.** (Factoringgeschäft, 1999), S. 23; **Mayer, V.U.** (Finanzierungsinstrument, 1997), S. 111f; **Deutscher Factoring-Verband e.V.** (Factoringmarkt Deutschl., 2004), S. 2.

501 Vgl. **Bette, K.** (Factoring, 2001), S. 64; **Bette, K.** (Factoringgeschäft, 1999), S. 29f; **Schwarz, W.** (Factoring, 2002), S. 71-75. In der praktischen Handhabung heißt das, der Diskont einer Forderung wird in der Regel mit den anderen Zahlungen zwischen Factorer und Kunde ex post verrechnet.
Er weist außerdem darauf hin, dass es sich dabei um einen Diskont auf den Forderungskaufpreis und nicht um einen Zins handelt. Dies scheint aber für diese Arbeit nicht weiter relevant, da es sich um eine formale Frage handelt, die auf die Kalkulation der Kosten wenig Einfluss hat. Jedenfalls ist nicht ersichtlich, dass bei der Berechnung auch die Abhängigkeit des Delkredererisikos vom Zahlungsziel berücksichtigt wird, dieses wird vermutlich in das Factoringentgelt eingerechnet. Es bleibt als Unterschied, dass der Diskontsatz noch das Zinsänderungsrisiko beinhaltet, was aber bei Laufzeiten zwischen einem und drei Monaten nicht wesentlich ins Gewicht fällt und zudem im Kontokorrentzins berücksichtigt ist.

Praxis wird also in der Regel nicht zwischen den verschiedenen Funktionen unterschieden, sondern ein pauschales **Factoringentgelt** berechnet, das Forderungsbearbeitung, Ausfallrisiko und Zinsen umfasst.

- Für die Kosten der **Dienstleistungs- und Absicherungsfunktion** wird eine Factoringgebühr (Factoringentgelt) erhoben, die das Delkredererisiko und den Aufwand für die Forderungsbearbeitung abgilt. Zusammen mit den oben genannten Zinsen bildet diese Gebühr den Kaufpreisabschlag, der beim Ankauf der Forderung abgezogen wird[502].
- Die Kosten für die **Bonitätsbeurteilung** werden meist ebenfalls dem Kunden in Rechnung gestellt. In der Regel berechnen sich diese Kosten als fixe, einmalige Gebühr für die (Neu-)einrichtung eines Limits je Debitor[503]. In den meisten Fällen ist diese Gebühr jedoch nicht voll kostendeckend, sondern wird von einer Mischkalkulation aus den anderen Umsätzen quersubventioniert; in anderen Fällen wird sogar ganz auf diese Gebühr verzichtet bzw. wird diese voll auf andere Gebühren umgelegt[504].
- Kalkulatorisch entstehen Opportunitätskosten dadurch, dass sich der Factorer durch eine Bareinlage auf einem **Sperrkonto** gegen das Veritätsrisiko[505] absichert. Er behält zunächst zusätzlich zwischen 10 und 20% der Ankaufsumme als Sicherheit bis zur Bezahlung der Forderung ein. Das Sperrkonto wird dabei wie ein Mindesteinlagekonto geführt, d.h. die Sollhöhe wird als Prozentsatz des Gesamtengagements berechnet und es werden nur dann Anteile des Kaufpreises einbehalten, wenn die Mindesthöhe noch nicht erreicht ist. Bei konstantem Forderungsbestand entsteht also nach anfänglichem „Auffüllen" kein weiterer Liquiditätsbedarf[506]. Dieses Sperrkonto ist unverzinst. Die Opportunitätskosten bestimmen sich damit aus einem Vergleich mit den üblichen Guthabenzinsen[507].

---

502 Vgl. **Mayer, V.U.** (Finanzierungsinstrument, 1997), S. 112; **Secker, J.W.** (Factoring, 2006), S. 36f; **Bette, K.** (Factoringgeschäft, 1999), S. 23; **Deutscher Factoring-Verband e.V.** (Factoringmarkt Deutschl., 2004), S. 2. Vgl. **Helten, E./Bittl, A./Liebwein, P.** (Versicherung, 2000), S. 181 vertiefend zu allgemeinen Anmerkungen zur Preisfindung für versicherbare Risiken.

503 Vgl. **Secker, J.W.** (Factoring, 2006), S. 36f; **Bette, K.** (Factoring, 2001), S. 65f; **Bette, K.** (Factoringgeschäft, 1999), S. 23.

504 Vgl. die Interviews mit den Factorern.

505 Wie in Abschnitt 3.4.3 beschrieben, haftet der Verkäufer nach wie vor für die Verität der Forderung. Vgl. zu dieser Problemstellung ausführlich Abschnitt 3.4.5.1.

506 Vgl. Abbildung 35.

507 Anzusetzen sind hier Zinskosten, die die Bonität des Factorers berücksichtigen, allerdings werden diese in der Praxis nahezu einem risikofreien Zinssatz entsprechen.

	Z Zinskosten	G Factoringentgelt	G Limitprüfung	S Sperrkonto
Kosten aus Kundensicht	Zinssatz für kurzfristige Finanzierungen (8-10%) auf zwischenfinanzierten Teil	Zinssatz für kurzfristige Finanzierungen (8-10%) auf zwischenfinanzierten Teil	30-50 € je Limitprüfung, Umrechnung auf Nennwert hängt von Umsatz je Debitor ab	Opportunitätskosten, da in der Regel nicht verzinst: ~3% auf 9,5-20%
Bezogen auf den Nennwert	0,5-2,2%	0,4-2,5%	n.a.	0-0,2%

Abbildung 34: Typische Kosten des Factoring[508]

Aus Abbildung 34 lässt sich überschlägig eine Gebühr von etwa 1-5% auf den Nennwert ablesen. Die Höhe der sofort fälligen Auszahlung hängt darüber hinaus vom Stand des Sperrkontos ab.

[508] Eigene Darstellung. Vgl. **Secker, J.W.** (Factoring, 2006), S. 36f; **Bette, K.** (Factoringgeschäft, 1999), S. 23; **Mayer, V.U.** (Finanzierungsinstrument, 1997), S. 111f.
Annahmen zu Berechnung der Kosten bezogen auf den Nennwert:
1) Abschlag für Zwischenfinanzierung sind 0,5-2,2% des Nennwerts (vgl. Abbildung 35 und zugehörige Fußnoten).
2) Factoringentgelt 0,6-2,5% des Nennwerts (vgl. ebenda).
3) Limitgebühren können nicht allgemein auf Nennwert bezogen werden, da diese normalerweise als Fixbetrag je Limiterteilung berechnet werden.

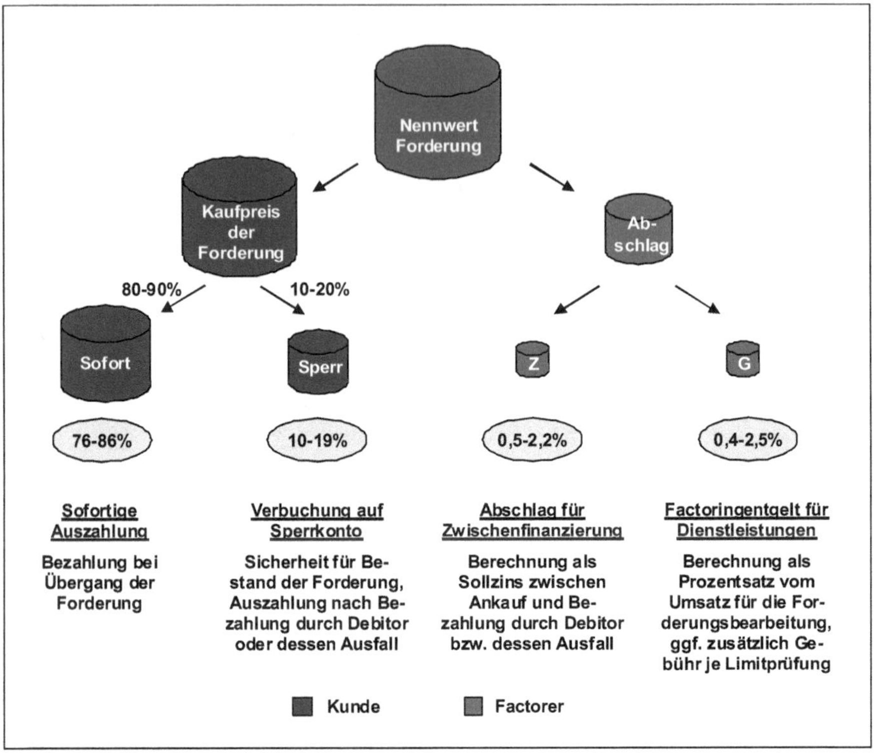

Abbildung 35: Schematischer Split des Forderungsbetrags[509]

Lea/Trollope vermuten allerdings, dass Finanzierungsquoten von 85% eher aus den Marketingabteilungen der Factoringinstitute als aus der Realität stammen[510]. Sie gehen davon aus, dass häufig nur Teile des Forderungsbestands angekauft werden, sodass schließlich ebenfalls nur 65-70% finanziert werden[511]. Dieser Vorwurf lässt

[509] Eigene Darstellung und Berechnung. Folgende Annahmen sind in die Berechnung der Anteile eingeflossen:
1) Factoringentgelt sind, je nach Quelle, 0,4-1%, in besonderen Fällen auch bis zu 2,5%.
2) Abschlag für Zwischenfinanzierung sind 8-10% über ein bis drei Monate mit continuous compounding auf näherungsweise 77-89% des Nennbetrags (Verzicht auf genaue Iteration): 0,5-2,2%. Ergibt in Summe 0,9-4,7%.
3) Als Sperrkonto werden 10-20% des Forderungskaufpreises einbehalten, also (100%-0,9 bis 4,7%)*(10 bis 20%), d.h. 9,9-19,1%.
4) Zur sofortigen Auszahlung bleiben damit 76,0-85,8%.

[510] „Marketing versus reality: How much finance will factoring actually generate?", **Lea, T./ Trollope, W.** (Factoring, 1996), S. 83.

[511] Vgl. **Lea, T./Trollope, W.** (Factoring, 1996), S. 83-94. Sie beziehen sich dabei allerdings auf den Markt in Großbritannien. Vgl. ebenda zu den Gründen, die Factoringinstitute häufig für ihr Ablehnen anführen.

sich jedoch weder pauschal bestätigen noch widerlegen und soll später durch die genauere Betrachtung der Abläufe in der Praxis geprüft werden.

Ein Vergleich der Kosten von Factoring gegenüber Kreditversicherungen, Invoice Discounting, Forderungsmanagement oder Finanzierungen über Forderungszessionen ist aufgrund der Komplexität des angebotenen Pakets oft mit größerem Aufwand verbunden. Eine allgemeingültige Aussage zum Ergebnis eines solchen Kostenvergleichs lässt sich also nicht treffen; es hängt vielmehr vom Einzelfall ab. Es müssen die individuellen Factoringvereinbarungen bzw. -angebote berücksichtigt werden[512].

3.4.4.4 Weiterentwicklung und spezielle Formen des Factoring

In der Praxis haben sich zahlreiche Ausprägungen des Standard-Factoring bzw. des echten Factoring herausgebildet[513].

- In den Anfängen des Factoring in Deutschland war das **stille Factoring** – d.h. unter Verzicht auf die Information des Abnehmers über die Abtretung – verbreitet, oft weil die Kunden einen schlechten Leumund bei ihren Abnehmern fürchteten[514]. Auch wenn diese Bedenken teilweise immer noch existieren, bestehen die Factoringinstitute heute in der Regel auf der **Offenlegung**, um sich selbst zu schützen[515]. Durch die Information der Abnehmer über die Abtretung müssen diese direkt an den Factorer leisten, sodass zusätzlicher Kontrollaufwand bzgl. der Weiterleitung von Zahlungen des Abnehmers an den Kunden sowie Vereinbarungen zwischen Kunden und Abnehmern zu Lasten des neuen Debitors (also des Factorers) vermieden werden[516].
- Im Standardfall – dem echten Factoring – wird die Debitorenbuchhaltung an das Factoringinstitut übergeben; für jeden Debitor werden Limitvereinbarungen getroffen. Selbstverständlich müssen die Informationen von beiden Seiten in enger Zusammenarbeit auf dem jeweils aktuellen Stand gehalten werden.

---

512 Ein Rechenbeispiel dazu findet sich beispielsweise bei **Lea, T./Trollope, W.** (Factoring, 1996), S. 77ff.

513 Vgl. zum Überblick Abbildung 36; zu einer Übersicht beispielsweise **Hawking, D.** (Factoring, 1993), S. 27-36; **Deutscher Factoring-Verband e.V.** (Factoringmarkt Deutschl., 2004), S. 3; **Deutscher Factoring-Verband e.V.** (Factoringmarkt Deutschl., 2006), S. 31; die im angelsächsischen Raum üblichen Formen werden beispielsweise in **Lea, T./Trollope, W.** (Factoring, 1996), S. 15-33 dargestellt.

514 Vgl. **Schepers, C.** (Factoring, 1994), S. 22. Der schlechte Ruf einer Abtretungserklärung resultiert wohl aus der früher üblichen Praxis von Banken, dass eine Anzeige über eine Forderungsabtretung nur bei drohender Insolvenz des Bankkunden verschickt wurde, hierbei handelt es sich aber um eine Globalzession (vgl. Fußnote 470) und kein Factoringverfahren. Vgl. **Bette, K.** (Factoringgeschäft, 1999), S. 38.

515 Vgl. **Brink, U.** (Begriffsbestimmungen, 1997), S. 16.

516 Vgl. **Bette, K.** (Factoringgeschäft, 1999), S. 38; **Secker, J.W.** (Factoring, 2006), S. 27.

Die Dienstleistung des Factoringinstitutes umfasst also die Debitoren- und Mahnbuchhaltung einschließlich des Inkassos (Forderungsbearbeitung[517]) und der Bonitätsprüfung der Debitoren für die Limitvereinbarungen[518].

- Beim sogenannten **„Inhouse-" oder „Bulk-Factoring**" erbringt der Kunde diese Dienstleistungen selbst und tauscht sie mit dem Factoringinstitut regelmäßig aus, das sich damit auf die Finanzierung und Absicherung beschränkt[519]. Im Falle einer erfolglosen Mahnung wird die Forderung in der Regel an den Factorer weitergereicht[520]. Dies hat für den Kunden den Vorteil, dass er selbst vollständig Inhaber der Kundenbeziehung bleibt. Andernfalls repräsentiert der Factorer den Kunden bei seinen Abnehmern und sollte gerade in diesem Fall sehr sorgfältig ausgewählt werden[521].
- Beim **unechten Factoring** wird zwar die Dienstleistungsfunktion (Forderungsbearbeitung) erbracht, nicht jedoch das Bonitätsrisiko übernommen – der Factorer hat ein Rückgriffsrecht auf seinen Factoringkunden[522]. Für den Kunden ist nachteilig, dass nur beim echten Factoring die Bilanz entlastet wird, da das unechte Factoring als Kreditgeschäft gilt[523]. Aus diesem Grund ist diese Form in Deutschland fast vollständig verschwunden, da die immer strengere Rechtsprechung für Zessionskredite das unechte Factoring wirtschaftlich und rechtlich in dessen Nähe rückte[524], die meisten Factoringinstitute aber keine eigene Bankzulassung haben.
- Beim sogenannten „**Fälligkeitsfactoring**" werden zwar die Forderungsbearbeitung und das Delkredere übernommen, jedoch fällt bei dieser Form die Finanzierungsfunktion weg, d.h. der Kunde nimmt aufgrund seiner ausreichenden Liquidität keine Zwischenfinanzierung in Anspruch[525].
- Das **Export- und Importfactoring** stellt eigentlich keine Sonderform dar und ist in sämtlichen oben genannten Ausprägungen vorstellbar. Einzige Besonderheit kann ein Korrespondent des Factorers im Ausland sein, der mit diesem bei der grenzüberschreitenden Abwicklung zusammenarbeitet[526].

---

517 Vgl. Abschnitt 3.4.2.
518 Vgl. **Seraphim, K.** (Debitorenmanagement, 1997), S. 119 und S. 120ff.
519 Vgl. **Kaufhold, K.** (Factoringmarkt, 1997), S. 59; **Brink, U.** (Begriffsbestimmungen, 1997), S. 16; **Schepers, C.** (Factoring, 1994), S. 22.
520 Vgl. **Secker, J.W.** (Factoring, 2006), S. 25.
521 Vgl. **Lea, T./Trollope, W.** (Factoring, 1996), S. 107; zu einem Vorschlag für die Auswahlkriterien vgl. S. 107-112.
522 Vgl. **Soufani, K.** (Factoring, 2002), S. 23; **Brink, U.** (Begriffsbestimmungen, 1997), S. 16; **Schepers, C.** (Factoring, 1994), S. 21f.
523 Vgl. **Secker, J.W.** (Factoring, 2006), S. 27.
524 Vgl. **Bette, K.** (Factoring, 2001), S. 44f.
525 Vgl. **Kaufhold, K.** (Factoringmarkt, 1997), S. 59; **Brink, U.** (Begriffsbestimmungen, 1997), S. 16; **Secker, J.W.** (Factoring, 2006), S. 28.
526 Vgl. **Secker, J.W.** (Factoring, 2006), S. 31.

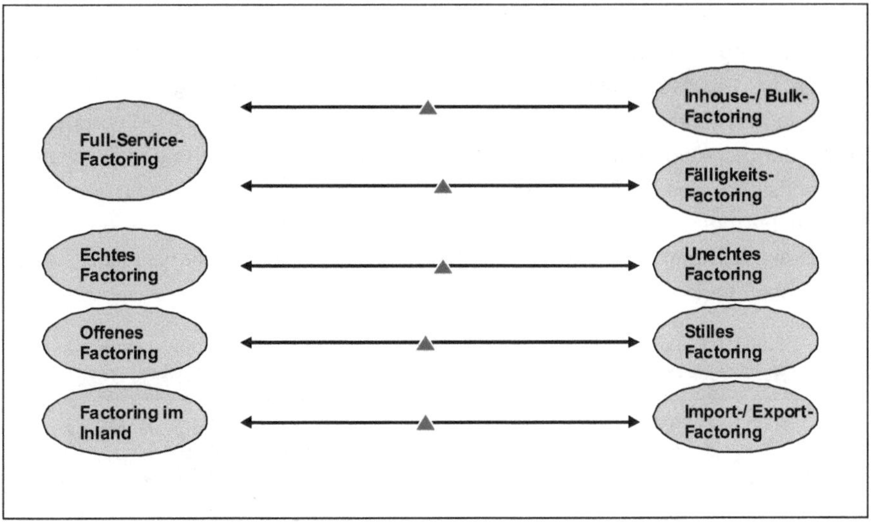

Abbildung 36: Ausprägungen des Factoring[527]

3.4.5 Factoringentscheidung aus Anbieterperspektive

Factoring ist offensichtlich kein Standardprodukt, das von den Instituten am Markt angeboten und von den Kunden unverändert angenommen wird. Vielmehr prüft ein Factorer seine Kunden und die spezifischen Anforderungen sorgfältig, bevor er ein individuelles Angebot unterbreitet[528].

3.4.5.1 Risiken des Factoring aus Anbieterperspektive

Wie in Abschnitt 3.4.4 dargestellt, ist Kern des Factoring eine Risikoüberwälzung vom Kunden auf den Factorer. Dadurch entfallen im Gesamtsystem die Risiken zunächst nicht, sie werden im ersten Schritt lediglich vom Kunden zum Factorer verlagert. Diese Risiken muss das Factoringinstitut bereits bei Angebotsabgabe erkennen und bewerten sowie entsprechend einpreisen. Übertragen wird aber auch das Risikomanagement, das beim Factorer in der Regel für sein Leistungsspektrum wirksamer und zielgerichteter sein kann als beim Kunden, wo es nur Teil eines unternehmensbezogenen Systems darstellt.

---

527 Eigene Darstellung, vgl. **Deutscher Factoring-Verband e.V.** (Formen, 2006) und **Brink, U.** (Begriffsbestimmungen, 1997), S. 16.

528 Vgl. dazu ausführlicher Abschnitt 3.4.5.2.

Die **Risiken** lassen sich in zwei wesentliche Gruppen unterteilen: das Veritätsrisiko der Forderung und das Bonitätsrisiko bezüglich des Abnehmers. Die Bonität des Kunden ist Teil des Veritätsrisikos, da in der Factoringbeziehung zunächst keine Forderung zwischen Factorer und Kunde existiert. Diese kann erst bei mangelnder Verität der ursprünglichen Forderung entstehen und bei einem daraus resultierenden Rückgriffsrecht des Factorers auf den Kunden bzw. einer Mitwirkungspflicht des Kunden bei der Durchsetzung der Verität (die sich allein schon aus dem sonst drohenden Rückgriff ergibt). Zu diesem Risiko gehört auch die Informationsasymmetrie zwischen Verkäufer und Käufer der Forderung[529].

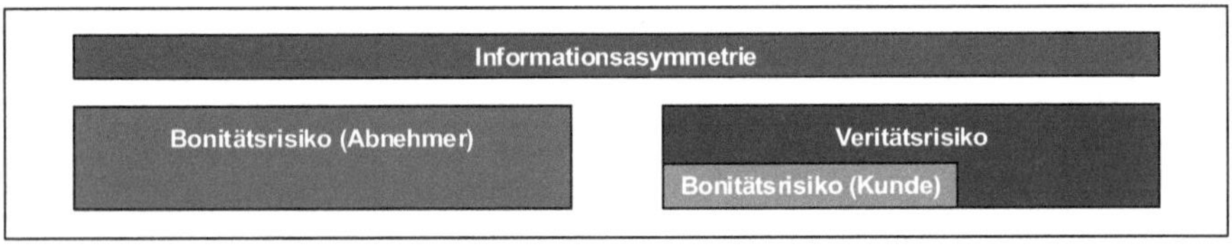

Abbildung 37: Risiken des Factoring[530]

3.4.5.1.1 Informationsasymmetrie

Ein grundlegendes Problem des Factoring ist die Informationsasymmetrie zwischen Verkäufer und Käufer der Forderungen. Diese ist wirtschaftstheoretisch ein Hauptaspekt der Neuen Institutionenökonomie, genauer der Principal-Agent-Theory[531]. Dabei werden drei Grundtypen asymmetrischer Information unterschieden:

- **Hidden Characteristics**, d.h. der Prinzipal kennt bestimmte verborgene Eigenschaften des Agenten oder der vom Agenten angebotenen Güter und Dienstleistungen vor Vertragsschluss nicht, es entstehen Signalisierungskosten.
- **Hidden Action** und **Hidden Information** beschreiben die Informationsasymmetrie nach Vertragsschluss, d.h. der Prinzipal kann die Handlungen des Agenten nach Vertragsschluss nur unzureichend beobachten bzw. deren Qualität nicht einschätzen, es entstehen Kontrollkosten.
- **Hidden Intention** tritt vor allem bei Sunk Costs im Rahmen des Vertragsschlusses auf. Der Prinzipal muss diese Investitionen tätigen, ohne die Intentionen des Agenten nach Vertragsschluss ex ante zu kennen, es verbleibt

529 Vgl. zu einer Übersicht Abbildung 37 sowie die nachfolgenden Ausführungen.
530 Eigene Darstellung und Strukturierung.
531 Vgl. vertiefend beispielsweise **Picot/Dietl/Frank** (Organisation, 2004), zur Übersicht S. 72-79; vertiefend zu formal-mathematischen Erklärungsansätzen S. 80-126.

trotz Signal- und Kontrollkosten noch ein Motivationsproblem und damit ein Wohlfahrtsverlust.

Nachfolgend soll auf zwei Aspekte fokussiert werden: Adverse Selection als Aspekt von hidden characteristics und Moral Hazard als ein Aspekt der hidden action[532].

Adverse Selection wird von Akerlof anhand des Gebrauchtwagenmarkts veranschaulicht. Ein Käufer weiß nicht, ob er ein besonders gutes Exemplar („peaches") oder einen besonders schlechtes Auto („lemons") kauft. Sein Erwartungswert liegt damit zwischen peaches und lemons, mithin auch der Preis, den er zu zahlen bereit ist (Reservationspreis). Wenn er diesen Preis zahlt, ist dies für den Verkäufer nur dann attraktiv, wenn er eine lemon verkauft, denn der Preis ist für einen peach zu niedrig. Er argumentiert, dass auf diese Weise die schlechten Produkte (lemons) die guten Produkte (peaches) aus dem Markt drängen und damit Marktversagen eintritt[533]. Dies lässt sich auf den Factoringmarkt übertragen. Der Factorer läuft nämlich Gefahr, dass ihm von den Kunden gerade dann Forderungen zum Kauf angeboten werden, wenn diese mit signifikanten Risiken behaftet sind (Bonitätsrisiko Abnehmer oder Veritätsrisiko) oder die Kunden selbst bereits Zahlungsschwierigkeiten und damit besonderen Liquiditätsbedarf haben (Bonitätsrisiko Kunde)[534]. Allerdings konnte Asselbergh diese theoretisch abgeleitete Hypothese der Adverse Selection empirisch nicht belegen. Vielmehr nutzen in seiner Stichprobe vorwiegend jüngere Unternehmen mit saisonal schwankendem Umsatz und hohen Investitionen Factoring[535].

Das Problem des **Moral Hazard** ist ein Aspekt von hidden action and hidden information und beschreibt die Gefahr einer Verhaltensänderung nach Vertragsschluss. Klassisches Beispiel ist hier die Versicherungswirtschaft: Nach Abschluss des Versicherungsvertrags und damit Wegfall des Risikos könnte der Versicherungsnehmer dann größere Risiken eingehen, wenn für ihn persönlich kein Schaden mehr droht, also beispielsweise bei einer KFZ- oder Haftpflichtversicherung[536]. Auf das Factoring

---

532 Vgl. zur Übersicht **Picot/Dietl/Frank** (Organisation, 2004), S. 72ff.

533 Vgl. **Akerlof, G.A.** (Information Asymmetry/"Lemons", 1970), S. 489-490; nachfolgend zeigt er diesen Effekt analytisch mit Hilfe von Nutzenfunktionen (S. 490-492); vgl. zu einer alternativen, kurzen Darstellung **Picot/Dietl/Frank** (Organisation, 2004), S. 74f sowie S. 80-87.

534 Vgl. **Asselbergh, G.** (Factoring, 2002), S. 2 zur Problematik des Factoring als „last resort". Zu möglichen Lösungsansätzen vgl. Abschnitt 3.4.5.2.

535 Vgl. **Asselbergh, G.** (Factoring, 2002), S. 17f zu den statistischen Ergebnissen, S. 18 zu einer zusammenfassenden Würdigung. In der Stichprobe befanden sich 381 belgische Unternehmen.

536 Vgl. **Picot/Dietl/Frank** (Organisation, 2004), S. 75 und S. 8-117. Moral hazard droht dann, wenn ein Widerspruch zwischen dem Interesse der Allgemeinheit (Kollektiv) und dem Interesse des Individuums besteht. Damit besteht ein Konflikt zwischen „Kollektivrationalität" und „Individualrationalität", ähnlich der Rationalitätenfalle. Moral hazard kann also vor allem dann auftreten, wenn eine höhere Instanz wie eine Regierung oder kollektive Instanz wie eine Versicherung eine Kollek-

bezogen gibt es für den Factorer eine ähnliche Gefahr: Nach Ankauf der Forderung könnte der Kunde Dinge tun oder unterlassen, wodurch der Bestand der Forderung, die Zahlungsfähigkeit des Abnehmers oder zumindest dessen Zahlungsbereitschaft gefährdet wird[537].

3.4.5.1.2 Bonitätsrisiko bezüglich des Abnehmers

Das **Bonitätsrisiko bezüglich des Abnehmers** ist im Sinne der Risikodefinition ein eindimensionales Risiko[538]; es resultiert aus der Möglichkeit einer Zahlungsunfähigkeit des Debitors. Als **Delkredererisiko** wurde es aus Nachfragerperspektive bereits ausführlich im Zusammenhang mit der Versicherungsfunktion beschrieben[539]. Das Risiko verändert sich bei der Überwälzung nicht. Daher soll es an dieser Stelle nicht weiter vertieft werden, zumal es zum Risikomanagement bei Forderungen und Krediten umfangreiche Literatur gibt[540].

3.4.5.1.3 Veritätsrisiko

Ausführlicher soll dagegen das **Veritätsrisiko** betrachtet werden, weil es durch den Forderungsverkauf begründet wird. „Als Instrument der Forderungsfinanzierung setzt Factoring stets eine abgeschlossene Leistung des Factoringkunden gegenüber seinem Abnehmer voraus.“[541] Die einredefreie Existenz einer Forderung ist naturgemäß eine wesentliche Voraussetzung für die Durchsetzung einer Forderung. Was zunächst evident und selbsterklärend erscheint, ist in der täglichen Praxis nicht nur ein wesentliches, sondern auch ein schwer einschätzbares Risiko.

---

tivrationalität durchsetzen will, diese aber von den Individuen zugunsten ihrer eigenen Interessen ausgenutzt wird.

537 Vgl. zu möglichen Lösungsansätzen Abschnitt 3.4.5.2.

538 Vgl. zum Risikobegriff Abschnitt 3.1.1 sowie zur Übersicht Abbildung 10. Eine positive Ausprägung ist hier nicht denkbar, da der Debitor nur zahlungsfähig sein kann oder eben nicht. Bei besonders guter Bonität sind keine zusätzlichen Chancen zu erwarten.

539 Vgl. Abschnitt 3.4.4.

540 Vgl. zu einer Übersicht aus Forderungsperspektive Abschnitt 3.3, dort findet sich auch eine Literaturübersicht.

541 Vgl. **Deutscher Factoring-Verband e.V.** (Factoringmarkt Deutschl., 2005), S. 10.

Grundsätzlich kann die **Verität** einer Forderung an vier Aspekten scheitern. Die Forderung kann nicht entstanden sein, untergehen, verjähren oder einredebehaftet sein[542].

- Eine Forderung kann nicht entstanden sein, weil weder ein entsprechendes Rechtsgeschäft noch eine wirksame gesetzliche Regelung zugrunde liegen[543].
- Eine Forderung kann vor allem durch Erfüllung, Hinterlegung, Aufrechnung oder Rücktritt untergegangen sein[544].
- Eine Forderung kann durch Zeitablauf verjähren; sie ist dadurch zwar nicht erloschen, kann aber aufgrund der Einwendung nicht durchgesetzt werden[545].
- Eine Forderung kann einredebehaftet sein. Dabei ist zu unterscheiden zwischen Leistungsverweigerungsrechten des Schuldners, die endgültig sind (peremptorische Einrede, beispielsweise Verjährung[546]), oder Einreden, die vorübergehend sind, also behoben werden können (fehlende Gegenleistung[547], Gewährleistungs- oder Zurückbehaltungseinreden[548], dilatorische Einrede).

Der häufigste Fall mangelnder Verität beim Factoring ist, dass eine gar **nicht** erst **entstandene** Forderung dennoch verkauft wird. Die Rechnungseinreichung ohne Leistungserbringung stellt einen solchen Fall dar[549]. Dabei ist es in der Wirkung für den Factorer zunächst unerheblich, ob dies lediglich auf einem Versehen des Kunden beruht[550] oder ob es sich um vorsätzlichen Betrug handelt[551].

---

542 Diese formal-rechtliche Systematik dient an dieser Stelle nur der Strukturierung. Vgl. vertiefend juristische Standardwerke wie **Kallwass, W.** (Privatrecht, 2004); **Brox, H.B./Walker, W.D.** (Schuldrecht, 2004).

543 Vgl. **Brox, H.B./Walker, W.D.** (Schuldrecht, 2004), S. 19ff, zur Entstehung kraft Gesetzes 22ff; vertiefend zur Entstehung von Schuldverhältnissen S. 25-56, vorvertraglich S. 56-64.

544 Vgl. **Brox, H.B./Walker, W.D.** (Schuldrecht, 2004), S. 121-139 und S. 150-162, zu sonstigen Erlöschensgründen vgl. S. 139-149.

545 Vgl. **Kallwass, W.** (Privatrecht, 2004), S. 249.

546 Vgl. ausführlicher **Kallwass, W.** (Privatrecht, 2004), S. 249-255.

547 Vgl. **Brox, H.B./Walker, W.D.** (Schuldrecht, 2004), S. 118ff.

548 Vgl. **Brox, H.B./Walker, W.D.** (Schuldrecht, 2004), S. 115ff.

549 Vgl. dazu ausführlicher **Hawking, D.** (Factoring, 1993), S. 48ff; **Bette, K.** (Factoringgeschäft, 1999), S. 69f.

550 Es könnte sich um zurückgesandte Ware handeln. Der Kunde könnte aber auch versuchen, die zeitliche Differenz zwischen Warenversand und Liquiditätseingang vom Factorer zu minimieren, indem er die Rechnung für eine Leistung/Ware bereits vor deren Versand oder der Leistungserbringung einreicht. Falls nun die Lieferung kurzfristig storniert wird oder andere Umstände das Geschäft verschieben oder verhindern, wird der Kunde Liquidität für eine Leistung vom Factorer erhalten, die er nicht erbracht hat und für die daher eine Forderung weder entstanden, noch verkauft worden sein kann. Vgl. **Bette, K.** (Factoringgeschäft, 1999), S. 69f.

551 Der Kunde könnte versuchen, sich durch eine solche Praxis unrechtmäßig Liquidität zu beschaffen. Wie **Bette, K.** (Factoringgeschäft, 1999) auf S. 70 beschreibt, kann dies durch komplett fingierte Rechnungen oder veränderte Menge bzw. Artikel geschehen. In der Praxis sind solche Fälle über eine gewisse Zeit dadurch zu kaschieren versucht worden, dass Überweisungen vom Kunden an den Factorer zum Ausgleich der angeblich direkt vom Debitor an den Kunden bezahl-

In anderen Fällen kann eine Forderung zwar entstanden, dann aber nach ihrer Entstehung untergegangen oder mit Einreden behaftet sein. Der Kunde haftet für die Verität der Forderung beim Übergang und somit auch für erst später geltend gemachte Mängeleinreden[552]. Einreden und Ausfälle nach Übergang sind – außer bei Insolvenz des Debitors – höchst selten. Somit bestehen in den meisten Fällen Rückgriffsrechte auf den Forderungsverkäufer, aus denen eine Befriedigung des Factorers erfolgen kann. Spezielle Risiken bestehen bei[553]

- unzureichender Information über die genauen **Vertragsbedingungen** – gerade über Nebenbedingungen wie AGB und Lieferbedingungen des Abnehmers[554];
- **fremden Ansprüchen** an den Forderungen selbst oder an den über Eigentumsvorbehalte als Sicherheit fungierenden Waren – beispielsweise Pfandrechte des Spediteurs, Zollforderungen in Zolllagern oder Provisionsansprüche des Handelsvertreters mit Inkassovollmacht[555];
- **Aufrechnungsmöglichkeiten** aus Gegengeschäften des Kunden mit dem Debitoren[556], wenn diese vor Kenntnis der Abtretung geltend gemacht werden[557];
- einem zwischen Debitor und Kunde für ein Handelsgeschäft[558] vereinbarten **Abtretungsverbot**, da die Abtretung dann zwar trotzdem wirksam ist, der Debitor jedoch befreiend an den Kunden leisten kann[559]; im schlimmsten Fall

---

ten Rechnungen geleistet wurden. Bei steigenden Umsätzen und mangelnder Achtsamkeit kann von einem Kunden mit betrügerischer Absicht so immer mehr Geld erlangt werden (vgl. ebenda, S. 71).

552 Vgl. **Bette, K.** (Factoring, 2001), S. 86f.

553 Vgl. **Lea, T./Trollope, W.** (Factoring, 1996), S. 51f zu einer ähnlichen Darstellung der möglichen Konflikte, hier werden sechs Hauptkonfliktpunkte beschrieben.

554 Vgl. **Bette, K.** (Factoringgeschäft, 1999), S 67f.

555 Vgl. **Bette, K.** (Factoringgeschäft, 1999), S. 68 und S. 87f.

556 Vgl. **Bette, K.** (Factoringgeschäft, 1999), S. 67f.

557 Vgl. **Bette, K.** (Factoringgeschäft, 1999), S. 84f.

558 Nach §§ 343-345 HGB (Vgl. **Kindler, P.** (Handelsrecht, 2003) §§ 343-345).

559 Dieser Effekt ist durch eine Neugestaltung des Handelsrechts entstanden. Häufig kam es in der Vergangenheit zu einer Vereinbarung zwischen Kunde und Abnehmer (Debitor), dass eine Forderungsabtretung ausgeschlossen wird (der Begriff „Abtretungsverbot" ist also ungenau, da es sich um eine Vereinbarung und nicht um ein Verbot handelt). In vielen Fällen kam diese Vereinbarung aufgrund einer Nachfragemacht zustande, durch die die AGB oder Lieferbedingungen des Abnehmers als Geschäftsgrundlage durchgesetzt werden konnten; Rechtsgrundlage dafür war § 399 BGB (Vgl. **Kindler, P.** (Handelsrecht, 2003), § 399 BGB). Durch diese nicht ganz freiwilligen Ausschlüsse waren allerdings immer größere Volumina von Forderungen einer Finanzierung durch Factoring oder Zessionskredite entzogen, sodass sich der Gesetzgeber zu einer Neuregelung entschloss. Statt einer kompletten Aufhebung dieser Möglichkeit des Ausschlusses durch Streichung des 2. Halbsatzes von § 399 BGB war die Neueinführung des § 354a HGB ein Kompromiss. Demnach ist die Abtretung trotz eines eventuellen Ausschlusses wirksam, wenn es sich um ein Handelsgeschäft (vgl. Fußnote 558) handelt oder „der Schuldner eine juristische Person des öffentlichen Rechts oder ein öffentlich-rechtliches Sondervermögen" (**Kindler, P.** (Handelsrecht, 2003), § 354a) ist. Um den Schuldner allerdings vor einer Doppelinanspruchnahme zu schützen,

könnten diese beim Kunden eintreffenden Zahlungen sogar sofort von anderen Gläubigern gepfändet werden, ohne dass dem Factorer ein Zugriff möglich ist[560];

- **Verfügungen** des Kunden vor Kenntnis[561] des Debitors über die Forderungsabtretung, beispielsweise Gutschriften, Stundung oder Vergleiche[562];
- **bedingtem Verkauf**, beispielsweise mit Rückgaberecht des Käufers[563].

„If the client goes bust, how can we collect out?“[564] Dieses Zitat beschreibt ein weiteres wesentliches Risiko, die **Kundenbonität**, da im Insolvenzfall des Kunden bei mangelnder Verität der Forderung großer Schaden entstehen kann. Das geringste Problem sind dabei die spezifischen Investitionen des Factorers in seine Kundenbeziehung, die bei einer Insolvenz als Sunk Costs naturgemäß wertlos werden[565]. Vielmehr verliert zum einen sein Rückgriffsrecht auf den Kunden deutlich an Wert, denn die Ansprüche des Factorers müssen mindestens gegen andere Gläubiger des Kunden durchgesetzt werden[566], wodurch häufig weitere Kosten für Gerichtsverfahren und die Verwertung von Sicherheiten entstehen[567], oder die Zahlungen fallen sogar ganz aus oder unterliegen einer Quote. Zum anderen fällt damit auch die monetäre Motivation des Kunden weg, die Durchsetzung der Ansprüche des Factorers zu unterstützen. Dies ist deshalb problematisch, weil gerade der Kunde im Allgemeinen über die Nachweise verfügt, dass die Leistung ordnungsgemäß erbracht worden ist. Ein weiterer Nebeneffekt ist, dass bei drohender Insolvenz auch die Gefahr von Betrug wesentlich zunimmt[568]. In dieser Hinsicht verwundert es, wenn das Factoring als Instrument der Finanzierung für Unternehmen in angespannter finanzieller Lage empfohlen wird[569].

---

die sich aus einer nicht-befreienden, versehentlichen Zahlung an den Forderungsverkäufer ergäbe (beispielsweise wenn in einem größeren Konzern die Mitteilung über eine Abtretung nicht oder nicht schnell genug verarbeitet werden kann), wurde Satz 2 in § 354a HGB mit eingeführt. Hier wird festgelegt, dass der Debitor auch mit befreiender Wirkung an den alten Gläubiger zahlen kann (vgl. **Kindler, P.** (Handelsrecht, 2003), § 354a). Vgl. zu dieser Problematik ausführlich **Bette, K.** (Factoringgeschäft, 1999), S. 92-87; **Bette, K.** (Factoring, 2001), S. 103-110.

560 Vgl. **Bette, K.** (Factoring, 2001), S. 106ff.

561 Nach Kenntnis des Abnehmers über die Abtretung ist die Forderung dem Verfügungsbereich des Kunden entzogen, er kann also keine wirksamen Abreden zu Lasten des Factorers mehr treffen.

562 Vgl. **Bette, K.** (Factoring, 2001), S. 84f; **Bette, K.** (Factoringgeschäft, 1999), S. 70.

563 Vgl. **Bette, K.** (Factoringgeschäft, 1999), S. 86f.

564 **Lea, T./Trollope, W.** (Factoring, 1996), S. 35.

565 Vgl. **Lea, T./Trollope, W.** (Factoring, 1996), S. 35.

566 Vgl. den nachfolgenden Abschnitt 3.4.5.2.

567 Vgl. **Lea, T./Trollope, W.** (Factoring, 1996), S. 35; **Hawking, D.** (Factoring, 1993), S. 50f.

568 Vgl. **Lea, T./Trollope, W.** (Factoring, 1996), S. 35.

569 Vgl. **Schepers, C.** (Factoring, 1994), S. 126f und S. 131f.

3.4.5.2 Risikomanagement, Pflichten und Haftung des Factorers

Die im vorstehenden Abschnitt genannten Risiken des Factoringgeschäfts werden nachfolgend erneut anhand von Abbildung 37 gegliedert in Informationsasymmetrie, Bonitätsrisiko bezüglich des Abnehmers und das Veritätsrisiko mit dem Unteraspekt des Bonitätsrisikos bezüglich des Kunden. Bei Bonitätsrisiko und Veritätsrisiko wird zur Gliederung außerdem auf den unter 3.1.6 eingeführten Prozesskreislauf des Risikomanagements zurückgegriffen[570].

3.4.5.2.1 Informationsasymmetrie: Sicherung der Transparenz

Es gibt drei grundsätzliche Ansätze, um mit der Problematik von **Adverse Selection**[571] umzugehen. Zum einen kann sich der informierte Vertragspartner bemühen, die Informationsasymmetrie zu verringern, was als „signaling" bezeichnet wird. Im Fall der „lemons" und „peaches" beim Autoverkauf könnte der Verkäufer also beispielsweise ein Gutachten oder eine Garantie eines unabhängigen Dritten anbieten. Beim „screening" geht die Initiative von der uninformierten Seite aus. So könnte der Gebrauchtwagenkäufer das Auto von einem unabhängigen Dritten prüfen lassen. Die dritte Alternative ist die „self selection", bei der die „richtigen" Vertragspartner durch geschickte Anreizgestaltung in den Verträgen ausgesucht werden. Denkbar sind Gewährleistungen, Eigenbeteiligungen oder Rückgriffsrechte. Bezogen auf das Factoring ist screening das vorherrschende Instrument. Wie oben beschrieben, wenden die Factorer viel Energie und Kosten auf, um ihre Kunden sorgfältig zu prüfen. Aber auch self selection ist ein wesentlicher Aspekt: Durch die individuell an die jeweiligen Risiken angepassten Gebühren sowie durch die Rückgriffsrechte wird auch hier eine Auswahl durch Anreize in den angebotenen Verträgen erreicht.

Beim Problem von **Moral Hazard** wird auf ähnliche Instrumente zurückgegriffen. Um zu verhindern, dass der Kunde nach Verkauf der Forderung deren Verität gefährdet, wird ein Rückgriffsrecht vereinbart[572]. Damit herrscht Interessenparallelität, sodass der Konflikt hier nur entsteht, wenn der Kunde durch Insolvenz keine Ansprüche des Factorers gegen ihn mehr fürchten muss. Diese Gefahr ist entsprechend abzusichern[573]. Der Einfluss des Kunden auf die Bonität der Abnehmer ist ohnehin als

570 Vgl. zur Übersicht Abbildung 38.

571 Vgl. den vorangehenden Abschnitt zu einer Erklärung des Phänomens und einer Übersicht zu weiterführender Literatur.

572 Vgl. dazu die voranstehenden Ausführungen in diesem Abschnitt.

573 Vgl. dazu die voranstehenden Ausführungen in diesem Abschnitt.

gering anzusehen; er könnte höchstens negativen (oder wenigsten nicht positiven) Einfluss auf deren Zahlungsbereitschaft ausüben. Hier sollte der Factorer beachten, dass der Wert einer Einzelforderung relativ zu der gesamten Kundenbeziehung nicht zu hoch ist. So sollte sichergestellt werden, dass der Kunde nicht bereit ist, die gesamte Geschäftsbeziehung zum Factorer zu gefährden, nur um im Fall einer Forderung seine Interessen über die des Factorers zu stellen.

3.4.5.2.2 Bonitätsrisiko bezüglich des Abnehmers: Sicherung Debitorenbonität

In der **Identifikations- und Bewertungsphase** liegt der Schwerpunkt auf gutem Informationsmanagement. Der Factorer hat ohnehin zunächst Zugang zu allgemeinen Informationen zum Markt, darüber hinaus kann er spezifische Informationen zu seinem Kunden und dessen Abnehmern sammeln[574]. Zudem kann der Factorer dabei auf die Erfahrungen des Kunden aus seinen bisherigen Geschäftsbeziehungen zurückgreifen[575]. Ergänzend können kommerzielle Auskünfte oder Bankauskünfte in Anspruch genommen werden[576]. Bei großen Forderungsvolumina wird der Factorer darüber hinaus die Offenlegung der wirtschaftlichen Verhältnisse des Debitors fordern, um zu einer umfassenden Bonitätsbeurteilung zu gelangen und ein Limit gewähren zu können[577]. Der Fokus liegt auf ursachenbezogenem Risikomanagement[578]. Zu weiteren, allgemeinen Aspekten der Bonitätsbeurteilung sei an dieser Stelle auf die Literatur verwiesen[579].

---

574 Vgl. **Soufani, K.** (Factoring, 2002), S. 24; **Schepers, C.** (Factoring, 1994), S. 34.
575 Vgl. **Bette, K.** (Factoringgeschäft, 1999), S. 82.
576 Vgl. **Schepers, C.** (Factoring, 1994), S. 54f; **Bette, K.** (Factoringgeschäft, 1999), S. 82; **Gallinger, G.W./Healey, P.B.** (Liquiditätsmanagement, 1991), S. 356-357.
577 Vgl. **Bette, K.** (Factoringgeschäft, 1999), S. 82.
578 Vgl. **Schepers, C.** (Factoring, 1994), S. 34f.
579 Vgl. beispielsweise **Gallinger, G.W./Healey, P.B.** (Liquiditätsmanagement, 1991), S. 355-372.

In der **Steuerungsphase** kann neben der Akzeptanz des Risikos zwischen den Strategien Vermeidung, Überwälzung und Kompensation unterschieden werden[580]. Insgesamt sollte dabei eine ertragsorientierte Risikosteuerung erfolgen, d.h. zur Prüfung der Risikoübernahme ist neben der Frage der Risikotragfähigkeit als notwendige Nebenbedingung auch die Ertrags- und Rentabilitätsperspektive zu beurteilen[581].

- Die Begrenzung der Risikoexposition durch Limite oder Ablehnung von Debitoren[582] ist eine klassische Strategie der **Risikovermeidung**. Im weiteren Sinne können auch Sicherheiten wie der Eigentumsvorbehalt[583] sowie eine professionelle Forderungsbearbeitung und ein effizientes Mahnwesen der Vermeidung zugerechnet werden. Sie haben die Reduktion des eigenen Ausfallrisikos zum Ziel, stehen allerdings an der Grenze zur **Überwälzung**, da die Vermeidung des eigenen Forderungsausfalls durch diese Strategien mitunter den Ausfall von Forderungen Dritter gegen den Debitor beschleunigen kann. In diesem Fall wird der Kunde nur seine weniger risikobehafteten Forderungen zu attraktiven Konditionen verkaufen können, die risikobehafteten Forderungen muss er selbst halten[584].
- Eine klassische Überwälzungsstrategie ist darüber hinaus die Kreditversicherung, bei der das Factoringinstitut – gegebenenfalls abzüglich einer Eigenbeteiligung – das Delkredererisiko absichert[585].
- Die Strategie der **Kompensation** in Form der Diversifizierung wurde bisher erstaunlicherweise in der allgemeinen Factoringliteratur kaum erwähnt, obwohl sie naturgemäß Kern von Factoring oder vielmehr des Kreditgeschäfts im Allgemeinen ist. Gerade die Diversifizierung des Debitorenrisikos beispielsweise über verschiedene Branchen, Märkte und Länder ermöglicht zusätzlich zur individuellen Bonitätsprüfung der Debitoren eine statistische Prognose und Verteilung des Ausfallrisikos über das Gesamtportfolio hinweg[586].

---

580 Vgl. dazu Abschnitt 3.1.4.

581 Vgl. **Schierenbeck, H.** (Risikocontrolling, 1996), S. 3, hier wird das Risiko vor allem aus bankwirtschaftlicher Perspektive betrachtet, zu einer Übersicht vgl. S. 6; zu einer Weiterentwicklung des Risiko-Chancen-Kalküls vgl. **Schierenbeck, H.** (Ertragsorientiert, 1998), S. 311-320.

582 Der Kunde teilt dem Factoringinstitut vorab mit, von welchen Debitoren er Forderungen verkaufen möchte. Nach erfolgter Bonitätsprüfung teilt der Factorer verbindlich mit, von welchen Debitoren er aus diesem Kreis Forderungen ankauft und bis zu welchem Limit. Vgl. **Secker, J.W.** (Factoring, 2006), S. 36f; **Markowitz, H.** (Diversifizierung, 1952), S. 67 und 75; **Bette, K.** (Factoringgeschäft, 1999), S. 20-23; **Bette, K.** (Factoring, 2001), S. 65f.

583 Vgl. zum Eigentumsvorbehalt als Absicherungsinstrument für Factorer **Bette, K.** (Factoringgeschäft, 1999), S. 83.

584 Vgl. **Palia, D./Sopranzetti, B.J.** (Accounts Receivable, 2004), S. 36.

585 Vgl. **Bette, K.** (Factoringgeschäft, 1999), S. 82f.

586 Vgl. zu diesem Gedanken **Schepers, C.** (Factoring, 1994), S. 64 und S. 74f; grundlegend **Markowitz, H.** (Diversifizierung, 1952) S. 77ff.

Eine der besten Absicherungen für den Factorer ist eine **langfristige Kundenbeziehung**. Dann kennt er seinen Kunden, dessen Produkt- oder Dienstleistungsangebot sowie dessen Abnehmer und kann sein Risiko optimal beurteilen und steuern[587]. Der direkte, enge Kontakt zu Debitoren spielt gewissermaßen eine Sonderrolle. Er kann zum einen der Informationsgewinnung dienen, zum anderen aber auch der Risikosteuerung durch „relationship building“. Falls der Factorer viele Forderungen aus einem begrenzten **Abnehmerkreis** ankauft (beispielsweise Textilindustrie, Automobilzulieferer), hat er sogar einen Informationsvorsprung vor seinem Kunden. Er kennt dann dessen Abnehmer durch Forderungsankäufe von anderen Kunden mitunter besser als der Kunde selbst[588].

Naturgemäß kommen außerdem rein wirkungsbezogene Maßnahmen zur Anwendung. Allerdings muss bei der Durchsetzung von Forderungen oft zwischen kreditpolitischen Interessen des Factorers und absatzpolitischen Interessen des Kunden abgewogen werden, was sich bei Ausnutzung aller rechtlich möglichen Maßnahmen unter Umständen negativ auf die bestehende Kundenbeziehung auswirken kann[589].

---

587 Vgl. **Weisel, J.A./Harm, N./Bradley, C.F.** (Factoring, 2003), S. 31f; **Hawking, D.** (Factoring, 1993), S. 102f.

588 Vgl. **Soufani, K.** (Factoring, 2002), S. 24. Außerdem investiert der Factorer spezifisch in eine Kundenbeziehung (beispielsweise durch die Prüfung des Kunden am Anfang), diese Sunk Costs muss er über eine längere Zeit wieder amortisieren, vgl. **Lea, T./Trollope, W.** (Factoring, 1996), S. 34; **Schepers, C.** (Factoring, 1994), S. 52f.

589 Vgl. **Schepers, C.** (Factoring, 1994), S. 35.

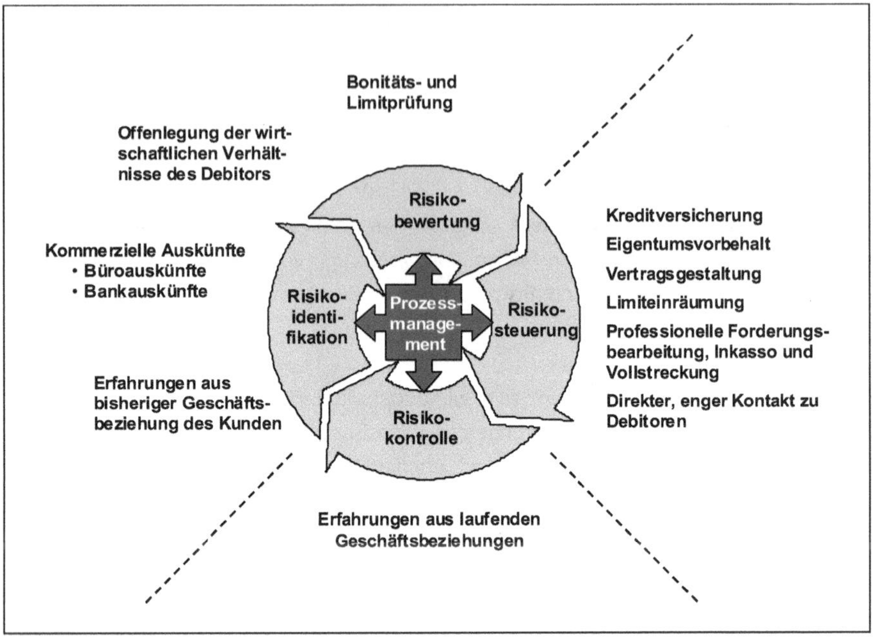

Abbildung 38: Risikomanagement zur Sicherung der Debitorenbonität[590]

3.4.5.2.3 Veritätsrisiko: Sicherung der Verität der Forderung

Kern der **Risikoidentifikation** ist eine funktionierende Früherkennung. Dabei sind vor allem zwei Aspekte von Bedeutung: Zum einen sollten Umstände erkannt werden, die der Verität der angekauften Forderungen an sich zuwider laufen, etwa durch die Prüfung der Geschäftsbedingungen oder der Ansprüche Dritter an Forderung oder Ware[591]. Mindestens ebenso wichtig ist aber das Erkennen von Liquiditätsproblemen des Kunden, da sonst die Rückgriffsforderungen wertlos werden. Ergänzend ist es unabdingbar, Betrugsversuche möglichst frühzeitig zu erkennen, um angemessen reagieren zu können. In der Literatur sind dazu eine Reihe von operativen Warnsignalen zu finden[592], die Berücksichtigung finden können. Außerdem werden

[590] Eigene Darstellung zur Veranschaulichung des Abschnittes „Risikomanagement zur Sicherung der Debitorenbonität". Zu den Quellen für die einzelnen Inhalte vgl. ebenda.

[591] Vgl. **Bette, K.** (Factoringgeschäft, 1999), S. 67.

[592] Vgl. **Bette, K.** (Factoringgeschäft, 1999), S. 70f, genannt werden beispielsweise die Beobachtung von Umsatzanstiegen, Anstieg von Zahlungen des Abnehmers an den Debitor, zeitlicher Verzug bei der Weiterreichung von Debitorenzahlungen; ebenfalls Plausibilitätschecks wie die fortlaufende Nummerierung der Rechnungen oder korrekter Liefermengen und Preise, vgl. **Bette, K.** (Factoringgeschäft, 1999), S. 73f und S. 76f.

beispielsweise Außenprüfungen zur Früherkennung von Problemen bei der Produktqualität oder von Unregelmäßigkeiten in der Buchhaltung empfohlen[593]. Der enge Kontakt zu den Debitoren dient ebenfalls dazu, möglichst früh und direkt an Informationen zu gelangen und partnerschaftlich zusammenzuarbeiten[594].

Erster Schritt zur **Risikosteuerung** ist eine sorgfältige Vertragsgestaltung, bei der die identifizierten und bewerteten Risiken entsprechend berücksichtigt werden müssen[595]. Dazu zählt auch die Beschaffung von Sicherheiten, die zur Besicherung der Rückgriffsforderungen auf den Kunden dienen können. Das bekannteste und verbreitetste Instrument dazu ist das Sperrkonto[596]. Darüber hinaus gibt es die Möglichkeit einer sogenannten „Anschlussrisikogarantie“[597], bei der die „rechtsgeschäftlich handelnden Personen“[598] eine Verpflichtungserklärung über die korrekte Einhaltung der Bestimmungen des Factoringvertrags unterschreiben. Die Wirkung dieser Garantien beruht weniger auf der zivilrechtlichen Inanspruchnahme dieser Personen im Ernstfall als vielmehr auf der Abschreckung ex ante[599]. Im Krisenfall muss der Factorer meist zwischen einer Kündigung des Vertrags und einer Fortsetzung des Engagements entscheiden. Letzteres geschieht oft in der Absicht, die bestehenden Sollsalden aus der Geschäftsbeziehung mit dem Kunden noch durch veritable Forderungen ausgleichen zu können[600].

Grundlage für diese Steuerungsentscheidungen kann eine Bestandsaufnahme des Engagements[601] sein, die als **Kontrollfunktion** ohnehin fortlaufend erfolgen sollte. Im Sinne eines Managements des Gesamtprozesses empfiehlt Bette die gesamthafte Betrachtung des Kunden im eigentlichen Sinne des Key Account Managements anstatt einer Zerteilung des Prozesses beim Factorer in Einzelfunktionen[602]. Zusammen mit einer zentralen Datenhaltung ermöglicht dies nicht nur eine bessere Betreuung des Kunden, sondern auch eine integrierte Betrachtung und Beurteilung der Gesamtsituation des Kunden für ein Risikomanagement[603].

---

593 Vgl. **Bette, K.** (Factoring, 2001), S. 68f; **Bette, K.** (Factoringgeschäft, 1999), S. 75f.
594 Vgl. **Bette, K.** (Factoringgeschäft, 1999), S. 76.
595 Vgl. **Lea, T./Trollope, W.** (Factoring, 1996), S. 51f.
596 Vgl. dazu Abschnitt 3.4.4.3, auch **Bette, K.** (Factoring, 2001), S. 68.
597 **Bette, K.** (Factoringgeschäft, 1999), S. 79.
598 **Bette, K.** (Factoringgeschäft, 1999), S. 124.
599 Vgl. dazu ausführlicher **Bette, K.** (Factoringgeschäft, 1999), S. 124ff und S. 76.
600 Vgl. dazu ausführlich **Bette, K.** (Factoringgeschäft, 1999), S. 79-81; dort finden sich auch weitere operative Ratschläge.
601 Vgl. **Bette, K.** (Factoringgeschäft, 1999), S. 78.
602 Beispielsweise in die Funktionen Akquise, Kundenbetreuung, Bonitätsbeurteilung, Rechnungsbuchung, Mahnwesen, Inkasso.
603 Vgl. **Bette, K.** (Factoringgeschäft, 1999), S. 71f.

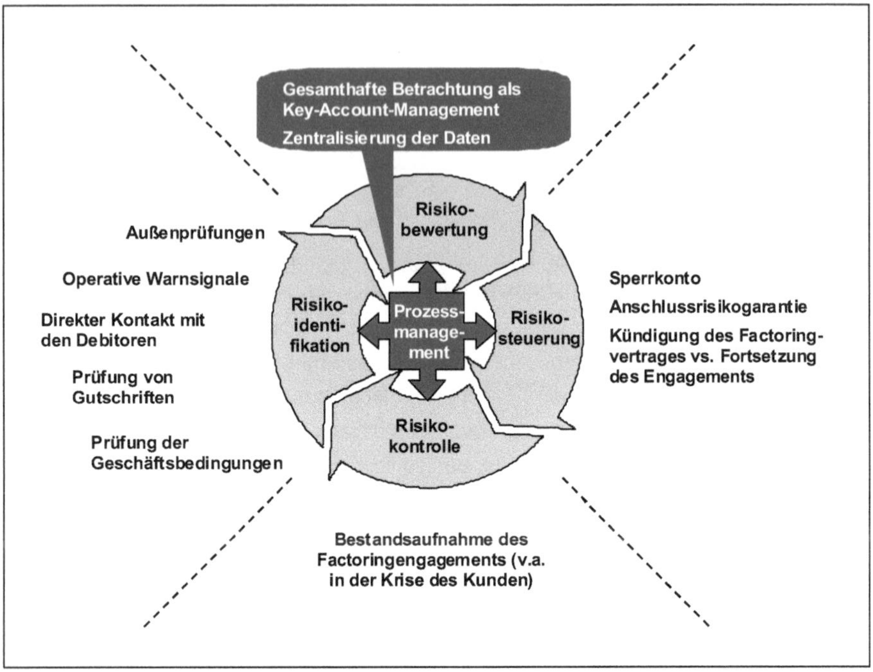

Abbildung 39: Risikomanagement zur Sicherung der Verität[604]

3.4.5.3 Entscheidungsvariablen aus Sicht des Factorers

Die voranstehenden Abschnitte geben einen qualitativen Überblick über die Entscheidungsvariablen der Factoringinstitute aus der Sicht des Risikomanagements. Ergänzt werden soll diese qualitative Herleitung um eine **empirische Studie** von Soufani aus dem Jahr 2002. Die Entscheidungsvariablen sind nachfolgend übersichtsartig dargestellt. Dabei wurde auf eine Auflistung aller untersuchten Faktoren zugunsten der als signifikant identifizierten Parameter verzichtet[605].

- Die erste Unterscheidung liegt bei den Factorern selbst. Große **Factorer** setzen auf Economies of Scale und oft zusätzlich auf Economies of Scope. So hat etwa die Tochtergesellschaft einer Geschäftsbank vereinfachten Zugang zur Refinanzierung, die Tochtergesellschaft einer Wirtschaftsauskunftsdatei vereinfachten Zugang zu Bonitätsprüfungen. Diese setzen auf große,

[604] Eigene Darstellung zur Veranschaulichung des Abschnittes „Risikomanagement zur Sicherung der Verität der angekauften Forderungen". Zu den Quellen für die einzelnen Inhalte vgl. ebenda.

[605] Vgl. zu Stichprobengröße und Repräsentativität der Studie die Anmerkungen unter Abschnitt 5.1.

umsatzstarke Kunden mit möglichst standardisierten, homogenen und wenig komplexen Forderungen. Im besten Fall kann das sogar darin münden, dass ein Institut intern Forderungen und Verbindlichkeiten einer Adresse gegeneinander aufrechnen kann[606]. Dagegen können kleinere Institute aufgrund ihres Finanzrahmens sowie drohender Klumpenrisiken gar nicht mit diesen großen Kunden kontrahieren, sondern konzentrieren sich auf Nischen und setzen auf einen individuelleren Ansatz bei ihrem Marktauftritt[607].

- Economies of Scale sind dann besser zu heben, wenn **großvolumige Kunden** (soweit profitabel) vielen kleineren Kunden vorgezogen werden[608]. Es erscheint außerdem eingängig, dass die Kundenkommunikation – auch über immer häufiger verwendete Online-Verfahren – erleichtert wird, wenn statt vieler kleiner Adressen weniger und dafür großvolumigere Kunden existieren.
- Das angebotene **Produkt** oder die angebotene Dienstleistung des Kunden ist von enormer Bedeutung. Je komplizierter das Produkt, desto schwieriger ist der Vertrieb und desto höher die Wahrscheinlichkeit von Uneinigkeiten mit den Abnehmern[609]. Außerdem erschweren komplexe Abnehmerbeziehungen und Geschäftsmodelle das Risikomanagement des Factorers: „If the product is sophisticated then we will have a hard time understanding its usage, type of clients and customers [...]“[610]
- Die Unterscheidung zwischen den Parametern „Sektor“ und **„Industrie“** gelang in der Untersuchung von Soufani offensichtlich nicht immer trennscharf. Es konnte jedoch die Erkenntnis gewonnen werden, dass die Industrie für den Factorer sehr wohl entscheidungsrelevant ist. Zum einen ist für den Factorer wichtig, ob er in diesem Sektor bereits über Informationen oder sogar Erfahrungen verfügt oder diese selbst erst gewinnen muss. Zum anderen gibt es industriespezifische Schwierigkeiten und Probleme[611]. Allerdings gilt hier wiederum die Unterscheidung zwischen den Factorern: Kleinere Factorer wagen sich grundsätzlich eher auf unbekanntes Terrain und gehen vermeintlich größere Risiken ein, die sie durch umfangreiches, sorgfältigeres und individuelleres Risikomanagement (und vermutlich höhere Gebühren) auszugleichen versuchen[612].

---

606 Vgl. **Bastian, N.** (Factoring, 2007), S. 28.
607 Vgl. **Soufani, K.** (Factoring, 2002), S. 24, aber auch die Ergebnisse der empirischen Erhebung in Abschnitt 5.
608 Vgl. **Soufani, K.** (Factoring, 2002), S. 27.
609 Vgl. **Soufani, K.** (Factoring, 2002), S. 27f.
610 Zitat eines interviewten Managing Directors, aus **Soufani, K.** (Factoring, 2002), S. 28.
611 Vgl. **Soufani, K.** (Factoring, 2002), S. 28.
612 Vgl. **Soufani, K.** (Factoring, 2002), S. 28.

- Die **Dauer der seitherigen Existenz** des Kunden ist ebenfalls wesentliches Entscheidungskriterium. Gerade die größeren Institute bevorzugen Unternehmen, die schon länger am Markt sind.[613]
- Die **Abnehmer** sind naturgemäß sehr wichtig für die Entscheidung. Deren Zahlungsverhalten, die durchschnittliche Rechnungssumme und gegebenenfalls Klumpenrisiken sind wesentliche Aspekte der Entscheidung[614].
- Auch vermeintlich weiche Faktoren wie das **Management** des Kundenunternehmens werden berücksichtigt. Die Unternehmensführung ist letztlich „driving force behind business“[615]. Soufani zitiert als Beleg, dass sogar ein Auszug aus dem Vorstrafenregister oder ein Empfehlungsschreiben verlangt worden sind[616].
- Ein ähnlich weicher, aber entscheidender Faktor ist die **Zufriedenheit** der Abnehmer. Sie ist nämlich ausschlaggebend für die Zahl der Streitfälle, die wiederum das Zahlungsverhalten negativ beeinflussen[617]. Die Kundenzufriedenheit wird stark von der Qualität des angebotenen Produkts oder der Leistung determiniert[618].
- Eng damit verbunden ist die **Durchsetzbarkeit der Forderungen**. Dabei ist nicht nur entscheidend, ob die Forderungen überhaupt inkassofähig sind, sondern auch in welcher Höhe. Für die Factorer überlebenswichtig ist eine vorsichtige Balance zwischen Auszahlungssumme und Sperrkonto[619].
- Interessanterweise ist die **Profitabilität** des Kunden nur nachrangig von Bedeutung. Zwar ist den Instituten klar, dass langfristig nur ein profitabler Kunde überlebensfähig ist. Aufgrund der vielfältigen Gestaltungsmöglichkeiten der Gewinn- und Verlustrechnung wird diesem Aspekt dennoch nicht zu viel Aufmerksamkeit zuteil[620]. Allerdings widersprechen Lea/Trollope dieser Einschätzung aus qualitativer Sicht: Sie empfehlen, aus Fremdkapitalquote und Profitabilität zu ermitteln, inwieweit das Unternehmen seinen Schuldendienst zuverlässig leisten kann[621].

---

613 Vgl. **Soufani, K.** (Factoring, 2002), S. 28.
614 Vgl. **Soufani, K.** (Factoring, 2002), S. 29; ebenfalls **Lea, T./Trollope, W.** (Factoring, 1996), S. 43f.
615 Zitat eines interviewten Managing Directors, aus **Soufani, K.** (Factoring, 2002), S. 30.
616 Vgl. **Soufani, K.** (Factoring, 2002), S. 30.
617 Vgl. **Soufani, K.** (Factoring, 2002), S. 30; ebenfalls **Lea, T./Trollope, W.** (Factoring, 1996), S. 44.
618 Vgl. **Lea, T./Trollope, W.** (Factoring, 1996), S. 43.
619 Vgl. **Soufani, K.** (Factoring, 2002), S. 30f.
620 Vgl. **Soufani, K.** (Factoring, 2002), S. 30f.
621 Vgl. **Lea, T./Trollope, W.** (Factoring, 1996), S. 36f.

3.4.6 Factoring als Outsourcingentscheidung

Viele Argumente für und wider Outsourcing sind allgemeingültig und nicht von der jeweiligen speziellen Funktion abhängig. Factoring ist der Ankauf von Forderungen, sodass außerdem die – in Abschnitt 3.3.6 ausführlich diskutierten – für das Forderungsmanagement validen Aspekte uneingeschränkt auch für das Factoring gelten. Nachfolgend wird daher nur auf die wenigen Spezifika einer solchen Entscheidung beim Factoring eingegangen. Summers/Wilson haben zu diesem Thema eine größere empirische Studie in Großbritannien erarbeitet, deren Ergebnisse ebenfalls bereits weitgehend in Abschnitt 3.3.6 eingeflossen sind[622].

Der **Finanzierungsbedarf** ist wesentlicher Treiber einer Entscheidung pro oder contra Factoring. Die Attraktivität hängt daher von den Grenz-Opportunitätskosten einer anderen Finanzierung ab. Gerade bei kleineren Firmen könnte ein ineffizienter Kapitalmarkt aufgrund von Informationsdefiziten bei den Banken zu unangemessen hohen Risikoprämien führen. Außerdem kann Finanzbedarf aus Wachstum entstehen. Hier hat Factoring den Vorteil, dass es Umsatz (korrekt: Forderungen) statt Assets finanziert[623].

Auch die **Absicherungsfunktion** kann Treiber einer Outsourcingentscheidung sein. Helten/Bittl/Liebwein geht von einem Absicherungsbedürfnis von Unternehmen aus, das es selbst – z.B. durch Reservebildung – oder aber extern befriedigen kann. Factoring ist eine Form dieser kollektiven Reservenbildung am Markt[624].

Ein am Markt in ähnlicher Form nicht zu findendes **individuelles Produkt** erschwert die Verwertung für den externen Dienstleister, da das Produkt in diesem Falle für den Produzenten von größerem Wert ist als für den Finanzierer[625]. Zusammen mit dem produktspezifischen Wissen macht das – im Falle eines Forderungsausfalls – die

622 Vgl. **Summers, B. /Wilson, N.** (Credit Management, 2000), S. 38-46. Dabei handelt es sich um eine der umfassendsten Studien zum Factoring überhaupt, sie basiert auf Daten aus Großbritannien von Dun&Bradstreet (einer der großen internationalen Wirtschaftsauskunftsdienste, der auch selbst Studien zum Zahlungsverhalten veröffentlicht). Die Hypothesen wurden im Rahmen einer Sekundärdatenanalyse univariat und multivariat getestet. Soweit signifikant und relevant, werden die Ergebnisse im Kontext dargestellt.

623 Vgl. **Mian, S.L./Smith, C.W.** (Accounts Receivable, 1992), S. 43f.

624 Vgl. zum Make or Buy bei Versicherungen **Helten, E./Bittl, A./Liebwein, P.** (Versicherung, 2000), S. 173f; zur kollektiven Reservenbildung ebenda, S. 174-177.

625 Vgl. dazu die Ausführungen in Abschnitt 3.3.1.

interne Verwertung wesentlich günstiger als für einen externen Dienstleister[626]. Bei einem für den jeweiligen **Abnehmer individualisierten** Produkt sollte aus Sicht von Mian/Smith sogar komplett von jeglicher Finanzierung abgesehen werden, egal ob diese intern oder durch externe Dienstleister erfolgt[627].

Summers/Wilson konnten außerdem zeigen, dass die Verbreitung von Factoring statistisch wesentlich vom Industriesektor des Kunden abhängt[628]. Allerdings sagt dies noch nichts über die tieferen Wirkungszusammenhänge aus, zumal der Zuschnitt der Branchengruppen keine Zuordnung zum Projektgeschäft ermöglicht, sondern lediglich Ansätze für eine Hypothesenbildung .

3.4.7 Verbreitung des Factoring in Deutschland

Nach der Einführung des Factoring in Deutschland in den 60er Jahren[629] kann die Branche auf eine rasante Entwicklung zurückblicken: Seit 1991 hat sich der Umsatz bis 2005 mehr als versechsfacht und gegenüber 2001 immerhin noch fast verdoppelt[630]. Im Jahr 2005 wurde von den im Deutschen Factoring-Verband organisierten Unternehmen ein Umsatz von über 55 Mio. €[631] erwirtschaftet; dieser Verband repräsentiert über 90%[632] des Gesamtmarktes.

---

626 Vgl. **Mian, S.L./Smith, C.W.** (Accounts Receivable, 1992), S. 173. Im Gegensatz zu der Argumentation aus Nachfragerperspektive bezieht sich diese Individualität allerdings nur auf den Vergleich zu anderen Anbietern. Eine industrieübergreifende, kundenindividuelle Fertigung dagegen birgt extern wie intern die gleichen Probleme.

627 Vgl. **Mian, S.L./Smith, C.W.** (Financing Receivables, 1994) S. 78.

628 Vgl. **Summers, B./Wilson, N.** (Credit Management, 2000), S. 46.

629 Vgl. **Secker, J.W.** (Factoring, 2006), S. 10f; **Bette, K.** (Factoring, 2001), S. 43.

630 1991: 16,7 Mio. DM, vgl. **Kaufhold, K.** (Factoringmarkt, 1997), S. 57; 2001: 29,4 Mio. € und 2005: 55,1 Mio. €, vgl. **Deutscher Factoring-Verband e.V.** (Factoringmarkt Deutschl., 2006), S. 6. Diese Daten wurden vom Deutschen Factoring-Verband erhoben, der nach eigenen Angaben etwa 95% des Umsatzes umfasst, vgl. **Deutscher Factoring-Verband e.V.** (Factoringmarkt Deutschl., 2006), S. 5. Das Wachstum betrug damit allein letztes Jahr über 20%; vgl. ebenda, S. 6.

631 Vgl. **Deutscher Factoring-Verband e.V.** (Factoringmarkt Deutschl., 2006), S. 6; **Factors Chain International** (Turnover, 2006).

632 Je nach Quelle: **Bette, K.** (Factoring, 2001), S. 129 schätzt die 16 Mitglieder 2001 unter Berufung auf Factors Chain auf 90% Marktanteil, der Verband selbst schätzt die 21 Mitglieder 2006 auf 95%, vgl. **Deutscher Factoring-Verband e.V.** (Factoringmarkt Deutschl., 2006).

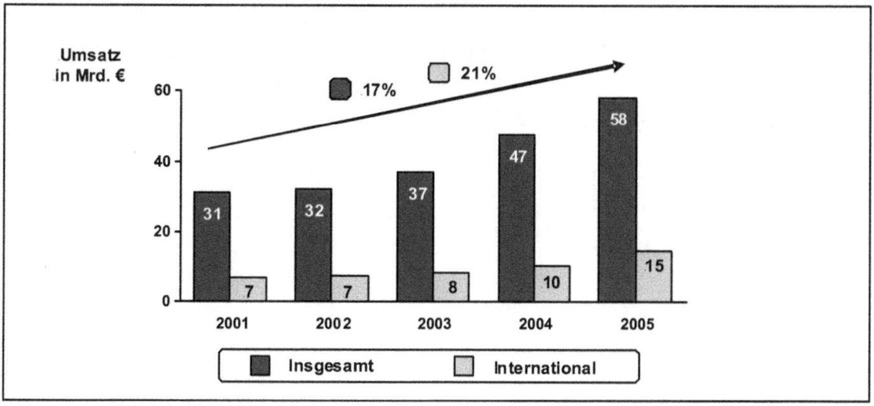

Abbildung 40: Umsatzentwicklung des Factoring[633]

Die Branche ist bereits heute stark konsolidiert. Die größten drei Institute (Heller Bank AG[634], Allgemeine Kredit Coface Finanz GmbH[635] und Eurofactor AG[636]) haben zusammen einen Marktanteil von etwa 44%, die zehn größten Institute vereinen über 80% des Umsatzes auf sich[637].

Die Verbreitung von Factoring ist selbstverständlich stark von den jeweiligen rechtlichen[638] und wirtschaftlichen[639] Rahmenbedingungen abhängig. Dennoch weisen zwei Aspekte auf zusätzliches Potential im internationalen Vergleich hin: Gemessen am Umsatz in Prozent des BIP ist der aktuelle Markt in Deutschland im europäischen Vergleich noch relativ klein[640]. Zum anderen ist in Deutschland der Anteil der ausländischen Geschäfte noch vergleichsweise hoch, was auf weiteres Potential im

633 Eigene Darstellung. Zu den Daten vgl. **Deutscher Factoring-Verband e.V.** (Factoringmarkt Deutschl., 2006), S. 6.

634 Tochter der General Electrics Corp. (GE Finance), USA.

635 Tochter der Coface S.A., Frankreich.

636 Tochter der Crédit Agricole S.A., Frankreich.

637 Vgl. **Deutscher Factoring-Verband e.V.** (Factoringmarkt Deutschl., 2006), S. 7. Die Summe der Mitgliedsinstitute des Deutschen Factoring-Verband e.V. sind mit 95% angenommen (vgl. ebenda, S. 5), die Daten stammen aus dem Geschäftsjahr 2005.

638 Vgl. beispielsweise die Ausführungen unter Fußnote 417.

639 U.a. vom Bankensystem, vgl. **Bette, K.** (Factoring, 2001), S. 129, aber auch von den Finanzierungsstrukturen der Unternehmen, z.B. differieren die Eigenkapitalquoten der Unternehmen im internationalen Vergleich stark.

640 Gemessen in % des nominalen BIP. Demnach sind die Märkte in Italien (4,5% des BIP), Norwegen (4,3%), Großbritannien (4,3%), aber auch in den Niederlanden, Belgien, Schweden, Frankreich, Spanien, Österreich und den USA weiter entwickelt als in Deutschland (0,5%). Vgl. **Kaufhold, K.** (Factoringmarkt, 1997), S. 56f; ähnlich **Hesse, M.** (Factoring, 2007), S. 4.

nationalen Markt hindeutet[641]. Selbst auf den weiter entwickelten angelsächsischen Märkten werden noch Wachstumspotentiale gesehen[642]. Für eine differenziertere empirische Studie über den deutschen Factoringmarkt wird auf Schiller/Tobiczyk/Marek verwiesen[643].

641 International entfallen zwischen 6-9% auf das internationale Geschäft (vgl. **Bette, K.** (Factoring, 2001), S. 129: 6-7%; laut **Factors Chain International** (Turnover, 2006) 8,2% in Europa und 8,5% in Amerika. In Deutschland beträgt der internationale Anteil über 25% (vgl. **Factors Chain International** (Turnover, 2006)).

642 Vgl. **Weisel, J.A./Harm, N./Bradley, C.F.** (Factoring, 2003), S. 31; der Factoringmarkt in Großbritannien ist in den letzten Jahren um durchschnittlich 15% p.a. (CAGR) gewachsen. Vgl. **Factors Chain International** (Turnover, 2006).

643 Vgl. **Schiller, B./Tobiczyk, I./Marek, M.** (Factoring, 2002), es handelt sich um eine Studie, bei der die Institute des Deutschen Factoring-Verbandes e.V. untersucht worden sind. Teilgenommen haben 17 Unternehmen, was einer Rücklaufquote von 58,8% entspricht (S. 9).

4 Risikomanagement in Unternehmen des Projektgeschäfts

In Kapitel 2 wurde deutlich, dass das Projektgeschäft zahlreiche Besonderheiten aufweist. Es liegt nahe, dass dies spezifische Risiken mit sich bringt und Auswirkungen auf das Risikomanagement in den betreffenden Unternehmen hat. In Kapitel 3 wurde das Risikomanagement zunächst aus allgemeiner Perspektive beschrieben und über das Liquiditäts- und Forderungsmanagement auf das Factoring als Instrument des Risikomanagements hingeführt. Nachfolgend ist nun zu klären, welche spezifischen Risiken tatsächlich im Projektgeschäft bestehen und welche Auswirkungen sie auf das Risikomanagement, spezieller das Liquiditäts- und Forderungsmanagement in den Unternehmen des Projektgeschäfts haben. Schließlich ist die Frage zu klären, ob Factoring auch im Projektgeschäft ein geeignetes Instrument des Risikomanagements sein kann.

Ziel ist es, die Spezifika des Factoring im Projektgeschäft und dessen Anwendbarkeit aus theoretischer Perspektive herauszuarbeiten, um diese Erkenntnisse dann empirisch verproben zu können. Zur Formulierung vollständiger Hypothesen wurde ein deduktives Vorgehen in Teilschritten gewählt; die Struktur des Kapitels ist eng an Kapitel 3 angelehnt:

- Ausgangspunkt ist eine Literaturrecherche zu Risiken des Projektgeschäfts. Deren Ergebnisse werden in Abschnitt 4.1 mit den in Kapitel 2 beschriebenen Charakteristika des Projektgeschäfts verknüpft. Auf dieser Basis werden die typischen Risiken des Projektgeschäfts strukturiert.
- Davon ausgehend werden in Abschnitt 4.2 – unter Berücksichtigung der Ausführungen zum Risikomanagement in Abschnitt 3.1 – die spezifischen Anforderungen an das Risikomanagement im Projektgeschäft abgeleitet. Zur besseren Übersicht werden diese zu den sieben wichtigsten Anforderungen verdichtet und die jeweiligen Schwerpunkte in den typischen Phasen des Projektgeschäfts anhand des Risikomanagement-Prozessmodells aufgezeigt.
- Diese Überlegungen werden in den Abschnitten 4.3 und 4.4 auf das Liquiditäts- und das Forderungsmanagement fokussiert; unter Rückgriff auf die entsprechenden Abschnitte in Kapitel 3[644] werden die wesentlichen spezifischen Konsequenzen herausgearbeitet. Strukturiert werden diese Überlegungen anhand der sieben wichtigsten Anforderungen an das Risikomanagement aus Abschnitt 4.2.

---

644 Vgl. die Abschnitte 3.2 und 3.3.

- Aus diesen Überlegungen sowie den Ausführungen zum Factoring in Kapitel 3[645] werden in Abschnitt 4.5 die spezifischen Anforderungen an das Factoring wiederum aus Nachfrage- und Angebotsperspektive formuliert.

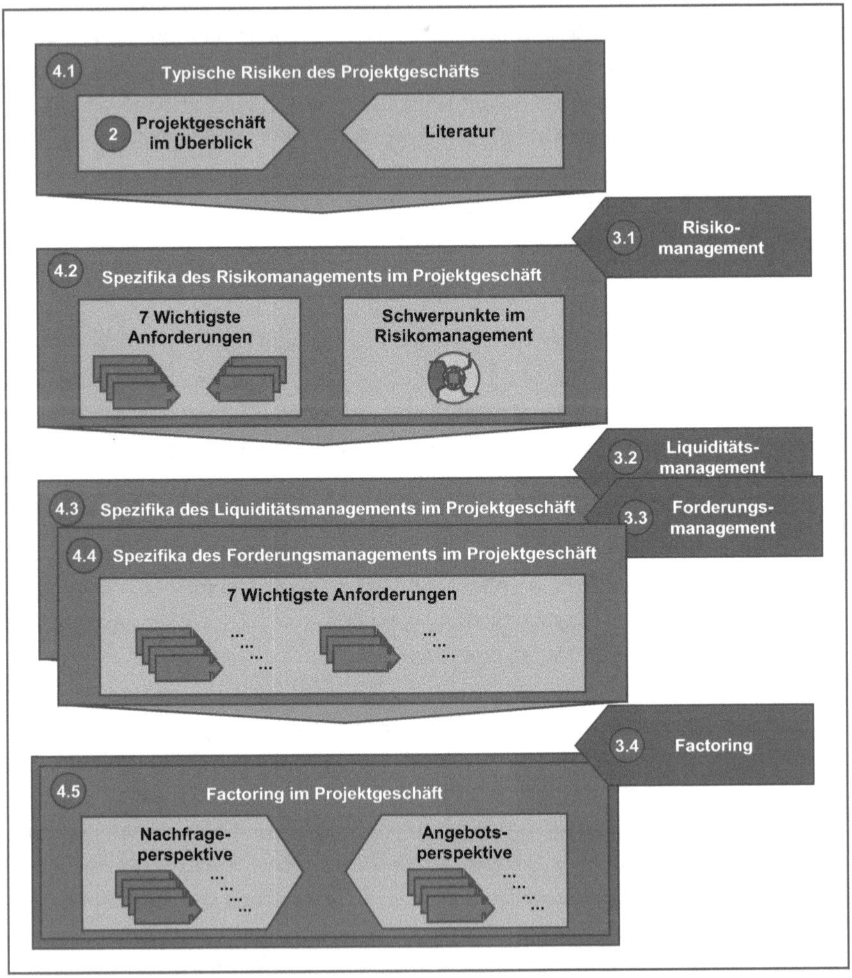

Abbildung 41: Vorgehen in Kapitel 4

645 Vgl. die Abschnitte 3.3.6 und 3.4.

4.1 Typische Risiken des Projektgeschäfts

Aus Kapitel 2 und der Literatur lassen sich zahlreiche spezielle Risiken des Projektgeschäfts ableiten, welche die besonderen Anforderungen an das Risikomanagement im Projektgeschäft determinieren. Diese werden nachfolgend entlang den Ausprägungen „Einzeltransaktion“ und „Einzelkunde“ in Anlehnung an das Geschäftstypenmodell von Backhaus[646] dargestellt. Dabei wird – wie in Abschnitt 3.1.1 dargestellt – das Risiko der negativen Abweichung, d.h. das Risiko im engeren Sinne, betrachtet.

4.1.1 Merkmal des Einzelkunden

Die Erstellung der Leistung erfolgt beim Projektgeschäft in **Auftrags- (Einzel-) fertigung**[647], d.h. die im Rahmen des Akquisitionsprozesses definierte Leistung wird kundenindividuell entwickelt und erbracht[648].

- Aus dem Aspekt der Einzelfertigung und den ständig wechselnden technischen und wirtschaftlichen Rahmenbedingungen aufgrund der instationären Fertigung[649] lässt sich ableiten, dass eine Vergleichbarkeit zwischen den Projekten erheblich erschwert wird. Bestehendes **Know-how und Erfahrungen** können somit nur in begrenztem Umfang auf neue Projekte übertragen werden[650].
- Die angebotenen Leistungen sind in der Regel sehr umfangreich und anspruchsvoll, was zu hoher **Komplexität**[651] bei der **Leistungserstellung** führt.

---

646 Vgl. Abbildung 5.

647 Vgl. beispielsweise **Pekrul, S.** (Wettbewerbsfähigkeit, 2006), S. 73; **Backhaus, K.** (Industriegütermarketing, 2003), S. 484; **Heim, H.M.** (Controllinginstrumente, 2005), S. 69 spricht von „Prototypen“.

648 Vgl. Abschnitt 2.3.

649 Instationäre Fertigung bedeutet, dass die Leistung – im Gegensatz zu einer stationären Leistungserbringung auf eigenen Produktionsanlagen – im Projektgeschäft beim Kunden vor Ort erbracht wird (Ausnahmen sind vorproduzierte Module wie Antriebe, Generatoren, Betonfertigteile oder Fassadenteile).

650 Vgl. **Schön, D.** (Risikocontrolling, 2004), S. 287; **Heim, H.M.** (Controllinginstrumente, 2005), S. 69. Zum „organisationalen Lernen“ vgl. vertiefend **Boeckhoff, H.** (Lernende Organisation, 1999).

651 Der Begriff der komplexen umfassenden Leistungsbündel wurde von **Engelhardt, W.H./Kleinaltenkamp, M./Reckenfelderbäumer, M.** (Leistungsbündel, 1993), S. 395ff geprägt. Vgl. auch **Backhaus, K.** (Industriegütermarketing, 2003), S. 73; **Backhaus, K.** (Industriegütermarketing, 2003), S. 484; **Guserl, R.** (Risikomanagement, 1996), S. 523; **Mertens, F.** (Controlling-Instrumente, 1998), S. 7ff; **Pohl, A.** (Preisbildung, 2004), S. 1083; **Schmelcher, W.** (Anlagenbau, 2000), S. 509.

- Im Allgemeinen muss von **langen Akquisitions- und Projektabwicklungsphasen** ausgegangen werden, was die Planbarkeit – insbesondere von Angebotspreis und Herstellungskosten – erschwert[652].
- Kalkulation und Planung eines technologisch innovativen, komplexen Projektes in Einzelfertigung sind daher mit erheblichen Unsicherheiten behaftet. Die daraus resultierenden **technischen und organisatorischen Risiken** können in manchen Fällen dazu führen, dass Leistungs- bzw. Funktionsversprechen nicht oder nur mit erhöhten Kosten eingehalten werden können[653].
- Zusätzliche Unsicherheit entsteht durch die **Variabilität des Auftragsinhalts**, d.h. die vereinbarten Leistungen werden häufig auch noch während der Leistungserstellung durch Kundenwünsche oder externe Parameter verändert[654]. Diese sogenannten Nachträge[655] führen zu einer zusätzlich erschwerten Plan- und Durchführbarkeit der Projekte[656]. Außerdem entstehen oftmals Streitigkeiten zwischen Auftraggeber und -nehmer bei der Abrechnung mit entsprechenden finanziellen Risiken.
- Die Vermarktung erfolgt zeitlich vor dem Fertigungsprozess und vor der Detailplanung, außerdem über einen längeren Zeitraum hinweg[657]. Das führt zu einer **Angebotsabgabe unter Risiko**, nämlich ohne vollständige Informationen[658].

652 Vgl. **Funk, J.** (Anlagengeschäft, 1986), S. 16; **Zander, R.** (Entscheidungsverfahren, 2004), S. 29; **Guserl, R.** (Risikomanagement, 1996), S. 522f; **Schmelcher, W.** (Anlagenbau, 2000), S. 510.

653 Vgl. **Pekrul, S.** (Wettbewerbsfähigkeit, 2006), S. 76f; **Guserl, R.** (Risikomanagement, 1996), S. 521; **Schmelcher, W.** (Anlagenbau, 2000), S. 509 und S 512; **Backhaus, K.** (Auftragsplanung, 1980), S. 173.

654 **Huch, B.T.** (Risikomanagement, 2001), S. 306 führt Baugrund- und Witterungsverhältnisse als Beispiele für unvorhergesehene Schwierigkeiten an, beim Anlagenbau könnten dies unvorhergesehene Kostenrisiken sein (beispielsweise Stahlpreise), vgl. **Mertens, F.** (Controlling-Instrumente, 1998), S. 527f; **Backhaus, K.** (Auftragsplanung, 1980), S. 173.

655 Vgl. zu einer Begriffsdefinition Fußnote 53. Bezogen auf den Anlagenbau haben **Hamann, M.** (Claim Management, 1989), S. 984 und **Kühnel, W.** (Order und Claim, 1989), S. 7 in Studien eine Quote von bis zu 25% identifiziert, wobei die relative Höhe der Nachträge mit der Auftragsgröße steigt.

656 Vgl. **Funk, J.** (Anlagengeschäft, 1986), S. 15; **Schön, D.** (Risikocontrolling, 2004), S. 287; **Pohl, A.** (Preisbildung, 2004), S. 1082f; **Heim, H.M.** (Controllinginstrumente, 2005), S. 70.

657 Vgl. **Backhaus, K.** (Industriegütermarketing, 2003); **Schmelcher, W.** (Anlagenbau, 2000), S. 509 und S. 483f; **Schön, D.** (Risikocontrolling, 2004), S. 287f.

658 Vgl. **Funk, J.** (Anlagengeschäft, 1986), S. 17 (allerdings noch ohne expliziten Verweis auf funktionale Ausschreibungen); **Schön, D.** (Risikocontrolling, 2004), S. 287; **Huch, B.T.** (Risikomanagement, 2001), S. 307 sprechen in diesem Zusammenhang von einem Kalkulationsrisiko des Anbieters. Sie gehen davon aus, dass bei einem perfekten Markt, d.h. vergleichbarer Angebotsausführung und Kostenstruktur der konkurrierenden Bauunternehmen in der Regel das Unternehmen mit der geringsten verlangten Marge und damit dem höchsten Kalkulationsrisiko den Auftrag erhält.

- Zum anderen entstehen so bereits vor Auftragserteilung **vergleichsweise hohe Angebotskosten**, die bei erfolglosem Angebot in den seltensten Fällen erstattet werden. Diese Problematik wird verstärkt durch die Zunahme von funktional ausgeschriebenen Projekten, die durch ihren geringen Grad an Bestimmtheit einen noch höheren Angebotsaufwand erfordern.
- Diese **einseitigen, spezifischen Investitionen** führen als Sunk Costs zu einem Verhandlungsvorteil der Nachfrager bei Vertragsschluss[659]. Der Anbieter sieht sich unter Druck, die Investitionen durch einen erfolgreichen Vertragsschluss wieder hereinzuholen; dadurch ist er eher zu Konzessionen bereit.
- Aus der **Spezifität der Leistung** ergeben sich während der eigentlichen Leistungserstellung weitere Risiken[660], denn die Leistung ist am Markt in der Regel nicht ohne Ertragseinbußen anderweitig absetzbar. Es besteht ein Verwertungsrisiko.
- In der Regel erfolgt eine Vorfinanzierung der Leistung[661], sodass Forderungen gegenüber dem Auftraggeber entstehen. Die Unternehmen im Projektgeschäft sind damit besonders von der **Zahlungsmoral und Bonität** ihrer Kunden abhängig.

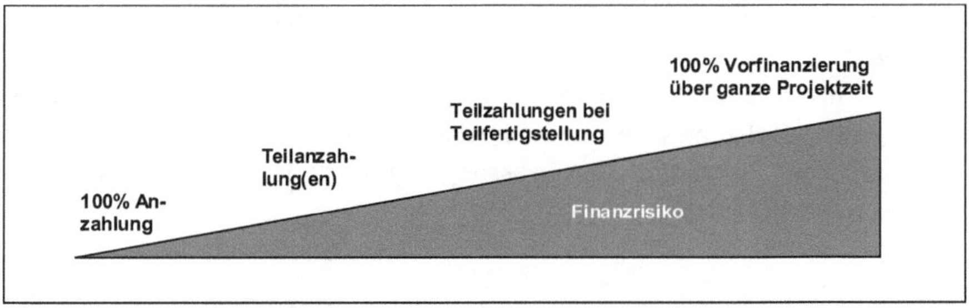

Abbildung 42: Schematische Übersicht zum Finanzrisiko bei Vorfinanzierung

- Die Nachfrage ergibt sich auf **Initiative des Kunden** zu einem für diesen günstigsten Zeitpunkt, wobei eine **Vorratsproduktion** zum Ausgleich der

---

659 Vgl. **Backhaus, K.** (Industriegütermarketing, 2003), S. 483, vertiefend **Backhaus, K.** (Auftragsplanung, 1980).

660 Vgl. **Backhaus, K.** (Industriegütermarketing, 2003); **Schmelcher, W.** (Anlagenbau, 2000), S. 509 und S. 483f, **Funk, J.** (Anlagengeschäft, 1986), S. 16; **Schön, D.** (Risikocontrolling, 2004), S. 287f; **Mertens, F.** (Controlling-Instrumente, 1998), S. 7ff; **Pohl, A.** (Preisbildung, 2004), S. 1082; **Zander, R.** (Entscheidungsverfahren, 2004), S. 29.

661 Vgl. Abschnitt 2.4.4.

Schwankungen aufgrund der Spezifität der Produkte nicht möglich ist[662]. Außerdem kann keine systematische Verteilung der Produkte auf die einzelnen **Lebenszyklusphasen** erfolgen, was in anderen Unternehmen oft eine gleichmäßigere Ressourcenauslastung ermöglicht[663]. Somit ist die Leistungserstellungsseite im Projektgeschäft **diskontinuierlichen Nachfrageschwankungen** besonders stark ausgesetzt[664].

- Eine kurzfristige **Anpassung der Ressourcen** an diese Nachfrageschwankungen ist für die Unternehmen schwierig, da die hohe Komplexität der Projekte sehr spezifisches – und damit schwer substituierbares bzw. sogar neu aufzubauendes – Know-how und Personal erfordert[665].
- Aufgrund der Spezifität der Leistung und der Variabilität des Lieferumfangs besteht außerdem in der Regel eine **hohe Interaktion** zwischen Anbieter und Nachfrager bei der Leistungserstellung[666].
- Aufgrund des Umfangs der Projekte werden diese häufig in **kooperativen Anbietergemeinschaften mit entsprechenden Koordinationsproblemen** ausgeführt. Die Aktionen des einzelnen Unternehmens sind stets in Hinblick auf die Interessen der anderen Projektpartner zu sehen. In speziellen Fällen können einzelne Mitbieter sogar notleidend werden, was wiederum entsprechende Verpflichtungen der anderen Unternehmen mit sich bringt[667].
- Außerdem wird die **Rechnungslegung** von Unternehmen im Projektgeschäft erschwert, da die lang laufenden Projekte zwischen den **Perioden abgegrenzt** werden müssen. Schwierigkeiten treten dabei insbesondere bei Teilzahlungen, halbfertigen Erzeugnissen (Projekten) und absehbaren Gewinnen bzw. Verlusten auf[668].

---

662 Vgl. **Mertens, F.** (Controlling-Instrumente, 1998), S. 7, er spricht nachfolgend vom Baugewerbe als „Bereitschaftsgewerbe" S. 8.

663 Vgl. **Huch, B.T.** (Risikomanagement, 2001), S. 305.

664 Vgl. **Huch, B.T.** (Risikomanagement, 2001), S. 304ff; **Schön, D.** (Risikocontrolling, 2004), S. 287; **Mertens, F.** (Controlling-Instrumente, 1998), S. 7ff; **Heim, H.M.** (Controllinginstrumente, 2005), S. 69; **Guserl, R.** (Risikomanagement, 1996), S. 523.

665 Vgl. **Funk, J.** (Anlagengeschäft, 1986), S. 17f; **Heim, H.M.** (Controllinginstrumente, 2005), S. 69.

666 Vgl. **Kleinaltenkamp, M.** (Kundenintegration, 1997), S. 350ff; **Pohl, A.** (Preisbildung, 2004), S. 1084.

667 Vgl. **Pekrul, S.** (Wettbewerbsfähigkeit, 2006), S. 76; **Backhaus, K.** (Auftragsplanung, 1980), S. 484; **Schön, D.** (Risikocontrolling, 2004), S. 287.

668 Vgl. **Funk, J.** (Anlagengeschäft, 1986), S. 19; **Guserl, R.** (Risikomanagement, 1996), S. 521.

4.1.2 Merkmal der Einzeltransaktion

Die Geschäftsbeziehung und das Produkt sind typischerweise nicht auf Folgetransaktionen mit demselben Kunden ausgerichtet[669].

- Aufgrund des fehlenden zeitlichen Kaufverbunds können die – ständig wechselnden – **Auftraggeber nur wenig produktspezifisches Wissen** aufbauen[670].
- Es gelingt dem Käufer daher selten, eine völlige **Qualitätstransparenz** vor dem Kauf zu erreichen, da er viele Leistungseigenschaften erst nach dem Kauf beurteilen kann. Das liegt zum einen daran, dass die kontrahierte Leistung schwer kommunizierbar, also in der Regel nicht erprobbar ist. Zum anderen kennt der Kunde häufig die Kriterien zur Leistungsbeurteilung schlicht nicht bzw. lernt diese erst im Kaufprozess kennen[671]. Häufig wird diese **Informationsasymmetrie**[672] zwischen den Vertragspartnern über das Einschalten von Ingenieurunternehmen oder Projektsteuerern zu verringern versucht[673].
- Zwar ist das Endprodukt für den Abnehmer von enormer Bedeutung, nicht so sehr jedoch der Prozess der dafür zu erbringenden Leistung seitens des Anbieters, da diese in sich stärker standardisiert ist[674]: Der Nachfrager kann deshalb in der Regel zwischen **zahlreichen Anbietern** auswählen.
- Das Projektgeschäft ist strukturell von Einzeltransaktionen geprägt, d.h. es bestehen zumindest strukturell **keine langfristigen, partnerschaftlichen Kundenbeziehungen** im Sinne eines System- oder Zulieferergeschäfts[675]. Davon unberührt sind natürlich alternative Formen der Kundenbindung, die nicht auf der Struktur des Geschäfts, sondern anderen Marketinganstrengungen beruhen. Diese sind wenig industriespezifisch und müssen daher an dieser Stelle nicht betrachtet werden.

---

669 Vgl. Abschnitt 2.3.

670 Vgl. **Backhaus, K.** (Industriegütermarketing, 2003), S. 484.

671 Vgl. **Pohl, A.** (Preisbildung, 2004), S. 1082ff, vgl. ebenda zu einer breiteren Literaturübersicht.

672 Der Begriff der Informationsasymmetrie wurde vor allem in der Principal-Agent-Theory geprägt. Vgl. dazu grundlegend Abschnitt 3.4.5.1.

673 Vgl. **Börschlein, H./Kleiner, F.** (Consulting Engineers, 1984), S. 31ff; **Pohl, A.** (Preisbildung, 2004), S. 1083f; **Backhaus, K.** (Industriegütermarketing, 2003), S. 484.

674 Vgl. **Pekrul, S.** (Wettbewerbsfähigkeit, 2006), S. 53, S. 66 und S. 70. Er argumentiert, dass der Prozess der Leistungserstellung bei Bauunternehmen im Allgemeinen stark standardisiert ist und das Leistungsbündel nur in Einzelfällen so komplex ist, dass es zu einem angebotsseitigen Oligopol kommt (Beispielsweise bei technisch komplexen Großprojekten wie Brücken, Talsperren oder Tunneln oder bei großvolumigen Finanzierungs-/ Betreibermodellen). Im Anlagenbau sieht er diesen Effekt zusätzlich durch die zunehmende Modularisierung verstärkt. Es ist davon auszugehen, dass eine analoge Argumentation für die Luft- und Raumfahrtindustrie sowie die Dienstleistungsbranche (beispielsweise die Modularisierung i.d. Softwareentwicklung) zutrifft.

675 Vgl. **Backhaus, K.** (Industriegütermarketing, 2003), S. 483f und S. 316-324.

- Diese Charakteristika führen häufig zu einer starken **Fixierung** der Nachfrager auf einen besonders günstigen Preis, sodass Qualität und Leistungsparameter vernachlässigt werden[676].
- Für die Unternehmen im Projektgeschäft besteht außerdem ein kurzfristiger Anreiz zur Auftragsannahme unter den Vollkosten, um die absoluten Fixkosten wenigstens teilweise zu decken. Häufig wird daher ein zusätzliches Kalkulationsrisiko in Form eines **niedrigen Angebotspreises** eingegangen, um den Auftrag zu erhalten[677]. Bei den Vertragsverhandlungen werden durch den Auftraggeber oft noch Zugeständnisse bei Leistungs- und Terminvorgaben gefordert[678] oder Risiken überwälzt[679].

4.1.3 Allgemeine Risiken des Projektgeschäfts

Über die eindeutig einem der beiden Merkmale zuzuordnenden Risiken hinaus treten bei den Unternehmen im Projektgeschäft weitere Risiken auf.

- Die für die ausführenden Unternehmen **hohen Auftragswerte** einzelner Projekte führen häufig zu einer Abhängigkeit von bestimmten Großkunden und -projekten[680].
- Zusätzlich können die projektbezogenen Risiken aufgrund ihrer **Tragweite** die Gesamtrisikolage des Unternehmens so weit tangieren, dass bereits aus einzelnen Projektrisiken existenzbedrohende Situationen entstehen[681].
- Aus den **Gewährleistungsverpflichtungen** ergeben sich weitere Risiken, da die Unternehmen über den Erstellungszeitpunkt hinaus noch Jahre nach Projektabschluss haften[682] und der Auftraggeber oftmals Zahlungen mit Hinweis auf noch laufende Gewährleistungsfristen zurückhält oder alternative Sicherheiten fordert.

---

676 Vgl. **Agapiou, A. et al.** (Partnership, 1998), S. 359; traditionell liegt der Schwerpunkt der Vergabe des Hauptauftrags, der Nachunternehmerleistungen sowie der Materialbeschaffung auf dem Preis und „competitive tendering to secure the lowest bid" (ebenda); vgl. ebenfalls **Wunschel, A.** (2007), S. 246.

677 Vgl. dazu auch **Huch, B.T.** (Risikomanagement, 2001) S. 306; **Pekrul, S.** (Wettbewerbsfähigkeit, 2006), S. 77 und **Mertens, F.** (Controlling-Instrumente, 1998), S. 527f.

678 Vgl. **Huch, B.T.** (Risikomanagement, 2001), S. 306; **Backhaus, K.** (Auftragsplanung, 1980), S. 173.

679 Vgl. Abschnitt 4.2.3.

680 Vgl. **Funk, J.** (Anlagengeschäft, 1986), S. 17; **Schön, D.** (Risikocontrolling, 2004), S. 287; **Mertens, F.** (Controlling-Instrumente, 1998), S. 8; **Pekrul, S.** (Wettbewerbsfähigkeit, 2006), S. 75; **Heim, H.M.** (Controllinginstrumente, 2005), S. 70.

681 Vgl. **Guserl, R.** (Risikomanagement, 1996), S. 521; **Franke, A.** (Risikomanagement Industrieanlagenbau, 1997), S. 170.

682 Vgl. **Huch, B.T.** (Risikomanagement, 2001), S. 307.

- Gerade in neuen Geschäftsfeldern wie Projektentwicklungen oder Betreibermodellen können zusätzliche Risiken bestehen. Für die Unternehmen ergeben sich völlig neue Kompetenzanforderungen und sie übernehmen häufig zusätzliche **Finanz- und Absatzrisiken**[683].
- Das Projektgeschäft weist typischerweise eine hohe Exportquote auf, sodass hier zusätzlich **Länder-, Währungs- und Steuerrisiken** auftreten[684].

4.1.4 Zwischenfazit: Starker Wettbewerbsdruck und Nachfragemacht

In Abbildung 43 werden alle Charakteristika übersichtsartig – gegliedert nach den Hauptkriterien „Einzelkunde" und „Einzeltransaktion" – dargestellt. Es handelt sich dabei bewusst um eine Gliederung; auf eine umfassende Darstellung der Ursache-Wirkungs-Beziehungen wird zugunsten der Übersichtlichkeit verzichtet[685]. Diese Charakteristika sollen für sämtliche unter 2.4.1 identifizierten Branchen grundsätzlich[686] gültig sein und können damit als zusätzliches Prüfkriterium dieser Branchenzuordnung gelten[687].

Es gibt außerdem Besonderheiten, die nur für einzelne Branchen typisch sind; beispielsweise:

- Starke Exportorientierung des deutschen Anlagenbaus auch im Mittelstand[688]; daraus resultieren für die Unternehmen zusätzliche Komplexitätstreiber in der Vertragsbegründung und -abwicklung[689].

---

683 Vgl. **Huch, B.T.** (Risikomanagement, 2001), S. 308; ebenfalls **Pekrul, S.** (Wettbewerbsfähigkeit, 2006), S. 77; ausführlicher **Jacob, D./Kochendörfer, B.** (Infrastrukturvorhaben, 2002), insbesondere S. 20f.

684 Vgl. **Pekrul, S.** (Wettbewerbsfähigkeit, 2006), S. 77; **Guserl, R.** (Risikomanagement, 1996), S. 521; **Schmelcher, W.** (Anlagenbau, 2000), S. 512f; vgl. vertiefend zu typischen Risiken der Auslandstätigkeit **Bleuel, H.H./Schmitting, W.** (2000), S. 71-90 oder **Bernstorff, C.G.v.** (Risikomanagement Auslandsgeschäft, 1991), S. 23-44.

685 Alternativ könnte beispielsweise die Komplexität als eigenständige Dimension dargestellt werden, da sich diese nur z.T. aus dem Charakteristikum der Einzeltransaktion ergibt.

686 Obwohl Ausnahmen im Einzelfall bei einer Verallgemeinerung auf diesem Abstraktionsniveau nicht ausgeschlossen werden können, sind verallgemeinernde Aussagen für eine aussagekräftige Herleitung von Erkenntnissen für eine breite Mehrheit von Fällen unabdingbar. Bei Berücksichtigung sämtlicher Ausnahmen würden die getroffenen Aussagen sonst zu Allgemeinplätzen verkommen (bei Verallgemeinerung) oder aber die Modelle zu komplex (bei Abbildung aller Sonderfälle). Für die Anwendung der aus dem Modell abgeleiteten Aussagen für den konkreten Einzelfall ist eine Prämissenprüfung daher unerlässlich.

687 Vgl. zu Anlagenbau und Baugewerbe ebenfalls **Pekrul, S.** (Wettbewerbsfähigkeit, 2006), S. 50-60 und S. 65-71 und zusammenfassend S. 189ff.

688 Vgl. **Pekrul, S.** (Wettbewerbsfähigkeit, 2006), S. 190.

689 Zu denken ist hier beispielsweise an unterschiedliche Rechtssysteme, an andere Geschäftspraktiken, an sprachliche Hürden, an organisatorische und logistische Herausforderungen, aber auch an Länder- und Währungsrisiken.

- Auffallend mittelständische Prägung des deutschen Baumarktes (verglichen mit dem Anlagenbau sowie Baumärkten in anderen Ländern, beispielsweise Frankreich und Spanien)[690]; durch die geringe Konzentration entsteht so ein sehr starker Wettbewerbsdruck.

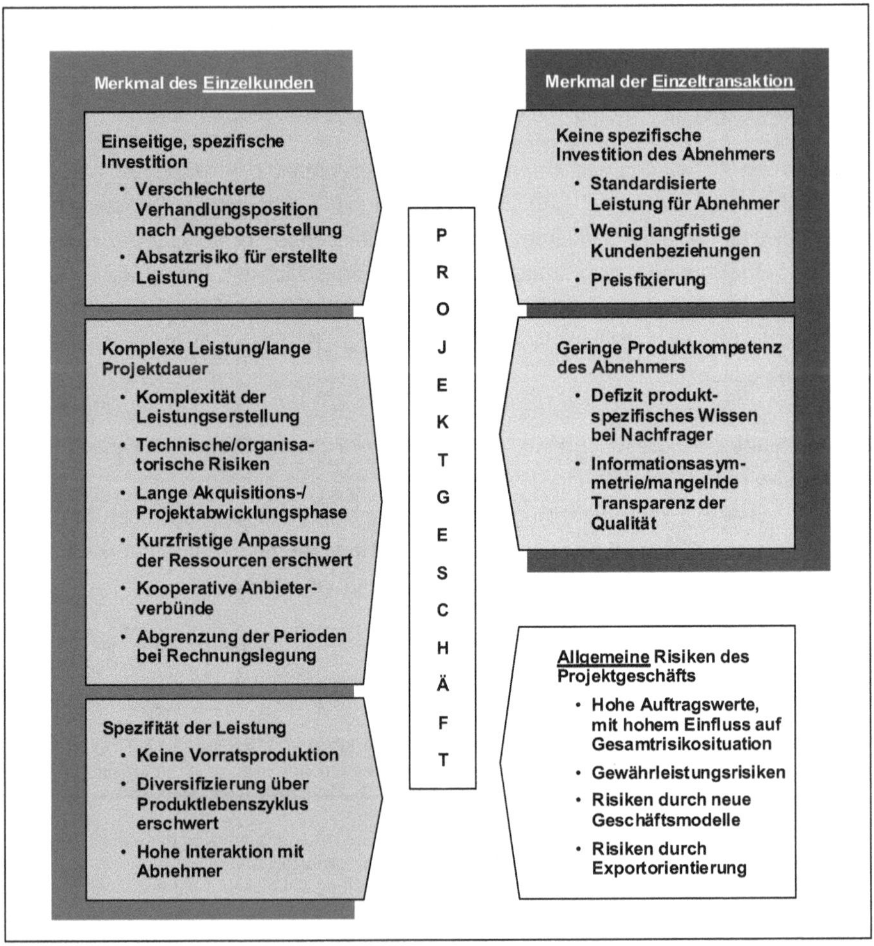

Abbildung 43: Charakteristika des Projektgeschäfts[691]

690 Vgl. **Pekrul, S.** (Wettbewerbsfähigkeit, 2006), S. 190.

691 Eigene zusammenfassende Darstellung der Abschnitte 4.1.3 bis 4.1.1. Die grundsätzliche Idee dieser Darstellungsform entstammt **Pekrul, S.** (Wettbewerbsfähigkeit, 2006), S. 189.

Generell hält Pekrul im Rahmen einer theoretischen Analyse der Branchenstruktur nach Porter[692] zusammenfassend fest, dass im Baugewerbe und im Anlagenbau in Deutschland eine starke Nachfragemacht sowie eine starke Rivalität unter den Wettbewerbern herrschen. Dies lässt sich auch aus den unter 4.1.1 bis 4.1.3 genannten projektgeschäftspezifischen Merkmalen sowie einigen branchenspezifischen Ausprägungen[693] schließen.

4.1.5 Statistiken zu Unternehmensinsolvenzen

Die Hypothesen besonderer Risiken im Projektgeschäft könnten durch eine vergleichsweise große Häufigkeit oder besondere Gründe von Insolvenzen in diesem Bereich gestützt werden. Das Statistische Bundesamt hat ein eigenständiges Kapitel „Insolvenzstatistik" in der Umsatzsteuerstatistik geschaffen. Bei Betrachtung der Insolvenzen nach Branchen weist das Baugewerbe gegenüber dem Durchschnitt der Unternehmen eine auffallend hohe Insolvenzquote auf, beim Anlagen- und Spezialmaschinenbau lässt sich dies aufgrund der hohen Aggregation zum verarbeitenden Gewerbe nicht zweifelsfrei ermitteln. Ein Fazit zum Zusammenhang zwischen Branchenzugehörigkeit und Insolvenzquote erscheint aus diesen Daten nicht sinnvoll, da andere Faktoren wie die Konjunktur nicht berücksichtigt werden können.

Die Statistik zeigt im Detail, dass die Insolvenzen seit 1991 stark zugenommen haben und die Unternehmen zwischen 0,5 Mio. € und 5 Mio. € Umsatz einen überproportional hohen Anteil haben[694]. Auch Creditreform hat im Jahr 2006 ermittelt, dass bei den Insolvenzen zu 90% Unternehmen mit weniger als zehn Mitarbeitern betroffen sind, nur 0,7% haben mehr als 100 Mitarbeiter. Im Jahr 2006 konnte erstmals seit fünf Jahren ein Rückgang (um 4,6%) festgestellt werden[695]. Natürlich kann die bloße Anzahl der Insolvenzen noch kein Indikator sein, wie stark das Insolvenzgeschehen war und wie es sich im Zeitablauf geändert hat; sinnvoll wäre eine Gewichtung beispielsweise über Mitarbeiterzahl, Umsatz oder Gewinn des betroffenen

---

692 Vgl. **Porter, M.E.** (Wettbewerbsstrategie, 1999), S. 253-376.

693 Vgl. **Pekrul, S.** (Wettbewerbsfähigkeit, 2006), S. 72. Zu den Branchenmerkmalen führt er im Wesentlichen an: Einen hohen Standardisierungsgrad der Leistungserstellung (vgl. dazu auch Fußnote 674) und vergleichbare Ausstattungen der Anbieter, eine hohe Markttransparenz, ein hohes Branchenwachstum, starke Fixkostendegression sowie hohe Austrittsbarrieren (ebenda, S. 72).

694 Im Boomjahr 2000 ging die Zahl der Insolvenzen leicht zurück, sonst verläuft die Entwicklung in der Jahresbetrachtung sogar streng monoton steigend; vgl. **Statistisches Bundesamt** (Insolvenzstatistik, 2004).

695 Vgl. **Creditreform Wirtschafts- und Konjunkturforschung** (Insolvenzen, 2006), S. 26.

Unternehmens. Creditreform spricht hier von etwa 560.000 Mitarbeitern bzw. einem Gesamtschaden für die Volkswirtschaft von knapp 40 Mrd. €[696].

Insgesamt ist die Datenlage zu diesen spezifischen Fragestellungen also unbefriedigend. Es kann zunächst nur festgehalten werden, dass es in Deutschland zahlreiche Insolvenzen gibt und die kleinen und mittleren Unternehmen besonders stark betroffen sind.

[696] Das Berechnungsschema für diese Zahl wird allerdings nicht angegeben; auch ist unklar, ob es sich nur um unmittelbare Schäden handelt oder ob Folgeschäden ebenfalls abgeschätzt wurden, vgl. **Creditreform Wirtschafts- und Konjunkturforschung** (Insolvenzen, 2006), S. 26. Vgl. zu ähnlichen Überlegungen **HOCHTIEF AG** (Projektgeschäft, 2005), D.2.

4.2 Spezifika des Risikomanagements im Projektgeschäft

Aus den in Abschnitt 4.1 beschriebenen besonderen Risiken lassen sich spezifische Anforderungen an das Risikomanagement im Projektgeschäft ableiten. Diese werden nachfolgend – anhand der sieben wichtigsten Aspekte – beschrieben.

4.2.1 Spezifische Anforderungen an das Risikomanagement

Einseitige spezifische Investitionen in eine Geschäftsbeziehung bergen die Gefahr einer Abschöpfung dieser Investitionen durch die Gegenseite. Somit hat das Risikomanagement entweder Sorge dafür zu tragen, dass diese Investitionen minimiert werden, oder aber deren Abschöpfung entgegenzuwirken[697]. Dies könnte beispielsweise dadurch erreicht werden, dass eine Erstattung der Angebotskosten vereinbart wird oder die Detaillierung des Angebots erst nach Abschluss eines Vorvertrags erfolgt.

In der Regel erfolgt die **Leistungserstellung** eines Unternehmens im Projektgeschäft als einzigartige, instationäre Produktion, die projektbezogen organisiert ist. Diese einzelnen Projekte haben bereits jedes für sich betrachtet wesentlichen Einfluss auf die Gesamtrisikosituation des Unternehmens[698]. Das Risikomanagement muss also entsprechend **dezentral** im Sinne eines Controllings der Einzelprojekte bottom up organisiert sein, sodass die Führungskräfte der Projekte die Hauptaufgabenträger sind[699]. Dem zentralen Risikomanagement kommt die Aufgabe zu, top down das Zusammenwirken der Einzelrisiken zu ermitteln[700].

Die Produkte und Leistungen im Projektgeschäft werden kundenspezifisch erstellt und sind somit wenig standardisiert. Dem Risikomanagement kommt hier die Aufgabe zu, inhaltlich auf **immer neue Anforderungen und Rahmenbedingungen** reagieren zu müssen, dabei aber dennoch einen möglichst standardisierten und konsistenten Risikomanagementprozess zu etablieren. Dieser Effekt wird durch die Komplexität der Leistungen und Produkte verstärkt. Durch einen standardisierten Prozess sollen ein konsistentes Vorgehen im Unternehmen und ein gleichbleibend

---

697 Vgl. dazu grundlegend Abschnitt 2.3.

698 Vgl. **Wolf, K.** (Projektcontrolling, 2001), S. 341; zu Hinweisen zur operativen Ausgestaltung (Kostenrechnung, Kalkulation, Reporting und Kontrolle sowie Organisation) vgl. ebenda, S. 342-346.

699 Vgl. **Guserl, R.** (Risikomanagement Projektgeschäft, 1999), S. 429.

700 Vgl. **Guserl, R.** (Risikomanagement, 1996), S. 526; **Guserl, R.** (Risikomanagement Projektgeschäft, 1999), S. 429.

hohes Qualitätsniveau im Risikomanagement sichergestellt werden. Das Projektgeschäft unterliegt dabei der Schwierigkeit, dass diese Prozesse ausreichend abstrakt formuliert sein müssen, um die nötige Flexibilität im Einzelfall zu gewährleisten.

Durch die Spezifität der erstellten Leistung oder des Produkts sind diese nicht ohne Einbußen am Markt absetzbar. Gerade im Projektgeschäft aber zählt eine Absatzfinanzierung zu den wichtigsten Marketinginstrumenten. Für das Risikomanagement ergibt sich daraus die Problematik, dass eine Besicherung der Absatzfinanzierung durch Eigentumsvorbehalt aufgrund der **Verwertungsrisiken** nicht effektiv genug ist.

Die **Leistungserstellung** erfolgt über einen **langen Zeitraum**, sodass die Risiken im Projektgeschäft häufig sehr lange vor ihrem möglichen Eintritt begründet oder eingegangen werden. Damit werden sehr hohe Ansprüche an die Risikoidentifikation im Risikomanagement gestellt, um überhaupt ursachenbezogen agieren zu können[701].

Zu den langen Projektlaufzeiten kommt die über Jahre nachlaufende Gewährleistungsverpflichtung. Bei fast allen Vertragstypen ist diese zwingender Bestandteil oder wird üblicherweise vereinbart, sodass dem Risikomanagement auch nach Abschluss der eigentlichen Leistungserstellung noch eine wesentliche Aufgabe mit der Identifikation, Bewertung, Steuerung und letztlich Kontrolle der **Gewährleistungsrisiken** zukommt.

Auf die **diskontinuierliche Nachfrage** kann nur eingeschränkt durch Ressourcenanpassung oder Vorratsproduktion reagiert werden. Somit kommt dem Risikomanagement eine wesentliche Prognosefunktion zu, die durch wirkungsbezogene Maßnahmen wie Fixkostenreduktion flankiert werden sollte.

---

[701] Vgl. **Franke, A.** (Risikomanagement Industrieanlagenbau, 1997), S. 171f.

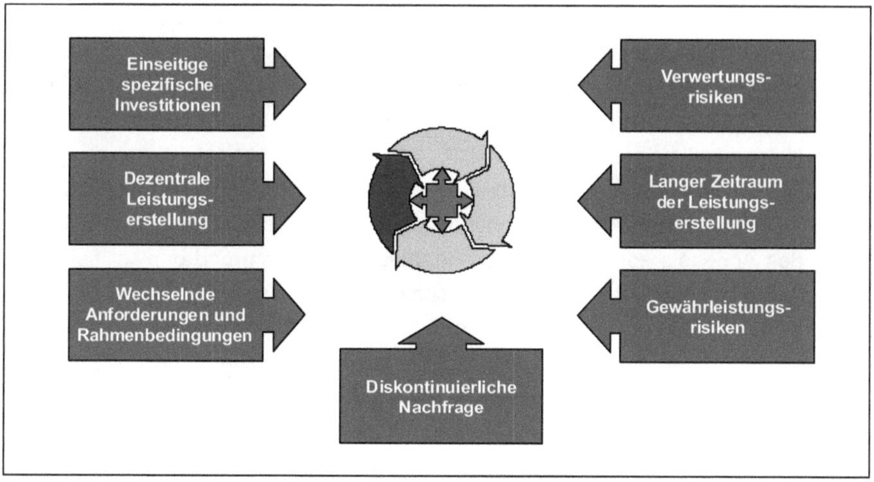

Abbildung 44: Anforderungen an das Risikomanagement im Projektgeschäft

Trotz dieser teilweise sehr spezifischen Anforderungen an das Risikomanagement kann davon ausgegangen werden, dass der in Abschnitt 3.1.6 beschriebene Risikomanagementprozess auch hier seine Gültigkeit behält[702].

4.2.2 Übersicht anhand des Risikomanagementprozess-Schemas

Nachfolgend sollen die Phasenschemata des Risikomanagements und des Projektgeschäfts kombiniert werden, denn die spezifischen Risiken des Projektgeschäfts stellen an den in Abschnitt 3.1.6 beschriebenen Risikomanagementprozess besondere Anforderungen. In den unterschiedlichen Phasen des Projektgeschäfts[703] stehen dabei unterschiedliche Herausforderungen im Vordergrund[704]:

- Während der **Voranfragenphase** liegt der Fokus klar auf der Risikoidentifikation und -bewertung. Das ausgeschriebene Projekt muss zunächst auf noch relativ abstrakter Ebene bezüglich der Rahmenbedingungen (beispielsweise Länderrisiko, Ruf des Kunden, Finanzierung) sowie organisatorischer und

[702] Vgl. beispielsweise **Franke, A.** (Risikomanagement Industrieanlagenbau, 1997), S. 178, er sieht allerdings zusätzlich den Prozessschritt „bewusstes Eingehen und Verkraften von Risiken" vor, der sonst als eine Strategie der Risikosteuerung angesehen wird.

[703] Vgl. Abschnitt 2.4.2.

[704] Vgl. zu ähnlichen Darstellungen **Lachnit, L.** (Projektleistungstätigkeit, 1994), S. 27-49; zum Risikomanagement bei der Auftragskalkulation vgl. **Urmersbach, M.** (Krisenmanagement, 2002), S. 183-188; **Mertens, F.** (Controlling-Instrumente, 1998), S. 526f.

technischer Anforderungen evaluiert werden. Hier liegt der Schwerpunkt des ursachenbezogenen Risikomanagements, da vor der Abwicklung bereits wesentliche Risiken begründet werden. Die Risikosteuerung erfolgt vor allem hinsichtlich der grundlegenden Entscheidung, ob das Projekt weiterverfolgt werden soll[705].

- Die Phase der **Angebotserstellung und der Vertragsverhandlungen** ist die wesentliche Phase der ursachenbezogenen Risikosteuerung[706]. Vor Abgabe des Angebots sollte das Projekt sorgfältig durchdacht und geplant sein; alle wesentlichen Risiken – wie in Abschnitt 3.1.6.2 beschrieben – sind zu analysieren[707]. Idealerweise können dann bei der Angebotserstellung und den anschließenden Vertragsverhandlungen bereits die wesentlichen Projektrisiken entsprechend gesteuert werden. Es fällt auf, dass der Frühaufklärung gerade vor der Abwicklungsphase wesentliche Bedeutung zukommt[708]. Die Risikosteuerung kann auch im Projektgeschäft entsprechend den grundlegenden Strategien des Risikomanagements gegliedert werden:
    - So kann eine Vermeidungsstrategie bei den technischen Spezifikationen angewandt werden, indem eine technisch einfachere Lösung angeboten wird.
    - Eine Überwälzungsstrategie kann beispielsweise im Abschluss einer Versicherung[709] oder in der Abwälzung von Risiken auf den Auftraggeber, Konsortialpartner oder Subunternehmer[710] durch entsprechende Vertragsgestaltung liegen.
    - Eine Risikovermeidungsstrategie liegt beispielsweise dann vor, wenn Hedging erfolgt oder für bestimmte Risiken keine Gewährleistung übernommen wird.
    - Eine weitere Strategie kann in der schlichten Akzeptanz von Risiko liegen; allerdings müssen die Risiken gerade dann exakt identifiziert und bewertet werden, sodass sie dann bewusst eingegangen werden können[711].

705 Vgl. **Schmelcher, W.** (Anlagenbau, 2000), S. 517f.

706 Vgl. zu den vier idealtypischen Strategien Abbildung 14; zu einer Auflistung von konkreten Risikosteuerungsmaßnahmen auch **Schmelcher, W.** (Anlagenbau, 2000), S. 524-535.

707 Vgl. **Schmelcher, W.** (Anlagenbau, 2000), S. 518f.

708 Vgl. zu einer Begriffsklärung, einer grundlegenden Beschreibung sowie einer Literaturübersicht Abschnitt 3.2.6.

709 Vgl. dazu ausführlich **Schmelcher, W.** (Anlagenbau, 2000), S. 521-523; **Franke, A.** (Risikomanagement Industrieanlagenbau, 1997), S. 171.

710 Vgl. dazu ausführlich **Schmelcher, W.** (Anlagenbau, 2000), S. 523.

711 Vgl. **Franke, A.** (Risikomanagement Industrieanlagenbau, 1997), S. 171, er bezeichnet diese Strategie mit „Risiken verkraften".

- In der **Abwicklungsphase** und in der **Gewährleistungsphase** liegt der Fokus eher auf einem wirkungsbezogenen Risikomanagement. Auch hier bleibt die Risikoidentifikation Schwerpunkt des Risikomanagements. Aufgrund der Einzelfertigung sind Risiken noch schlechter absehbar als dies in anderen Branchen der Fall ist[712]. Die Abgrenzung zwischen der Kontrolle bereits identifizierter Risiken und der Identifizierung neuer Risiken erscheint hier eher theoretischer Natur, sodass die Risikokontrolle ebenfalls Schwerpunkt ist. Die Risikosteuerung wird in dieser Phase vor allem als ein der Risikoidentifikation nachgelagerter Prozesschritt – verstärkt wirkungsbezogen – durchgeführt. Ein wesentliches Element der Risikosteuerung nach Vertragsabschluss ist das Nachtragsmanagement[713].

In Abbildung 45 werden die Phasenschemata des Projektgeschäfts und des Risikomanagements zusammengeführt und die oben genannte Schwerpunktsetzung in den einzelnen Phasen graphisch veranschaulicht.

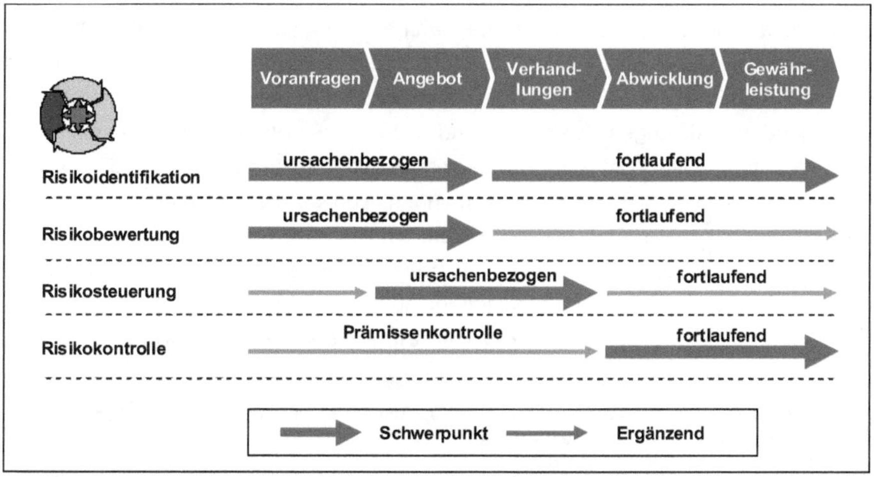

Abbildung 45: Schwerpunkte des Risikomanagements im Projektgeschäft[714]

712 Vgl. **Franke, A.** (Risikomanagement Industrieanlagenbau, 1997), S. 172.

713 Vgl. dazu Abschnitt 2.2.1 (bei den Anmerkungen zur Quasirente); Abschnitt 2.4.2 und **Schmelcher, W.** (Anlagenbau, 2000), S. 537.

714 Eigene Darstellung in Anlehnung an Abbildung 8 und Abbildung 16.

4.2.3 Risikomanagement durch Vertragsmodelle

Ein wesentliches Element des Risikomanagements im Projektgeschäft liegt in der Vertragsgestaltung. Allgemeine Aussagen zur Risikoverteilung im Einzelfall sind schwierig zu treffen. Allerdings können die verschiedenen Vertragstypen Anhaltspunkte für die Risikoexposition des Auftragnehmers liefern. Dabei sind grundsätzlich leistungsorientierte und aufwandsorientierte Vergütungsmodelle zu unterscheiden[715]. Je einfacher Projekte zu beschreiben sind, desto eher kann auch die erforderliche Leistung definiert werden. Leistungsorientierte Modelle sind deshalb eher bei einfacheren, kleineren Projekten vorzuziehen, während bei komplexeren, größeren Projekten die aufwandsorientierten Modelle im Vordergrund stehen. Dabei hängt die Komplexität des Projekts nur bedingt von der Größe ab; ebenso entscheidend sind die Unsicherheiten, die bestehen[716]. Beispielsweise werden Tunnelbauprojekte oder Kraftwerksprojekte immer mit höheren Unsicherheiten behaftet sein als ein Straßenbauprojekt oder eine Erschließungsmaßnahme.

Naturgemäß wird das Risiko des Auftragnehmers stark durch diese Vertragsmodelle determiniert. Im Extremfall werden Liefer- und Leistungsumfang beschrieben und ein Festpreis vereinbart[717]. Auch bei den komplexen Pauschalverträgen werden die zu erbringenden Leistungen funktional und nicht in einem Leistungsverzeichnis[718] beschrieben[719]. Damit ist die Planbarkeit gegenüber Verträgen mit detaillierten Leistungsverzeichnissen[720] deutlich vermindert, sodass die Unsicherheit und damit das Risiko zunehmen. Das andere Extrem sind rein aufwandsorientierte Verträge, bei denen die Selbstkosten erstattet werden – ggf. zuzüglich einer zusätzlichen Managementgebühr[721] –, hier unterliegt der Auftragnehmer fast keinem Planungsrisiko, da ihm seine Kosten unabhängig vom Projektverlauf vergütet werden. Für den

---

715 Vgl. **Kochendörfer, B./Viering, M./Liebchen, J.** (Bau-Projekt-Management, 2004), S. 67; **Gralla, M.** (Vertragsformen 1999), S. 60 und S. 96.

716 Vgl. **Gralla, M.** (Vertragsformen 1999), S. 66.

717 Vgl. **VDI-Gesellschaft Entwicklung, Konstruktion, Vertrieb** (Auftragsabwicklung, 1991), S. 36.

718 Im Leistungsverzeichnis sind die im Rahmen eines Auftrages zu erbringenden Leistungen nach Umfang und Qualität festgelegt, meist aufgegliedert in einzelne Positionen. Vorteile des Leistungsverzeichnisses sind die klare, vollständige Darstellung des Vertrags-Solls, das Grundlage für die Einholung mehrerer vergleichbarer Angebote im Wettbewerb sein kann. Nachteile treten auf, wenn sich die zu erbringende Leistung nach Vertragsabschluss ändert, dann kommt es zu sogenannten Nachträgen.

719 Vgl. **VDI-Gesellschaft Entwicklung, Konstruktion, Vertrieb** (Auftragsabwicklung, 1991), S. 36f; **Gralla, M.** (Vertragsformen 1999), S. 64.

720 D.h. Detail-Pauschalverträgen oder Einheitspreisverträgen, wobei Einheitspreisverträge den Vorteil haben, dass nur die Einheitspreise vertraglich vereinbart sind und damit der Endpreis nicht pauschal vereinbart ist, sondern sich aus der Mengenermittlung (dem Aufmaß) ergibt (vgl. **Gralla, M.** (Vertragsformen 1999), S. 61-65).

721 Vgl. dazu detaillierter die Ausführungen in **Gralla, M.** (Vertragsformen 1999), S. 100f.

Auftraggeber im Normalfall günstiger sind sogenannte Target Contracts, die zwar systematisch ebenfalls Kostenerstattungsverträge (also aufwandsorientiert) sind, aber darüber hinaus eine Incentivierung zur Leistung, zur Projektdauer und/oder zur Kosteneinsparung beinhalten[722].

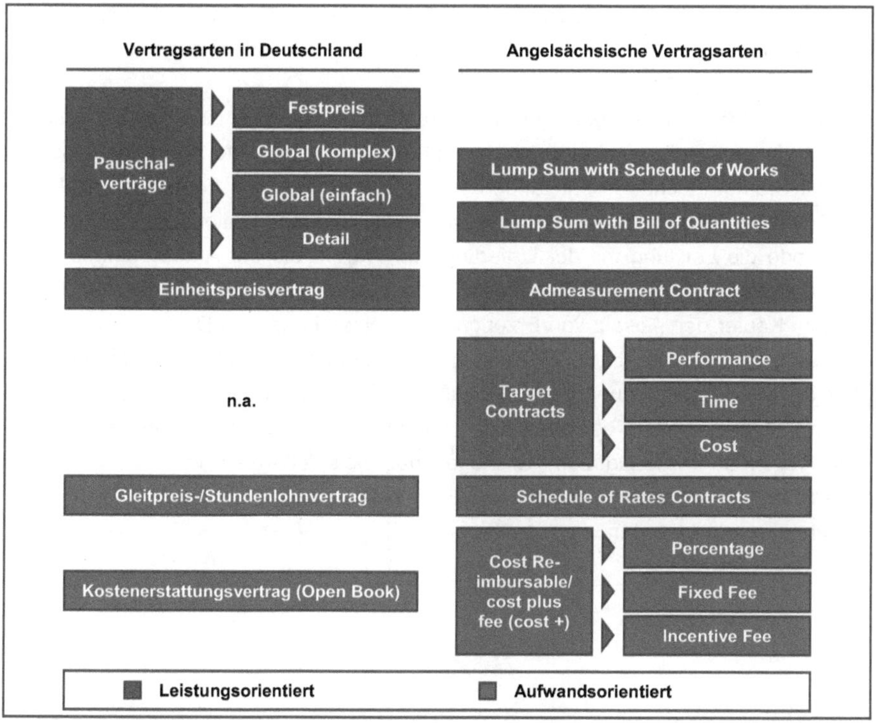

Abbildung 46: Vertragsmodelle im Projektgeschäft[723]

[722] Vgl. **Gralla, M.** (Vertragsformen 1999), S. 102-107; (**Gralla, M.** (GMP Verträge 2001); zur Übersicht Abbildung 46.

[723] Eigene Darstellung als Kombination der Darstellungen von **Gralla, M.** (Vertragsformen 1999), S. 60 und 96, in Anlehnung an die Abbildung auf S. 107. Vgl. zu den Spezifika des Anlagenbaus außerdem **VDI-Gesellschaft Entwicklung, Konstruktion, Vertrieb** (Auftragsabwicklung, 1991), S. 35-60. Der Studenlohnvertrag ist quasi eine Sonderform des Gleitvertrags und wird vor allem bei Bauprojekten verwandt.

Idealerweise sollte eine ausgewogene Risikoverteilung zwischen Auftraggeber, Generalunternehmer und Nachunternehmer bestehen[724]. Eines der Kennzeichen dafür ist, zu wessen Lasten eventuelle Mehrkosten gehen. Bei Pauschalpreisverträgen sind sie Risiko des Anbieters, beim (Selbst-)kostenerstattungsvertrag[725] gehen sie zu Lasten des Auftraggebers. Beim Guaranteed Maximum Price (GMP)-Modell wird ein Risikosplitting erzielt, da hier zwar ein Maximalpreis vereinbart wird, aber die Kosteneinsparungen zwischen den Partnern aufgeteilt werden können[726].

Eine Sonderform der Risikoabsicherung durch Vertragsmodelle sind Kompensations- oder Gegenseitigkeitsgeschäfte, welche historisch als eine erste Form der Kooperation mit Staatswirtschaften entstanden sind. Meist sind sie als Form der Bezahlung bei Devisenknappheit eingesetzt worden[727]. Beim Kompensationsgeschäft bezahlt der Kunde die Leistung mit der Lieferung von Waren, die der Auftragnehmer dann am Markt absetzen muss[728]. Das Gegenseitigkeitsgeschäft zielt dagegen nur darauf ab, dem Käufer den Absatz von Erzeugnissen seines Landes in Devisen zu ermöglichen, sodass die eigentliche Bezahlung des Lieferanten in Devisen stattfindet[729]. Über die reine Finanzierung des Geschäfts bei Devisenknappheit hinaus kann eine solche Vertragsform die Risikoexposition des Auftragnehmers dann verringern, wenn statt Waren ohne Bezug zum Grundgeschäft beispielsweise Vorleistungen oder Materialien zur Verfügung gestellt werden; außerdem können so Local-Content-Vorschriften erfüllt werden.

---

[724] Vgl. **Franke, A.** (Risikomanagement Industrieanlagenbau, 1997) S. 171.

[725] Im Anlagenbau häufig nur als Kostenerstattungs- bzw. Open-Cost-Vertrag bezeichnet, vgl. **VDI-Gesellschaft Entwicklung, Konstruktion, Vertrieb** (Auftragsabwicklung, 1991), S. 39f.

[726] Vgl. vertiefend **Gralla, M.** (GMP Verträge 2001).

[727] Vgl. **Diener, T.** (Kooperation, 1982), S. 10ff.

[728] Vgl. **Diener, T.** (Kooperation, 1982), S. 52.

[729] vgl. **Diener, T.** (Kooperation, 1982), S. 53f.

4.3 Spezifika des Liquiditätsmanagements im Projektgeschäft

In Abschnitt 3.2 wurde das Liquiditätsmanagement allgemein als wesentlicher Teil des Risikomanagements beschrieben. Analog zum Risikomanagement ist auch für das Liquiditätsmanagement zu klären, welche Besonderheiten im Projektgeschäft auftreten. Dazu werden nachfolgend die typischen Risiken des Projektgeschäfts[730] und deren Auswirkungen auf das Liquiditätsmanagement analysiert und anhand der Systematik zu den Spezifika des Risikomanagements[731] strukturiert.

Im Projektgeschäft werden – wie dargestellt – vom Auftragnehmer **einseitige, spezifische Investitionen** getätigt, die der Gefahr einer Abschöpfung durch den Auftraggeber unterliegen. Für das Liquiditätsmanagement bedeutet das die Berücksichtigung eines Liquiditätsbedarfs bereits vor der Abwicklungsphase, der vor allem aus den Angebotskosten resultiert. Darüber hinaus müssen Ausgaben finanziert werden, die im Zuge oft langwieriger Konzeptions- und Verhandlungsphasen anfallen. Nicht selten beginnt die Leistungserstellung bereits vor der endgültigen vertraglichen Einigung, was eine zusätzliche Finanzierung der Anfangsphase erfordert. Das Liquiditätsmanagement darf diese Situation jedoch nicht nur durch entsprechende Bereitstellung von Mitteln nachvollziehen, sondern muss Vorgaben für die mögliche Dauer und den vertretbaren Umfang von Vorleistungen machen.

Durch die **dezentrale Leistungserstellung** muss auch das Liquiditätsmanagement zum Teil dezentral erfolgen. Das Liquiditätsmanagement sollte Teil des Projektmanagements auf Einzelprojektebene sein. Die Terminplanung darf sich nicht allein am Fertigungsablauf orientieren, sondern muss auch das Zinsergebnis und den Liquiditätsbedarf planen und optimieren[732]. Allerdings erfolgt das strategische übergeordnete Liquiditätsmanagement zentral, was vor allem die Beschaffung und Anlage von Liquidität, die Vorgabe allgemeiner Richtlinien sowie die Koordination und Konsolidierung der dezentralen Liquidität betrifft. Das Liquiditätsmanagement gewinnt zusätzlich an Komplexität, wenn die Leistungserstellung in Arbeitsgemeinschaften erfolgt, da dann die Beeinflussbarkeit leidet und zusätzlicher Koordinationsaufwand entsteht.

---

730 Vgl. Abschnitt 4.1.
731 Vgl. Abschnitt 4.2.1, außerdem Abbildung 44.
732 Vgl. **Guserl, R.** (Risikomanagement, 1996), S. 521.

Mit den im Projektgeschäft immer wieder **wechselnden neuen Anforderungen und Rahmenbedingungen** steigen automatisch die Komplexität und die Unsicherheit, was wiederum höhere technische und organisatorische Risiken mit sich bringt. Das Liquiditätsmanagement muss diese Situation durch die Bildung entsprechender Reserven berücksichtigen, andererseits aber auch Vorgaben machen, welche Art und Größe von Unsicherheit und Risiko systematisch vertretbar und wirtschaftlich sinnvoll sind.

Ohne Absatzfinanzierung steigt die Höhe der Vorfinanzierung mit der **Dauer der Leistungserstellung**; im Extremfall müssen alle Selbstkosten bis zur Fertigstellung vorfinanziert werden. Dies stellt nicht nur extreme Anforderungen an die Finanzierung, sondern bringt auch Länder-, Inflations- und Währungsrisiken mit sich. Im Projektgeschäft sind daher Teil- bzw. Abschlagszahlungen[733] unverzichtbar, damit kürzere Fristen entstehen. Die **Verwertungsrisiken** werden so ebenfalls reduziert. Das Liquiditätsmanagement muss damit als Worst Case nicht den Ausfall des Gesamtprojekts ins Auge fassen, da unter Umständen Teilleistungen verwertet werden können oder sogar bereits abgerechnet sind.

Gewährleistungsrisiken stellen wesentliche Ansprüche an das Liquiditätsmanagement und die Prognose, um überhaupt eine zuverlässige Planung durchführen zu können. Gegebenenfalls ist hier eine eigene Reservenbildung erforderlich; in den meisten Fällen behalten Auftraggeber ihrerseits sogar Teile der Forderungen als Sicherheiten ein, was ebenfalls eine entsprechende Finanzierung und Absicherung erfordert. Das Liquiditätsmanagement kann Anhaltspunkte dafür bieten, in welchem Umfang es sinnvoll ist, durch freiwilligen Zusatzaufwand für Qualität, Unterhaltung oder vorzeitige Reparatur Höhe und Laufzeit der Einbehalte zu minimieren.

Auch auf die **diskontinuierliche Nachfrage** kann mit Reservenbildung reagiert werden. Das Liquiditätsmanagement kann darüber hinaus Vorgaben machen, wann und wie der fixe (beschäftigungsunabhängige) Liquiditätsabfluss reduziert werden muss, um auch bei niedriger Beschäftigung Handlungsfreiheit zu bewahren.

[733] Im Maschinen- und Anlagenbau handelt es sich um Teilzahlungen, bei Bauprojekten nach VOB um Abschlagszahlungen. Zu den Unterschieden vgl. Abschnitt 4.5.

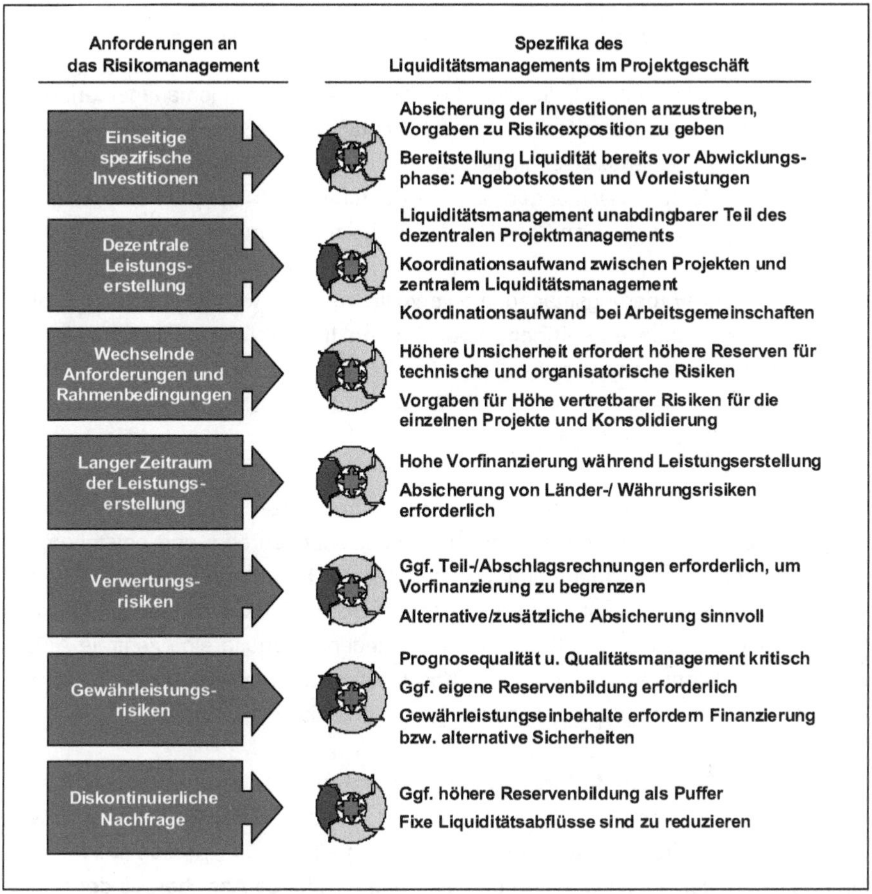

Abbildung 47: Spezifika des Liquiditätsmanagements im Projektgeschäft[734]

Es lässt sich festhalten, dass im Projektgeschäft im Vergleich zu anderen Branchen grundsätzlich ein **erhöhter Liquiditätsbedarf** besteht. Zum einen resultiert dieser aus den Geschäftsprozessen selbst, vor allem durch die Investitionen zur Angebotserstellung und den langen Zeitraum für Leistungserstellung und Gewährleistung. Zum anderen folgt der Liquiditätsbedarf aus der erhöhten Unsicherheit und der diskontinuierlichen Nachfrage, die eine zusätzliche Reservenbildung erfordert.

[734] Eigene Abbildung.

4.4 Spezifika des Forderungsmanagements im Projektgeschäft

Auch für das in Abschnitt 3.3 allgemein beschriebene Forderungsmanagement ist zu klären, welche Besonderheiten im Projektgeschäft vorherrschen. Dazu werden – analog zu der Vorgehensweise in Abschnitt 4.3 – die typischen Risiken des Projektgeschäfts und deren Auswirkungen auf das Forderungsmanagement analysiert und anhand der Systematik zu den Spezifika des Risikomanagements[735] strukturiert.

Im Rahmen des Forderungsmanagements sollte versucht werden, die für das Projektgeschäft typischen **einseitigen, spezifischen Investitionen** möglichst früh in werthaltige Forderungen umzuwandeln. Hier hat das Forderungsmanagement u.a. die Aufgabe, entsprechende Vorgaben für die Vertragsgestaltung zu machen und diese systematisch zu verfolgen.

Das Forderungsmanagement erfolgt in der Regel trotz **dezentraler Leistungserstellung** zentral. Obwohl die spezifischen Kundenbeziehungen eher dort entstehen, wo die Erstellung, die Abrechnung und die Abnahme der Leistung erfolgen, d.h. auf der Projektebene, bleibt das übergeordnete strategische Forderungsmanagement aus Gründen der Konsistenz und Kontinuität der Kundenbeziehung eine zentrale Aufgabe. Damit entsteht ein wesentlicher Koordinationsaufwand zwischen zentralem Forderungsmanagement und dezentraler Projektorganisation.

Durch die **wechselnden Anforderungen und Rahmenbedingungen** besteht auch im Forderungsmanagement das Problem, dass standardisierte Routinen erschwert werden. Für das Kreditmanagement bedeutet das eine immer wieder neue Vorgehensweise bei der Bonitätsprüfung und eine entsprechende Absicherung der Forderungen, zumal die Vertragsgestaltung immer wieder unterschiedlich ausfällt und auftragnehmerspezifische allgemeine Geschäftsbedingungen in der Praxis kaum zur Anwendung kommen können. Auch in der Forderungsbearbeitung muss immer wieder ein am Einzelfall orientiertes Vorgehen entwickelt werden, um eine durchsetzbare und werthaltige Forderung zu generieren und aus dieser eine Zahlung zu erhalten[736].

Die **Dauer der Leistungserstellung** hat aus Sicht des Forderungsmanagements keinen Einfluss, da ohne Rechnungserstellung zwar eine Vorfinanzierung, aber noch keine Forderung besteht. Allerdings treten während des langen Zeitraums zwischen

[735] Vgl. Abschnitt 4.2.1, außerdem Abbildung 44.
[736] Vgl. zur Systematisierung der Begriffe im Forderungsmanagement Abbildung 29.

Vertragsabschluss und Fälligkeit der Forderungen Länder-, Inflations- und Währungsrisiken auf, die entsprechend abgesichert werden müssen. Auch die Bonität kann sich in dem langen Zeitraum verändern. Dazu kommt, dass mit steigender Zeitdifferenz zwischen Leistungserstellung und Vergütung das Potential für strittige Forderungen (Veritätsrisiko) deutlich zunimmt, weil auch die beste Leistungsdokumentation die Genauigkeit einer zeitnahen Abrechnung nicht ersetzt, in der ein Nachweis noch leicht zu führen ist[737]. Damit behalten die Aussagen des vorherigen Abschnitts zu den Teil- und Abschlagszahlungen sowie den **Verwertungsrisiken** auch im Forderungsmanagement ihre Gültigkeit.

Gewährleistungsrisiken wirken sich im Forderungsmanagement vor allem auf die Verität der Forderungen aus. Dabei kommt nicht nur der ordnungsgemäßen Leistungserstellung wesentliche Bedeutung zu, sondern auch der sorgfältigen Dokumentation und Kommunikation. Gerade im Projektgeschäft werden Mängel häufig als Begründung für eine Verweigerung von Zahlungen angeführt, selbst wenn diese Einreden nicht berechtigt sind. Somit muss die ordnungsgemäße Ausführung möglichst zweifelsfrei dokumentiert und dem Kunden gegenüber so kommuniziert werden, dass diese Einreden in möglichst geringer Zahl und Größe auftreten.

Ein indirekter Einfluss kann von der **diskontinuierlichen Nachfrage** ausgehen. Gerade in Zeiten von Unterauslastung werden häufig Zugeständnisse gemacht, um die Fixkosten des Unternehmens zur Not auch mit nicht nachhaltig kostendeckenden Aufträgen teilweise zu kompensieren. Hier kann es neben zu niedrigen Angebotspreisen außerdem zur Akzeptanz von unvorteilhaften Zahlungsbedingungen sowie unzureichender Bonität des Kunden und/oder fehlender Absicherung von Forderungen kommen.

[737] Dabei ist vor allem auch an Leistungen zu denken, die mit Projektfortschritt nicht mehr nachweisbar sind, weil überbaut, verbaut oder verbraucht.

Abbildung 48: Spezifika des Forderungsmanagements im Projektgeschäft[738]

[738] Eigene Abbildung.

Als **Fazit** kann festgehalten werden, dass das Forderungsmanagement im Projektgeschäft den individuellen Prozessen folgen muss und deshalb vergleichsweise geringe Möglichkeiten zur Standardisierung bietet. Die dezentrale Struktur der Produktion erfordert einen hohen Koordinierungsaufwand zwischen den projekt- und unternehmensbezogenen Aufgaben einerseits und den Leistungen des Forderungsmanagements andererseits. Darüber hinaus stellt die Absicherung der Forderungen eine Herausforderung dar, weil die Aufträge – unter ständig wechselnden Bedingungen, oft international – vergeben werden. Eine weitere Schwierigkeit besteht darin, dass die Verwertung des Produktes am Markt im Streitfall kaum kostendeckend erfolgen kann.

4.5 Spezifika des Factoring im Projektgeschäft

Das Risikomanagement – speziell das Liquiditäts- und Forderungsmanagement – im Projektgeschäft unterliegt wie dargestellt zweifellos einigen besonderen Anforderungen. Aus Nachfragerperspektive ist im Folgenden zu klären, ob das Liquiditäts- und Forderungsmanagement im Projektgeschäft besser intern zu leisten ist oder extern vergeben werden sollte. In diesem Zusammenhang stellt sich die Frage, ob Factoring als Instrument des Risikomanagements im Projektgeschäft sinnvoll eingesetzt werden kann, also einen signifikanten Vorteil zum internen Forderungsmanagement und den Teilen des Liquiditätsmanagements bietet, die es abdecken kann. Aus Anbieterperspektive wird zu klären sein, ob Factoring für das Projektgeschäft wirtschaftlich sinnvoll angeboten werden, also mit den besonderen Anforderungen und Risiken umgegangen werden kann und der zu erwartende Umsatz diesen Aufwand rechtfertigt.

Auf abstrakter Ebene kann zunächst festgehalten werden, dass der Factorer das Forderungsmanagement effizienter und/oder effektiver leisten können muss als das Unternehmen selbst[739], d.h. entweder kostengünstiger oder aber mit mehr Erfolg. Nur so entsteht eine Prämie zwischen einer Eigenleistung des Kunden gegenüber einer Erledigung durch den Factorer; diese kann dann zwischen den beiden Partnern aufgeteilt werden. Offensichtlich können diese Effizienzunterschiede durch Skalen-, Verbund- und/oder Lernkurveneffekte erreicht werden. Dem stehen aber allgemein die beiden grundlegenden Charakteristika des Projektgeschäfts gegenüber: Einzeltransaktionen mit Einzelkunden. Aus den Überlegungen in den vorangegangenen Abschnitten lassen sich die Spezifika des Factoring im Projektgeschäft detaillierter ableiten. Wie auch dort erfolgt die Strukturierung anhand der unter 4.2.1 definierten sieben wichtigsten Anforderungen an das Risikomanagement, zusätzlich unterteilt in die Nachfrager- und Anbieterperspektive.

4.5.1 Nachfragerperspektive

Aus **einseitigen spezifischen Investitionen** des Auftragnehmers im Projektgeschäft bereits vor und während der Angebotserstellung ergibt sich ein erhöhter Liquiditätsbedarf, der allerdings nicht unmittelbar durch Factoring gedeckt werden kann, da noch keine Forderung entstanden ist. Factoring an anderer Stelle des Prozesses kann jedoch zur Deckung dieses Liquiditätsbedarfs dienen. Dies gilt im Übrigen in

739 Vgl. dazu die Ausführungen zum Outsourcing in den Abschnitten 3.3.6 und 3.4.6.

gleicher Weise generell für den erhöhten Liquiditätsbedarf, der durch die Charakteristika des Projektgeschäfts entsteht, z.B. Vorleistungen und Risikopuffer.

Die lange **Dauer der Leistungserstellung** führt aber nicht nur zu erhöhtem Liquiditätsbedarf, sondern weiterhin dazu, dass die Risikoposition schlechter steuerbar wird. Wenn zwischen Kalkulation des Projekts, Abschluss der Verträge, eigenen Ausgaben und Begleichung der Forderungen durch den Abnehmer sehr lange Zeiträume liegen, können sich Rahmenbedingungen verändern, ohne dass dies ex ante kalkulierbar ist. Zu denken ist hier an Länder-, Inflations-, Währungskurs- und Bonitätsrisiken. Factoring könnte hier durch zwei Aspekte unterstützen. Einerseits würde ein professionelles Factoring dafür Sorge tragen, dass die Risiken durch entsprechende Gestaltung der Verträge und Professionalisierung des Forderungsmanagements von Anfang an vermieden oder auf andere Parteien (also vor allem den Auftraggeber) übergewälzt[740] werden. Sollte dies nicht möglich oder gewünscht sein, kann Factoring außerdem eine Absicherung gegenüber diesen Risiken darstellen, da die Forderung verkauft wird und die Risiken damit auf den Factorer übergehen, der diese in der Regel dann für sich kompensieren muss. Dazu kommt, dass die Risken für den Kunden wesentlich besser bewertbar werden. Spätestens im Rahmen von Limitvereinbarungen zu Beginn eines Projekts werden Abschläge beim Ankauf der Forderungen vereinbart. Dadurch bekommen sämtliche Risiken für den Kunden ein Preisschild und er kann sogar in Zusammenarbeit und Verhandlungen mit dem Factorer versuchen, diese Kosten durch Veränderung der Risikoposition zu verkleinern.

Der Kunde steht beim Projektgeschäft aufgrund der **dezentralen Leistungserstellung** in direktem, intensivem Kontakt mit dem Abnehmer, welcher sich nicht ohne Weiteres auslagern lässt. Dezentral erfolgt deshalb in der Regel die operative Forderungsbearbeitung, mindestens die Rechnungserstellung, meist auch Zahlungseingangskontrolle und Mahnverfahren; das Inkasso erfolgt fast immer zentral. Ratsam ist es in jedem Fall, das übergeordnete strategische Forderungsmanagement zentral zu erbringen, was sich insbesondere auf Bonitätsprüfung, Kreditgewährung, Vertragsgestaltung, Prozessrichtlinien und Vorgaben zur Forderungsbearbeitung und Risikocontrolling erstreckt. Einmal ist das zentrale Forderungsmanagement mit weniger Aufwand verbunden als die umfassende Dezentralisierung; viel wichtiger aber ist sein Einfluss auf das Unternehmensergebnis: Hier begründete oder vermiedene Risiken übersteigen die Größenordnung des Aufwands für die Forderungsbearbeitung bei Weitem.

---

740 Vgl. zu den grundsätzlichen Strategien des Risikomanagements Abbildung 14.

Die dezentrale Leistungserstellung, die sich in der grundsätzlich dezentralen Forderungsbearbeitung widerspiegelt, ist also kein Hindernis für die Auslagerung wesentlicher Funktionen des strategischen Liquiditäts- und Forderungsmanagements, da diese auch bei interner Bearbeitung besser zentral organisiert werden. Hier könnte Factoring also ansetzen. Es wäre überdies zu erwarten, dass ein externer Anbieter, der sich auf Factoring spezialisiert hat, dessen Grundfunktionen auch dann wesentlich effektiver und effizienter erbringen kann, wenn er nicht in der Lage ist, die dezentrale Forderungsbearbeitung komplett zu übernehmen. Trotzdem kann er in der Summe doch eine wesentliche Prozessverbesserung erreichen und dabei eine Disziplinierungsfunktion gegenüber der operativen Ebene einnehmen.

Der Koordinationsaufwand durch die **dezentrale Leistungserstellung** und die damit verbundene Verteilung von Liquiditäts- und Forderungsmanagement auf zentrale und dezentrale Einheiten könnte insbesondere auch im Fall von Bieter- bzw. Arbeitsgemeinschaften verringert werden. Im Allgemeinen kann nämlich davon ausgegangen werden, dass ein externer Anbieter die Schnittstellen des Factoring ohnehin möglichst effizient gestalten und sie bei jedem seiner Aufträge optimieren muss, um Transaktionskosten zu vermeiden. Bezogen auf Arbeitsgemeinschaften bietet sich sogar die Chance, das gesamte Factoring für ein Projekt fremd zu vergeben, was Koordinationsaufwand verringern kann und den Vorteil bietet, dass dann ein unabhängiger Dritter den Prozess verantwortet und ausführt.

Die ständig **wechselnden Anforderungen und Rahmenbedingungen** sind ambivalent zu beurteilen. Einerseits ist zu argumentieren, dass auch ein Factorer dadurch weniger Skalen- und Erfahrungskurveneffekte realisieren kann, als dies bei einem standardisierteren Geschäft möglich ist. Dieses Argument gilt aber für den Kunden selbst in gleicher Weise. Wenn überhaupt jemand Standards aus Erfahrungen setzen kann, dann nur der Factorer, der ähnlich gelagerte Fälle für mehrere Kunden behandelt. Zumindest ist hier die Chance größer, Erfahrungen transferieren und Größen- bzw. Verbundeffekte realisieren zu können. Dafür ist allerdings eine ausreichende Prozesskompetenz sehr wichtig. Wenn aufgrund der Heterogenität des Geschäfts schon keine detaillierten Vorgaben für das Vorgehen gemacht werden können, so sollten auf abstrakterer Ebene Prozesse installiert werden, welche die Qualität sichern und Risiken minimieren. Solche Prozessvorgaben und Richtlinien auf abstrakterer Ebene sind offensichtlich gerade die Kompetenz eines Factorers, denn er muss für unterschiedliche Kunden und Branchen immer wieder neu sicherstellen, dass er seine funktionale Expertise auf inhaltlich neue Geschäftsfelder und -abläufe übertragen kann.

Entscheidend wird hier sein, wie hoch die Kompetenz des Factorers in der jeweiligen Branche des Projektgeschäfts ist. Hat er hier nur ein oder zwei Kunden, wird der Erfahrungsvorsprung vor seinem Kunden vermutlich nur sehr gering sein. Factorer mit einer breiten branchenspezifischen Kundenbasis könnten auf die Grundfunktionen des Factoring bezogen sogar mehr Branchenkompetenz vorweisen als der Kunde selbst.

Auch durch die **Verwertungsrisiken** entsteht ein erhöhter Bedarf zur Absicherung der Länder-, Währungs-, Inflations- und Bonitätsrisiken. In aller Regel wird hier der Factorer die größere Erfahrung besitzen und über die besseren Instrumente verfügen. Allein über das Gesetz der großen Zahl werden sich Risiken bei ihm durch Diversifizierung „herauskürzen“, es kann sich also ein Portfolioeffekt ergeben.

Aus den **Gewährleistungsrisiken** resultieren – wie auch aus den **langen Zeiträumen der Leistungserstellung** – spezielle Anforderungen zur Sicherung der Verität der Forderungen. Zum einen bedeutet dies, dass die Dokumentation der erbrachten Leistung sehr sorgfältig und dauerhaft nachvollziehbar erfolgen muss, um Zweifel gar nicht erst entstehen zu lassen oder zumindest bei auftretenden Streitigkeiten ausreichende Nachweise zur Verfügung zu haben. Sicherlich ist es nicht praktikabel, davon auszugehen, dass ein Factorer die komplette Abwicklung dieser Dokumentation übernimmt, zumal dies in aller Regel inhaltlich sehr nahe an der operativen Leistungserstellung erfolgen sollte. Aber auch hier würden vom Factorer initiierte oder von ihm unterstützte klare Richtlinien und eine saubere Prozessteuerung dazu beitragen, Streitfälle zu vermeiden oder wenigstens die Aussichten auf einen positiven Ausgang zu verbessern. Ähnliches gilt für die Abschlags- bzw. Teilrechnungen. Diese sind heute gar nicht oder nur erschwert factorabel, da häufig Zweifel an ihrer Verität bestehen. Um factorable Forderungen zu schaffen, muss der Verbesserungsprozess schon zu Beginn der Wertschöpfungskette angreifen, also beispielweise bereits Einfluss auf die Verträge haben. Es muss z.B. dafür Sorge getragen werden, dass in einem Pauschalvertrag die Leistung von vornherein zweifelsfrei definiert wird und damit auch ohne Einwände abgerechnet werden kann. Es ist nicht nur vorteilhaft für den Factorer, sondern für das gesamte Risikomanagement, wenn der Prozess der Leistungserstellung klarer definiert und damit besser nachvollziehbar wird.

Im Bereich der **Gewährleistung** entstehen durch Einbehalte des Auftraggebers signifikante Forderungen, die zu refinanzieren sind. Gerade diese Positionen sind ideal für die Auslagerung an einen Factorer, da in der Regel nur eine geringe Summe des Einbehalts in Anspruch genommen wird, der bei den üblichen Laufzeiten von fünf Jahren und mehr aber dem Unternehmen so lange nicht zur Verfügung steht.

Wesentlich für das Factoring ist, dass Forderungen zweifelsfrei bestehen. Factorer können deshalb geneigt sein, die Verität selbst zu erstreiten oder für eine zügige Einigung – gegebenenfalls zu Lasten des Ergebnisses oder der Kundenbeziehung – Druck auf die Parteien auszuüben. Dem steht entgegen, dass Einigungen über Mängeleinreden im Projektgeschäft oft außergerichtlich auf dem Verhandlungsweg erfolgen. Der Factorer dagegen wird versuchen, in diesen Fällen sein Rückgriffsrecht auf den Kunden durchzusetzen.

Auch die **diskontinuierliche Nachfrage** lässt eine externe Vergabe an Factorer grundsätzlich sinnvoll erscheinen, da ein schwankender Kapazitätsbedarf dort wesentlich einfacher geglättet werden kann. Dies kann einer der Beiträge sein, um fixe Kosten und damit Abflüsse von Liquidität zu reduzieren, denn ein Factorer verlangt nur dann eine Vergütung, wenn im Gegenzug Forderungen an ihn verkauft werden und damit Liquidität in das Unternehmen kommt.

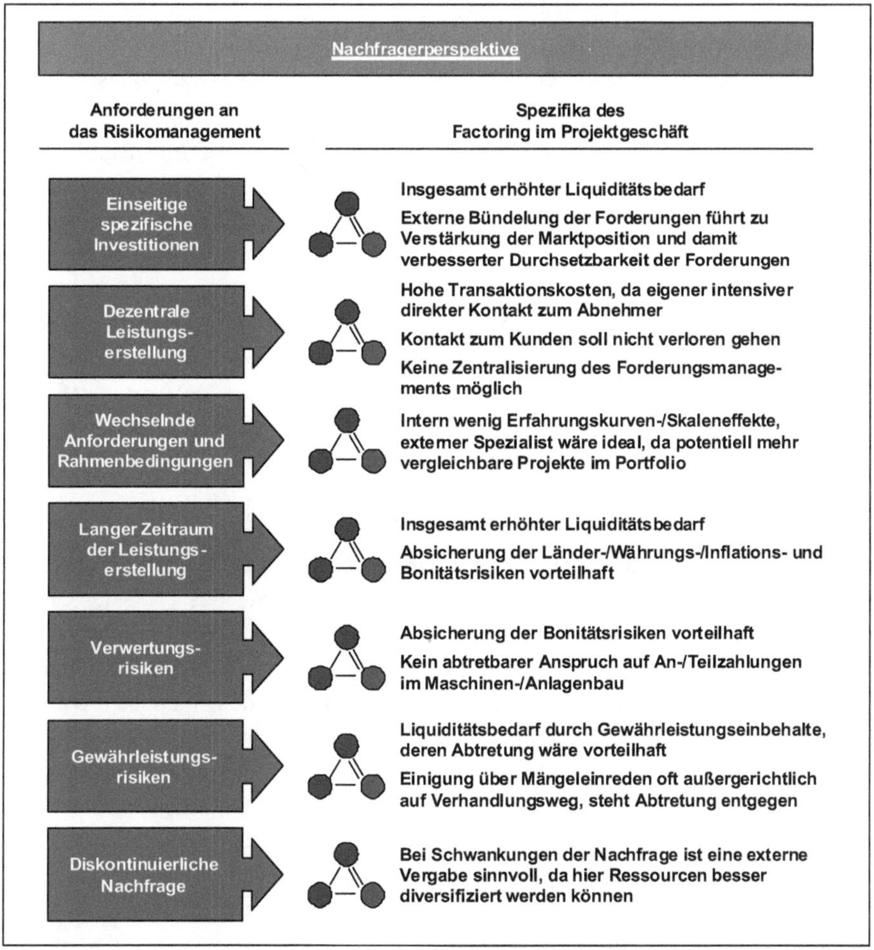

Abbildung 49: Spezifika des Factoring aus Nachfragerperspektive

Bei Betrachtung der ursprünglichen Bedeutung und Attraktivität von Factoring für das Projektgeschäft aus Nachfragerperspektive ist also festzustellen, dass es eine ganze Reihe von spezifischen Faktoren gibt – im Wesentlichen der vergleichsweise hohe Bedarf an Liquidität –, die dafür sprechen, dass Factoring dort mindestens ebenso gut seinen Platz finden kann wie in anderen Branchen. Wo das Projektgeschäft – etwa durch die Dezentralisierung – zunächst gegen Outsourcing-Lösungen spricht, gibt es inhärente Strukturen oder organisatorische Lösungen zur Überwindung dieser Hindernisse.

Factoring erscheint in diesem Kontext **hinsichtlich aller drei Grundfunktionen attraktiv**: Durch Schaffung von Liquidität (Finanzierungsfunktion), durch die Absicherung von Forderungen und damit Risiken (Versicherungsfunktion) und durch das Outsourcing des Forderungsmanagements (Dienstleistungsfunktion). Gegen Factoring sprechen in diesem Zusammenhang die Transaktionskosten und die Reduzierung des Kundenkontakts.

Offenkundig ist die **Finanzierungsfunktion**: Branchenspezifisch ist der erhöhte Liquiditätsbedarf, der durch die unterschiedlichsten Aspekte des Projektgeschäfts entsteht. Daher ist davon auszugehen, dass die Liquiditätssituation in Unternehmen des Projektgeschäfts grundsätzlich angespannt ist. Factoring kann primär Finanzierungsinstrument für Forderungen sein, ungeachtet dessen, dass dies nicht phasenkongruent mit der Angebots- und Leistungserstellung sein muss. Die gesamte Liquiditätssituation des Unternehmens wird in den meisten Fällen verlangen, dass alle vernünftigen zur Verfügung stehenden Quellen für Liquidität ausgeschöpft werden. Auf den ersten Blick erscheint die Finanzierungsfunktion daher als das schwerwiegendste Argument für Factoring im Projektgeschäft.

Die **Versicherungsfunktion** ist sicherlich am einfachsten darzustellen, da hier die geringsten Unterschiede zu anderen Branchen bestehen. Zunächst ist die Absicherung der Debitorenbonität zu angemessenen Konditionen an sich bereits attraktiv, da dieses Risiko und das dazugehörende Risikomanagement nur in den seltensten Fällen zu den Kernkompetenzen des Unternehmens zählen. Dies gilt umso mehr angesichts der spezifischen Risiken, die vor allem durch die langen Zeiträume der Leistungserstellung und die Internationalität des Geschäfts induziert werden.

Die **Dienstleistungsfunktion** ist vor allem dort attraktiv, wo die Unternehmensstrukturen einerseits eine systematische strategische Forderungsbearbeitung erfordern, andererseits nicht bereits durch eigene Größe entsprechende Stäbe wirtschaftlich eingerichtet werden können – die Dezentralität des Projektgeschäfts steht dem nicht im Wege. Die Beurteilung des Factoring nach den **Transaktionskosten** folgt den generellen Überlegungen zum Outsourcing des Forderungsmanagements[741]. Hier muss zunächst ein einfacher Kostenvergleich erfolgen, und zwar im Einzelfall. Diese Abwägung lässt sich zahlenmäßig nicht verallgemeinern. Wichtig ist aber, dass der Vergleich der unmittelbar zuordenbaren Kosten der externen bzw. internen Lösungen nicht ausreicht. Es ist darüber hinaus zu bewerten, ob die Reduzierung des Kundenkontakts durch das Outsourcing nicht Redundanzen schafft oder Ersatzleistung an anderer Stelle induziert, um die notwendigen Kundenbeziehungen aufrechtzuerhalten.

Die Frage des **Kundenkontakts** ist auch bei spezifischen Leistungen zu bewerten, die ausgegliedert werden sollen. Geht die Beziehung an sensiblen Stellen – beispielsweise bei der strittigen Behandlung von Nachträgen – auf den Factorer über, kann es sein, dass nicht nur die Flexibilität – z.B. in Bezug auf gütliche Lösungen oder die Verhandlung von Anschlussaufträgen – verloren geht, sondern das Verhältnis zum Kunden von einem Dritten geprägt wird, der mehr Interesse an der Lösung des Einzelfalls als an einer längerfristigen Beziehung hat.

Ein ganz wesentliches Argument für das Factoring wird erst beim zweiten Hinsehen deutlich. Die **Dienstleistungsfunktion** kann nämlich eine individuelle Wirkung entfalten, die weit in die Grundsätze der Strukturen und der Leistungserbringung eingreift; sie soll **Disziplinierungsfunktion** genannt werden. Sie ist deshalb so wichtig, weil sie nicht nur erhebliche Vorteile für die Nachfrager bietet, sondern – wie gezeigt werden wird – genau die systematischen Nachteile beseitigt, die aus Angebotssicht gegen das Factoring sprechen.

Dieses Argument ist letztlich der **Umkehrschluss aus der Informationsasymmetrie**[742]. Wenn Factorer nämlich befürchten müssen, dass ihnen aufgrund der Adverse Selection-Problematik nur schlechte Forderungen angeboten werden, so muss im beiderseitigen Interesse so viel Transparenz geschaffen werden, dass sich ein angemessener Marktpreis bildet. Der Factorer wird also verlangen, dass die Forderungen, die er ankaufen soll, mit möglichst wenigen Risiken behaftet sind. Während das Bonitätsrisiko extern mit vertretbarem Aufwand geprüft werden kann, ist das für das Veritätsrisiko weit weniger selbstverständlich. Der Factorer muss hier verlangen, dass allen Forderungen eine klar definierte Gegenleistung gegenübersteht und dass diese vollständig und ordnungsgemäß erbracht worden ist. Dies kann er wiederum

[741] Vgl. hier und im folgenden Abschnitt 3.4.5.1.
[742] Vgl. hier und im folgenden Abschnitt 3.4.5.1.

nur prüfen, wenn die Leistung sorgfältig dokumentiert worden und idealerweise sogar bereits vom Kunden akzeptiert worden ist. Mit anderen Worten: Der Factorer wird darauf achten, dass die Forderung tatsächlich ordnungsgemäß entstanden ist und ohne größeren Aufwand durchgesetzt werden kann. Damit wird auf Kundenseite ein Anreiz geschaffen, genau diesen Ansprüchen des Factorers – gegebenenfalls sogar durch dessen Sachkenntnis unterstützt – zu genügen. Wie oben beschrieben, wird dies in aller Regel ein Prozess sein, der entlang der gesamten Kette der Leistungserbringung angreift und damit die internen Abläufe signifikant diszipliniert.

Dieser Effekt wird durch die **Kostenbetrachtung** sogar noch verstärkt. Für den Kunden kann Factoring nur attraktiv sein, wenn es mit für ihn attraktiven, d.h. geringeren Abschlägen auf die Forderungen angeboten wird. Der Preis eines Factorers für seine Dienstleistung wird aber nur zu Teilen von der Zahlungsbereitschaft seiner Kunden abhängen und zu einem wesentlichen Teil von dem Risiko, das er bei diesem Kunden eingehen muss. In einem perfekten Markt mit völliger Transparenz würde sich für das objektive Risiko ein fairer Marktpreis bilden, den der Kunde in aller Regel als angemessen einschätzen würde. Kritischer ist das subjektive Risiko des Factorers, das zu wesentlichen Teilen auch aus Unsicherheit bezüglich des tatsächlichen Risikos, d.h. der Unkenntnis über das tatsächliche Bonitäts- und Veritätsrisiko besteht. Gerade bei der Verität kann er seine Informationsbeschaffung fast ausschließlich auf seinen Kunden stützen. Somit hat der Kunde nicht nur ein Interesse daran, überhaupt factorable Forderungen zu schaffen, sondern darüber hinaus deren Durchsetzbarkeit zu maximieren und durch eine sorgfältige Dokumentation dem Factorer nachzuweisen, sodass die Unsicherheit des Factorers abgebaut wird und die Transaktionskosten gesenkt werden können, wodurch sich wiederum der Abschlag auf die Forderungen reduziert.

Über diese offensichtlichen Wirkungen hinaus würde durch die Disziplinierung aber etwas Weiteres bewirkt: Transparenz, Abbau von Risiken oder Fristenkongruenz bewirken eine Verbesserung des **Ergebnispotentials** an sich, günstige Vertragskonditionen, eindeutige Leistungsbeschreibungen oder adäquate Gleitklauseln sind nicht nur vorteilhaft für den Factorer oder das Liquiditätsmanagement, sondern bilden insgesamt eine solidere Basis und ein größeres Potential für die Unternehmenstätigkeit. Die Professionalität und die nüchterne Risikobewertung des Factorers können also sehr wohl eine positive Wirkung auf die Grundtätigkeit des Unternehmens ausüben.

4.5.2 Anbieterperspektive

Wenn es – zumindest aus theoretischer Perspektive – eine Nachfrage nach Factoring geben müsste, ist nachfolgend zu klären, ob ein dazu passendes Angebot identifiziert werden kann. Hierfür ist zunächst zu klären, ob es sich um einen aus Anbieterperspektive attraktiven Markt handelt. Eine umfassende Markt- und Wettbewerbsanalyse würde hier sicherlich den Rahmen sprengen, zumal es sich nicht um einen völlig eigenständigen Markt handelt, sondern um Teile eines bereits bestehenden Marktes. Somit reicht es aus zu überlegen, wie groß das Marktsegment ist, welche Margen realisiert werden können und welche Unterschiede zu den anderen Factoringmärkten in Deutschland bestehen.

Ausgehend von über 150 Mrd. € Umsatz im gesamten Baugewerbe im Jahr 2006[743] und über 150 Mrd. € Umsatz im Maschinen- und Anlagenbau[744], entstünde ein Umsatzpotential von insgesamt über 300 Mrd. €. Allerdings ist hier zu beachten, dass nicht das gesamte Volumen des Maschinen- und Anlagenbaus dem Projektgeschäft zugerechnet werden kann; nach Aussage des VDMA[745] sind dies lediglich 40-45%. Mit dieser Annahme lässt sich festhalten, dass das Projektgeschäft in Deutschland zumindest nicht weniger als 250 Mrd. € Umsatz hat, vermutlich sogar mehr[746]. Wenn dieses Volumen dem derzeitigen Gesamtvolumen für Factoring in Deutschland – knapp über 70 Mrd. €[747] – gegenüberstellt wird, so kann ohne Zweifel gefolgert werden, dass der Markt für Factoring im Projektgeschäft aus Perspektive des Umsatzes interessant sein muss, selbst wenn nicht davon ausgegangen werden kann, dass der gesamte Markt für Factoring zur Verfügung steht. Es gibt also ein signifikant großes **Forderungsvolumen im Projektgeschäft.**

Bei Betrachtung der Ausführungen im vorangehenden Abschnitt kann außerdem geschlossen werden, dass es eine starke Nachfrage für Factoring im Projektgeschäft geben müsste. Das bedeutet für die Factoringunternehmen, dass in diesen Branchen eine erhöhte Zahlungsbereitschaft vorhanden sein sollte, also vergleichsweise hohe Abschläge auf die Forderungen akzeptiert werden dürften. Bei gleichem Risiko und gleichem Bearbeitungsaufwand würde dies eine höhere Marge für die Factorer bedeuten. Dazu muss nachfolgend aber auch die Kostenseite näher untersucht

---

743 Vgl. die Zahlen des Bundesministeriums für Wirtschaft zum Jahr 2006: **Bundesministerium für Wirtschaft** (Umsatzdaten Bau, 2007).

744 Vgl. die Zahlen des Bundesministeriums für Wirtschaft zum Jahr 2006: **Bundesministerium für Wirtschaft** (Umsatzdaten Masch.-/Anlagenbau, 2007).

745 Vgl. das Telefoninterview mit dem VDMA.

746 Mit diesen beiden Branchen sind noch nicht alle Unternehmen des Projektgeschäfts erfasst.

747 Daten des Deutschen Factoring-Verbands e.V., vgl. Abschnitt 3.4.7.

werden: Gibt es im Factoring für das Projektgeschäft einen höheren Bearbeitungsaufwand? Ist das Projektgeschäft außerdem risikobehafteter?

Im Projektgeschäft bestehen relativ wenige langfristige, partnerschaftliche Lieferbeziehungen, sondern es handelt sich typischerweise um Einzeltransaktionen mit Einzelkunden, woraus sich auch die **einseitigen spezifischen Investitionen** erklären[748]. Für den Factorer ergibt sich daraus die Problematik, dass wenig Mehrfachabnehmer existieren. Darüber hinaus ist der Abnehmerkreis wenig homogen, anders als das beispielsweise in der Automobilzulieferindustrie der Fall ist, sodass auch die Überschneidungen der Abnehmerkreise unterschiedlicher Kunden gering sein werden. Damit können keine eigenen Beziehungen zu den Abnehmern aufgebaut werden. Zum anderen geht die normale Kalkulation der großen Institute nicht auf, bei denen Kosten für Limitprüfungen zumindest teilweise aus den Factoringgebühren durch Mehrfachabnehmer quersubventioniert werden. Dazu kommt die Problematik von Adverse Selection, wenn der Factorer die Abnehmer nicht aus eigener Erfahrung kennt; er läuft Gefahr, vor allem die „lemons"[749] angeboten zu bekommen.

Die Ausführungen zu der **dezentralen Leistungserstellung** im vorhergehenden Abschnitt aus Nachfragersicht behalten auch hier ihre Gültigkeit. Aufgrund des direkten, intensiven Kontakts des Kunden mit seinen Abnehmern können bei einer Auslagerung nur begrenzt Skaleneffekte realisiert werden. Die **immer neuen Anforderungen und Rahmenbedingungen** führen außerdem dazu, dass die Prozesse nur wenig standardisiert und automatisiert werden können und hoher individueller Aufwand entsteht. Dies ist besonders bei den weit verbreiteten Nachträgen der Fall, bei denen individuelle Vereinbarungen und Verhandlungen im Mittelpunkt stehen.

Die sehr lange **Dauer der Leistungserstellung** bringt einen entsprechenden zeitlichen Abstand zwischen der Bonitätsprüfung und der Limitvergabe einerseits und der fälligen Forderung andererseits mit sich. Damit entsteht eine zusätzliche Unsicherheit, weil die Prognosen sehr weit in die Zukunft reichen und sich Geldwert, Währungskurs sowie Länder- und Abnehmerbonität im Zeitablauf von gegebenenfalls mehreren Jahren leicht ändern können. Darüber hinaus besteht die Gefahr von Moral Hazard, wenn der Kunde in dieser Zeit nicht mehr unbedingt im Interesse des Factorers handelt[750]. Eine Verkürzung der Fristen dieser Vorfinanzierung durch den Kunden ist für den Factorer nicht einfach, da die Teil- und Anzahlungen im Anlagen- und

---

748 Vgl. dazu grundlegend Abschnitt 2.3.
749 Grundlegende Anmerkungen zur adverse selection-Problematik vgl. Abschnitt 3.4.5.1.
750 Vgl. zu dieser Problematik ausführlicher Abschnitt 3.4.5.1.

Maschinenbau überhaupt nicht und die Abschlagszahlungen bei Projekten nach VOB nur erschwert abgetreten werden können[751]. Andererseits bestehen die Probleme der Informationsasymmetrie auch für Banken, die Forfaitierungslösungen oder Projektfinanzierungen anbieten, und zwar in noch viel größerem Ausmaß; hier bestehen noch weniger langfristige Kundenbeziehungen und damit weniger Erfahrungen[752].

Die **Verwertungsrisiken** erschweren im Projektgeschäft die Absicherung der Forderungen und verstärken damit diese Problematik. Dazu kommt, dass durch die hohen Auftragswerte oft sehr hohe Einzelforderungen entstehen, welche für die Factorer nicht nur Fragen der Absicherung, sondern beispielsweise auch Klumpenrisiken bergen können.

Für den Factorer bergen die **Gewährleistungsrisiken** eine enorme Komplexität, da häufig die Verität der angekauften Forderungen bedroht ist. Im Idealfall hat der Factorer bei mangelnder Verität ein Rückgriffsrecht auf seinen Kunden, aber auch dann ist zunächst die Frage der Einrede zu klären. Wenn also der Abnehmer eine Mängeleinrede geltend macht, muss der Factorer erheblichen individuellen Aufwand investieren, um eine Entscheidung zur Verität in die eine oder andere Richtung herbeizuführen. Auch wenn er dabei auf die Unterstützung seines Kunden, der durch das Rückgriffsrecht monetär incentiviert ist, bauen kann, entstehen ihm dadurch zumindest erhebliche Kosten. Für den Factorer tritt der schlimmste Fall dann ein, wenn sein Kunde in einer solchen Situation insolvent wird, da er dann nicht mehr mit dessen Unterstützung rechnen kann und sein Rückgriffsrecht außerdem wertlos wird. Selbst wenn dies noch als im Einzelfall vertretbares Risiko erscheinen mag, kann davon im Projektgeschäft nicht ausgegangen werden. Hier zählen Mängeleinreden zum Regelfall, sodass diese Forderungen entweder nicht wirtschaftlich angekauft werden können oder aber zumindest der Aufwand für die Klärung der Verität zusätzlich in Rechnung gestellt werden muss.

Aus der **diskontinuierlichen Nachfrage** entstehen zunächst keine direkten Probleme für den Factorer, solange er die Nachfrageschwankungen intern zwischen seinen Kunden ausgleichen kann. Nicht übersehen werden darf, dass in Phasen von Unterauslastung und damit verbundenen Engpässen in der Liquidität beim Kunden die Gefahr von Betrug wie der Rechnungseinreichung ohne Leistungserbringung entstehen kann.

---

[751] Vgl. dazu vertiefend den vorangehenden Abschnitt und die entsprechenden Verweise auf Abschnitt 2.

[752] Vgl. **Summers, B./Wilson, N.** (Credit Management, 2000), S. 64.

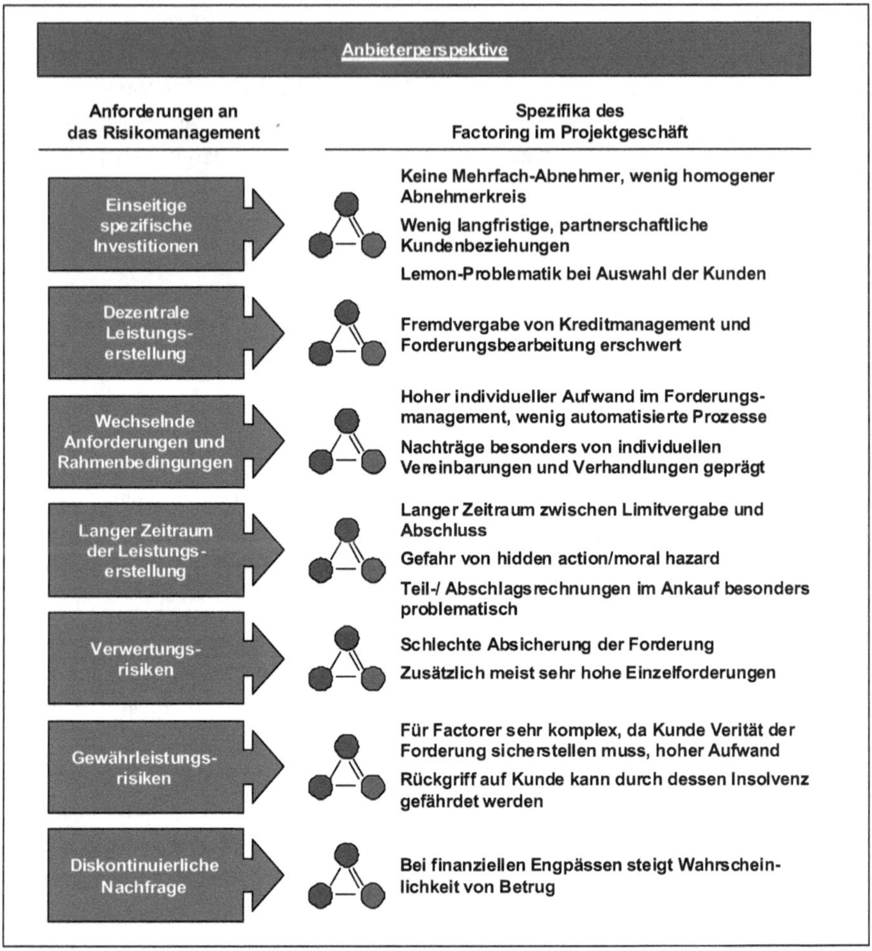

Abbildung 50: Spezifika des Factoring aus Anbieterperspektive[753]

[753] Eigene Darstellung.

Aus **Sicht der Anbieter** erscheint das Factoring im Projektgeschäft auf den ersten Blick **nur bedingt attraktiv**. Es handelt sich um kein Geschäftsmodell mit Mehrfachabnehmern, sodass keine langfristigen Abnehmerbeziehungen aufgebaut werden können. Außerdem sind die vermarkteten Produkte und Leistungen der Kunden sehr komplex, sodass eine Informationsasymmetrie zwischen Factorer und Kunde entsteht. Insgesamt ergibt sich daraus eine erhebliche Unsicherheit für den Factorer. Der ohnehin hohe individuelle Aufwand beim Forderungsmanagement im Projektgeschäft wird bei mangelnder Verität der Forderungen besonders problematisch und risikobehaftet. Die potentiell hohen Umsätze, für die das Marktvolumen des Projektgeschäfts spricht, und auch die Aussicht auf hohe Margen in einem Nischenmarkt können diese objektiv nachvollziehbaren Vorbehalte alleine nicht abbauen.

Hier ist es entscheidend, dass die Factorer die Situation nicht unverändert annehmen, bewerten und dann – wie das mangelnde Geschäftsvolumen offensichtlich zeigt – zu einem ablehnenden Urteil kommen, sondern versuchen, aktiv auf die Risikosituation Einfluss zu nehmen. Dies spricht für die bereits beschriebene **Disziplinierungsfunktion**.

Einseitige spezifische Forderungen aus Einzeltransaktionen mit Einzelkunden sind dann kein Problem mehr von singulären und homogenen Prozessen, sondern eine Aufgabenstellung für ausreichende Transparenz, an denen Kunde und Factorer gleichermaßen mitwirken müssen. Als deren Lösung kann an die Stelle von Adverse Selection und Einzelfallüberraschung eine systematische Datenbank wesentlicher Parameter zur Teil-Standardisierung und Objektivierung treten. Aus dem Dilemma von operativer Dezentralität und strategischer Zentralität des Forderungsmanagements wird dann eine ausgewogene Mischung von Nähe zum Kunden und Leistungen einerseits sowie Disziplinierung und Übersicht andererseits.

Der Factorer kann bei aktivem Einwirken auf die Prozesse dazu beitragen, dass Ausführungsfristen abrechnungs- und zahlungswirksam unterteilt, vertragliche Bedingungen ausgewogen, Teilleistungen abgesichert, Streitpotentiale durch neutrale Dritte entschärft oder Risiken auf mehrere Schultern verteilt werden.

Factoring darf also nicht allein als die Auslagerung unveränderter Risiken verstanden werden – die ja in vielen Fällen wegen des spezifischen professionellen Vorsprungs des Factorers schon attraktiv sein kann –, sondern als eine aktive Mitwirkung am Risikoprofil und am Risikomanagement. Dann kann aus leicht zu übersehenden einzelnen Geschäftsmöglichkeiten zumindest ein auch aus Sicht der Anbieter attraktiver Nischenmarkt werden.

4.5.3 Empirische Studien zum Zahlungsverhalten

Zu den systematischen Aspekten des Projektgeschäfts in Hinblick auf das Factoring tritt eine weitere praktische Besonderheit, die nicht ausschließlich in der Struktur begründet ist, sondern sich im Markt herauskristallisiert hat: Das Zahlungsverhalten hat offensichtlich wesentlichen Einfluss auf die Entscheidung pro oder contra Factoring – sowohl aus Nachfrager- als auch aus Anbieterperspektive. Für den Nachfrager wäre Factoring dann besonders attraktiv, wenn sich bestätigen ließe, dass die Zahlungsziele im Projektgeschäft überdurchschnittlich lang sind und/oder diese überdurchschnittlich häufig nicht eingehalten werden. Auch aus Anbieterperspektive gilt diese Argumentation, denn dadurch entstünde ein beachtliches Marktvolumen, dessen Aufgabenstellung genau den typischen Fähigkeiten des Factorers entspricht. Dabei wird impliziert, dass durch Zahlungsziele und -verzüge keine zusätzlichen Risiken zu denen entstehen, die bereits diskutiert sind.

Im Rahmen der im Mai 2000 in Kraft getretenen Gesetzesinitiative zur Beschleunigung fälliger Zahlungen[754] wurde vom Institut für Mittelstandforschung eine umfangreiche Studie mit über 6.000 angefragten Unternehmen zu Zahlungsverzug und Forderungsmanagement in mittelständischen[755] Unternehmen erstellt[756]. Die Studie unterscheidet bei den untersuchten Fragestellungen jeweils zusätzlich nach Wirtschaftssektor und Unternehmensgröße. Die für diese Arbeit maßgeblichen Ergebnisse der Studie werden nachfolgend dargestellt.

4.5.3.1 Zahlungsziele

Fast alle Unternehmen (95%) räumen ihren Kunden **Zahlungsziele** ein; diese betragen im Schnitt 16 Tage für Privatkunden und 24 Tage für gewerbliche Kunden sowie die öffentliche Hand[757]. Die Studie von Creditreform kommt zu einem ähnlichen Ergebnis: 92% der Unternehmen räumen demnach Zahlungsziele von unter 30 Tagen ein. Allerdings fällt auf, dass im verarbeitenden Gewerbe und dem

---

754 Vgl. zu den Details des Gesetzestextes **Deutscher Bundestag** (Beschleunigung, 1999).

755 Zu einer ausführlicheren Definition des Mittelstands vgl. Abschnitt 4.6.1.3.

756 Vgl. **Kokalj, L./Paffenholz, G./Schröer, E.** (Forderungsmanagement, 2000), S. 67ff; Rücklaufquote im Schnitt 22%. Es wurden Unternehmen mit weniger als 500 Beschäftigten befragt, davon kommen 34% der befragten Unternehmen aus dem verarbeitenden Gewerbe, 23% aus dem Dienstleistungssektor, 20% aus dem Handwerk, 10% aus dem Bau(haupt)gewerbe, 8% aus dem Großhandel und 4% aus Verkehr und Nachrichtenübermittlung. Die Umfrage wurde mit Unterstützung der hessischen und thüringischen Industrie- und Handelskammern, dem thüringischen Wirtschaftsministerium sowie dem Berliner Wirtschaftssenator durchgeführt.

757 Vgl. **Kokalj, L./Paffenholz, G./Schröer, E.** (Forderungsmanagement, 2000), S. 185.

Bauhauptgewerbe[758] deutlich längere Zahlungsziele gewährt werden; im verarbeitenden Gewerbe ergibt sich eine deutliche Verschiebung in den Bereich 15-30 Tage; bei beiden Gruppen werden gewerblichen Kunden überproportional häufig Ziele von über 30 Tagen eingeräumt. Bemerkenswert ist darüber hinaus, dass das Bauhauptgewerbe diese langen Fristen (> 30 Tage) der öffentlichen Hand mehr als dreimal so häufig gewährt wie dies im Schnitt üblich ist[759].

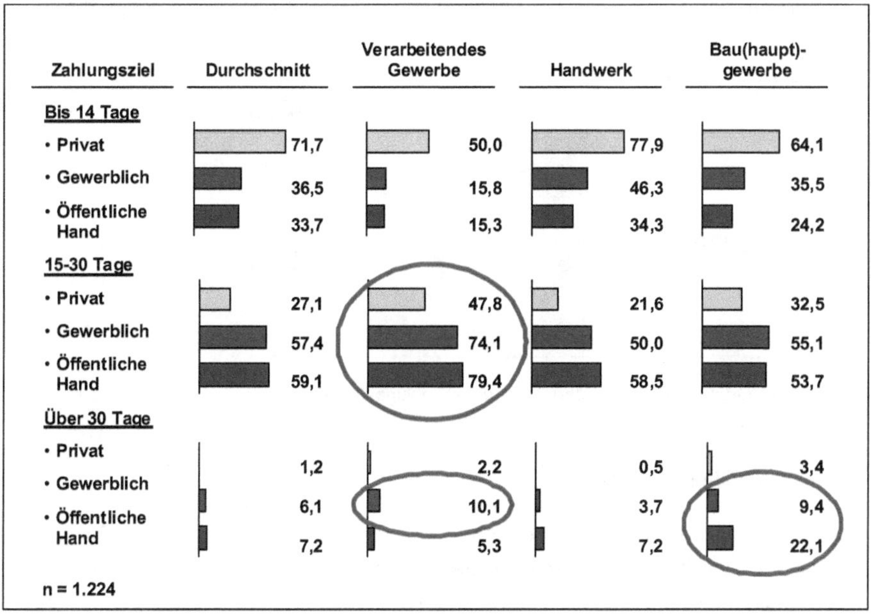

Abbildung 51: Zahlungsziele nach Wirtschaftsbereichen[760]

Auffallend ist, dass beim verarbeitenden Gewerbe bei der Mehrheit der Unternehmen ein erhöhter Wettbewerbsdruck zur Einräumung von Sonderkonditionen führt. Im Baugewerbe herrscht ähnlich starker externer Druck: Hier diktiert die öffentliche Hand bei der Hälfte der Unternehmen die Zahlungsfristen; ähnliches gilt für die Handwerksbetriebe (42%)[761].

---

758 In der Studie wird immer auf das „Baugewerbe" Bezug genommen. Auf mündliche Anfrage beim Institut für Mittelstandsforschung wurde jedoch versichert, dass es sich hier ausschließlich um das Bauhauptgewerbe handelt, das Handwerk wird getrennt erfasst.

759 Vgl. Abbildung 51.

760 Eigene Darstellung nach **Kokalj, L./Paffenholz, G./Schröer, E.** (Forderungsmanagement, 2000), S. 81.

761 Vgl. Abbildung 52.

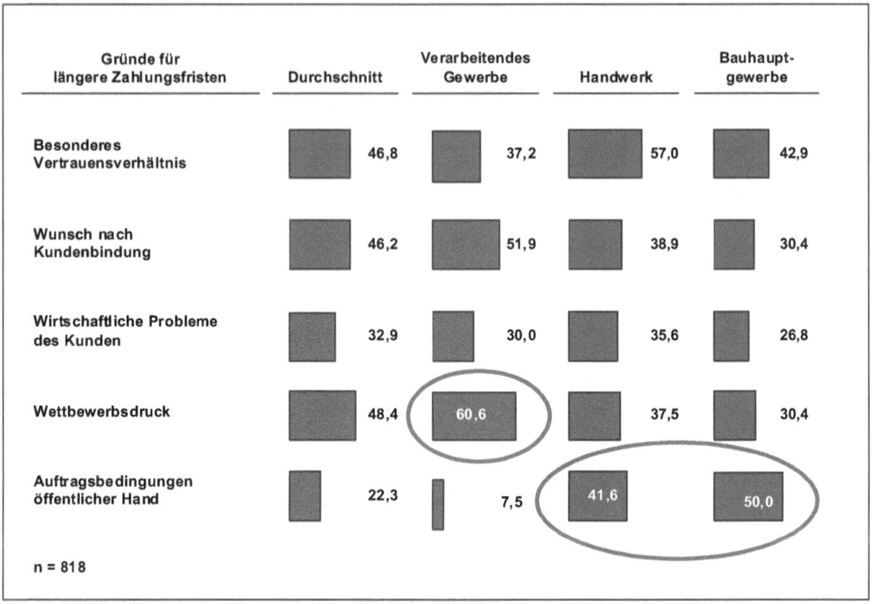

Abbildung 52: Gründe für die Gewährung längerer Zahlungsfristen[762]

4.5.3.2 Zahlungsdisziplin

Trotz oder möglicherweise gerade wegen dieser großzügig eingeräumten Zahlungsziele zeigen sich bei den befragten Unternehmen signifikante Außenstände jenseits dieser Fristen. Nur bei einem knappen Drittel der Unternehmen machen die überfälligen Forderungen weniger als 50% des Gesamtbestands an Forderungen aus, bei mehr als einem Drittel der Unternehmen liegt dieser Anteil sogar bei über 75%[763].

[762] Eigene Darstellung nach **Kokalj, L./Paffenholz, G./Schröer, E.** (Forderungsmanagement, 2000), S. 86f; außerdem zeigt die Studie, dass kleinere Unternehmen tendenziell längere Zahlungsziele einräumen als große Unternehmen. Dies erscheint aus Perspektive der Leistungsfägigkeit widersinnig, kann aber über deren vergleichsweise kleinere Marktmacht begründet werden.

[763] Vgl. Abbildung 53.

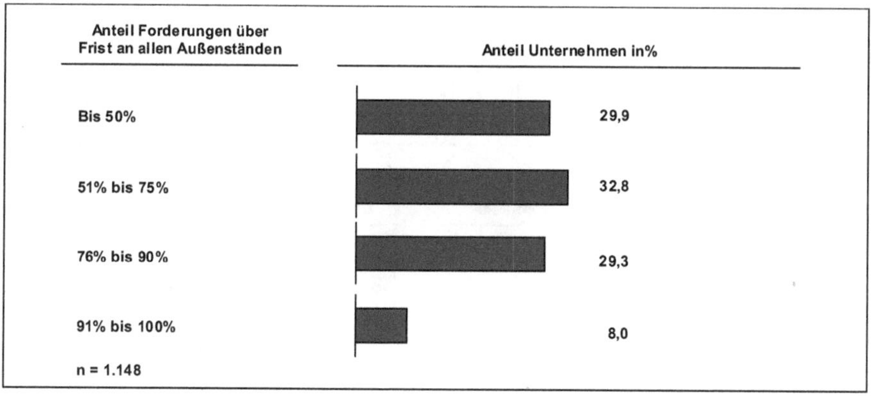

Abbildung 53: Anteil der überfälligen Forderungen am Forderungsbestand[764]

Aus anderer Perspektive betrachtet heißt das, dass bei den befragten Unternehmen nur 64% der Forderungen innerhalb der – bereits relativ langen – Zahlungsfrist beglichen werden[765]. Dieses Ergebnis wird von der Studie der Creditreform (68,5%) bestätigt[766]. Besonders kritisch ist die **Struktur des Forderungsbestands** im Handwerk und im Baugewerbe; dort wurde die Zahlungsfrist bei fast der Hälfte der Forderungen überschritten[767]. Erwartungsgemäß ist die Zahlungsdisziplin der gewerblichen Kunden und der öffentlichen Hand insgesamt wesentlich schlechter als bei Privatkunden[768]. Dieses Ergebnis wird wiederum von Creditreform bestätigt[769]. Die schlechtere Zahlungsdisziplin gegenüber Handwerk und Bauunternehmen kann sogar ausschließlich auf die gewerblichen Kunden und die öffentliche Hand zurückgeführt werden: Während sich die Zahlungsdisziplin der Privatkunden nicht nach Wirtschaftsbereichen unterscheiden lässt, ist diese bei gewerblichen Kunden und der öffentlichen Hand in den Wirtschaftsbereichen Handwerk und Bauhauptgewerbe

[764] Eigene Darstellung nach **Kokalj, L./Paffenholz, G./Schröer, E.** (Forderungsmanagement, 2000), S. 90.

[765] Vgl. **Kokalj, L./Paffenholz, G./Schröer, E.** (Forderungsmanagement, 2000), S. 93.

[766] Vgl. **Creditreform** (Wirtschaftslage, 2006), S. 21.

[767] Bei Bauunternehmen liegen im Schnitt 57% der Forderungen noch in der Frist, im Handwerk 52%, vgl. **Kokalj, L./Paffenholz, G./Schröer, E.** (Forderungsmanagement, 2000), S. 93.

[768] Bei den Privathaushalten haben die verspäteten Zahlungen einen Anteil von 23%, die Verspätung beträgt im Schnitt 14 Tage. Dem stehen bei den gewerblichen Kunden und den öffentlichen Auftraggebern 40% Zahlungsverzug mit im Schnitt 27 bzw. 24 Tagen Verspätung gegenüber; vgl. **Kokalj, L./Paffenholz, G./Schröer, E.** (Forderungsmanagement, 2000), S. 187.

[769] Vgl. **Creditreform** (Wirtschaftslage, 2006), S. 2: Gerade die öffentliche Hand lässt sich mit dem Begleichen von Forderungen besonders lange Zeit; während 72,3% der privaten Kunden (gemeint sind nicht ausschließlich Privatpersonen, sondern auch private Unternehmen) innerhalb von 30 Tagen zahlen, zahlen nur 62,9% der öffentlichen Kunden innerhalb von 30 Tagen. Allerdings bleibt bei dieser Erhebung unberücksichtigt, wie lange die eingeräumten Zahlungsfristen jeweils waren.

signifikant schlechter als in den übrigen Bereichen. Bei den Bauunternehmen fällt das Ergebnis bei der öffentlichen Hand besonders dramatisch aus: Über 55% der Zahlungen liegen hier nicht mehr innerhalb der vereinbarten Frist[770].

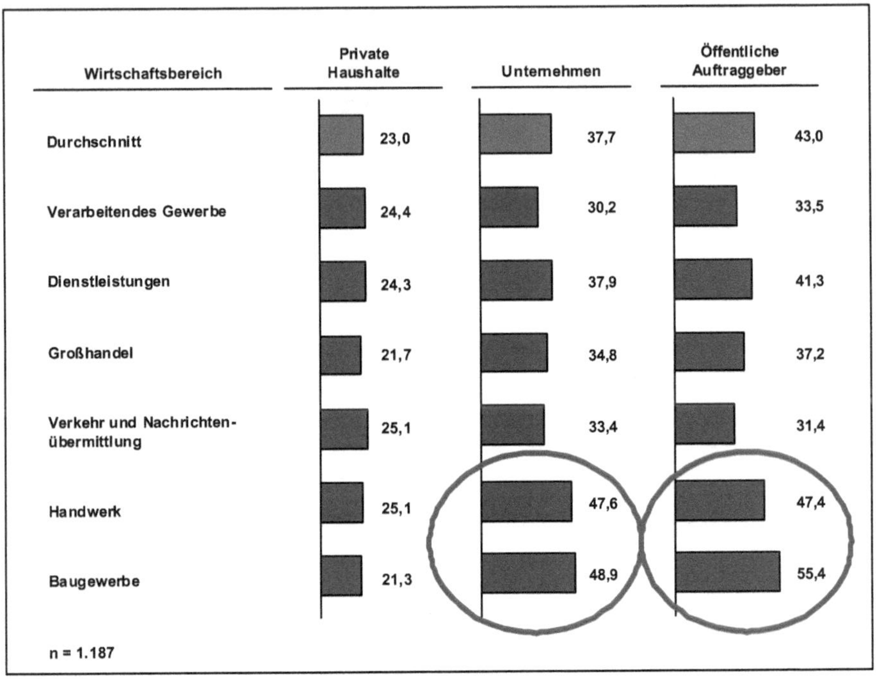

Abbildung 54: Forderungen mit Fristüberschreitung nach Wirtschaftsbereich[771]

Überraschend ist das Ergebnis der Umfrage zu den **Gründen für den Forderungsverzug**.

- Gerade in der öffentlichen Diskussion wird als Erklärung für die hohen Forderungsbestände im Projektgeschäft oft reflexhaft die Häufung von komplexen Mängeleinreden angeführt[772]. Diese weit verbreitete Ansicht muss nach der vorliegenden Studie zumindest relativiert werden. Zwar liegt der Anteil der mit Mängeleinreden behafteten Forderungen im Baugewerbe tatsächlich mehr als doppelt so hoch wie im Schnitt, im Handwerk zumindest anderthalb mal so

[770] Vgl. Abbildung 54.
[771] In Anlehnung an **Kokalj, L./Paffenholz, G./Schröer, E.** (Forderungsmanagement, 2000), S. 98 und S. 187.
[772] Vgl. ebenfalls die Aussagen der Anbieter in den Interviews.

hoch[773]. Doch wird dieses Ergebnis in der anteiligen Betrachtung deutlich relativiert, denn die Anteile der mit Einreden behafteten Forderungen an den überfälligen Forderungen liegen im Schnitt bei 11%, im Handwerk bei 14% und im Bauhauptgewerbe bei 23%[774]. Zum einen resultieren die Unterschiede also schlicht aus dem höheren Anteil überfälliger Forderungen insgesamt. Zum anderen liegt der Anteil der mit Einreden behafteten Forderungen an den überfälligen Forderungen selbst im Bauhauptgewerbe nur knapp über einem Fünftel, also keinesfalls bei der Mehrheit der Fälle.

- Abgesehen von den externen Ursachen deckt die Studie wesentliche Defizite beim **Forderungsmanagement** in den befragten Unternehmen auf. Wesentliche Kritikpunkte sind eine häufig zögerliche Reaktion auf Zahlungsverzug, die niedrige Erfolgsquote bei gerichtlichen Mahn- und Klageverfahren sowie eine wenig verbreitete Inanspruchnahme externer Dienstleister beim Forderungsmanagement[775].
- Erwartungsgemäß treten durch die beschriebene Situation in den Unternehmen **Schwierigkeiten** durch den Zahlungsverzug auf; drei Viertel der Befragten gaben an, Probleme durch Zahlungsverzögerungen zu haben. Bei 86% von ihnen machte sich eine Einschränkung der Liquidität bemerkbar, über 40% reagierten daraufhin mit dem Schneeballeffekt der Verzögerung des Ausgleichs eigener Verbindlichkeiten. Andere Schwierigkeiten sind die Bindung finanzieller Reserven (40%), hohe Finanzierungskosten (38%) und hohe Aufwendungen für das Mahnwesen (36%).

---

[773] Der Anteil der mit Mängeleinreden behafteten Forderungen am Gesamtbestand der Forderungen liegt im Schnitt bei 3,6%, im Handwerk bei 5,5% und im Bauhauptgewerbe bei 9%, vgl. **Kokalj, L./ Paffenholz, G./Schröer, E.** (Forderungsmanagement, 2000), S. 93.

[774] Im Schnitt gibt es 63,7% Forderungen innerhalb der Frist, 29,2% verspätete Forderungen, 3,6% mängeleinredebehaftete Forderungen und 3,5% abgeschriebene Forderungen. Im Handwerk sind die Anteile 57,2%, 31,9%, 5,5%, 5,4%, im Bauhauptgewerbe 51,7%, 34,8%, 9,0%, 4,5%. Vgl. **Kokalj, L./Paffenholz, G./Schröer, E.** (Forderungsmanagement, 2000), S. 93, die relativen Anteile wurden durch Division selbst ermittelt.

[775] Vgl. **Kokalj, L./Paffenholz, G./Schröer, E.** (Forderungsmanagement, 2000), S. 190ff, vertiefend S. 110-183.

Einen guten Überblick über andere Studien bieten Kokalj/Paffenholz/Schröer[776]. Sie fassen zusammen, dass[777]

- Wirtschaftsbereiche mit Einzelfertigung und einem höheren Anteil von Werkleistungen[778] stärker von Zahlungsverzug betroffen sind als Wirtschaftsbereiche mit standardisierten Leistungen;
- Privatkunden die beste, gewerbliche Kunden bereits eine vergleichsweise deutlich schlechtere und die öffentliche Hand die schlechteste Zahlungsdisziplin aufweisen.

4.5.3.3 Implikationen der empirischen Studien

Im Projektgeschäft werden überdurchschnittlich lange Zahlungsziele vereinbart, häufig geschieht dies auf Druck der Nachfrageseite. Dazu kommt, dass die Zahlungsfristen häufig überschritten werden. Die Zahl der mit Einreden behafteten Forderungen liegt ebenfalls über dem Durchschnitt, ist aber nicht maßgeblich für die Häufung der Fristenüberschreitung. Aus Perspektive dieser Studien kann erwartet werden, dass Factoring für die potentiellen Kunden (Nachfragerperspektive) attraktiv ist. Auch aus Sicht der Anbieter müsste der Ankauf von Forderungen aus dem Projektgeschäft unter diesem Aspekt attraktiv sein, denn der Verzug wird nicht durch zusätzliche Risiken begründet, sondern auffallend deutlich mit Defiziten in den Bereichen, die der Factorer professionell abdeckt.

---

[776] Vgl. **Kokalj, L./Paffenholz, G./Schröer, E.** (Forderungsmanagement, 2000), S. 19-35, sie zitieren Studien von Creditreform e.V. aus den Jahren 1992-99 (d.h. Vorgänger-Studien von **Creditreform** (Wirtschaftslage, 2006)), Dun&Bradstreet (kostenpflichtige Datenbank zu Zahlungszielüberschreitungen mit 1990-99 über 3,6 Mrd. Zahlungserfahrungen), gemeinsame Studie des Bundesverbands deutscher Inkasso-Unternehmen mit dem Zentralverband des deutschen Handwerks (1995-99), Institut für Soziologie der Uni Leipzig für die Handwerkskammer Leipzig (1998), Deutscher Factoring-Verband (1999), Zentralverband des deutschen Baugewerbes (1995) und diverse Studien von regionalen Handwerkskammern.

[777] Vgl. **Kokalj, L./Paffenholz, G./Schröer, E.** (Forderungsmanagement, 2000), S. 35.

[778] Diese – etwas unscharfe – Definition kommt der Definition des Projektgeschäfts in Abschnitt 2.3 nahe, die Definition über nicht-standardisierte Leistungen ist dem Einzeltransaktionsbezug ähnlich.

4.6 Unternehmensgröße von potentiellen Factoringkunden im Projektgeschäft

Die bisherigen Ausführungen bezogen sich allgemein auf das Projektgeschäft, unabhängig von der Größe der Unternehmen. Allerdings sollte aus den Ausführungen in Kapitel 4 und Abschnitt 3.4 deutlich geworden sein, dass Factoring nicht für alle Unternehmen gleichermaßen geeignet ist. Einige Unternehmen können bereits aufgrund theoretischer Überlegungen zur Unternehmensgröße von der weiteren Betrachtung im folgenden Kapitel 5 ausgeschlossen werden.

4.6.1.1 Ausschluss von Kleinstunternehmen

Im Gegensatz zur allgemeinen Projektfinanzierung oder der Forfaitierung fokussiert Factoring nicht auf Einzelgeschäfte, sondern auf eine fortlaufende Umsatzfinanzierung und das dazugehörende Forderungsmanagement. Da Factoringgesellschaften ihre Gebühren zumeist als Prozentsatz des Forderungsbetrags berechnen[779] und der Aufwand einer Kundenbeziehung[780] unterproportional zur Höhe seines Umsatzes ansteigt, wird Factoring erst ab einer bestimmten Umsatzgröße profitabel. Daher wird von Seiten der Factorer eine **Umsatzuntergrenze** von 1Mio. € definiert, ab der Factoring überhaupt erst angeboten wird[781].

4.6.1.2 Ausschluss von Großkonzernen

Empirisch kann gezeigt werden, dass Factoring vor allem von kleinen und mittleren Unternehmen in Anspruch genommen wird[782]. Stieglitz/Weiss gehen davon aus, dass großen Unternehmen andere Finanzierungsquellen zur Verfügung stehen[783]. Bei den kleineren Unternehmen findet auf dem Kapitalmarkt ein „credit rationing“[784] statt, an anderer Stelle noch treffender als „finance gap[785]“ bezeichnet[786]. Smith/Schnucker sowie Mian/Smith argumentieren außerdem, dass die für die Factoringentscheidung aus Nachfragersicht entscheidenden Economies of Scale bei

---

779 Abgesehen von der z.T. absolut in Rechnung gestellten Limitprüfung, die aber nicht den Großteil der Einnahmen darstellt.

780 Dabei ist beispielsweise an die Einrichtung einer Online-Schnittstelle, der ausführlichen Prüfung der Bonität des Kunden, seiner Produkte sowie der Bonität seiner Abnehmer zu denken.

781 Vgl. die Interviews mit den Factoringinstituten sowie die Webseiten der einzelnen Institute.

782 Vgl. **Asselbergh, G.** (Factoring, 2002), S. 11, aus einer Grundgesamtheit von 381 Factoringkunden waren ~ 85% kleine und mittlere Unternehmen.

783 Beispielsweise Schuldverschreibungen, also die am Kapitalmarkt emissionsfähige Verbriefung von Fremdkapital, vgl. **Schreck, O.** (Finanzierungsformen, 2006), S. 155-172.

784 **Stieglitz, J.E./Weiss, A.** (Imperfect Information, 1981), S. 394.

785 Beispielsweise **Storey, D.J.** (1994), S. 9.

786 Vgl. **Soufani, K.** (Factoring, 2002), S. 21 zu einer breiteren Literaturübersicht.

größeren Unternehmen nicht auftreten. Sie wickeln in der Regel für sich genommen bereits so viele Vorgänge ab, dass weitere Fälle auf der Skalenkurve keinen signifikanten Einspareffekt mehr haben[787]. Smith/Schnucker konnten dies in ihrer Studie auch empirisch belegen[788].

Die Nachfrage ist aus Gründen des Geschäftskonzeptes in Großkonzernen des Projektgeschäfts noch geringer. Speziell bei Teilzahlungsvereinbarungen ist der Kapitalbedarf ohnehin geringer, da der Anteil der Vorfinanzierung sinkt[789]. Großkonzerne im Projektgeschäft operieren weitgehend als Generalunter- bzw. -übernehmer[790]. Das bedeutet, dass wesentliche Teile des Umsatzes als Vorleistungen von Subunternehmen eingekauft werden. Bei der Fakturierung können die Generalunternehmer dabei zwei Vorteile nutzen: Zum einen erhalten sie zu Beginn eines Projekts bis zu 20% Anzahlung (Δ_1), die mit den darauf folgenden Zahlungen anteilig verrechnet wird[791]. Außerdem gelingt es zumeist, gegenüber dem Subunternehmen einen zusätzlichen Vorsprung in der Fakturierung (Δ_2) zu erreichen. Im Idealfall kann der Generalunternehmer seine Projekte also so steuern, dass sein Cash Flow jederzeit positiv ist. Damit entfällt nicht nur weitgehend der **Finanzierungsbedarf**, sondern seine Forderungen sind auch oft nicht factorabel. Den Forderungen stehen nämlich nicht in allen Fällen tatsächlich erbrachte Leistungen gegenüber[792].

787 Vgl. **Smith, J.E./Schnucker, C.** (Factoring Decision, 1994), S. 129; **Mian, S.L./Smith, C.W.** (Financing Receivables, 1994), S. 79.
788 Vgl. **Smith, J.E./Schnucker, C.** (Factoring Decision, 1994), S. 135.
789 Vgl. **Summers, B./Wilson, N.** (Credit Management, 2000), S. 65.
790 Vgl. zu einer Begriffsklärung Abschnitt 2.4.3.
791 Das heißt, die „Stufen" in Abbildung 55 sind jeweils um etwa 20% kleiner als die in Rechnung gestellte Leistung, also auch ggü. der an die Subunternehmen zu leistenden Zahlung.
792 Vgl. zur Veranschaulichung Abbildung 55. Quelle: Fallstudieninterviews sowie Interview in einem großen Baukonzern.

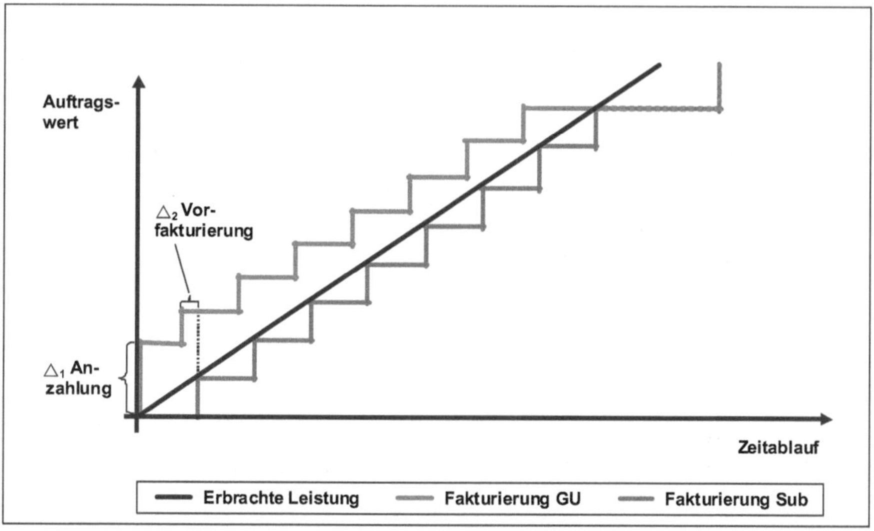

Abbildung 55: Fakturierung beim Generalunternehmer[793]

Auch die **Dienstleistungsfunktion** ist für Großkonzerne nicht von Interesse; zum einen rechnet sich hier eine eigene Abteilung für das Debitorenmanagement, zum anderen sind die anzurechnenden Leistungen in aller Regel zu komplex, um die Fakturierung extern zu vergeben. Auch für die **Versicherungsfunktion** besteht im Normalfall keine Nachfrage, denn die Verträge mit Subunternehmen werden in der Regel „back to back" abgeschlossen, das Bonitätsrisiko wird also abgewälzt.

4.6.1.3 Fokus auf den Mittelstand

Factoring ist also in erster Linie ein Thema für kleine und mittlere Unternehmen, in erster Linie deshalb, weil diese auf weniger Finanzierungsalternativen zurückgreifen können als Großunternehmen, die ein höheres internes Ausgleichspotential und einen leichteren Zugang zu externen Finanzierungsmitteln haben[794]. Schreck argumentiert, dass die angespannte Finanzlage der kleinen und mittleren Unternehmen vor allem an der geringen Eigenkapitalausstattung liegt, wodurch auch die Fremdkapitalaufnahme erschwert wird[795].

---

793 Eigene Darstellung aus Ergebnissen der Interviews.

794 Vgl. **Kokalj, L./Paffenholz, G./Schröer, E.** (Forderungsmanagement, 2000), S. 37.

795 Vgl. **Schreck, O.** (Finanzierungsformen, 2006), S. 17-22, vgl. ebenda zu einer Statistik, welche den monotonen Rückgang der Eigenkapitalquote im Mittelstand über die letzten Jahre zeigt.

Summers/Wilson zeigen an einer Stichprobe von 655 produzierenden Unternehmen aus Großbritannien, dass Factoring überwiegend von kleineren Unternehmen in Anspruch genommen wird[796].

In der Literatur wird häufig argumentiert, dass kleine und mittlere Unternehmen bei der Finanzierung diskriminiert werden und Probleme haben[797]. Auch wenn diese Hypothese in der Literatur kontrovers diskutiert wird, ist der Rahmen der zur Verfügung stehenden Finanzierungsinstrumente tatsächlich enger, da aufgrund mangelnder Größe der direkte Zugang zum Kapitalmarkt schwierig oder nicht möglich ist[798]. Die einfachste Kreditbesicherung erfolgt durch dingliche Sicherheiten wie Grundstücke, Gebäude oder Produktionsanlagen. Vor allem im Dienstleistungssektor ist der Anteil dieser Vermögensgegenstände an der Bilanz allerdings gering. Zusätzlich besteht ein positiver Zusammenhang zwischen Betriebsgröße und Potential an dinglichen Sicherheiten[799]. Also brauchen vor allem kleinere Dienstleister alternative Finanzierungen. Unternehmen des Projektgeschäfts sind im weitesten Sinne auch Dienstleister, da sie zur Leistungserstellung ebenfalls nicht auf größeres Anlagevermögen angewiesen sind.

Die quantitative Definition von kleinen und mittleren Unternehmen unterscheidet sich je nach Autor. Für die vorliegende Arbeit soll die Grenzziehung des Instituts für Mittelstandsforschung (IfM) zugrunde gelegt werden, da der Fokus der Arbeit der deutsche Markt ist und daher hauptsächlich auf Zahlenmaterial mit dieser Definition zurückgegriffen wird[800]. Mittlere Unternehmen (Mittelstand) sind demnach Unternehmen mit 10 bis 500 Mitarbeitern und 1 bis 50 Mio. € Umsatz.

Diese Definition ist allerdings nur ein erster quantitativer Hinweis auf die Unternehmen, die für Factoring in Frage kommen. Ausgehend von den Kriterien der Kapital- und Liquiditätsbeschaffung gehören dazu auch alle Unternehmen, die als „Mittelstand" bezeichnet werden. Der deutsche Mittelstandsbegriff spielt dabei immer noch eine Sonderrolle, was sich nicht zuletzt in der unübersetzten Verwendung des Begriffs „Mittelstand" im internationalen Sprachgebrauch zeigt[801]. Damit mag auch zu

---

796 Vgl. **Summers, B./Wilson, N.** (Credit Management, 2000), S. 38.

797 Vgl. **Schreck, O.** (Finanzierungsformen, 2006), S. 13-22; **Schepers, C.** (Factoring, 1994), S. 91 zu einer Literaturübersicht.

798 Vgl. **Schepers, C.** (Factoring, 1994), S. 92f.

799 Vgl. **Schepers, C.** (Factoring, 1994), S. 92f.

800 Zumal im Rahmen der Euro-Umstellung ohnehin bereits eine Annäherung der Definitionen erfolgte, vgl. **Günterberg, B./Wolter, H.-J.** (Mittelstand, 2002), S. 20f.

801 Vgl. **Günterberg, B./Wolter, H.-J.** (Mittelstand, 2002), S. 1, zur Illustration vgl. in The Economist: **The Economist** („Mittelstand", 1998), S. 97ff.

erklären sein, dass die Definitionen fast philosophisch klingen: Der DIHT sieht Mittelstand u.a. als „Frage der Geisteshaltung“[802], die bayerische Staatsregierung definiert den Mittelstand gar über die „Verbundenheit mit dem Standort[803]“ und stellt fest, dass der „gemeinsame Geist und die gemeinsame Verantwortung [eines mit ihrem Mittelstandsbegriff eng verknüpften „Eigentümerunternehmers[804]“] in besonderer Weise Leistungsbereitschaft und Stabilität [fördern]“[805]. Das IfM in Bonn konstatiert, dass selbst die Bundesregierung in einem der letzten Mittelstandsberichte zwar eine Strukturpolitik für kleinere und mittlere Unternehmen festlegt, dabei aber auf eine quantitative Definition des Mittelstandsbegriffs verzichtete[806].

Aus den **qualitativen** Ansätzen lässt sich festhalten, dass die „Einheit von Eigentum, Leitung, Haftung und Risiko“[807], also die Unternehmensführung durch den Eigentümer, im Mittelstand besonders häufig anzutreffen ist (knapp 95% der Unternehmen[808]). Dies impliziert außerdem die wirtschaftliche und rechtliche Selbständigkeit, sonst handelt es sich um verbundene Unternehmen oder Konzernteile[809]. Daraus die Hypothese „nicht-emissionfähig“[810] abzuleiten, erscheint zwar sehr weitgehend und widerspricht der zunehmenden Tendenz zu Kapitalgesellschaften statt Personengesellschaften im Mittelstand. Dennoch kann davon ausgegangen werden, dass der Zugang zum Kapitalmarkt in den meisten Fällen eingeschränkt ist[811]. Tiefer gehende

802 **Deutscher Industrie- und Handelstag DIHT** (Mittelstand, 1999), S. 5.

803 **Bayerische Staatsregierung – Ministerium für Wirtschaft, Infrastruktur, Verkehr und Technologie** (Mittelstandsbericht Bayern, 2005) S. 10 im Abschnitt der Definition des Mittelstands.

804 **Bayerische Staatsregierung – Ministerium für Wirtschaft, Infrastruktur, Verkehr und Technologie** (Mittelstandsbericht Bayern, 2005) S. 10 im Abschnitt der Definition des Mittelstands.

805 **Bayerische Staatsregierung – Ministerium für Wirtschaft, Infrastruktur, Verkehr und Technologie** (Mittelstandsbericht Bayern, 2005) S. 10 im Abschnitt der Definition des Mittelstands.

806 Vgl. **Günterberg, B./Wolter, H.-J.** (Mittelstand, 2002), S. 5.

807 **Günterberg, B./Wolter, H.-J.** (Mittelstand, 2002), S. 3.

808 Vgl. **Wolter, H.-J./Hauser, H.-E.** (Eigentümerunternehmen, 2001), S. 26.

809 Vgl. **Heim, H.M.** (Controllinginstrumente, 2005), S. 8.

810 Ebenda.

811 Dafür gibt es eine Reihe von Argumenten, die allerdings stark vom Einzelfall abhängen. Generalisierend kann von folgenden Annahmen ausgegangen werden: Die Aufnahme von Eigenkapital beinhaltet die (teilweise) Abgabe von Eigentümerrechten. Die Aufnahme von Fremdkapital ist von Sicherheiten oder zukünftigen Cash Flows abhängig und damit ebenfalls nicht unbegrenzt nutzbar, zudem durch die Vorschriften zur Eigenkapitaldeckung nach Basel II eingeschränkt. Außerdem kann davon ausgegangen werden, dass die Effizienz und Effektivität des Kapitalmarktzugangs grundsätzlich mit der Unternehmensgröße korrelieren. Vgl. zur Problematik von Basel II grundlegend beispielsweise **Eichhorn, P.** (Basel II, 2003), insbes. S. 21-35; **Behr, P./ Fischer, J.** (Basel II, 2005); mit speziellem Bezug zum Projektgeschäft auch **Jacob, D./Baumgart, C.** (2007), S. 216ff, vertiefend im weiteren bis S. 226.

quantitative Charakterisierungen wie „flache Hierarchien“[812] oder Ausführungen zur Marktposition sind wenig trennscharf bzw. statistisch nicht zuverlässig[813]. Über die oben zunächst genannten quantitativen Definitionen hinaus betrachtet die vorliegende Arbeit auch Unternehmen, die in ihrer Größe zwar über diese Grenzen hinausgehen, in der Struktur aber vergleichbar durch einen beschränkten Zugang zum Kapitalmarkt gekennzeichnet sind. Zur Vereinfachung werden alle Unternehmen, die in diese Kategorie fallen, als „Mittelstand“ bezeichnet.

812 **Heim, H.M.** (Controllinginstrumente, 2005), S. 8.

813 Vgl. zu einer Übersicht über Merkmale und Literatur **Heim, H.M.** (Controllinginstrumente, 2005), S. 8.

5 Studie: Factoring im Projektgeschäft in Deutschland

Zur theoretischen Ausarbeitung muss die Prüfung der Anwendbarkeit des Modells in der Praxis treten, wenn die Aussage relevant sein soll. In diesem Kapitel werden daher die bisherigen theoretischen Erkenntnisse durch Befragungen von Anbietern und Nachfragern verprobt, um die Praxisrelevanz zu verifizieren, die Anwendbarkeit zu überprüfen, gegebenenfalls zusätzliche Aspekte zu berücksichtigen und Schwerpunkte setzen zu können.

In Abschnitt 5.1 wird zunächst die gewählte **Forschungsmethode** beschrieben und begründet. Formal wird dabei die seither verwendete Strukturierung von Nachfrage und Angebot invertiert und auf die auch in der Umgangssprache übliche Reihenfolge „Angebot und Nachfrage" zurückgegriffen. Diese formale Inkonsistenz wurde in Kauf genommen, um die chronologische Reihenfolge der Befragung widerzuspiegeln. Aufgrund der Zwischenhypothesen aus dem theoretischen Teil der Arbeit wurden nämlich zuerst die Anbieter befragt, um hieraus für die Interviews mit den Nachfragern bereits konkrete Anforderungen zu formulieren, unter denen Factoring angeboten werden könnte.

In Abschnitt 5.2 wird das Angebot beschrieben. Um repräsentative Aussagen zu erhalten, wurde die Befragung telefonisch mit einer hohen Teilnehmerzahl durchgeführt. Abschnitt 5.3 stellt die Nachfragerperspektive gegenüber. Dabei sollten ein möglichst tiefes Verständnis der Nachfrageseite erlangt und die Erkenntnisse aus den Interviews mit den Factoringinstituten diskutiert werden. Es wurden daher Fallstudien angefertigt, um die Aussagen der Unternehmen in ihr Umfeld und ihre Rahmenbedingungen einordnen zu können. Die Interviews mit den Verbänden in Abschnitt 5.4 wurden genutzt, um die allgemeine Gültigkeit der Ergebnisse beider Gruppen zu testen und sie so horizontal verproben zu können.

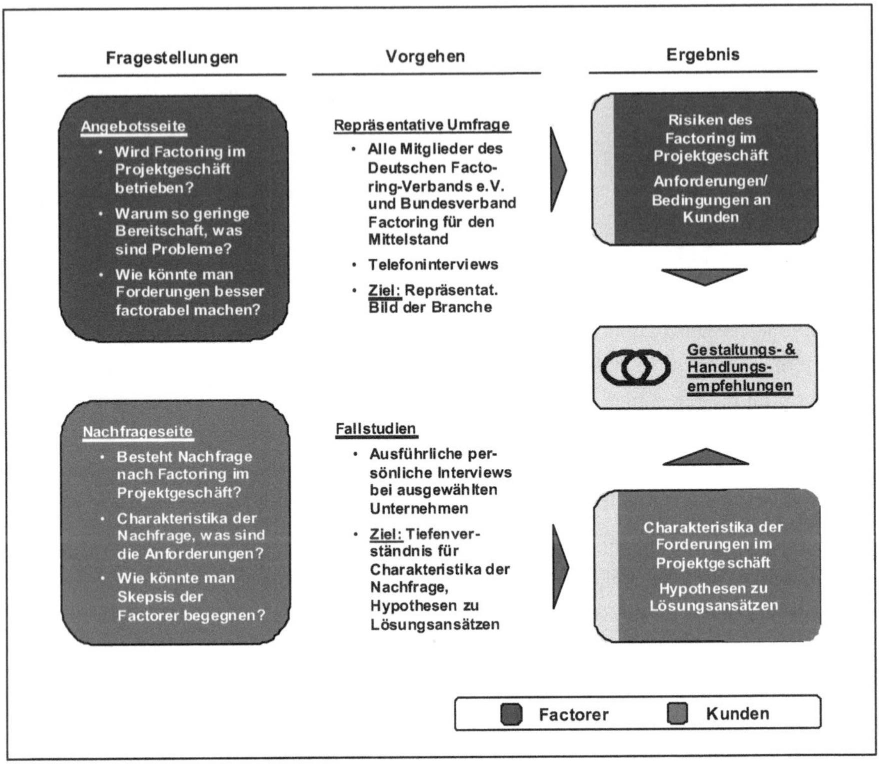

Abbildung 56: Vorgehen der empirischen Studie

5.1 Begründung der gewählten Forschungsmethode

Grundsätzlich können bei den Forschungsstrategien qualitative und quantitative Ansätze unterschieden werden. Während qualitative Ansätze gewissermaßen als „entdeckende Wissenschaft" das „Neue im Untersuchten"[814] herauszuarbeiten suchen, dienen quantitative Ansätze der Generalisierung von Aussagen und werden zur Bestätigung von Hypothesen eingesetzt[815]. Bei den quantitativen Methoden bedarf es also bereits vor Beginn eines differenzierten Wissens über das Forschungsgebiet, während qualitative Ansätze eine weitaus größere Offenheit bezüglich der Erhebungssituation und des Ergebnisses ermöglichen[816]. Zielsetzung von

---

814 Beide Zitate aus **Flick, U./Kardoff, E./Steinke, I.** (Qualitative Forschung, 2000), S. 17 und S. 24.
815 Vgl. **Lamnek, S.** (Qualitative Forschung, 1995), S. 9.
816 Vgl. **Flick, U./Kardoff, E./Steinke, I.** (Qualitative Forschung, 2000), S. 17.

qualitativen Studien ist daher im Gegensatz zu quantitativen Studien meist die Ableitung von neuen Hypothesen, anstatt bestehende zu bestätigen[817]. Durch genaues Beschreiben des Untersuchungsgegenstands in der qualitativen Forschung wird das Verständnis von komplexen Zusammenhängen und generellen Strukturen angestrebt[818]; häufig besteht eine starke Anwendungsorientierung[819].

Für das weitere Vorgehen wurde ein qualitativer Ansatz gewählt, da die praxisnahen Forschungsfragen eindeutig explorativer Natur sind: Das Factoring im Projektgeschäft wurde bisher noch nicht erforscht. Für eine explorative Erhebung ist eine offene, flexible und intensive Kommunikation entscheidend[820]. Daher wurden alle Befragungen mündlich durchgeführt. Je nach Bereitschaft der Interviewten und dem Umfang des Fragenkatalogs kann so eine hohe Dichte an Informationen abgefragt werden[821], und es besteht die Möglichkeit einer flexiblen Interviewgestaltung in Form von Rückfragen, Nachfragen, Erläuterungen oder Differenzierung von Schwerpunkten.

5.1.1 Methodische Grundlagen

Ein einheitliches Vorgehen und ein gemeinsamer inhaltlicher Kern der Befragungen wurde durch die Verwendung der **teilstandardisierten Interviewtechnik**[822] sichergestellt. So wurden in allen Gesprächen einheitliche[823] Interviewleitfäden verwendet, die auf den theoretischen Grundlagen der Kapitel 2, 3 und 4 basieren. Es wurde jeweils ein Exemplar für die Angebots- und Nachfrageseite entwickelt[824]; die befragten Experten wurden inhaltlich einer der beiden Gruppen zugeordnet.

---

817 Bzw. deren Gegenhypothesen zu falsifizieren.
818 Vgl. **Lamnek, S.** (Qualitative Forschung, 1995), S. 16.
819 Vgl. **Flick, U./Kardoff, E./Steinke, I.** (Qualitative Forschung, 2000), S. 13ff.
820 Vgl. **Friedrichs, J.** (Empirie, 1990), S. 6.
821 Vgl. **Friedrichs, J.** (Empirie, 1990), S. 208.
822 Vgl. dazu vertiefend **Friedrichs, J.** (Empirie, 1990), S. 224f.
823 Bei den Fallstudien angereichert mit Vorwissen zu den jeweiligen Unternehmen.
824 Zur jeweiligen inhaltlichen Ausgestaltung vgl. Abschnitte 5.1.2 und 5.1.3.

Eine häufig verwendete Form der Inhaltsanalyse ist die Überführung der qualitativen in quantitative Daten durch strenge Kodierung der Kommunikationsinhalte[825]. Aufgrund der Übersichtlichkeit der Daten konnte darauf jedoch zugunsten einer vereinfachten Variante der Inhaltsanalyse verzichtet werden. Die Interviews werden im thematischen Zusammenhang dargestellt[826] und anschließend in einer übergreifenden Datenanalyse zusammengeführt[827].

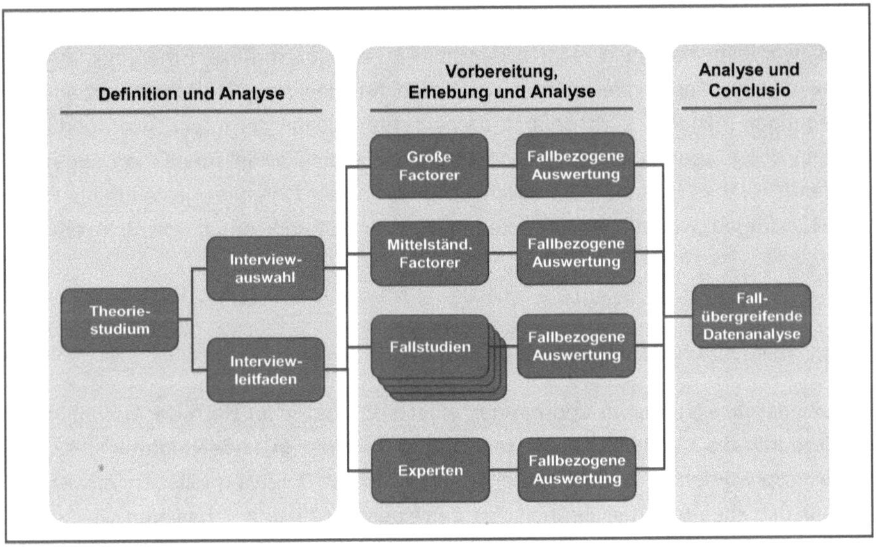

Abbildung 57: Vorgehensweise bei der Erhebung[828]

5.1.2 Angebotsseite: Repräsentative Umfrage bei Factoringinstituten

Bei der Befragung der Anbieterseite, also der Factoringinstitute, lag der Schwerpunkt auf einer möglichst hohen Repräsentativität. Zum einen sollte so eine aussagekräftige Erhebung zur Verbreitung des Factoring im Projektgeschäft ermöglicht werden. Zum anderen wurde zu Beginn der Befragung zu Recht vermutet, dass Gesprächsbereitschaft und Ergiebigkeit der Interviews äußerst heterogen sein würden. Da nur

825 Vgl. zur Inhaltsanalyse mittels Kodierung beispielsweise **Srnka, K.J./Koeszegi, S.T.** (Content Coding, 2007); **Krippendorff, K.** (Content Analysis, 1980); **Merten, K.** (Inhaltsanalyse, 1995).
826 Das heißt, die Interviews mit den Factoringinstituten werden gruppiert dargestellt und die Fallstudien zunächst einzeln beschrieben.
827 Vgl. zu diesem Vorgehen **Yin, R.** (Cases, 2003), S. 49ff, zur „cross case synthesis" S. 133f; er bezieht dieses Vorgehen allerdings exklusiv auf die Fallstudienanalyse.
828 Darstellung in Anlehnung an **Yin, R.** (Cases, 2003), S. 50.

wenige Institute signifikante Erfahrung mit Factoring im Projektgeschäft haben, mussten diese zunächst durch gezielte Telefonate identifiziert werden.

Insgesamt wurden 44 Institute befragt, das heißt alle Unternehmen aus dem Bundesverband Factoring für den Mittelstand (BFM) und 18 von 19 aus dem Deutschen Factoring-Verband[829]; lediglich die IFN Finance in Köln war zu keinerlei Auskunft bereit[830]. Damit sind deutlich über 95% des deutschen Factoringvolumens[831] in der Befragung vertreten, da allein der Deutsche Factoring-Verband davon ausgeht, dass seine Mitglieder über 95% des Marktes bedienen[832]. In den Telefoninterviews wurden zunächst einige standardisierte Fragen zur Verbreitung des Factoring im Projektgeschäft gestellt. Da ein Großteil der Institute Factoring im Projektgeschäft seither ausschließt, wurde im Anschluss auf die Gründe dieser Strategie eingegangen. Dabei wurden sowohl (negative) Erfahrungen als auch allgemeine Risiken in diesen Branchen beschrieben. Die Interviews wurden mit einem Zeitbedarf von 15 Minuten avisiert und dauerten im Schnitt etwa 20-25 Minuten, in wenigen Einzelfällen auch nur 5-10 Minuten, bei besonderem (beiderseitigem) Interesse aber auch bis zu 60 Minuten.

Ein methodisch sehr ähnliches Vorgehen findet sich beispielsweise auch in der empirischen Untersuchung von Soufani zum Markt in Großbritannien, der 21 Interviews mit den Mitgliedern des Factoring-Verbands FDA führte[833]. Auch hier wurden qualitative Interviews mit einem Gesprächsleitfaden geführt, sodass eine Repräsentativität von 98% des Factoringumsatzes erreicht wurde.

5.1.3 Nachfrageseite: Fallstudien mit potentiellen Kunden

Bei der Erforschung der potentiellen Nachfrage nach Factoringdienstleistungen im Projektgeschäft wurde ein anderer Schwerpunkt gesetzt. Einer möglichst großen Breite in der Befragung wurde bei den potentiellen Kunden eine vertiefte Darstellung ihrer Gesamtsituation und der möglichen Nachfrage vorgezogen. Dabei wurde zunächst auf die Risiken und Problematiken bei der Bezahlung der Leistung eingegangen, bevor Factoring als mögliches Instrument zur Risikosteuerung diskutiert

---

829 Mitgliedslisten entsprechen dem Stand vom 23.10.2006.

830 Nach Auskunft des Instituts sind alle Mitarbeiter derzeit und auf absehbare Zeit so beschäftigt, dass „keine Zeit für solche Umfragen übrig ist, nicht mal 5 Minuten", außerdem nimmt man „sowieso grundsätzlich nicht an solchen Sachen teil".

831 Factoringumsatz und -volumen werden nachfolgend synonym für die Summe des angekauften Forderungsvolumens verwendet.

832 Vgl. **Deutscher Factoring-Verband e.V.** (Factoringmarkt Deutschland, 2006), S. 5.

833 Vgl. **Soufani, K.** (Factoring, 2002), S. 24.

wurde. Als Forschungsmethode boten sich hier Fallstudien an. Diese haben den Vorteil, dass sie durch ein ganzheitliches Bild der Realität die Einbeziehung möglichst vieler für das Untersuchungsobjekt relevanter Dimensionen erlauben. Dadurch können das Zusammenwirken einer Vielzahl von Wirkungsfaktoren analysiert und typische Prozesse herausgearbeitet werden[834].

Obwohl Voruntersuchungen zum Zahlungsverhalten im Projektgeschäft bestehen[835], reicht dieser **Kenntnisstand** nicht aus, um alleine daraus als Gesprächsauftakt zum Factoring im Projektgeschäft zu kommen. Es sollten nicht nur die offenkundigen Probleme und Risiken bei der Bezahlung von Leistungen zum Thema hinführen, sondern auch Hypothesen als Antworten auf die Anforderungen der Factoringinstitute getestet werden. So wäre eine Aussage wie „durch die schlechte Zahlungsmoral bedingt, besteht eine hohe Nachfrage nach Factoring im Projektgeschäft" nicht ausreichend gewesen. Vielmehr sollten zum einen Gründe für die Probleme mit der Zahlungsmoral ermittelt, zum anderen Hypothesen verprobt werden, wie den Anforderungen und der Skepsis der Factoringinstitute zu begegnen ist. Durch ihren explorativen Charakter bot sich die Fallstudienanalyse an, da sie den zunächst auf die theoretischen Vorüberlegungen begrenzten Informationshorizont um zusätzliche Dimensionen erweitern kann[836] und so das gewünschte **Tiefenverständnis** ermöglicht[837].

Die Fallstudien wurden nach den Hauptkriterien „Größe der Einzelforderung", „Gesamtumsatz", „Wertschöpfungsstufe" und „Branche" ausgewählt[838]. Bei der Auswahl wurde darauf geachtet, eine möglichst heterogene Gruppe von Unternehmen abzubilden[839].

---

834 Vgl. **Lamnek, S.** (Qualitative Forschung, 1995), S. 4ff.
835 Vgl. dazu Abschnitt 4.5.3.
836 Vgl. **Lamnek, S.** (Qualitative Forschung, 1995), S. 10.
837 Vgl. dazu vertiefend **Yin, R.** (Cases, 2003), S. 5ff.
838 Naturgemäß wird die Kombination „große Einzelforderungen" bei „kleinem Umsatz" nicht erreicht; die Achsen sind positiv korreliert.
Die Ausprägungen „Hauptgewerbe" und „Größe der Einzelforderungen" korrelieren darüber hinaus ebenfalls positiv, da die Forderungen der Unternehmen des Nebengewerbes von den Unternehmen des Hauptgewerbes schon einmal mit abgerechnet worden sind. Bei großen Projekten mit Generalunternehmer rechnet das Nebengewerbe seine Leistungen gegenüber dem Generalunternehmer ab, dieser wiederum rechnet alle Leistungen zusammen gegenüber dem Kunden ab.
839 Vgl. dazu Abbildung 58; die inhaltliche Dimension der Ausprägungen erschließt sich beim Studium der Fallstudien.

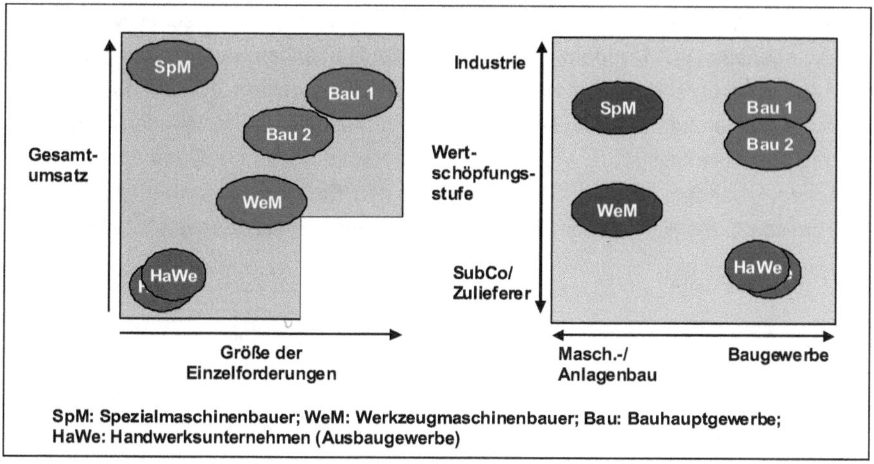

Abbildung 58: Systematische Einordnung der Fallstudien

5.1.4 Experteninterviews

Die beiden Interviewgruppen werden ergänzt durch die Befragung von **Experten**. Es wurden jeweils auf Anbieter- und Nachfragerseite die entsprechenden Branchenverbände befragt, um das Bild aus den Interviews mit den Einzelunternehmen abzurunden und zu verproben. Da in den Branchenverbänden naturgemäß Entwicklungen beeinflusst und begleitet sowie Verfahren entwickelt und erprobt werden, konnten darüber hinaus allgemeine Trends und Entwicklungen der Branchen erfragt werden. Auch hier wurde die teilstandardisierte Interviewtechnik[840] angewandt.

Auf **Anbieterseite** wurden dazu der Deutsche Factoring-Verband als Interessenvertretung für die größeren und der Bundesverband Factoring für den Mittelstand (BFM) als Vertreter für die kleineren Factoringunternehmen interviewt. Nachdem die Stichprobe der Factoringunternehmen an sich bereits repräsentativ ist, war es vor allem Ziel dieser Gespräche, die Verbände nach allgemeinen Tendenzen, Trends und neuen Entwicklungen zu befragen.

[840] Vgl. dazu ausführlicher Abschnitt 5.1.1.

Auf **Nachfragerseite** wurden Gespräche mit dem Verband Deutscher Maschinen- und Anlagenbau (VDMA), dem Hauptverband der Deutschen Bauindustrie (HdB) und dem Zentralverband des Deutschen Handwerks (ZDH) geführt. Zu den oben ausgeführten Aspekten kam hier die Möglichkeit hinzu, die tiefe Stichprobe der Fallstudien auf ihre Repräsentativität zu verproben. Das bedeutet, dass die Gespräche mit den Branchenverbänden nach den Interviews mit den Einzelunternehmen geführt wurden, um so die Möglichkeit der Verallgemeinerung von Aussagen testen zu können.

5.2 Charakteristik des Angebots: Interviews mit Factoringinstituten

Die Charakterisierung des Angebots erfolgt in zwei Abschnitten. Zunächst werden die quantitativen Ergebnisse der Umfrage zur Aktivität der Factoringinstitute im Projektgeschäft, im Anschluss qualitativ die Risiken aus Sicht der Factorer dargestellt.

5.2.1 Aktivitäten von Factorern im Projektgeschäft

Die in Abschnitt 3.4.7 zitierte jährlich erstellte Studie des Deutschen Factoring-Verbands beschreibt den Markt seiner deutschen Mitgliedsunternehmen[841]. In der darin enthaltenen Branchenstatistik wird das Projektgeschäft allerdings nicht berücksichtigt: Die Baubranche existiert ohnehin nicht als Kategorie, und auch bei den Kategorien Maschinenbau sowie EDV und Elektro ist laut telefonischer Auskunft kein Projektgeschäft enthalten[842].

Im Rahmen der Befragung wurde dieses Ergebnis nahezu bestätigt; lediglich ein Mitgliedsunternehmen des Deutschen Factoring-Verbands ist in diesen Branchen regelmäßig aktiv, was allerdings offensichtlich beim Verband nicht bekannt ist oder nicht kommuniziert wird[843]. Die allgemeine **Ablehnungshaltung** geht dabei so weit, dass die Ansprechpartner für die Telefoninterviews bei „Cold Calls“[844] teilweise mit Nachdruck identifiziert werden mussten, um überhaupt ein Gespräch zu erreichen. Bei direkter Nachfrage nach einem Ansprechpartner für diese Branchen ist es passiert, dass schon die Telefonzentrale das Gespräch mit Hinweis auf den Ausschluss dieser Branchen vom Factoring beendete oder an die Abteilung für Öffentlichkeitsarbeit oder das Sekretariat der Geschäftsleitung vermittelte, die dann bereits vorgewarnt waren und diese Anfrage abzuwimmeln versuchten. In diesen Fällen mussten erneute Versuche mit einer anderen Anfangsstrategie zu einem späteren Zeitpunkt gestartet werden[845].

---

841 Vgl. **Deutscher Factoring-Verband e.V.** (Jahresbericht, 2005), nach eigener Aussage repräsentiert der Verband über 95% des Factoring-Umsatzes in Deutschland, vgl. ebenda S. 5.

842 Vgl. zu der Statistik **Deutscher Factoring-Verband e.V.** (Jahresbericht, 2005), S. 5.

843 Vgl. Abbildung 59.

844 Unter „Cold Calling“ wird verstanden, dass der genaue Ansprechpartner vor Anruf nicht bekannt ist. In der Regel wurde der geeignete Ansprechpartner dann über die Telefonzentrale, über Gespräche mit Kollegen oder den Internetauftritt ermittelt.

845 Zumeist war die Vermittlung an einen diskussionsbereiten und sachkundigen Mitarbeiter dann erfolgreich, wenn nach einem Ansprechpartner für den Maschinenbau und/oder sonstige verarbeitende Industrie gefragt wurde.

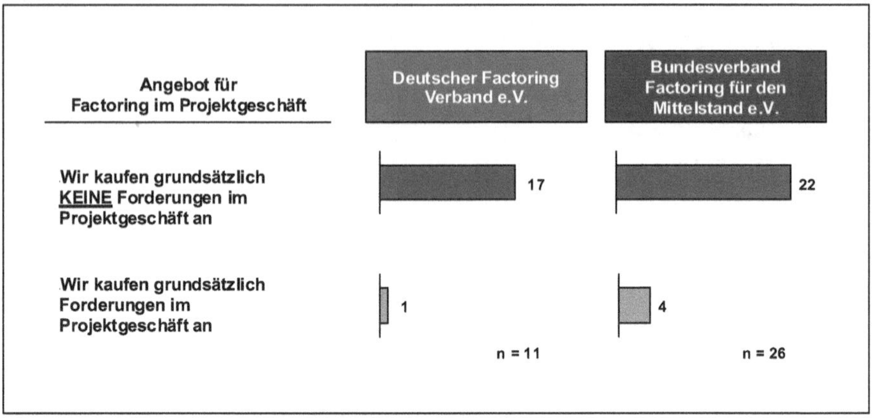

Abbildung 59: Angebot von Factoring im Projektgeschäft[846]

Beim BFM sieht das Ergebnis deutlich positiver aus. Zwar schließen auch hier auf den ersten Blick 22 von 26 Unternehmen Factoring für das Projektgeschäft aus, doch sind in dieser Zahl vier Anbieter für Factoringsoftware ohne eigenes Geschäft und drei Spezialanbieter[847] enthalten. Dazu kommen acht Anbieter, die Factoring für das Projektgeschäft zwar grundsätzlich ausschließen, aber Ausnahmen im Einzelfall positiv bewerten. Ohne die sieben Spezialanbieter ergibt sich damit bereits eine Mehrheit von zwölf gegenüber sieben Instituten, die Factoring im Projektgeschäft betreiben. In den Gesprächen wurde dies mit der generell höheren Bereitschaft von kleineren Factorern begründet, individuelle und aufwendigere Lösungen anzubieten; die Institute im Deutschen Factoring-Verband fokussieren offensichtlich eher auf das standardisierte Massengeschäft[848].

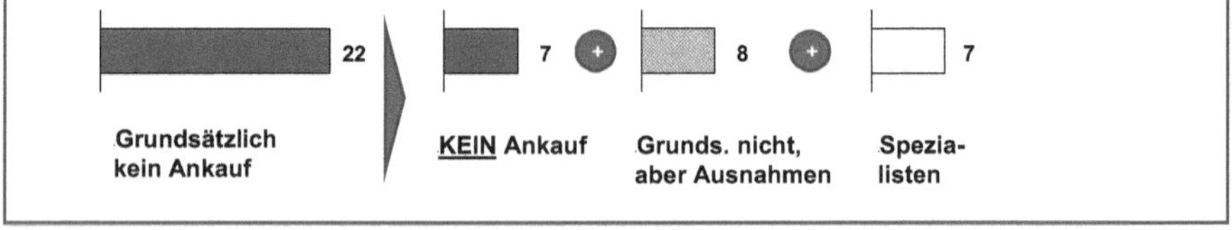

Abbildung 60: Detaillierung des „Kein Ankauf" für den BFM[849]

846 Eigene Darstellung der empirischen Ergebnisse.

847 Diese sind jeweils auf eine bestimmte Branche spezialisiert: Zahnärzte, Zahntechnik und Fitnesstudios.

848 Ergebnisse der empirischen Untersuchung, vgl. Abbildung 60 zu einer graphischen Darstellung.

849 Eigene Darstellung der empirischen Ergebnisse.

Insgesamt kann jedoch davon ausgegangen werden, dass der Marktanteil des Projektgeschäfts im Factoring im Vergleich zu seinem Anteil am BIP insgesamt heute noch sehr klein ist[850]. Wie oben erwähnt, werden etwa 95% des Umsatzes von Unternehmen des Deutschen Factoring-Verbands erwirtschaftet, davon kauft nur ein Institut regelmäßig Forderungen aus dem Projektgeschäft an. Die Einzelfälle ergeben bei beiden Gruppen offensichtlich keine signifikanten Umsätze. Dazu kommen vier kleinere Institute im BFM, die regelmäßig Forderungen aus dem Projektgeschäft ankaufen, aber auch hier kann nicht von großen Summen ausgegangen werden[851].

Bei beiden Gruppen ist auffällig, dass die Ablehnung des Projektgeschäfts offensichtlich nur begrenzt auf eigenen Erfahrungen basiert, zu großen Teilen jedoch auf Vorurteilen. So gaben neun von 17 Unternehmen aus dem Deutschen Factoring-Verband als Begründung für ihre ablehnende Haltung lediglich an, das sei Unternehmensstrategie bzw. eine Vorschrift des Vorstands; ohne die sieben Spezialanbieter waren es im BFM immerhin ebenfalls noch sechs von 15 Unternehmen, die das Projektgeschäft ausschließen, ohne jemals eigene Erfahrungen gemacht zu haben. Es ist also nicht etwa so, dass eine solche Grundsatzentscheidung bei der Mehrheit durch schlechte Erfahrungen zustande gekommen ist. Vielmehr zeugte die Qualität der Argumente gegen das Projektgeschäft bei den Unternehmen, die das Projektgeschäft prinzipiell ablehnen, zumeist nicht von einem tiefen Verständnis dieses Geschäftstyps. In vielen Fällen wurden allgemeine Vorurteile zitiert oder juristische Einwände geltend gemacht, die so nicht zutreffend sind. Die Gespräche mit dem Deutschen Factoring-Verband stützen diese Einschätzung einer eher pauschalisierend ablehnenden Haltung[852].

850 Allein das Baugewerbe hat etwa 10% Anteil am BIP, vgl. **Hauptverband der Deutschen Bauindustrie e.V.** (Baudatenkarte, 2005). Bei Zurechnung des Anteils im Spezialmaschinen- und Anlagenbau von etwa 3-5% (nach Aussage des VDMA) liegt das Projektgeschäft in Summe mindestens bei 12% Anteil am BIP. Vgl. dazu auch die Ausführungen in Abschnitt 4.5.2, hier ergibt sich selbst bei sehr konservativer Schätzung ein Volumen von 200 Mrd. €.

851 Vgl. dazu auch die Ausführungen zu Abbildung 62.

852 Ergebnisse der empirischen Untersuchung. Vgl. dazu vertiefend Abschnitt 5.2 und 5.4.

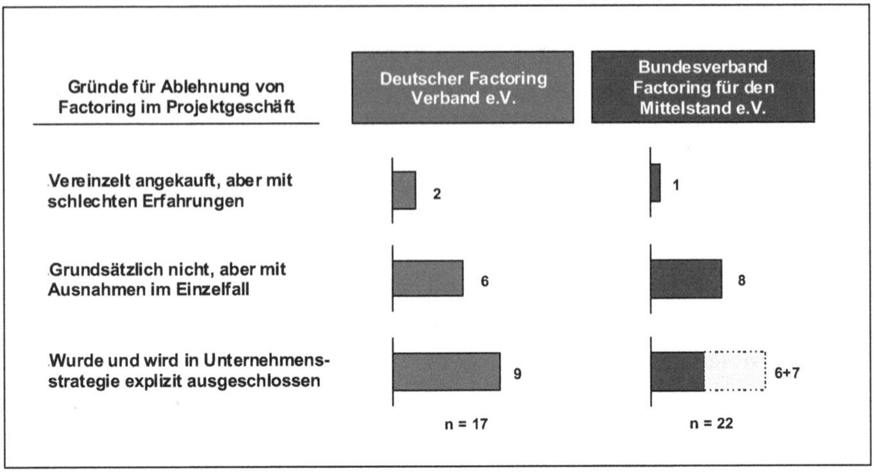

Abbildung 61: Gründe für Ablehnung von Factoring im Projektgeschäft[853]

Wenn die Aktivitäten der zumindest teilweise im Projektgeschäft tätigen Unternehmen weiter differenziert werden, fallen zusätzlich **Branchenunterschiede** auf. Bei den Mitgliedern des Deutschen Factoring-Verbands werden Ankäufe aus dem Baugewerbe völlig ausgeschlossen. Dies zeigt nicht nur die Statistik in Abbildung 62, sondern wurde durch die Reaktionen der Interviewpartner in den Instituten bestätigt. Während beim Maschinen- und Anlagenbau in einigen Fällen zumindest eine inhaltliche Diskussion möglich war, wurde der Ankauf von Forderungen aus dem Baugewerbe pauschal mit Kommentaren abgelehnt wie: „VOB-Forderungen? Machen wir grundsätzlich nicht. Sie wissen doch selbst, wie die Zahlungsmoral in der Branche ist. Außerdem müssen Sie nur mal in der Zeitung die Handelsregistereintragungen aufschlagen, dann sehen sie doch, wie viele von denen jeden Tag Pleite gehen. Da hätte ich keine Lust, dort jeden Tag nachzusehen, ob da vielleicht heute auch wieder einer von meinen Kunden dabei ist!". Auf Nachfrage wurde dies vom Verbands-Geschäftsführer folgendermaßen zusammengefasst und zu erklären versucht: „Man darf das nicht als Diskriminierung [miss-]verstehen, das sind vielmehr die negativen, schmerzhaften Erfahrungen im kollektiven Gedächtnis der Branche. [...] Auch ich persönlich glaube nicht, dass [das Factoring in der Baubranche] funktionieren kann, aber ich stelle Ihnen anheim, das Gegenteil zu beweisen!"[854]

[853] Eigene Darstellung. Die Daten entstammen den Telefoninterviews mit den Factoringinstituten.

[854] Dagegen sprechen seiner Meinung nach zwei wesentliche Argumente: Wirtschaftlich gesehen ist das Verhältnis von Bearbeitungszeit zu Forderungslaufzeit so hoch, dass die Vorfinanzierung der Leistungserstellung in dieser Branche eine wesentliche höhere Bedeutung hat als die Umsatzfinanzierung. Aus juristischer Perspektive sind seiner Meinung nach die hohen Veritätsrisiken der Branche im Forderungsbestand problematisch. Zu einer ausführlicheren Diskussion vgl. 5.2.2.

Beim BFM zeigt sich dagegen ein anderes Bild. Bei den Unternehmen, die vereinzelt Forderungen des Projektgeschäfts ankaufen, sind die Branchen zumindest homogen verteilt. Bei den vier Unternehmen, die in diesem Segment regelmäßig aktiv sind, stellt das Baugewerbe sogar eine deutliche Mehrheit dar. Nur eines der Unternehmen kauft Forderungen aus dem Maschinenbauexport an, drei Unternehmen dagegen Forderungen des Baugewerbes. Diese beschränken sich dabei allerdings ausdrücklich auf das Baunebengewerbe und das Handwerk; zwei von ihnen schließen explizit den Ankauf von Forderungen gegenüber einem Generalunternehmer aus[855].

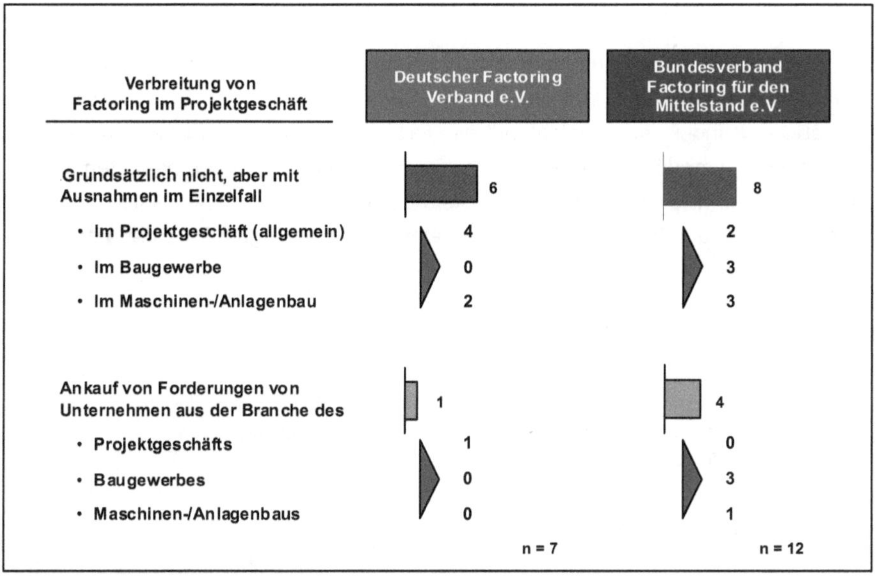

Abbildung 62: Verbreitung von Factoring nach Branchen[856]

[855] Vgl. dazu Abbildung 62.
[856] Eigene Darstellung, Ergebnisse der empirischen Untersuchung.

Zur **Entwicklung** dieses Marktsegments waren die Aussagen der Factorer sehr unterschiedlich. Während viele Unternehmen in diesen Branchen überhaupt keine Zukunft sahen, sahen andere hier eine attraktive Nische: „Marktstrategisch wäre das völliger Irrsinn, solch eine Lücke klaffen zu lassen. Sie merken auch bei den heute immer noch astronomischen Wachstumsraten im Gesamtmarkt bereits einen beginnenden Verdrängungswettbewerb." Damit wurde die Ansicht begründet, dass sich „bereits in den nächsten zwei Jahren Factorer um diese Branchen kümmern [werden]", um das bisher ungenutzte Marktpotential zu erschließen.

5.2.2 Risiken und Hindernisse für das Factoring im Projektgeschäft

Die von den befragten Unternehmen angeführten Gründe wurden analog zu Abschnitt 3.4.5.1 gegliedert, also grundsätzlich in Veritätsrisiko und Bonitätsrisiko. Die Bonität des Kunden ist komplementäres Risiko zur Verität der Forderung. Auf die Informationsasymmetrie als theoretisches Konstrukt wurde von den befragten Instituten nicht getrennt eingegangen; diese Aspekte wurden bei den Bonitäts- und Veritätsrisiken mit abgedeckt. Dazu kommen einige formale Argumente, die getrennt in 5.2.2.3 vorgestellt werden.

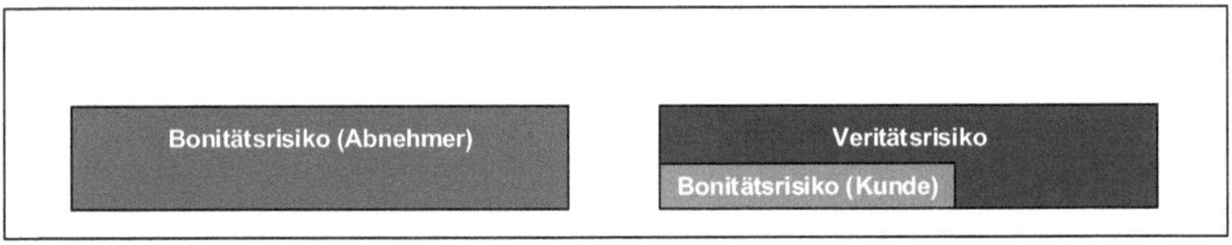

Abbildung 63: Risiken im Factoring

5.2.2.1 Bonität der Abnehmer

Auch wenn einige Factorer einzelne Branchen mit pauschalen Urteilen wie „da finden Sie insgesamt ein wenig vertrauenswürdiges Geschäftsgebaren" aburteilen, wurde die Bonität der Abnehmer überwiegend nicht von anderen Branchen unterschieden. Die gewerblichen Absatzmärkte der Branchen sind im Allgemeinen so heterogen, dass eine pauschale Beurteilung nicht sinnvoll ist.

Allerdings erschwert die Charakteristik des Einmalgeschäfts das auf die Bonität der Abnehmer ausgerichtete Risikomanagement. Sonst üblicherweise auf Mehrfachabnehmer ausgerichtet, können die Factorer die Abnehmer der anderen Kunden über einen längeren Zeitraum hinweg beobachten, eigene Beziehungen aufbauen und die

Limite so gegebenenfalls schrittweise anheben. Darüber hinaus entsteht der Aufwand für Limitprüfungen dann nicht bei jeder Transaktion neu, sondern die Limite können anhand von Routineüberprüfungen konstant aktualisiert werden. Bei **Einzeltransaktionen** dagegen müssen die Limite naturgemäß jedes Mal neu geprüft werden. Entweder muss dieser Aufwand dann von den Kunden über Einzelgebühren für die Limitprüfung getragen werden oder diese belasten die Marge des Factorers im Falle von pauschal kalkulierten Gebühren.

Die zumeist langen **Laufzeiten** der Projekte machen sich negativ bemerkbar. Eine Limitprüfung erfolgt zumeist schon bei Vertragsschluss, während die letzten Zahlungen in einem Projekt mitunter erst Jahre später fällig werden.

Das Merkmal des Einzelkunden – also einer kundenspezifischen Fertigung – wirkt sich außerdem negativ auf die Risikosteuerung aus. Im Falle eines Zahlungsausfalls ist die **Verwertbarkeit** des Produkts zumindest erheblich erschwert. Bei der Leistungserstellung vor Ort (also im Baugewerbe oder dem Anlagenbau) geht der Besitz naturgemäß sofort auf den Kunden über und eine Aussonderung ist fast unmöglich. Aber selbst wenn die Leistungserstellung im eigenen Werk erfolgt, entstehen durch die Individualisierung zumeist erhebliche Sunk Costs, die bei einem Notverkauf an Dritte nicht wieder erlöst werden können.

5.2.2.2 Verität der Forderungen

Am häufigsten wurde das Argument der allgemein **schlechten Zahlungsmoral** in den Branchen des Projektgeschäfts angeführt. In der Baubranche zielte diese Kritik teilweise auch auf die Bonität des Kunden ab, während im Maschinen- und Anlagenbau damit zumeist ausschließlich die vorsätzliche Zahlungsverweigerung oder -verzögerung gemeint war. Aus Sicht der Factorer sei es „gängige Geschäftspraxis", wenn nicht sogar „Sport in diesen Branchen", dass Einreden geltend gemacht werden, um Zahlungen zumindest aufzuschieben oder sogar auf einen Vergleich zu spekulieren. Häufig verursachten die Abnehmer durch Zahlungsverzögerung bereits eine derart angespannte Liquiditätssituation bei den Produzenten, dass diese sich lieber auf einen für sie ungünstigen Vergleich einlassen, als in langwierigen Prozessen oder Schiedsverfahren auf einen günstigeren Ausgang zu warten. Selbst wenn unter Einbeziehung des Prozessrisikos das Abwarten eines endgültigen Urteils günstiger erschiene, werde in vielen Fällen zur bloßen Bestandssicherung die schnellere Liquidität mit vergleichsweise höheren Opportunitätskosten erkauft.

Projektgeschäft ist definitionsgemäß Einzelfertigung für Einzelkunden. Dazu kommt, dass die Leistungen in den entsprechenden Branchen zumeist recht komplex sind. Es erscheint damit wenig verwunderlich, dass die Vorstellungen der Vertragspartner über die Beschaffenheit der Leistung häufig auseinandergehen. Dies wurde von den Factoringinstituten als häufigstes Argument gegen Factoring in diesen Branchen angeführt. Gerade die größeren Factorer sind an einer standardisierten Abwicklung ihrer angekauften Forderungen interessiert, weniger an individualisierten Lösungen. Besonders ungünstig ist es für den Factorer deshalb, wenn **Einreden** geltend gemacht werden. Im günstigsten Fall entsteht dadurch administrativer Aufwand und Zeitverzug bei der Bezahlung, weil mit Kunden und Abnehmern nach einer einvernehmlichen Lösung gesucht werden muss. Im ungünstigeren Fall ist mit zusätzlichem Aufwand durch juristische Auseinandersetzungen sowie langwierige Verfahren zu rechnen, wodurch sich die Zahlung weiter verzögert. Sollte der Einspruch Erfolg haben, muss der Factorer dann seinen Kunden in Regress nehmen. Selbst wenn ein Unternehmen bereit ist, auch individualisierte Lösungen anzubieten, kann es kein Interesse an einem solch komplexen Prozess haben, bis die Zahlung erstritten ist.

Für das Baugewerbe wurde darüber hinaus angeführt, dass die Streitigkeiten über die Höhe der Rechnung außerdem durch die zahlreichen **Nachträge** begünstigt werden. Bei den Factorern haben diese Nachtragsforderungen einen schlechten Ruf und gelten – wahrscheinlich zu Recht – als besonders aufwendig und langwierig in der Durchsetzung.

Dazu kommt, dass der Factorer beim **Durchsetzen** der Forderung auf die Mithilfe seines Kunden angewiesen ist. Gerade in Märkten mit starker Abnehmermacht (beispielsweise im Bau für die öffentliche Hand oder Deutsche Bahn) aber ist die Bereitschaft zum konsequenten Vorgehen gegen den Abnehmer bei den Kunden nicht ausreichend vorhanden. Wenn der eigene Abnehmerkreis derart beschränkt ist und mit großer Marktmacht auftritt, verzichten viele Unternehmen lieber auf das konsequente Durchsetzen ihrer Forderung zugunsten zukünftiger Aufträge.

Besonders schwierig wurde das Durchsetzen von Handwerker- oder Nachunternehmerforderungen gegenüber Generalunternehmern bzw. -übernehmern beurteilt. Illustriert wurde dies mit der wenig sachlichen, aber sehr anschaulichen Behauptung „Die meisten GUs [Generalunternehmen] sind echte Ganoven. Die saugen ihre Sub's [Nachunternehmer] bis auf den letzten Tropfen aus wie ein Vampir". Wenn diese pauschale Aussage auch aufgrund der heute eher gestiegenen Nachfragemacht von Subunternehmern schlecht haltbar erscheint, zeigt sie doch eine andere Problematik:

Der **Generalunternehmer**/-übernehmer hat dem Factorer gegenüber einen unaufholbaren Wissensvorsprung, was die Leistung allgemein, aber auch die Umstände auf der jeweiligen Baustelle angeht. Im Falle von Einreden kann er diesen ausnutzen und die Verhandlungen zumindest äußerst schwierig gestalten. Im Übrigen wurde diese Praxis von den interviewten Bauunternehmen zumindest teilweise bestätigt: „Sicherlich gibt es auch hier Defizite. So wie wir von unseren Abnehmern vorgeführt werden, wird da sicher auch schon mal nach unten weiter getreten. Das sollte nicht sein und ist letztlich genauso schädlich.“[857]

Durch die Einzelfertigung im Projektgeschäft fällt den Factorern außerdem der Aufbau von spezifischen Kompetenzen schwer. „Ein effizientes und effektives **Risikomanagement** ist Kernkompetenz des Factorers“; so stützt einer der interviewten Factorer die Hypothesen aus Abschnitt 3.4.5.2. Seiner Ansicht nach steht Factoring im Projektgeschäft aber im Spannungsfeld zwischen schlecht kalkulierten Risiken und hohen Kosten des Risikomanagements. Denn „wir leben davon, unsere Erfahrungen von Fall zu Fall zu transferieren. Hier aber ist jede Anfrage ein komplett neuer Fall, den es zu verstehen und durchdringen gilt – dazu meist ungleich komplexer als die Lieferung einer Palette Turnschuhe.“ Die Heterogenität und Komplexität der Leistungserstellung erschweren das Risikomanagement. Die **Gewährleistungsfristen** laufen im Projektgeschäft mitunter über Jahre hinweg nach. Daher wäre ein Ankauf der hiermit behafteten Forderungen für den Factorer sehr schlecht einschätzbar. Daher werden solche Forderungen nur akzeptiert, wenn der Kunde dafür ohnehin aus seinem Vertrag mit dem Abnehmer heraus ein Aval bei der Bank stellen muss.

„Grundsätzlich sind Einreden eine Frage der **Bonität des Kunden**. Jeder vernünftige Unternehmer hat ein Interesse, seinen Kunden zufriedenzustellen und Streitigkeiten schnellstmöglich zu regeln.“ Mit einer derartigen Reduktion des Veritätsrisikos war die Mehrheit der Gesprächspartner nicht einverstanden; die Problematisierung der Bonität trifft jedoch nach Aussage einer großen Mehrheit zu. Durch die Haftung des Kunden für die Verität der Forderung und das daraus resultierende Rückgriffsrecht des Factorers ist die Bonität naturgemäß von sehr hoher Bedeutung. Bezogen auf das Projektgeschäft ist hier nicht nur die hohe Insolvenzquote der Unternehmen im Baugewerbe problematisch. Darüber hinaus ist die lange Durchlaufzeit der Leistungserstellung schwierig. Das heißt für den Factorer, dass der Zeitraum zwischen dem Abschluss des Factoringvertrags und dem Zeitpunkt der Zahlung unter Umständen sehr lang werden kann. Wenn sich die Bonität des Kunden in dieser Zeit

---

[857] Interview mit einem mittelständischen Bauunternehmen.

verschlechtert, kann der Factorer auf diese veränderte Risikoposition kaum noch wirksam reagieren.

Die besondere Problematik dieses Bonitätsrisikos liegt darüber hinaus in den begrenzten Möglichkeiten der Risikosteuerung. Eine **Absicherung** des Gesamtrahmens eines Kunden ähnlich einer Kreditversicherung ist naturgemäß nicht möglich und wäre ohnehin zu teuer; in diesem Falle wäre eine Forderung gleich zweifach abgesichert, nämlich bezüglich des Bonitätsrisikos des Kunden und des Abnehmers. Auch eine Stellung von Sicherheiten ist in den allermeisten Fällen nicht sinnvoll. Alle exklusiven Sicherheiten, einschließlich möglicher Bürgschaften oder Avale belasten die Kreditlinie des Kunden voll[858] und laufen damit der Finanzierungsfunktion des Factoring zuwider.

5.2.2.3 Formale Hindernisse für Factoring im Projektgeschäft

Grundsätzlich können beim Factoring nur Forderungen angekauft werden, denen eine klar definierte, abgrenzbare und **tatsächlich erbrachte Leistung** gegenübersteht. „Am besten halten Sie eine Eingangsbestätigung/ein Testat in den Händen, dann haben Sie einen sauberen Nachweis über eine einredefrei erbrachte Leistung." Ein Ankauf von einredebehafteten Forderungen stellt nach Ansicht einiger Gesprächspartner dagegen sogar einen Verstoß gegen das Kreditwesengesetz dar, da es sich dann um eine Kreditvergabe handelt, für die eine Banklizenz benötigt wird[859].

Andere Factorer wiesen darauf hin, dass die Forderung als solche in der **Bilanz** des Kunden bestehen muss, da diese sonst auch vom eigenen Abschlussprüfer nicht als Forderung anerkannt wird. Daher scheidet der Ankauf von Rechnungen aus, wenn der Gegenwert beim Kunden nicht als Forderung, sondern beispielsweise als unfertiges Erzeugnis verbucht wird. Aus dem vorhergehenden Abschnitt ergibt sich, dass die Forderung nicht aus einer Bilanzverlängerung resultieren darf, sondern aus einem Vermögensabgang (Verbuchung gegen fertige oder unfertige Erzeugnisse). Bei einer Anzahlung beispielsweise entstünde die Forderung unter gleichzeitiger

---

858 Bürgschaften und Avale werden in voller Höhe auf die Kreditlinie angerechnet, vgl. dazu die Interviews für die Fallstudien. Sollen andere Sicherheiten wie Immobilien oder andere Vermögensgegenstände zur Absicherung herangezogen werden, müsste der Kunde diese vorher aus der Haftung für seine Kreditlinien befreien und würde diese damit um deren Wert reduzieren.

859 „Wenn Sie keine Banklizenz haben, sollten Sie solche Geschäfte lieber lassen. Sonst steht eines Tages mal die BaFin vor der Tür und weist Sie auf das KWG [Kreditwesengesetz] hin!"

Einbuchung eines Passivpostens, da die Leistung für gestellte Rechnung noch zu erbringen ist und damit als Verbindlichkeit verbucht wird[860].

Besonders die im Maschinenbau üblichen **An- und Teilzahlungen** können damit nicht angekauft werden. Diese sind nicht direkt an eine Leistung gekoppelt, sondern beruhen auf einem zuvor vereinbarten pauschalen Zahlungsplan. Damit handelt es sich jedoch nicht um eine durchsetzbare Forderung, die von einem Factorer angekauft werden kann. In Frage kommen daher nur die Endrechnungen im Maschinenbau, wobei diese zum einen nur einen geringen Anteil am Gesamtgeschäft ausmachen, zum anderen zumeist mit Einreden behaftet sind, bis die Schlussabnahme erfolgt ist.

Für das Baugewerbe wurde diese Argumentation von einigen Instituten ebenfalls angeführt. Allerdings wurde dem von einigen – mit der Thematik enger vertrauten – Gesprächspartnern widersprochen. Denn es handelt sich dabei um Abschlagszahlungen nach Erreichen von vorher vereinbarten Meilensteinen, für die deshalb bilanziell sogar eine ratierliche Gewinnverbuchung vorgenommen werden darf. Veranschaulicht wurde dies am Beispiel eines Installateurunternehmens: „Wenn mein Kunde einen Vertrag hat, fünf Messehallen mit Gas auszustatten, dann kann er beispielsweise eine Zwischenrechnung stellen, wenn er das in der ersten Halle erledigt hat und diese Halle abgenommen worden ist. Warum sollte ich eine solche Forderung nicht ankaufen können?"

[860] Vgl. vertiefend **Budde, W.D.** (Bilanzkommentar, 2006), §§ 284, 285.

5.3 Charakteristik der Nachfrage: Fallstudien

Nachfolgend werden die wesentlichen Ergebnisse der Gespräche mit den potentiellen Kundenunternehmen dargestellt. Nach einer kurzen Vorstellung des Geschäfts und der wesentlichen Absatzmärkte folgt eine Charakteristik der Forderungen. Daran anschließend werden die Eignung für Factoring und das Interesse des Unternehmens an einer derartigen Dienstleistung diskutiert. Die Aussagen dieses Unterkapitels geben – soweit nicht explizit anderweitig kenntlich gemacht – die Inhalte der Gespräche in den Unternehmen wieder; wörtliche Zitate ohne erneute Quellenangabe sind diesen Diskussionen entnommen.

5.3.1 Mittelständisches Bauunternehmen 1

Das befragte **inhabergeführte Familienunternehmen** aus Deutschland bietet vor allem Leistungen im Verkehrswege- und Brückenbau sowie dem Erd- und Tiefbau an. Die Produktpalette wird zunehmend durch baunahe Geschäftsfelder wie Projektentwicklungen, PPP-Modelle und Facility Management ergänzt. Bereits kurz nach der Wende wurden die Aktivitäten nach Ostdeutschland ausgedehnt; in den letzten Jahren wurde dieser Weg konsequent weiter nach Osteuropa hin beschritten. Als Mittelständler mit über 1.500 Mitarbeitern zählt der Konzern an der Bauleistung[861] gemessen zu den 20 größten deutschen Bauunternehmen[862].

Die Gesprächspartner zeigten – bei passenden Konditionen – ausgeprägtes **Interesse** an Factoring; vor allem die Absicherung des Debitorenausfallrisikos erschien attraktiv. Auch wenn die Finanzierungssituation aufgrund der gesunden Ertragskraft nicht angespannt ist, bestand Interesse an der Finanzierungsfunktion[863]. Die Übernahme der Debitorenbuchhaltung wird nicht als besonders attraktiv wahrgenommen, da die Rechnungserstellung bei Bauunternehmen aufgrund der Komplexität größtenteils intern erfolgen müsse[864]. Andere Dienstleistungsfunktionen spielten wesentlichere Rollen, da dann Arbeitsaufwand und externe Kosten für Debitorenprüfung und Kreditversicherung oder andere Sicherungsinstrumente sowie das übrige Debitorenmanagement entfielen.

---

861 Die Bauleistung wird als Umsatzkennzahl verwandt. Sie ist definiert als der ausgewiesene Umsatz zzgl. des nicht-konsolidierten Umsatzes aus den Arbeitsgemeinschaften.

862 Eingeordnet in die Statistik von „Le Moniteur“, **Le Moniteur** (Ranking, 2005).

863 Was allein schon der Einsatz von Forfaitierung im Ausland zeigt.

864 Vgl. dazu auch die Anmerkungen in der anderen Fallstudie eines Bauunternehmens.

Die Forderungen sind aus **bilanzieller Sicht** veräußerbar, da sie auch heute schon auf der Aktivseite verbucht werden[865]. Dies ist für Bauunternehmen ein wichtiger und nicht unkritischer Punkt, da immer wieder diskutiert wird, wie vom Kunden geleistete Zwischenzahlungen zu verbuchen sind. Im Falle einer reinen Anzahlung müsste diese nämlich als Verbindlichkeit verbucht werden, wodurch die Bilanz verlängert und die Eigenkapitalquote verringert würde[866]. Bei einer echten Abschlagszahlung nach Baufortschritt – also aufgrund einer in sich abgeschlossenen, erbrachten Leistung – kann diese dagegen gegen die unfertigen Bestände bzw. die zuvor eingebuchte Forderung verbucht werden. Dies ist die derzeit gängige Praxis im Unternehmen[867].

Die **Bonität** hängt naturgemäß vom Einzelfall ab, zumal die Kundenstruktur sehr heterogen ist. Es kann jedoch davon ausgegangen werden, dass sich diese bei einem Großteil der Fälle als unproblematisch darstellt, zumal die große Mehrheit der Leistungen für die öffentliche Hand erbracht wird. Aufgrund der guten Marktposition kann von Kunden mit nicht völlig zweifelsfreier Bonität außerdem eine Vertragserfüllungsbürgschaft gefordert werden.

Hauptproblem bei den Forderungen ist offensichtlich deren **Verität**. Zum einen werden Abnahmen häufig verzögert, in vielen Fällen mit formalen Vorwänden. Besonders im öffentlichen Bereich geschehe dies häufig systematisch, u.a. aus übertriebener Angst vor dem Rechnungshof und mangelndem Augenmaß. Während sich ein Beamter selten für die Kosten eines wenig aussichtsreichen Rechtsstreits verantworten müsse, könne er andererseits bei gerichtsfesten Zahlungsklagen für sich in Anspruch nehmen, bei der Prüfung der Rechnungen wirklich bis zum Äußersten gegangen zu sein. Dazu komme die monopolartige Nachfrage der öffentlichen Hand in vielen Bereichen der Infrastruktur, die zu sachlich unbegründeten Kürzungen und verspäteten Zahlungen von Rechnungen missbraucht werde. So streitet das Unternehmen heute – 2,5 Jahre nach Projektende – immer noch mit der Deutschen Bahn über den 510. von insgesamt 590 Nachträgen bei einem einzigen Projekt und hofft, in etwa einem halben Jahr netto aus der Vorfinanzierung heraus zu sein.

Dieses Beispiel illustriert allerdings ein weiteres wichtiges Unterthema der Verität: die **Nachträge**. „Keine Baustelle läuft heute noch normal nach dem Angebot; Nachträge

---

865 Zumindest beim Jahresabschluss, unterjährig unterbleibt eine Zwischenbuchung z.T., sodass Zahlungen sofort gegen den (halb-)fertigen Bestand gebucht werden.

866 Dies ist aus Sicht des Unternehmens vor allem für die Refinanzierungskosten und -möglichkeiten entscheidend.

867 Eine Ausnahme stellt die positive Differenz zwischen Zahlung und aktiviertem Aufwand dar, diese wird derzeit gemäß dem Vorsichtsprinzip als Verbindlichkeit gebucht.

sind allgegenwärtig." Aus Sicht des Unternehmens liegt dies zu einem großen Teil an unzureichenden Planungsleistungen. Vor allem bei der öffentlichen Hand wurden hier in den letzten Jahren erhebliche Qualitätseinbußen ausgemacht. Dazu kommt, dass die Aufträge immer noch grundsätzlich an den billigsten Bieter vergeben werden, der dann oft schon bei der Angebotserstellung mit potentiellen Nachträgen rechne. Diese seien naturgemäß strittig, denn sie würden während des Projekts in der Regel kurzfristig freihändig, oft ohne ausreichende Spezifikation, pauschal und ohne vorherige spezifische Preisverhandlungen vergeben. Vom Bauunternehmen wird die Leistung – wenn möglich – auf der Grundlage der ursprünglichen Kalkulation und des Leistungsverzeichnisses in Rechnung gestellt. Der tatsächliche Preis bleibe dennoch meist strittig, vor allem wenn die Nachtragsleistung nach Art und/oder Menge erheblich von der kalkulierten Ausgangsleistung abweicht.

Dazu kommt, dass die **VOB** die Schaffung einredefreier Forderungen nicht begünstigt. Laut Aussage des Interviewpartners „wären die wesentlichen Finanzierungsprobleme der deutschen Bauindustrie gelöst", „wenn das, was in Polen möglich ist, auch in Deutschland ginge". Gemeint sind damit innovative Forfaitierungslösungen für Forderungen aus Abschlags- und Schlussrechnungen, die beispielsweise die FIDIC[868] als Vertragsgrundlage ermöglicht. Der wesentliche Unterschied ist dabei, dass der Auftragnehmer bereits 28 Tage nach Einreichen seiner Rechnung ein Zahlungszertifikat in der Hand hält, das er bei der Bank einreichen kann. Dieses wird durch einen „unabhängigen"[869] Dritten ermöglicht, der die Rechnung innerhalb von 28 Tagen prüfen und zur Zahlung freigeben muss. In der Praxis ist dies häufig das den Kunden ohnehin beratende Ingenieurbüro. Durch die kurze Frist auftretende Ungenauigkeiten bei der Prüfung können bei der längerfristigen Nachprüfung korrigiert und gegebenenfalls mit der nächsten Zahlung verrechnet werden.

[868] **FIDIC** (Conditions, 1999).

[869] Die Unabhängigkeit eines vom Auftraggeber bezahlten Ingenieurbüros mag zwar aus theoretischer Sicht in Frage gestellt werden, dennoch klappt dieses Verfahren laut Aussage des Unternehmens zumindest wesentlich reibungsloser als dies beispielsweise bei der VOB der Fall ist.

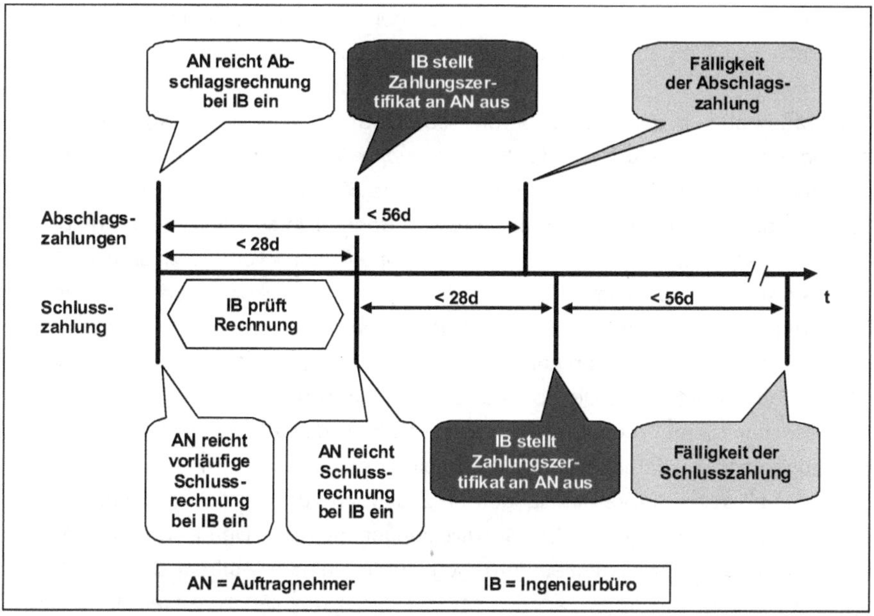

Abbildung 64: Prozess der Rechnungsprüfung nach FIDIC[870]

Zusammenfassend lässt sich feststellen, dass klares Interesse an Factoring besteht. Allerdings stehen dem derzeit die marktüblichen[871] Vertragsbedingungen entgegen. Während bei internationalen Großprojekten inzwischen bereits Tendenzen zu anderen Vertragsmodellen erkennbar sind[872], werden in Deutschland immer noch die große Mehrzahl der Verträge nach VOB abgeschlossen, die Gefahr einredefreier Forderungen nicht begünstigt.

5.3.2 Mittelständisches Bauunternehmen 2

Das befragte eigentümergeführte Unternehmen zählt ebenfalls zu den Top 20 der deutschen Bauindustrie. Schwerpunkte sind der Verkehrswegebau sowie der Tief- und Spezialtiefbau. In den letzten Jahren wurde das Sortiment um schlüsselfertige Hochbaumaßnahmen und Projektentwicklungen erweitert. Überwiegend werden Leistungen in Deutschland für die öffentliche Hand einschließlich der Deutschen

[870] Darstellung in Anlehnung an **FIDIC** (Conditions, 1999).
[871] Im öffentlichen Bereich ist die VOB sogar als Ausschreibungsgrundlage vorgeschrieben.
[872] Beispielsweise Cost plus Fee, PreFair, GMP, General Manager.

Bahn erbracht. Somit werden vor allem Einheitspreisverträge nach VOB, zumeist zusätzlich nach Vergabehandbuch des Bundes geschlossen.

Nachträge haben in den letzten Jahren – so das Unternehmen – stark zugenommen, allerdings in Abhängigkeit von der Kundengruppe. Während im sonstigen Verkehrswegebau im Schnitt Summen in Höhe von etwa 5% der Endrechnung ausreichten, betrügen diese bei Projekten für die Deutsche Bahn nicht selten 100% der ursprünglichen Auftragssumme. Neben nicht – oder nicht effizient – vorhersehbaren allgemeinen Risiken im Bauablauf führten Planungsungenauigkeiten oder -fehler der beauftragten Ingenieurbüros zu Nachträgen; die Zunahme der Planungsmängel erklärt sich das Unternehmen durch den starken Kostendruck auf die Planungs- und Überwachungsleistungen. Die so induzierten **Nachträge** seien dabei problematisch, da diese naturgemäß ebenfalls vom Ingenieurbüro des Auftragnehmers beauftragt und abgerechnet werden, das damit zu seinen eigenen Fehlern Stellung beziehen muss. Damit seien die Verhandlungen oft zusätzlich zur inhaltlichen Dimension von persönlichen Eitelkeiten und Schuldzuweisungen geprägt. Denn es erscheine nur menschlich, dass ein Ingenieurbüro gegenüber seinem Auftraggeber ungern in großem Umfang Nachträge verantwortet, die durch Unzulänglichkeiten der eigenen Planung zustande gekommen sind. Durch diesen Missstand wurde in den letzten Jahren nicht nur eine Zunahme der Nachträge an sich, sondern vor allem auch der strittigen Nachträge beobachtet. In den Gesprächen wurde von Beispielen berichtet, bei denen bei der Deutschen Bahn geltend gemachte Nachträge vier bis sechs Jahre nach Projektabschluss immer noch nicht endgültig geklärt sind. Ebenfalls illustrativ ist ein Beispiel im Brückenbau für die öffentliche Hand. Die Nachträge für den Abtransport von kontaminiertem Boden waren beauftragt und inhaltlich völlig unstrittig, dennoch wurde die Zahlung verweigert. Die erschreckend einfache wie dreiste Begründung des Stadtkämmerers für die pauschal gekürzten Rechnungen war: „Im aktuellen Haushalt habe ich dafür keine Mittel mehr frei, denn das war ja nicht vorhersehbar und deshalb nicht eingestellt. Sie müssen sich bis zur nächsten Haushaltsvorlage gedulden."

Zur Problematik der Behandlung von Nachträgen kommt nach Angabe des Unternehmens die regelmäßige Fristenüberschreitung bei Zahlungen. Nach VOB ist zwar ein Zahlungsziel von 56 Tagen vorgesehen und damit in der Regel auch vertraglich vereinbart, trotzdem dauerten die Zahlungen in der Praxis teilweise ein bis zwei Jahre. **Forderungen** bestehen in diesem Unternehmen also in erheblichem Umfang.

Nach Einschätzung der Interviewpartner sind davon die eigentlichen Abschlagsforderungen problemlos verkäuflich, da sie für eine klar abgegrenzte und erbrachte Leistung fällig werden und die Erbringung der Leistung auf fremdem Grundstück streng genommen ohnehin regelmäßig eine Eigentumsaufgabe bedeutet. Somit werden die Rechnungen auch in der Bilanz als Forderungen gebucht. Die „normalen“ Verträge nach Leistungsverzeichnis der VOB ermöglichen zudem keine Anzahlungen oder Vorfinanzierungen, sodass keine Verbindlichkeit ausgewiesen werden muss. Im Gegensatz dazu seien die Nachtragsforderungen aus den zuvor genannten Gründen zum Verkauf nicht geeignet, da ihre Verität unsicher ist und in den meisten Fällen noch Verhandlungen vonnöten sind. Entscheidend und schmerzhaft sei dabei außerdem die Zeit bis zur Einigung über die Zahlung; das eigentliche Zahlungsziel im Anschluss dagegen sei relativ unbedeutend. Ebenfalls als ungeeignet für Factoring werden nach derzeitigem Stand die Schlussrechnungen beurteilt. Auch hier würden Zahlungen oft zunächst aus konstruierten Gründen verweigert, bis das gesamte Projekt abgenommen ist und die Abschlagsrechnungen vollständig geprüft sind.

Die **öffentliche Hand** ist nach Einschätzung des Unternehmens derzeit noch nicht für einen Verkauf der gegen sie bestehenden Forderungen bereit. Zum einen ist eine Abtretung laut Vergabehandbuch nach wie vor genehmigungspflichtig und die Anwendbarkeit des § 354a HBG[873] umstritten. Zum anderen wurde aber auch die Befürchtung geäußert, dass die öffentliche Hand bei einem Verkauf der Forderungen mangelnde Liquidität und damit die drohende Insolvenz des Unternehmens mit dem entsprechend negativen Einfluss auf den Vergabeprozess vermuten würde. Aus diesem Grund sei bereits der ursprüngliche Plan eines Zessionskredits zur Refinanzierung verworfen worden, denn bei jedem Vertragsschluss hätte das dem Kunden bekannt gemacht werden müssen.

Einen weiteren Grund für die Schwierigkeiten von Factoringinstituten sah der kaufmännische Geschäftsführer in der Beschaffenheit der **Rechnungen nach VOB**. Im Unternehmen erfolgt die Rechnungsstellung nämlich fast ausschließlich dezentral durch die Bauleiter vor Ort. Selbst für einen Kaufmann in der Unternehmenszentrale sei es zu aufwendig, die Mengen zu ermitteln und in Rechnung zu stellen; umso mehr gelte dies für einen externen Dienstleister. Andere Vertragstypen wie **Pauschalvertrag** oder Vertrag mit Vergütung nach **Zahlungsplänen** seien für Factoring

---

[873] In Kommentaren zum HGB wird § 354a HGB dagegen so ausgelegt, dass dieser „Kaufleute als Gläubiger vor dem Abtretungsverbot [schützt], wenn sie eine Geldforderung für Lieferung oder Dienstleistung entweder an andere Kaufleute (beiderseitiges Handelsgeschäft) oder an öffentlich-rechtliche juristische Personen oder Sondervermögen erwerben“ (**Heymann/Horn** (HGB Kommentar, 2006), S. 258).

ungeeignet. Hier sei kein klarer Bezug von abgeschlossener Leistung zur Rechnungsstellung gegeben, sodass die Factorer die Forderung nicht ankaufen könnten.

Die für Factoring zur Verfügung stehende **Marge** erscheint relativ gering. Ausgehend von einer operativen Marge im Baugeschäft von derzeit 3 bis 4% würde diese selbst durch einen vergleichsweise geringen Abschlag von 1,5% auf das betreffende Forderungsvolumen deutlich reduziert. Es müsste hier deshalb im konkreten Fall sehr deutlich werden, welche zusätzlichen Ertragspotentiale durch Factoring anderweitig erschlossen werden können.

Eine Änderung der in Deutschland üblichen Vertragsbedingungen und Umgangsformen der Projektpartner wird mittelfristig für unausweichlich gehalten. Eine Anerkennung der Leistungen erfolgt derzeit erst nach Abschluss des Projekts, sodass die in der Abschlagsrechnung fakturierten Leistungen zwar bezahlt, aber damit noch nicht anerkannt werden. Vor allem eine zeitnahe, zügige Prüfung und Abnahme der Leistungen würde der Branche aber außerordentlich nützen. Selbst wenn noch nicht 100% der Leistungen anerkannt sind, würde die Anerkennung eines Großteils der Leistungen vorab die Refinanzierung erheblich erleichtern.

5.3.3 Werkzeugmaschinenbauer

Mit etwa 100 Mio. € Umsatz und über 700 Mitarbeitern sprengt auch dieses mittelständische Unternehmen die quantitativen Definitionen eines kleinen oder mittleren Unternehmens. Produziert werden individuell auf den Kunden zugeschnittene Werkzeugmaschinen, sodass sich das Unternehmen selbst an der Grenze zum Anlagenbauer sieht. Im Schnitt werden intern über 20% Sunk Costs angenommen, die für die Individualisierung einer Maschine anfallen. Diese Kosten würden folglich erneut anfallen, wenn die Maschinen bei Nicht-Abnahme für einen neuen Kunden angepasst werden müssten[874]. Im Unterschied zum Anlagenbau im engeren Sinne werden die Maschinen jedoch im eigenen Werk komplett fertig montiert und nur zum Transport bzw. zur Erfüllung von local content-Vorschriften zerlegt. Der Auftragswert pro Maschine liegt zwischen einer und zehn Millionen Euro.

874 Dieser Wert schwankt mit der Marktlage. Bei extrem vollen Auftragsbüchern und damit verbundenen langen Lieferzeiten – wie das im Moment der Fall ist – ist dieser Anteil wahrscheinlich geringer. Es gibt dann Kunden, die den gleichen Maschinentyp bestellt haben und die für eine vorzeitige Lieferung einen Aufpreis zahlen, der im günstigen Fall das erneute „Customizing" deckt.

Die Zahlungen der meisten Kunden erfolgen nach einem **Zahlungsplan**, der Zeitpunkte und abgenommene Leistung definiert. Danach werden bei Bestellung 30% Anzahlung, später 30% Zwischenzahlung und 30% bei Verlassen des Hauses geleistet. 10% werden vom Kunden zunächst einbehalten und als Endzahlung nach der Abnahme beglichen. Nach Möglichkeit werde dabei versucht, eine Vorfakturierung zu erreichen, also die Fertigung durch den Kunden vorfinanzieren zu lassen.

Das **Bonitätsrisiko** bei den Abnehmern sei dadurch beschränkt, dass die Maschinen sehr lange im Eigentum und im Besitz des Unternehmens verblieben. Zum einen werde gerade im Anfangsstadium ohnehin vorfakturiert. Zum anderen könnten bei ausbleibenden Zahlungen die Arbeiten eingestellt und die Maschinen anderweitig verkauft werden, wenn auch mit zusätzlichen Kosten. Selbst nach Auslieferung seien in der Regel nur noch 10% der Zahlung offen.

Eine Finanzierung der Zahlungsziele bzw. Forderungslaufzeiten wäre dagegen ausdrücklich erwünscht: „Unsere Linien sind meist ziemlich am Limit, und das hängt gar nicht von der wirtschaftlichen Situation des Unternehmens ab. Das bringt die Branche eben mit sich, da muss man kreativ sein in der Finanzierung, gerade bei der Umsatz- und Auftragsfinanzierung.“ Die An- und Zwischenzahlungen müssen nämlich in der Regel mit **Bürgschaften** hinterlegt werden, welche die Kreditlinien voll belasten, sodass letztlich doch eine Vorfinanzierung erfolgt – wenn auch über die Avallinien. Darüber hinaus lässt die Möglichkeit der Vorfakturierung durch die vereinbarte Endzahlung im Normalfall mit dem Montagefortschritt nach[875]. Im Ergebnis belasten erfahrungsgemäß etwa 60% des nominellen Auftragsbestands die Kreditlinie.

Eine Finanzierung durch **Factoring** scheitert angeblich heute aber an zwei Aspekten. Zum einen werde keine tatsächlich abgrenzbare und abgeschlossene Leistung fakturiert, sondern klassische An- und Teilzahlungen. Zum anderen seien die Aktiva zur Sicherung der bestehenden Linien bereits voll belastet, d.h. die Forderungen im Rahmen einer Globalzession bereits abgetreten.

Als alternative Zahlungsform sieht das Unternehmen das in USA übliche **„Progress Payment“**. Dabei geht das Eigentum im Rahmen eines „Transfer of Title“[876] nach Bezahlung schrittweise auf den Kunden über. Die Teilschritte werden vorab als Meilensteine definiert und als solche dann vom Kunden bezahlt. Auch hier ist eine

---

[875] Vgl. dazu auch die Zahlungsverläufe in Abschnitt 4.6.1.2.

[876] Vgl. dazu vertiefend **Brealey, R.A./Myers, S.C.** (Corporate Finance, 2000), S. 909f; ebenda zu Literaturhinweisen.

30%ige Anzahlung nicht factorabel. Dennoch ist diese Zahlungsform für das Unternehmen ungleich attraktiver, da die restlichen Zahlungen zum einen factorabel sind und zum anderen aufgrund des sofortigen Eigentumsübergangs nicht mit Bürgschaften hinterlegt werden müssen. Allerdings machen diese Vertragstypen bisher einen derart geringen Anteil aus, dass noch keine Factoring-Vereinbarungen getroffen worden sind. Dazu wurde die Befürchtung geäußert, dass die Konditionen im Factoring für derart große und für Dritte schwer überschaubare Forderungen unattraktiv wären.

Im Unternehmen bestünde ein klares Interesse an der Finanzierungsfunktion des Factoring; die Versicherungs- und Dienstleistungsfunktion erscheinen weniger attraktiv. Bei den heute üblichen Vertragsmodellen sei Factoring für den Großteil des Geschäfts jedoch nicht möglich. Es ist zu überlegen, ob dies in der Zukunft geändert werden kann.

5.3.4 Spezialmaschinenbauer

Mit über 500 Mio. € Umsatz ist dieses Maschinenbauunternehmen zwar im SDAX notiert, wird aber von der Familie als Eigentümer kontrolliert und geführt. Es bezeichnet sich selbst als Mittelständler. Verkauft werden individualisierte Maschinen, die an den jeweiligen Kundenwunsch angepasst werden. Nicht alle Maschinen müssen vor Produktionsbeginn bereits einen Abnehmer haben, auch eine spätere Anpassung ist möglich. Allerdings ist die Marktsituation derzeit so vorteilhaft, dass die Kapazitäten für über ein Jahr mit Bestellungen voll ausgelastet sind. Weltweit gibt es im relevanten Marktsegment weniger als ein halbes Dutzend Wettbewerber, und das Unternehmen hat unter diesen eine führende Stellung inne. Damit befindet es sich in einer sehr starken Marktposition. Neben dem Verkauf von Maschinen ist der Verleih und Betrieb von Maschinen ein höchst rentables Segment.

Durch die vergleichsweise geringen Durchlaufzeiten (etwa sechs Wochen) könne auf An- oder Teilzahlungen verzichtet werden, sodass die Rechnungserstellung in der Regel erst nach Fertigstellung erfolgt. Je nach Bonität und Bedarf des Kunden könnten statt einer sofortigen Barzahlung auch Zahlungsziele vereinbart werden, gegebenenfalls sogar über bis zu 36 Monate. Dies werde durch die sehr lange Haltbarkeit der Maschinen begünstigt, bei denen beispielweise der deutsche Fiskus eine Abschreibungsdauer von über acht Jahren vorschreibt. Die Gewährleistung erfolge – soweit notwendig – durch möglichst schnelle Nachbesserung und scheint wesentlich stärker durch das ausgeprägte Qualitätsbewusstsein als durch Zahlungsverweigerung oder Zivilklagen motiviert zu sein. Der gute Ruf sei für das Unternehmen – trotz der zumeist nicht zusammenhängenden Einzelgeschäfte – außerordentlich wichtig, da der Abnehmerkreis auf ein bis zwei Branchen beschränkt ist. Durch die Auftragsstruktur entstünden im Unternehmen bis zu 1,5 Mio. € **große Einzelforderungen**, die allerdings außer Länderrisiken bei oft internationalen Debitoren wenig Komplexität böten.

Durch die mehrheitlich mit **Akkreditiven** abgesicherten Geschäfte werde das Debitorenrisiko erheblich reduziert. Durch die vom Grundgeschäft losgelöste Zahlungsverpflichtung der Bank bei Vorlage ordnungsgemäßer Dokumente sei auch das **Veritätsrisiko** für einen potentiellen Forderungskäufer minimiert.

Bereits heute werden angabegemäß länger laufende Forderungen verkauft, vor allem um sie „aus der Bilanz zu bekommen“ und das eigene Debitorenmanagement zu entlasten. Aufgrund bisher nicht überzeugender Angebote von externen Anbietern wurde dabei allerdings intern zunächst eine private Kreditversicherung[877] abgeschlossen, sodass im Anschluss eine fast risikofreie Forderung von einer normalen Geschäftsbank **forfaitiert** werden kann. Die Bereitschaft der Institute zum Ankauf dieser abgesicherten Forderungen sei extrem hoch, während bisher kein Partner mit attraktiven Konditionen zur Übernahme der ursprünglichen, „rohen“ Forderung gefunden werden konnte. Dabei wurde beobachtet, dass dies besonders für Länder gilt, die geographisch, kulturell oder politisch weiter von Deutschland entfernt sind[878].

Nach Einschätzung des Unternehmens liegt das Problem bei den meisten Partnern im zu engen Spielraum der Factorer: „Die haben teilweise einen erstaunlich geringen Spielraum von freiem Kapital. Zunächst müssen sie ihm jedes einzelne Geschäft erklären, weil die eben doch alle individuell sind. [...] Wenn der Partner dann vor Abschluss jeder Übernahme selbst eine Kreditversicherung abschließen und das Geschäft dann noch einmal seiner lokalen Sparkasse zwecks Refinanzierung erklären muss, dann wird der Prozess sehr aufwendig. Da verwundert es wenig, dass die **Abwicklung** intern effizienter und damit auch kostengünstiger geleistet werden kann.“ [...] „Intern ist ein Mitarbeiter mit einem solchen Geschäft etwa einen halben

877 Mit der privaten IKV von Euler-Hermes.

878 „Wir machen beispielsweise seit Jahren exzellente Geschäfte mit Russland und kennen den Markt dort sehr gut. Aber bei den deutschen Banken können Sie manchmal schon froh sein, wenn die den Sitz des Abnehmers auf einer Karte finden können, aber erwarten Sie nicht, dass die dann einen Partner vor Ort haben. [...] Und dann wird solch eine Forderung auch nicht angekauft."

Tag beschäftigt.“ Nach einer Mail an den Kreditversicherer komme von diesem die Zusage meist innerhalb eines halben Tages. Dann könne damit per Mail oder Telefon die Forfaitierung bei der Bank angefragt werden. Und dieser (halbe) Manntag sei auch abgeschätzt der Rahmen, in dem ein Angebot für Factoring interessant sei. „Wenn manche Institute dagegen eine Forderung über 1,5 Mio. € sehen, wollen sie davon 2% Gebühren kassieren. Bei zwei solcher Geschäfte können wir für die 60.000 € aber leicht einen zusätzlichen Mitarbeiter für ein Jahr einstellen.“

Es kann also festgehalten werden, dass im Unternehmen prinzipiell eine ausdrückliche Nachfrage nach Factoring besteht und geeignete Forderungen vorliegen. Die Komplexität der anzukaufenden Forderungen besteht hauptsächlich in deren Größe und Internationalität. Es konnte aber bisher kein Partner mit interessanten Konditionen gefunden werden, der nahe genug am eigentlichen Geschäft ist, um nicht zusätzliche Komplexität zu erzeugen.

5.3.5 Handwerksunternehmen 1

Bei dem ersten der befragten Unternehmen handelt es sich um einen vergleichsweise großen Betrieb aus dem Bereich der Dachtechnik, der rechtlich als Kapitalgesellschaft organisiert ist. Die Projekte aus dem Bereich der **Dachdeckung** sind dabei technisch gesehen sehr heterogen und umfassend: So werden klassische Ziegeldächer, große Flachdächer, Stahldächer, Überdachungen für Großbauwerke wie Stadien oder Sport- und Veranstaltungshallen und Bedachungen aus Textilstoffen realisiert. Das Unternehmen sieht sich selbst als kompetenten Anbieter für **innovative und qualitativ hochwertige** Lösungen und ist preislich eher am oberen Ende positioniert.

Der Großteil der Kunden entstammt dem **gewerblichen Segment**, da Aufträge von Privatkunden bis auf wenige Ausnahmen aufgrund des zu geringen Volumens und des höheren Bonitätsrisikos nicht angenommen werden und Aufträge für die öffentliche Hand aufgrund der rein preisfixierten Ausschreibungsmodalitäten und schlechten Zahlungsmoral oft nicht attraktiv sind. Der größte Teil der Aufträge umfasst neue Bedachungen, die im Allgemeinen über Ausschreibungen vergeben werden. Obwohl vom Umsatz her kleiner, sind die Sanierungen und kurzfristigen Reparaturen von Dächern dennoch sehr attraktiv, da hier aufgrund der sehr schnell nachgefragten hohen Kompetenz oft die Zeit für ausgiebige Preisvergleiche und -verhandlungen fehlt und die Zahlungsbereitschaft ungleich höher ist.

Eine Tätigkeit für **Generalunternehmer** wird aus mehreren Gründen ausgeschlossen. Zum einen sei nicht nur deren Zahlungsmoral oft schlecht, sondern es gab zum anderen wohl auch Fälle von Insolvenzen, bei denen nicht ausreichend Sicherungsmasse vorhanden war. Darüber hinaus fehlt bei diesem Vertriebsweg der direkte Kontakt zum Kunden, sodass Rückfragen zum Vorgehen nicht mit diesem geklärt werden können und er im Streitfall auch nicht zur Lösung zur Verfügung steht.

Das eigentliche Tätigkeitsfeld des Unternehmens seien Projekte direkt für den Kunden, bei denen dieser so weit wie möglich zufriedengestellt werde, damit Streitigkeiten über Zahlungen gar nicht erst entstehen. Die Rechnungen seien in der Regel innerhalb von 18 Tagen ohne Skonto zahlbar, sodass die normale Forderungslaufzeit sehr eng bei diesen zweieinhalb Wochen liege. In Einzelfällen werde darüber hinaus eine Bürgschaft vom Kunden verlangt, welche die Zahlung absichert.

Die Finanzsituation sei für Handwerksunternehmen grundsätzlich nicht einfach, da Vorleistung des eigenen Personals und teilweise von Subunternehmern sowie Materialeinkäufe finanziert werden müssen. Auf der anderen Seite bestehe bei einem derartigen **Finanzierungsbedarf** von Seite der Banken wenig Bereitschaft, diesen zu refinanzieren, da kaum Sicherheiten bestünden. Aufgrund der guten Ergebnisse und damit verbundenen Cash Flows der letzten Jahre konnte aber – so das Unternehmen – ein solides Eigenkapitalpolster aufgebaut werden, sodass die Liquiditätssituation derzeit gesichert ist.

Externe Dienstleister wurden bisher angabegemäß nicht in Anspruch genommen. Angebote im Forderungsmanagement seien schlicht nicht sinnvoll: Die Bonitätsprüfung der relativ kleinen gewerblichen Kunden sei bei den Wirtschaftsauskunftsdiensten nicht zuverlässig zu bekommen, da dort erst ab einer gewissen Unternehmensgröße differenzierte und aussagekräftige Daten vorliegen. Somit sei hier eine eigene Beurteilung der Kundenunternehmen (die außerdem aus der eigenen Region stammen) sinnvoller; notfalls sichere man die Bonität über Bürgschaften ab. Die Finanzierung von Forderungen über Zessionskredite würde bisher von den Banken nicht zu attraktiven Konditionen angeboten.

Vereinzelt seien in der Vergangenheit Informationen zu Factoring-Dienstleistern eingeholt worden. Die dort angebotenen Leistungen seien allerdings preislich unattraktiv gewesen. Die Finanzsituation erfordere zumindest kein unmittelbares Handeln; Factoring versprach keine signifikante Reduktion des Aufwands in der Forderungsbearbeitung (da die Kundenkontakte ohnehin während der Leistungserstellung sehr eng seien und die Rechnungen von den Handwerkern vor Ort gestellt würden). Die geringen Ausfallraten der letzten Jahre rechtfertigten aus Sicht des Unternehmens ebenfalls keine Abschläge von 2 bis 3% auf die Forderungen.

5.3.6 Handwerksunternehmen 2

Bei dem zweiten Handwerksunternehmen handelt es sich um einen Anbieter für **Bodenbeläge** aus Westdeutschland. Nach eigener Aussage handelt es sich um "fast alle vorstellbaren Bodenbeläge außer Parkett und Stein und den dazu gehörenden Unterbau", also beispielsweise Teppich-, PVC- oder Industrieböden inklusive Estrich. Das gehobene Preisniveau wird gerechtfertigt durch die hohe Qualität der gelieferten Böden und der erbrachten Leistungen sowie die besonderen Anforderungen der Kunden wie z.B. Böden für Räume mit hohem Publikumsverkehr oder für Feuchträume, Außenbeläge oder Böden mit hohen Belastungen wie Gabelstaplerverkehr oder Lagerflächen. Aus dem Angebot resultiert, dass **gewerbliche Abnehmer** den Absatz dominieren; nur in Einzelfällen werden anspruchsvolle Projekte für Privatkunden realisiert.

Das Unternehmen ist vor einigen Jahren von einer Personen- in eine **Kapitalgesellschaft** umgewandelt worden. Das resultierte vor allem aus dem Wunsch, einen zusätzlichen Partner leichter einbeziehen zu können, außerdem aus steuerlichen Aspekten.

Die Erfahrungen mit **Generalunternehmern** sind hier ambivalent. Grundsätzlich wurde nach Angabe vor einigen Jahren beschlossen, nicht mehr für Generalunternehmen zu arbeiten, weil die Erfahrungen sehr ähnlich zu denen des Dachdeckerunternehmens waren. Allerdings sei davon eine sehr gute bestehende Kundenverbindung zu einem größeren mittelständischen Generalunternehmen ausgenommen worden. Hier sei die Kundenbeziehung „von gegenseitiger Wertschätzung“ geprägt. Für das Handwerksunternehmen sei die Beziehung aufgrund der hohen Grundauslastung und dem geringen Akquisitionsaufwand wichtig, dafür würden in der Regel leicht unterdurchschnittliche Margen in Kauf genommen. Für den Generalunternehmer sei die Partnerschaft sinnvoll, da es weniger Probleme in der Projektabwicklung gebe und er sich auf die Qualität verlassen könne. „Klar, wenn wir von denen einen Anruf bekommen, dass der Boden nicht sauber liegt, fährt hier sofort ein Mitarbeiter vom Hof und bringt das in Ordnung. Wenn Sie mit diesem Kunden fast 20% ihrer Umsätze machen, können Sie bei Reklamationen nicht zuerst mit der Diskussion anfangen, sondern erledigen das umgehend.“ Dabei machten beide Seiten bei einzelnen Projekten Kompromisse, wichtig sei nur die langfristig ausgewogene Partnerschaft.

Inzwischen gehe die Kooperation so weit, dass der Generalunternehmer den **Einkauf** übernehme. Für das Handwerksunternehmen hat das den Vorteil, dass der Liquiditätsbedarf für die Vorfinanzierung von Material deutlich gesunken ist, außerdem kann es preislich von der Nachfragemacht des Generalunternehmers gerade bei Standardprodukten profitieren. Naturgemäß wird ein Teil dieses Vorteils an den Generalunternehmer durch spezielle Konditionen für die Stundensätze zurückgegeben.

Durch die Kooperation mit dem Generalunternehmen konnte die **Liquiditätssituation** angeblich deutlich entschärft werden. Zum einen gebe es zumindest bei diesen Umsätzen weniger Diskussionen um die Verität von Forderungen. Zum anderen konnte – wie beschrieben – die Finanzierung der Materialeinkäufe übergewälzt werden.

Erfahrungen mit **externen Dienstleistern** sind nur sehr eingeschränkt vorhanden. Von Zeit zu Zeit werde bei besonders problematischen Fällen ein Inkassodienstleister eingeschaltet. Aber bei „den Methoden und den Abschlägen kommt das nur infrage, wenn wir mit diesem Abnehmer ohnehin nie wieder arbeiten wollen und ein Totalausfall der Forderung droht"; sonst seien diese Unternehmen zu kurzfristig orientiert.

Factoring wird grundsätzlich für ein interessantes Konzept gehalten; der Unternehmer hat sich allerdings noch wenig damit auseinandergesetzt. Voraussetzung wäre, dass unbürokratisch und mit geringen Abschlägen schnell Liquidität zur Verfügung gestellt wird. „Wir können deshalb nicht unsere gesamte Kalkulation und Buchhaltung neu organisieren". Die Versicherungsfunktion hält er für ein interessantes Argument, obwohl die reine Bonität selten das Problem sei, eher schon die Verität der Forderungen.

5.4 Beurteilung durch Experten

Zur Ergänzung der Interviewergebnisse bei den Factoringinstituten und den Fallstudien der potentiellen Kunden wurden außerdem die jeweiligen Fachverbände interviewt – ebenfalls auf Angebots- und Nachfrageseite.

5.4.1 Deutscher Factoring-Verband

Von der Geschäftsführung des Deutschen Factoring-Verbands wird das Factoring im Projektgeschäft insgesamt sehr **skeptisch** beurteilt. Zwar gibt es auch hier das Bewusstsein um ein erhebliches theoretisches Marktpotential; die wirtschaftliche Bedeutung für den Kunden und damit die Nachfrage wird aber wesentlich pessimistischer eingeschätzt. Aufgrund der langen Bearbeitungs- und Durchlaufzeiten in den entsprechenden Branchen wird die eigentliche Projektfinanzierung für wesentlich wichtiger gehalten als eine Finanzierung der Forderungslaufzeiten.

Im Maschinen- und Anlagenbau werden **Teilzahlungen** als nicht factorabel angesehen, da diesen keine abgeschlossene Leistung gegenübersteht. Eine Fokussierung auf die Schlusszahlungen aber erscheint aufgrund ihrer vergleichsweise geringen Bedeutung nicht sinnvoll. Aus dem Baugewerbe könnten die Forderungen zwar theoretisch angekauft werden; dort wird aber derzeit keine solide Basis für ein Angebot gesehen. Vor allem die erheblichen Risiken im Forderungsbestand machten dies unmöglich.

Aufgrund der individuellen Einzelfertigung für den jeweiligen Kunden bestehen naturgemäß öfter **Mängel** als beim Produkt- oder Zulieferergeschäft. Zwar hat auch das Kundenunternehmen letztlich Interesse daran, diese einvernehmlich zu lösen, allerdings erfordert dies mitunter einen erheblichen Zeitaufwand. Ein Factorer aber (und hier offensichtlich besonders die größeren Unternehmen) hat „wenig Interesse an Verhandlungslösungen, [...] diese kosten zu viel Zeit und Energie". Zusätzliche Risiken bestünden in der Bonität der Kunden, die in der Baubranche allgemein als schlecht beurteilt wird. Dazu kommt, dass die allgemeine Zahlungsmoral der Abnehmer bei den Instituten einen schlechten Ruf besitzt. Außerdem scheinen im Verband vereinzelte Betrugsfälle aus den fraglichen Branchen aufgetreten zu sein, z.B. ein Planungsbüro, das Rechnungen eingereicht hat, ohne Leistungen zu erbringen. So ist wohl das „kollektive Gedächtnis der Branche"[879] zu erklären, in dem das

[879] Vgl. dazu auch Abschnitt 5.2.

Projektgeschäft nach Ansicht der Geschäftsführung offensichtlich als wenig attraktiv abgelegt ist.

Auch wenn die Ablehnung des Projektgeschäfts teilweise auf Vorurteilen basieren mag und aus Erfahrungen, Problemen und Fehlern der Vergangenheit Lehren gezogen werden könnten, wird ein zeitnaher **Markteintritt** eines Verbandmitglieds für unwahrscheinlich gehalten[880]. Eher denkbar wäre, dass ein kleinerer Nischenanbieter das Geschäft entwickelt und die größeren Unternehmen in einen bestehenden, wachsenden Markt eintreten.

5.4.2 Bundesverband Factoring für den Mittelstand

Insgesamt wird dem Thema hier mit grundsätzlich wesentlich größerer Offenheit begegnet, allerdings ebenfalls mit einer gewissen Skepsis gegenüber der operativen Ausgestaltung eines solchen Geschäfts. Die Nachfrage der Unternehmen aus dem Projektgeschäft wurde deutlich wahrgenommen, sodass Lösungen zumindest schon Gesprächsthema im Verband waren.

In der konkreten Ausgestaltung bestehen nach Einschätzung des Verbands allerdings noch Risiken. So besteht die Ansicht, dass die VOB[881] der Abtretung von Forderungen grundsätzlich entgegenstehe. Dabei handelt es sich nicht nur um die bereits oben genannten Risiken bezüglich Verität, Zahlungsmoral sowie Bonität von Abnehmern und Kunden, sondern auch um ein dort angeblich verankertes **Abtretungsverbot**[882]. Beim Projektgeschäft des Maschinen- und Anlagenbaus werden die An- und Teilzahlungen als nicht factorabel angesehen.

---

880 Siemens FS kann in dieser Betrachtung nicht einbezogen sein. Zwar wird vom Verband nie Auskunft zu einzelnen Kunden gegeben, aber es scheint fraglich, inwieweit man über die genauen Aktivitäten von Siemens FS informiert ist.

881 Die VOB (Vertrags- und Vergabeordnung für Bauleistungen, früher Verdingungsordnung für Bauleistungen), besteht aus den Teilen A „Vergabe von Bauleistungen", B „Allgemeine Vertragsbedingungen für Bauleistungen" und C „Allgemeine Technische Vertragsbedingungen für Bauleistungen".

882 Allerdings besteht dieses Abtretungsverbot im relevanten Teil B (vgl. dazu die Anmerkungen unter Fußnote 881) der VOB selbst nicht; § 16 Abs. 6 sieht sogar eine entlastende Leistung des Auftraggebers an den Subunternehmer des Auftragnehmers vor (für die der BGH kein Einverständnis des Auftragnehmers vorsieht, vgl. **Bundesgerichtshof** (Urteil § 16 Abs. 6 VOB/B, 1998)), wenn dadurch der Bauablauf bei Zahlungsschwierigkeiten des Auftragnehmers beschleunigt werden kann. Es ist allerdings richtig, dass dieses Abtretungsverbot häufig in den allgemeinen Vertragsbedingungen des Auftraggebers verankert ist, dann ist allerdings § 354 HGB wiederum einschlägig.

Allgemein herrscht die Einschätzung, dass Factoring in diesen Branchen vielfach noch an dessen Komplexität scheitert. Factoring könne für beide Seiten nur dann langfristig profitabel betrieben werden, wenn der Factorer in der Lage sei, das Risikomanagement effizienter und möglichst auch effektiver zu gestalten. Mit zunehmender Komplexität der Leistungserstellung steige aber die Informationsasymmetrie zwischen Kunden und Factorer. Der Kunde müsse die Risikoidentifikation und -bewertung ohnehin leisten, auch wenn sie der Factorer zumindest in Teilen für seine Bedürfnisse ebenfalls durchführt. Das enge den Spielraum ein, in dem ein Factoringentgelt für beide Seiten attraktiv ist.

Trotz der operativen Herausforderungen sei das Segment des Projektgeschäfts aber zu groß und wichtig, um es auf Dauer nicht zu bearbeiten. Es sei nur eine Frage der Zeit, bis sich weitere Unternehmen mit spezifischen Lösungen betätigten, denn gerade die individuellen Fälle mit höherer Komplexität seien ja die Kernkompetenz der Unternehmen des BFM.

5.4.3 Verband Deutscher Maschinen- und Anlagenbau

In einem Interview im Bereich Finanzierung des VDMA wurde die Einschätzung bestätigt, dass Factoring im Projektgeschäft des Maschinen- und Anlagenbaus – wenn überhaupt – nur in sehr geringem Umfang betrieben wird. Selbst Industriekreditversicherungen sind in diesem Bereich offensichtlich wenig verbreitet, die für den VDMA „eine Indikatorfunktion[883]" für Factoring erfüllen. Einzige häufiger auftretende verwandte Finanzierungsform ist die der Forfaitierung von Akkreditiv-Forderungen. Es sei zu beobachten, dass dieses weniger risikoreiche Geschäft von den Finanzinstituten gerne angeboten wird, weil das Risikomanagement und die Strukturierung hierbei offensichtlich weniger komplex sind. Allerdings wurden auch auf Seiten der potentiellen Kunden Vorbehalte beobachtet. So bestehe teilweise die Sorge, dass Factoring die eigene Bonität aus Perspektive der Debitoren in einem schlechten Licht erscheinen lasse und die Kundenbeziehung belastet werden könne. Außerdem befürchteten die Unternehmen, durch Factoring bei den Vertragskonditionen in „ein zu enges Korsett gepresst" zu werden.

---

883 Diese Annahme erscheint logisch sinnvoll: Die Factoringunternehmen strukturieren die Geschäfte gerade bei nicht-standardisierten, risikoreicheren Forderungen mithilfe von Kreditversicherungen. Gerade im Projektgeschäft trifft dies zu: Oft handelt es sich um Forderungen gegen internationale Gläubiger, zumeist um größere Beträge, sowie um komplexe Grundgeschäfte; also um Geschäfte, bei denen eine Industriekreditversicherung für einen Factorer die Komplexität deutlich reduzieren könnte. Wenn aber die Unternehmen selbst bereits Probleme haben, ihre Forderungen zu versichern, liegt der Schluss nahe, dass diese Probleme auch auf den Factorer zukommen und der Abschluss eines Factoringvertrags ergo erschwert wird.

5.4.4 Hauptverband der Deutschen Bauindustrie

Im Hauptverband der Deutschen Bauindustrie wurde von den Mitgliedsunternehmen ebenfalls mehrfach Interesse an Factoring geäußert. Dies haben die Geschäftsführung des Verbands wie auch die zuständigen Fachabteilungen des angeschlossenen Betriebswirtschaftlichen Instituts (BWI) bestätigt. Deshalb wurden immer wieder Vorstöße initiiert, mit den Factoringinstituten zusammen eine Lösung zu erarbeiten. Trotz mehrerer Gesprächsrunden und Seminarveranstaltungen waren die Bemühungen allerdings bisher noch nicht erfolgreich[884]. Als Probleme werden hier ebenfalls die hohe Quote von Einreden sowie die allgemein schlechte Zahlungsmoral der Branche genannt.

Dabei ging es vor allem um die Interessen der kleineren Unternehmen mit großen Anteilen eigener Leistungserstellung, weniger um die großen Generalunter- oder -übernehmer. Insofern bestätigen diese Aussagen die Vermutungen aus Abschnitt 4.6.

Dennoch ist auch hier der Gedanke des Forderungsverkaufs nicht neu. Bereits vor einigen Jahren wurde in der Branche für große PPP-Projekte eine Lösung erarbeitet, bei der für die Projektfinanzierung der Bauleistung eine Forfaitierung ermöglicht wird. Dies geschieht durch einen Einrede- und Aufrechnungsverzicht der öffentlichen Hand, sodass die Forfaitierung praktisch zu Konditionen eines Kommunalkredits erfolgen kann. Eine Einrede ist nicht mehr zulässig, übrig bleibt das quasi nicht existente Bonitätsrisiko der öffentlichen Hand. Was auf den ersten Blick wie ein wenig vorteilhafter Verzicht der öffentlichen Hand auf ihre Rechte erscheint, hat in der Praxis für beide Seiten klare Vorteile. Die Finanzierung wird für den Auftragnehmer erleichtert und er kann diese Kostenvorteile zumindest zu Teilen an den Auftraggeber zurückgeben. Außerdem ist das Risiko für die öffentliche Hand ohnehin insofern beschränkt, als sich diese Finanzierungsform allein auf die Erstellungsphase beschränkt und nicht für die Betriebsphase gilt. Damit können die Ansprüche des Auftraggebers zum einen durch die Service-Level-Agreements für die Betriebsphase abgedeckt werden, darüber hinaus kann er gegen diese Zahlungen aufrechnen, falls noch Rückforderungen aus der Erstellungsphase bestehen[885].

---

884 Einen – wenn auch bisher nicht nachhaltig erfolgreichen – Ansatz hat man bisher einzig für Forderungen gegen die öffentliche Hand in Rheinland-Pfalz gefunden, vgl. dazu nachfolgende Ausführungen in diesem Abschnitt.

885 Diese Darstellung soll lediglich schematisch das Grundprinzip erläutern. Vgl zu weiteren Details beispielsweise den Vortrag von **Stiepelmann, H.** (PPP-Finanzierung, 2006), Folien 15-21.

Diese Grundidee wurde auf ein Projekt im rheinland-pfälzischen Landesverband übertragen; hier sollen allerdings kleinere Forderungen von üblichen VOB-Verträgen angekauft werden. Zusammen mit der Heller Bank AG wurde dazu im Januar 2005 ein Verfahren entwickelt, bei dem Teile einer Forderung von der öffentlichen Hand einredefrei gestellt und damit factorabel werden. Bei öffentlichen Aufträgen soll die vom Unternehmen gestellte Rechnung vom Auftraggeber überschlägig geprüft und auf einem Formular[886] dann zu Teilen für einredefrei erklärt werden. Somit kann zumindest ein Teil der Rechnungssumme direkt finanziert werden und die öffentliche Hand als Auftraggeber kann die restliche Forderungssumme wie gewohnt bis zum Abschluss der endgültigen Abnahme zurückhalten. Obwohl dieser Ansatz einfach und pragmatisch erscheint, vom Landeswirtschaftsminister unterstützt bzw. mitinitiiert sowie von Presse und Landesverband publik gemacht wurde[887], läuft das Programm bisher nur schleppend an. In Gesprächen mit den Projektbeteiligten ist zu hören, dass dies bisher weder an mangelndem Interesse der Baufirmen noch an einer unzureichenden Konzeption des Programms scheitert, sondern schlicht an der mangelnden Bereitschaft der Bauämter, die Freistellungsformulare zeitnah auszufüllen.

5.4.5 Zentralverband des Deutschen Handwerks

Aus Sicht des ZDH ist Factoring als Finanzierungsinstrument für die Mitgliedsunternehmen aus dem Baugewerbe von großem Interesse. Allerdings hat der Markt bisher (fast) keine adäquaten Angebote für das Handwerk entwickelt. Viele der Mitgliedsunternehmen scheiden aus der Betrachtung aus, da sie unter der Schwelle von 1 Mio. € Umsatz[888] liegen, die üblicherweise von Factorern als Untergrenze genannt wird. Generell scheitere das Factoring seither bei den nach VOB erstellten Leistungen zumeist an den in der Branche üblichen Einreden[889].

Während die Factorer nach Gesprächen mit dem ZDH zwar bereit wären, die Grenzen für Mindestumsätze zu senken, gibt es in der aktuellen Situation angeblich keine Möglichkeit, mit den Einreden umzugehen. Der ZDH hat hierfür einen **Lösungsansatz** kommuniziert und treibt diesen in verschiedenen Gesprächen voran; die Bürgschaftsbanken des Bundes sollen dabei einen Teil des Risikos übernehmen.

---

886 Vgl. **Heller Bank** (Antragsbogen, 2006).

887 Vgl. **Investitions- und Strukturbank Rheinland-Pfalz (ISB) GmbH** (Pressemitteilung, 2005), S. 1 sowie **Allgemeine Zeitung Mainz** (Forderungsverkauf, 2005), S. W2.

888 Der ZDH schätzt den Umsatz im Schnitt auf deutlich unter 0,5 Mio. € und den Anteil der Unternehmen mit mehr als 1 Mio. € Umsatz auf weniger als 10%.

889 Vgl. **Zentralverband des Deutschen Handwerks** (Risikoübernahme, 2006).

Übernommen werden könnte das Bonitätsrisiko des Kunden, das bei einem veritätsbedingten Ausfall der Forderung und einem dadurch verursachten Regressanspruch zum Tragen kommt. Der ZDH vergleicht dieses Risiko mit dem für einen Betriebsmittelkredit, das auch heute schon von den Bürgschaftsbanken übernommen wird. Dazu wäre ein Beschluss des Verbands der Bürgschaftsbanken notwendig, Factoringgesellschaften alternativ zu Leasinggesellschaften in die Rückbürgschaftserklärungen mit aufzunehmen[890].

[890] Vgl. **Zentralverband des Deutschen Handwerks** (Risikoübernahme, 2006).

5.5 Ergebnisse der empirischen Untersuchung

Die Ergebnisse der empirischen Umfrage stützen die theoretischen Erkenntnisse des voranstehenden Kapitels. Dies gilt nicht in allen Belangen der Struktur der Aussagen, aber die inhaltliche Argumentation ist weitgehend konsistent.

5.5.1 Anbieterperspektive

Aus Anbieterperspektive kann festgehalten werden, dass Factoring im Projektgeschäft beim ersten Kontakt auf wenig **Interesse** stößt, in vielen Fällen sogar pauschal abgelehnt wird. Zum einen ist dies dadurch begründet, dass die Abschätzung des enormen Marktpotentials zwar gesehen, aber noch nicht als vordringlich eingeschätzt wird: Dazu ist der Wettbewerbsdruck im Factoringmarkt derzeit noch nicht hoch genug und der Markt wächst nach wie vor signifikant. Darüber hinaus wird offensichtlich, dass die Ablehnung in einigen Fällen auch auf schlichter Unkenntnis beruht. In vielen Instituten wurden bisher keine eigenen Erfahrungen gesammelt und es fand auch theoretisch wenig Auseinandersetzung mit den betreffenden Branchen statt. Allerdings unterscheidet sich dies nach der Größe der Institute. Bei den Mitgliedern des Deutschen Factoring-Verbands – also den größeren Instituten – zieht sich diese Einstellung fast einheitlich durch. Bei den Instituten des Verbands Factoring für den Mittelstand ist die Ablehnung weniger pauschal. Zum einen herrschte hier in den Gesprächen deutlich mehr Interesse, zum anderen konnten hier in einigen Fällen bereits eigene, durchaus auch positive Erfahrungen gesammelt werden.

Ein wesentlicher Grund für die Ablehnung liegt bei den **Veritätsrisiken**. Gerade aufgrund des Informationsnachteils werden diese als sehr problematisch eingeschätzt. Entweder verlangt eine zuverlässige Risikoabschätzung dadurch ex ante einen gegenüber anderen Branchen relativ großen Aufwand, oder es werden Risiken eingegangen, ohne diese genauer identifiziert und bewertet zu haben. Diese können aus Einreden, Nachträgen und Gewährleistungsverpflichtungen entstehen. Eine Klärung dieser strittigen Sachverhalte kann von den Factoringinstituten alleine nicht effizient geleistet werden, weil ihnen hierfür Informationen und Kompetenzen fehlen; damit muss auf den Kunden zurückgegriffen werden, was zusätzliche Bonitätsrisiken birgt. Die Möglichkeit des Risikomanagements ex ante wurde erstaunlicherweise nicht von vornherein als Kernkompetenz angesehen, sondern erst dann als Chance erkannt, als in der Befragung darauf hingewiesen wurde.

Die Aussagen zum **Bonitätsrisiko** und den **formalen Kriterien** zielen in eine ähnliche Richtung: Es entsteht zu viel individueller Aufwand, die Identifikation und Bewertung der Risiken ist mit den heute vorhandenen Instrumenten und Kompetenzen nur schwer zu leisten, erst Recht die Risikosteuerung. Diese Unsicherheiten resultieren beispielweise aus den langen Laufzeiten der Projekte, aus den Problemen der Verwertung oder den nicht abgrenzbar erbrachten Leistungen bei An- und Teilzahlungen.

Etwas abstrakter ausgedrückt kann die im ersten Augenblick ablehnende Haltung damit erklärt werden, dass sich Factoring im Projektgeschäft **vom heute betriebenen Factoring** der Institute **unterscheidet**. Es handelt sich nicht um standardisiertes Massengeschäft mit Mehrfachabnehmern, sondern erfordert einen individuell höheren Aufwand und spezielle Kompetenzen. Die Tatsache, dass dies von einzelnen kleineren und spezialisierten Instituten bereits erkannt wurde und sie Factoring in Branchen des Projektgeschäfts betreiben, kann jedoch als Beleg dafür angesehen werden, dass Factoring im Projektgeschäft funktioniert, hinreichend attraktiv ist und diese Institute ihren erhöhten Aufwand offensichtlich ausreichend vergütet bekommen. In der Zukunft könnte das Potential vor allem dann verstärkt genutzt werden, wenn das Risikomanagement ex ante stärker in den Vordergrund rücken würde als dies heute der Fall ist; dies wurde in Abschnitt 4.5 als Disziplinierungsfunktion bezeichnet und diskutiert.

5.5.2 Nachfragerperspektive

Uneingeschränkt bestätigt wurde der erhöhte Liquiditätsbedarf der befragten Unternehmen und damit einhergehend das große Interesse an Factoring aufgrund der **Finanzierungsfunktion**. Dagegen wurde die Versicherungsfunktion allgemein als weniger wichtig eingestuft; hier besteht entweder eine Informationslücke bezüglich dieser Leistung oder tatsächlich nur geringer Bedarf nach Absicherung, wenn dieses Risiko selbst gut eingeschätzt und gesteuert werden kann.

Die **Dienstleistungsfunktion** wurde ambivalent beurteilt. Es wurde bestätigt, dass Economies of Scale und Scope wünschenswert seien, aber dann nur erschwert realisiert werden könnten, wenn das Liquiditäts- und Forderungsmanagement dezentral erfolgt und eine hohe Interaktion mit dem Kunden bei der Leistungserstellung vorliegt und auch gewünscht ist. Ein erhöhter Druck zur Zahlung wurde nicht uneingeschränkt positiv beurteilt, denn eine pünktliche Zahlung sei zwar wünschenswert, eine Gefährdung der Kundenbeziehung aber unbedingt zu vermeiden. Es müsse überdies vermieden werden, dass vom Factoring auf Zahlungsprobleme des Kunden geschlossen werde.

Die **formalen Voraussetzungen** werden zumindest im Baugewerbe als erfüllt angesehen, selbst die Abschlagsrechnungen gelten als factorabel. Im Maschinenbau geht man dagegen davon aus, dass die An- und Teilzahlungen Probleme bereiten und nur Endzahlungen verkauft werden können. In beiden Branchen werden die Rahmenbedingungen als noch ungünstig eingeschätzt, da die Vertragsmodelle das Entstehen einredefreier Forderungen, denen eine konkret abgrenzbare Leistung gegenüber steht, nicht begünstigen. Damit sind zwar Gründe für die bestehenden Probleme identifiziert, aber eine Lösung ist noch nicht gefunden. Es wird zwar auf andere Modelle im Ausland verwiesen (z.B. die Vertragsgestaltung nach FIDIC), in Deutschland werden die Chancen auf signifikante Veränderungen dagegen als eher gering eingeschätzt. Insgesamt ist verwunderlich, wie wenig im Forderungsmanagement bei den Unternehmen unternommen wird. Obwohl die mangelnde Verität der Forderungen und die schlechte Zahlungsmoral Probleme sind, die im Projektgeschäft bereits sehr lange existieren und sich in Deutschland in den letzten Jahren eher verschärft als entspannt haben, herrscht hier eine überraschende **Passivität**. Dass dies aus Desinteresse geschieht, kann angesichts der signifikanten Folgen und der Emotionalität der Äußerungen in den Interviews ausgeschlossen werden. Vielmehr herrscht offensichtlich ein gewisses Gefühl der Ohnmacht, das nicht nur aus mangelnden Ideen, sondern auch aus der einseitigen Marktmacht resultieren dürfte. Ein Factoringpartner, der das Risiko- bzw. spezieller das Forderungsmanagement extern unterstützt, könnte hier erheblichen Wert schaffen.

6 Fazit

Das Dilemma zwischen der angespannten wirtschaftlichen Lage der Bauunternehmen mit einem vergleichsweise hohen Bestand an längerfristigen und überfälligen Forderungen einerseits und ihrer Zurückhaltung in der Nutzung des Factoring als Instrument des Liquiditäts- und Forderungsmanagements andererseits war Ausgangspunkt dieser Arbeit. Es wurde festgestellt, dass dies kein Phänomen der Baubranche alleine darstellt, sondern in gleicher Weise für die ähnlich strukturierten Unternehmen des Projektgeschäfts gilt – speziell für den Sondermaschinen- und Anlagenbau.

Das Projektgeschäft wird in **Kapitel 2** anhand der „Vier-Typen-Ansatz" von Backhaus beschrieben und charakterisiert[891]. Dieser Ansatz basiert auf der Idee einer Quasirente und zeigt, dass Projektgeschäft – verglichen mit allen drei anderen Positionen in der Matrix – am ungünstigsten bezüglich der Marktsituation liegt. Es ist offensichtlich, dass sich daraus spezielle Risiken und damit spezielle Anforderungen an das Risikomanagement ergeben.

Dazu wird das **Risikomanagement** in **Kapitel 3** aus allgemeiner Sicht behandelt. Es wird als iterativer Kreislauf interpretiert, der idealtypisch mit der Identifikation des Risikos beginnt und dieses im Anschluss bewertet, sodass es gesteuert werden kann. Entweder schließt der Prozess dann mit der fortlaufenden Risikokontrolle ab oder aber der Prozesskreislauf wird erneut durchlaufen. Das Prozessmodell[892] ist ein zentrales Element dieser Arbeit und wird auf das Liquiditäts- und Forderungsmanagement als Teilgebiete des Risikomanagements übertragen; außerdem werden deren wesentliche Aufgaben, Ziele und Strategien beschrieben. Im Anschluss daran wird Factoring als eine Outsourcingstrategie für das Liquiditätsmanagement mit Fokus auf dem Forderungsmanagement vorgestellt[893].

---

891 Vgl. Abbildung 5.

892 Vgl. Abbildung 16, außerdem Abbildung 22 zur Integration des Risikomanagements in die Unternehmensführung.

893 Vgl. zur Übersicht Abbildung 33.

Grundsätzlich bietet **Factoring** in der Grundversion die Finanzierungsfunktion, die Versicherungsfunktion und die Dienstleistungsfunktion. Die Finanzierungsfunktion bedeutet, dass die Forderung vom Factorer angekauft wird und damit dem Kunden sofort Liquidität zur Verfügung steht. Außerdem geht mit dem Verkauf der Forderung auch das Risiko des Forderungsausfalls auf den Käufer – den Factorer – über, was als Versicherungsfunktion beschrieben wird, da sie in der Wirkung einer Kreditausfallversicherung ähnlich ist. Zusätzlich werden weitere wesentliche Funktionen wie die Bonitätsprüfung und die Forderungsbearbeitung vom Factoringinstitut übernommen; sie werden zusammenfassend als Dienstleistungsfunktion beschrieben.

Die Synthese aus den Kapiteln 2 und 3 wird in **Kapitel 4** dargestellt: die Spezifika des Risikomanagements im Projektgeschäft. Dazu werden zunächst die **Risiken** des Projektgeschäfts und ihre Quellen herausgearbeitet. So erschwert die Spezifität der Leistung die Vorratsproduktion; die hohe Komplexität der Leistung und der Leistungserstellung birgt technische und organisatorische Risiken. Daraus resultiert die einseitige spezifische Investition des Auftragnehmers in die Kundenbeziehung, wie sie oben bereits beschrieben wurde. Dazu kommen weitere Risiken wie die sehr hohen Werte der Einzelaufträge, die besonderen Anforderungen aus der langlaufenden und umfassenden Gewährleistung oder die Exportorientierung der Branchen[894].

Aus diesen typischen Risiken werden die sieben wichtigsten **spezifischen Anforderungen** an das **Risikomanagement** im Projektgeschäft abgeleitet. Die bereits beschriebenen einseitigen spezifischen Investitionen gehen direkt als Problemstellung in die Anforderungen ein. Die dezentrale Leistungserstellung und die wechselnden Rahmenbedingungen induzieren zusätzliche Komplexität. Auch aus den Verwertungsrisiken und dem langen Zeitraum der Leistungserstellung resultieren spezifische Anforderungen; Gleiches gilt für die Gewährleistungsrisiken und die Diskontinuität der Nachfrage[895]. Anhand dieses Katalogs für das Risikomanagement wird anschließend einzeln geprüft, welche Konsequenzen sich daraus spezifischer für das **Liquiditäts- bzw. Forderungsmanagement** ergeben[896].

---

894 Vgl. vertiefend Abschnitt 4.1, zur Übersicht Abbildung 43.

895 Vgl. Abschnitt 4.2 zu einer detaillierteren Beschreibung der spezifischen Anforderungen, zur Übersicht Abbildung 44.

896 Vgl. die Abschnitte 4.3 und 4.4 zu einer detaillierten Erörterung der einzelnen Punkte, Abbildung 47 und Abbildung 48 zu einer Übersicht.

Kapitel 4 beschreibt außerdem die Möglichkeiten des **Factoring** im Projektgeschäft und definiert gleichzeitig die Voraussetzungen für eine erfolgreiche Anwendung. Aus **Nachfragerperspektive** ergab sich bereits aus den Betrachtungen zum Liquiditätsmanagement ein im Vergleich zu anderen Branchen deutlich erhöhter Liquiditätsbedarf, sodass zunächst von einer hohen Attraktivität der Finanzierungsfunktion ausgegangen werden kann. Die Versicherungsfunktion birgt die geringsten Branchenspezifika. Selbst wenn die Zahlungsmoral der Gläubiger im Projektgeschäft immer wieder kritisiert und dies in Studien bestätigt wird, lässt sich kein theoretisches Argument finden, warum sich die Bonität der Schuldner – gerade auch aufgrund ihrer Heterogenität – wesentlich von anderen Branchen unterscheiden sollte. Die Dienstleistungsfunktion erscheint auf den ersten Blick ineffizient. Durch den ohnehin engen Kundenkontakt zwischen Auftragnehmer und -geber, durch die Dezentralität des Forderungsmanagements und Teilen des Liquiditätsmanagements erscheint eine externe Dienstleistung hier als unnötige Doppelung der Aktivitäten und als Einschränkung der eigentlich gewünschten engen Interaktion mit dem Abnehmer. Erst auf den zweiten Blick erschließt sich hier der Wert einer Disziplinierungsfunktion der externen Dienstleistung, wie dies – zumindest auf die Bonitätsprüfung bezogen – bereits funktioniert. In der Wirtschaftwoche wird z.B. behauptet: „Viele Unternehmen setzen Factorer deshalb gezielt ein, um sich der Risikoanalyse [der Factorer] zu bedienen", was durch die Aussage eines Kunden illustriert wird: „Wenn unser Factorer einen Kunden nicht annimmt, ist das für uns ein Alarmzeichen. Wir haben uns schon mehrfach entschieden, ein Geschäft unter diesen Umständen nicht zu machen"[897]. Bei Übertragung dieses Mechanismus von der Bonitätsprüfung auf die wesentlich weiter reichenden Möglichkeiten einer Einflussnahme im Projektgeschäft wie z.B. Vertragsgestaltung, Gewährleistungsverpflichtungen oder Dokumentation der Leistung wird auch hieraus ein gewichtiges Argument für das Factoring im Projektgeschäft. In Summe sollte Factoring für die Unternehmen des Projektgeschäfts also attraktiv sein[898].

Aus **Anbieterperspektive** sollte **Factoring** allein schon aufgrund des enormen Marktpotentials attraktiv sein. Davon ausgegangen, dass sämtliche Forderungen im Projektgeschäft factorabel sind, würde den Anbietern ein Marktpotential zur Verfügung stehen, das den aktuellen Markt für Factoring um weit mehr als das Doppelte, wahrscheinlich sogar um das Dreifache überstiege. Allerdings sprechen einige der Charakteristika des Projektgeschäfts, also der spezifischen Risiken, formal gegen

[897] **Bergemann, M.** (Factoring, 2007) in der Wirtschaftswoche, S. 140.
[898] Vgl. vertiefend Abschnitt 4.5.1, zur Übersicht Abbildung 49.

Factoring im Projektgeschäft. So wird Factoring normalerweise für Geschäfte mit Mehrfachabnehmern angeboten, die Leistung (-serstellung) im Projektgeschäft ist äußerst komplex und dezentral, außerdem besteht Informationsasymmetrie zwischen Käufer und Verkäufer der Forderungen. Hier darf es jedoch nicht dadurch zu einer Henne-Ei-Problematik kommen, dass Zahlungsdisziplin der Abnehmer und Forderungsmanagement der Kunden dazu führen, dass Factorer diese Branchen meiden, während gerade die Factorer zur Lösung genau dieser Probleme beitragen könnten. Vielmehr sollten die Factoringanbieter dieses Marktsegment in wesentlichem Umfang aktiv selbst prägen, um einen attraktiven Markt zu schaffen. Sie sollten ihre Erfahrungen aus anderen Branchen im Sinne von best practices einbringen, ihre umfassenden Kompetenzen im Risikomanagement gerade bezogen auf Liquiditäts- und Forderungsmanagement nutzen sowie ihre Prozesskompetenz ausspielen, um die Geschäftspraktiken, Abläufe und Strukturen proaktiv mit- und umzugestalten. Dann wäre Factoring auch aus Angebotsperspektive attraktiv[899].

Diese theoretischen Erkenntnisse werden in **Kapitel 5** durch eine Befragung verprobt. Dabei ergaben die Gespräche mit der **Anbieterseite**, dass Factoring im Projektgeschäft bisher kaum betrieben wird. Bei tiefer gehender Diskussion wurde jedoch zum einen deutlich, dass die Ablehnung in vielen Fällen auf Unkenntnis statt auf eigenen Erfahrungen beruht. Außerdem waren die Erkenntnisse bei den kleineren und damit spezialisierteren Instituten weitaus weniger ablehnend. Hier herrschte größere Offenheit gegenüber solchem zwar komplexeren und teilweise risikoreicheren, aber dafür vermutlich margenstärkeren Geschäft. Bezüglich der Risiken und Hinderungsgründe wurden die Hypothesen aus Kapitel 4 weitgehend bestätigt; speziell das Veritätsrisiko ist für die Factoringinstitute nur schwer einzuschätzen und in den Griff zu bekommen[900].

Auf **Nachfragerseite** unterschieden sich die Erkenntnisse erwartungsgemäß zwischen den verschiedenen Gruppen. Obwohl von allen Gesprächspartnern bestätigt wurde, dass ein grundsätzlicher Liquiditätsbedarf besteht, wurde Factoring nicht in allen Fällen als Instrument der Wahl angesehen. Interesse herrschte vor allem bei den Unternehmen des Baunebengewerbes und den Maschinenbauern; bei Generalunternehmen scheint Factoring aufgrund der besonderen Systematik der Abrechnung weniger geeignet. Während gerade zu Beginn der Gespräche vor allem die Finanzierungsfunktion und die Kosten von Factoring abgewogen wurden, konnte

899 Vgl. vertiefend Abschnitt 4.5.2, zur Übersicht Abbildung 50.
900 Vgl. vertiefend Abschnitt 5.2.

auch die Unterstützung beim Risikomanagement im weiteren Gesprächsverlauf tiefer diskutiert werden. Hier wurde deutlich, dass die Hypothesen zur „Disziplinierungsfunktion“ aus Kapitel 4 durchaus Relevanz haben[901]. Schon in der Einführung zu dieser Arbeit wurde festgestellt, mit welch plakativen Argumenten Factoringgesellschaften auf die Frage nach Leistungen für das Baugeschäft reagieren[902]. Die Befragung bestätigt diese pauschale Einstellung und die generelle Ablehnung. Lediglich einige wenige kleinere Gesellschaften machen sich die Mühe, die Spezifika des Projektgeschäfts nicht nur zur Kenntnis zu nehmen, sondern zu analysieren und durch Anpassung der Bedingungen Leistungen des Factoring wirtschaftlich sinnvoll anzubieten. Dies ist umso verwunderlicher, als die Größe dieses praktisch nicht besetzten potentiellen Marktes als durchaus attraktiv angesehen wird, während auf anderen, etablierten Märkten mit teilweise unattraktiven Margen und Konditionen ein harter Konkurrenzkampf entsteht.

Auch die befragten Firmen bestätigen, dass es für Factoring Bedarf, d.h. einen Markt im Projektgeschäft gibt, gleichzeitig aber auch, dass die spezifischen Bedingungen der Branche einer praktischen Anwendung derzeit im Weg stehen.

Beide Seiten – Anbieter und Nachfrager – stimmen in ihrer Meinung also weitgehend überein, dass Factoring trotz des großen Bedarfs im Projektgeschäft für eine breite Anwendung anscheinend keine Perspektive bietet. Wenn die Funktionen des Factoring auf die klassischen Bereiche der Finanzierung, der Versicherung und des Service beschränkt bleiben, so kommt auch diese Arbeit zu keinem wesentlich abweichenden Ergebnis: Die Forderungen der Unternehmen des Projektgeschäfts sind bezüglich der Risiken aufgrund der technischen und organisatorischen Komplexität der Leistung (-serstellung), der langen Zeitdauer der Projekte und insbesondere der Verität der Forderungen für Factorer nur schwer einzuschätzen und wegen der Struktur des Geschäfts – Einzelfertigung für Einzelkunden – in der Prüfung und Abwicklung mit hohem Aufwand verbunden. Es ist deshalb auch nach den Erkenntnissen dieser Arbeit nicht verwunderlich, wenn sich nur einige wenige Nischenanbieter mit diesem Markt befassen.

[901] Vgl. vertiefend Abschnitt 5.3.

[902] Vgl. die Ausführungen in Kapitel 4.5.2 und 5.2, insbesondere auch **Bergemann, M.** (Factoring, 2007), S. 141.

Gänzlich anders aber ist die Perspektive, wenn der Blickwinkel auf die **Disziplinierungsfunktion** ausdehnt wird[903]. Auch dafür liefert die Befragung indirekt eine Bestätigung: alle Argumente, die zur Beschreibung der Schwierigkeiten und Hürden für das Factoring im Projektgeschäft angeführt werden, sind nicht systematischer Natur, sondern geben typische Praktiken dieser Branche wieder, die für die Abwicklung zwar üblich, aber keineswegs zwingend notwendig sind. Im Gegenteil: Alle diese Argumente wie mangelhafte vertragliche Grundlagen, Fehlen der Eigenständigkeit von Abschlagsforderungen, Einbehalte für Gewährleistungen, aufwendige Bonitätsprüfung oder stillschweigende Akzeptanz von Fristüberschreitungen durch Schlüsselkunden beschreiben ja Risiken, die nicht etwa nur die Factoringgesellschaften betreffen, sondern in erster Linie die Unternehmen des Projektgeschäfts selbst.

Mit der Einführung des Begriffs der **Disziplinierungsfunktion** wurde bereits verdeutlicht, dass das Factoring durch die objektive Außensicht und die strikte Risikoprüfung dazu beitragen kann, die Geschäftspraktiken zu verändern. Als Ergebnis der Befragung kann diese Funktion in Richtung des allgemeinen Risikomanagements erweitert werden. Die geschäftlichen Risiken, die einer Verbreitung des Factoring im Projektgeschäft im Wege stehen, werden von Anbietern und Nachfragern gleichermaßen gesehen; sie sind demnach als Risiken identifiziert und in ihrer Bedeutung erkannt. Die Factoringgesellschaften ziehen daraus derzeit den Schluss, sich von diesen Risiken fernzuhalten und keine entsprechenden Leistungen anzubieten. Die Unternehmen des Projektgeschäfts nehmen das riskante Umfeld fast achselzuckend zur Kenntnis, arrangieren sich mit den Konditionen so gut es geht, lehnen sich aber nicht dagegen auf und versuchen nicht, am Markt objektiv bessere, leichter tolerierbare Konditionen durchzusetzen. Bei einer so fragmentierten Anbieterseite, die im Projektgeschäft häufig großen, teilweise monopolartig agierenden Kunden gegenübersteht, ist das nicht verwunderlich. Eine solidarische Haltung der Anbieter ist wegen der einschlägigen Bestimmungen des Wettbewerbsrechts praktisch kaum denkbar, die Hoffnung auf kollektive Vernunft sicher Wunschdenken.

In dieser Situation könnte dem Factoring eine Disziplinierungsfunktion im weiteren Sinne zukommen, die zu einer erheblichen Verbesserung des Risikomanagements dadurch beitragen würde, dass die von den Factorern nicht übernommenen Risiken von den Unternehmen des Projektgeschäfts ihrerseits von vornherein gar nicht mehr eingegangen werden. Würden beispielsweise die Allgemeinen Vertragsbedingungen der Deutschen Bahn nicht mehr nur mit den Bauunternehmen verhandelt, sondern

---

[903] Vgl. dazu die Ausführungen in Abschnitt 4.5.

bezüglich der Risiken auch mit den Factoringgesellschaften abgeglichen, könnten Fragen wie die rechtzeitige und eindeutige Beauftragung von Nachträgen und die Regelung der Vergütung oder die fristgerechte Freigabe von Teilzahlungen wesentlich leichter auf faire Weise geregelt werden. Die häufig diskutierte und im Ausland übliche Einschaltung von neutralen Dritten zur raschen Prüfung und Freigabe von Ansprüchen aus Leistungen würde neuen Schub erhalten. Hier kann auf ein breites Forschungsfeld verwiesen werden, nämlich das der Mediation, also der außergerichtlichen Streitbeilegung im Bauwesen[904]. Eine partnerschaftliche Zusammenarbeit und entsprechende antizipative Planung bei Vertragsabschluss könnten Kosten und Managementressourcen für Streit auf beiden Seiten einsparen, statt „die Unterschrift auf dem Bauvertrag [...] als Kriegserklärung zwischen den Parteien"[905] zu interpretieren; daher sollten eigentlich auch die Abnehmer ein solches Vorgehen unterstützen[906]. So könnte die Verität der Forderungen frühzeitig gesichert bzw. zu deren schnellerem nachhaltigen Entstehen beigetragen werden.

Die Tatsache, dass beide Seiten die Risiken in gleicher Weise beurteilen, sollte nicht zu einer Absage an das Factoring im Projektgeschäft führen, sondern zu einer gemeinsamen Anstrengung, diese Schwierigkeiten im beiderseitigen Interesse abzubauen. Damit könnten sich die Factorer einen bedeutenden zusätzlichen Markt erschließen. Die Unternehmen des Projektgeschäfts würden sich nicht nur selbst in die Lage versetzen, die Leistungen des Factoring in Anspruch zu nehmen, sondern dadurch einen wesentlichen Beitrag zur Verbesserung ihres eigenen Risikomanagements leisten. Die bestehenden Hürden sollten schon heute überwindbar sein – am besten ist es aber, sie gemeinsam abzuräumen.

---

904 Einen guten Überblick bieten **Flucher, T. et al.** (Mediation, 2003). Auf S. 15 wird Mediation dort in ein Schema der US Army eingeordnet, das von informellen Kontakten bis zum Krieg reicht, Mediation ist Teil der kooperativen Entscheidungen mit der Assistenz von Dritten. In dem Buch findet sich außerdem eine gute Übersicht zur aktuellen Entwicklung in Deutschland; vgl. speziell zur rechtlichen Situation S. 191-215, zu zahlreichen Praxisberichten vgl. S. 291-432. Vgl. ergänzend **Wunschel, A.** (2007), S. 246-250; er gibt zu bedenken, dass der Gang vor ein staatliches Gericht in aller Regel zu hohen Kosten sowie hohem Zeit- und Arbeitsaufwand führt und die technisch hoch komplexen Streitfragen außerdem häufig die Kompetenzen der Gerichte überfordern, was zusätzliche Unsicherheit mit sich bringt.

905 **Wunschel, A.** (2007), S. 246.

906 Vgl. **Agapiou, A. et al.** (Partnership, 1998), S. 359.

IV Bibliographie

Agapiou, A., et al. (Partnership, 1998): The changing role of builders merchants in the construction supply chain, in: Construction Management and Economics; Vol. 16, S. 351-361.

Akerlof, G. A. (Information Asymmetry / „Lemons“, 1970): The Market for „Lemons“, in: Quarterly Journal of Economics; Vol. 84, S. 488-500.

Albach, H. (Ungewissheit, 1984): Ungewissheit und Unsicherheit, S.4036-4041, in: Grochla, E./Wittmann, W. (Hrsg.): Handwörterbuch der Betriebswirtschaft, Stuttgart 1984.

Albrecht, P. (Versicherung, 1987): Was ist Versicherung, Karlsruhe 1987.

Alchian, A./Woodward, S. (Capitalism, 1988): The Firm is Dead, Long Live the Firm: A Review of Oliver E. Williamson's The Economic Institution of Capitalism, in: Journal of Economic Literature; Vol. 26, No. 1, S. 65-79.

Allgemeine Zeitung Mainz (Forderungsverkauf, 2005): Baufirmen können Forderungen verkaufen, vom 1.2.2005.

Alter, R. (Projektcontrolling, 1991): Integriertes Projektcontrolling, Gießen 1991.

Ansoff, H. I. (Strategy, 1965): Corporate strategy: An analytic approach to business policy for growth and expansion, New York et al. 1965.

Ansoff, H. I. (Weak Signals, 1975): Managing Strategic Surprise by Response to Weak Signals, in: California Management Review; Winter 1975, No. 2, S. 21ff.

Arbeitskreis interne und externe Überwachung der Unternehmung (Überwachung, 2000): Auswirkungen des KonTraG auf die Unternehmensüberwachung, Berlin 2000.

Asselbergh, G. (Factoring, 2002): Financing firms with restricted access to financial markets: The use of trade credit and factoring in Belgium, in: The European Journal of Finance; Vol. 8, S. 2-20.

Backhaus, K. (Auftragsplanung, 1980): Auftragsplanung im industriellen Anlagengeschäft, Stuttgart 1980.

Backhaus, K. (Investitionsgütermarketing, 1982): Investitionsgütermarketing, München 1982.

Backhaus, K. (Industriegütermarketing, 2003): Industriegütermarketing, München 2003.

Backhaus, K./Voeth, M. (Besonderheiten, 2004): Besonderheiten des Industriegütermarketings, S. 5-16, in: Backhaus, K. /Voeth, M. (Hrsg.): Handbuch Industriegütermarketing, Wiesbaden 2004.

Backhaus, K./Voeth, M. (Industriegütermarketing, 2007): Industriegütermarketing, München 2007.

Bähr, G. (Kollision, 1989): Die Kollision der Factoring Globalzession mit dem verlängerten Eigentumsvorbehalt, Frankfurt a. M. et al. 1989.

Bartram, S. M. (Finanzwirtschaftliches Risikomanagement, 2000): Finanzwirtschaftliches Risikomanagement von Nichtbanken, in: Die Unternehmung; 54. Jg., Heft 2, S. 107-121.

Bastian, N. (Factoring, 2007): Forderungen versilbern, in: Handelsblatt; Nr. 89 vom 9.5.2007, S. 28.

Baum, H. G./Coenenberg, A./Günther, T. (Controlling, 2004): Strategisches Controlling, Stuttgart 2004.

Baumann, H. A. (Warenkreditversicherung, 1966): Factoring, Warenkreditversicherung, Zessionskredit: Eine vergleichende Darstellung, München 1966.

Baumeister, J. X./Strobl, A. (Finanzierung, 2005): Vorsprung durch eine „atmende Finanzierung“, in: Finance Magazin; Okt. 2005, Sonderbeilage, S. 1-2.

Bayerische Staatsregierung – Ministerium für Wirtschaft, Infrastruktur, Verkehr und Technologie (Mittelstandsbericht Bayern, 2005): Mittelstandsbericht, München 2005.

Bea, F. X./Haas, J. (Früherkennung, Krisenmanagement, 1994): Möglichkeiten und Grenzen der Früherkennung von Unternehmenskrisen, in: WiSt; Heft 10, S. 486-491.

Beehler, P. J. (Cash Management, 1978): Contemporary Cash Management, New York et al. 1978.

Behr, P./Fischer, J. (Basel II, 2005): Basel II und Controlling: Ein praxisorientiertes Konzept zur Basel II-konformen Unternehmenssteuerung, Wiesbaden 2005.

Bergemann, M. (Factoring, 2007): Schneller flüssig, in: Wirtschaftswoche; Nr. 19 vom 7.5.2007, S. 140ff.

Bernstein, P. L. (Geschichte, 1997): Wider die Götter: Die Geschichte von Risiko und Risikomanagement von der Antike bis heute, München 1997.

Bernstorff, C. G. v. (Risikomanagement Auslandsgeschäft, 1991): Risikomanagement im Auslandsgeschäft, Frankfurt a. M. 1991.

Bertl, A. (Forderungen, 2004): Verbriefung von Forderungen, Wiesbaden 2004.

Bette, K. (Kollision, 1997): Die Kollision der Factoringzession mit anderen Forderungsabtretungen, S. 123-136, in: Hagenmüller, K. F./Sommer, H.J./Brink, U. (Hrsg.): Factoring-Handbuch, Frankfurt a. M. 1997.

Bette, K. (Factoringgeschäft, 1999): Das Factoringgeschäft in Deutschland, Stuttgart 1999.

Bette, K. (Factoring, 2001): Factoring: Finanzdienstleistung für mittelständische Unternehmen, Köln 2001.

Bickhoff, N./Eilenberger, G. (Krisen, 2004): Einleitung, S. 1-37, in: Bickhoff, N./ Blatz, M./Eilenberger, G. et al. (Hrsg.): Die Unternehmenskrise als Chance, Berlin 2004.

Bieta, V./Siebe, W. (Financial Risk, 2000): Managing Financial Risk: Die Bedeutung der strategischen Perspektive, in: Finanz Betrieb; 7. Jg., 8/2000, S. 507-517.

Bleuel, H. H./Schmitting, W. (Konzeption, 2000): Konzeption eines Risikomanagements im Rahmen der internationalen Geschäftstätigkeit, S. 65-122, in: Berens, W./Born, A./Holfjan, A. (Hrsg.): Controlling international tätiger Unternehmen, Stuttgart 2000.

Boeckhoff, H. (Lernende Organisation, 1999): Lernende Organisation, in: Krallmann, H. (Hrsg.): Systemanalyse im Unternehmen, München et al. 1999.

Boettger, U. (Cash Management, 1995): Cash Management internationaler Konzerne, Wiesbaden 1995.

Bohlmann, B. (Beschaffungsnetzwerke, 2001): Beschaffungsnetzwerke im chemischen Anlagenbau, Berlin 2001.

Börschlein, H./Kleiner, F. (Consulting Engineers, 1984): Consulting Engineers im industriellen Anlagengeschäft: Bedeutung, Markteinfluss, Arbeitsweise, S. 31-51, in: Backhaus, K. (Hrsg.): Planung im industriellen Anlagengeschäft, Düsseldorf 1984.

Braun, H. (Controllingaufgabe, 1984): Risikomanagement. Eine spezifische Controllingaufgabe, Darmstadt 1984.

Brealey, R. A./Myers, S. C. (Corporate Finance, 2000): Principles of Corporate Finance, 2000.

Brink, U. (Begriffsbestimmungen, 1997): Begriffsbestimmungen, S. 15-40, in: Hagenmüller, K. F./Sommer, H. J./Brink, U. (Hrsg.): Factoring-Handbuch, Frankfurt a. M. 1997.

Brink, U. (Factoringvertrag, 1997): Rechtsbeziehung des Factors mit seinem Kunden – Der Factoringvertrag, S. 177-211, in: Hagenmüller, K. F./Sommer, H. J./ Brink, U. (Hrsg.): Factoring-Handbuch, Frankfurt a. M. 1997.

Brox, H. B./Walker, W. D. (Schuldrecht, 2004): Allgemeines Schuldrecht, München 2004.

Bruch, H. (Outsourcing, 1998): Outsourcing: Konzepte und Strategien, Chancen und Risiken, Wiesbaden 1998.

Brüssel, W. (Baubetrieb, 2002): Baubetrieb von A bis Z, Düsseldorf 2002.

Budde, W. D. (Bilanzkommentar, 2006): § 284, 285 HGB, in: Ellrott, H./Förschle, G./Hoyos, M./Winkeljohann, N. (Hrsg.): Beck'scher Bilanzkommentar, München 2006.

Buderath, H./Amling, T. (Überwachung, 2000): Das interne Überwachungssystem als Teil des Risikomanagementsystems, S. 99-126, in: Dörner, D./Horváth, P./ Kagermann, H. (Hrsg.): Praxis des Risikomanagements, Stuttgart 2000.

Buergel (Forderungsmanagement, 2006): Forderungsmanagement, http://www.buergel.de/de/produkte_services/forderungsmanagement.html.

Bundesgerichtshof (Urteil § 16 Abs. 6 VOB/B, 1998): Urt. v. 3. Dezember 1998 – VII ZR 341/96 Karlsruhe 1998.

Bundesministerium für Wirtschaft (Umsatzdaten Bau, 2007): Branchenfokus Bau, Download vom 19.05.2007, http://www.bmwi.de/BMWi/Navigation/Wirtschaft/branchenfokus,did=165472.html.

Bundesministerium für Wirtschaft (Umsatzdaten Masch.-/Anlagenbau, 2007): Branchenfokus Maschinen- und Anlagenbau, Download vom 19.05.2007, http://www.bmwi.de/BMWi/Navigation/Wirtschaft/branchenfokus,did=196380.html.

Bünzli, K. (Debitoren-Management, 1997): Debitoren-Management: So verlieren Sie kein Geld, Bern 1997.

Bürgerliches Gesetzbuch (BGB, 2006): Bürgerliches Gesetzbuch in der Fassung der Bekanntmachung vom 2.1.2002, zuletzt geändert durch Artikel 8 Abs. 5 des Gesetzes vom 2.12.2006, Berlin 2006.

Bussmann, K. (Risiko, 1955): Das betriebswirtschaftliche Risiko, Meißenheim am Glan 1955.

Coase, R. H. (Transaction Costs, 1937): The Nature of the Firm, in: Economia; 4. Jg., Heft 4, S. 331-351.

Coenenberg, A. (Jahresabschluss, 2000): Jahresabschluss und Jahresabschlussanalyse: Betriebswirtschaftliche, handelsrechtliche, steuerrechtliche und internationale Grundlagen, Landsberg/Lech 2000.

Creditreform (Forderungsmanagement, 2006): Produkte und Leistungen: Stichwort Forderungsmanagement, Download vom 2.8.2006.

Creditreform (Wirtschaftslage, 2006): Wirtschaftslage und Finanzierung im Mittelstand, Neuss 2006.

Creditreform Wirtschafts- und Konjunkturforschung (Insolvenzen, 2006): Insolvenzen Neugründungen Löschungen, Frankfurt a. M. 2006.

Deutsche Factoring Bank (Debitorenverwaltung, 2006): Unser Service: Debitorenverwaltung, http://www.deutsche-factoring.de/18_1.

Deutscher Bundestag (KonTraG, 1998): Entwurf eines Gesetzes zur Kontrolle und Transparenz im Unternehmensbereich (KonTraG), Drucksache 13/9712, Berlin

Deutscher Bundestag (Beschluss KonTraG, 1998): Gesetz zur Kontrolle und Transparenz im Unternehmensbereich (KonTraG), Drucksache 203/98, Berlin.

Deutscher Bundestag (Beschleunigung, 1999): Entwurf eines Gesetzes zur Beschleunigung fälliger Zahlungen, Drucksache 14/1246, Berlin.

Deutscher Industrie- und Handelstag DIHT (Mittelstand, 1999): Mittelstand 2000+, Berlin 1999.

Deutscher Factoring-Verband e.V. (Factoring, 2006): Factoring, www.factoring.de/index/php_id=?42.

Deutscher Factoring-Verband e.V. (Factoringmarkt Deutschl., 2004): Factoring in Deutschland, Jahresbericht 2003, 4. Aufl., Mainz 2003.

Deutscher Factoring-Verband e.V. (Factoringmarkt Deutschl., 2005): Factoring in Deutschland, Jahresbericht 2004, 5. Aufl., Mainz.

Deutscher Factoring-Verband e.V. (Factoringmarkt Deutschl., 2006): Factoring in Deutschland, Jahresbericht 2005, 6. Aufl., Mainz.

Deutscher Factoring-Verband e.V. (Formen, 2006): Formen des Factoring, http://www.factoring.de/index.php?id=42.

Deutscher Factoring-Verband e.V. (Jahresbericht, 2005): Jahresbericht 2005, Mainz 2005.

Deutsches Institut für Normung (Projektwirtschaft, 1987): Projektwirtschaft - Projektmanagement, Frankfurt a. M. 1987.

Diederichs, M. (Risikomanagement, 2004): Risikomanagement und Risikocontrolling, in: Horváth, P./Reichmuth, T. (Hrsg.): Controlling Praxis, Stuttgart 2004.

Diener, T. (Kooperation, 1982): Stärkung der Wettbewerbsfähigkeit durch internationale Kooperation, Düsseldorf 1982.

Doerner, D./Horváth, P./Kagermann, H. (Einordnung, 2000): Einführung, S. 3, in: Doerner, D./Horváth, P./Kagermann, H. (Hrsg.): Praxis des Risikomanagements, Stuttgart 2000.

Eggemann, G./Konradt, T. (Risikomanagement, 2000): Risikomanagement nach KonTraG aus dem Blickwinkel des Wirtschaftsprüfers, in: BB; 55. Jg., S. 503-509.

Eichhorn, P. (Basel II, 2003): Finanzierung des Mittelstands vor neuen Herausforderungen: Basel II, Referate eines Symposiums des Wissenschaftlichen Beirats der Gesellschaft für Öffentliche Wirtschaft, Baden-Baden 2003.

Engelhardt, W. H./Dichtl, E. (Investitionsgütermarketing, 1980): Investitionsgütermarketing, in: Wirtschaftswissenschaftliches Studium; 9. Jg., S. 145-153.

Engelhardt, W. H./Günter, B. (Investitionsgüter-Marketing, 1981): Investitionsgüter-Marketing, Stuttgart 1981.

Engelhardt, W. H./Kleinaltenkamp, M./Reckenfelderbäumer, M. (Leistungsbündel, 1993): Leistungsbündel als Absatzobjekte: Ein Ansatz zur Überwindung der Dichotomie von Sach- und Dienstleistungen, in: ZfbF; 45. Jg., Nr. 5, S. 395-426.

Euler Hermes Kreditversicherungs AG (Zahlungsmoral, 2004): In der Liquiditätsfalle – Repräsentative Untersuchung über sinkende Zahlungsmoral und zunehmende Insolvenzen, Hamburg 2004.

Eurofactor (Debitorenmanagement, 2006): Finanzieren mit Factoring: Debitorenmanagement, http://www.eurofactor.de/factoring/debitorenmanagement.htm.

Factors Chain International (Turnover, 2006): Factoring turnover by country, http://www.factors-chain.com/?p=ich&uli=AMGATE_7101-2_1_TICH_L51371255.

Faleye, O. (Cash, 2004): Cash and Corporate Control, in: The Journal of Finance; Vol. 59, No. 5, S. 2041-2060.

Fasse, F. W. (Marketing, 1995): Risk-Management im strategischen internationalen Marketing, Hamburg 1995.

FIDIC (Conditions, 1999): Introduction, in: (Hrsg.): Conditions of Contract for Construction. For Building and Engineering Works designed by the Employer. General conditions; Guidance for Preparation of Particular Conditions; Forms of Tender, etc., Genf 1999.

Fiege, S. (KonTraG, 2005): Risikomanagement und -überwachungssystem nach KonTraG, Berlin 2005.

Fiege, S. (KonTraG, 2006): Risikomanagement und -überwachungssystem nach KonTraG, Wiesbaden 2006.

Financial Times Deutschland (Factoring, 2007): Schnittige Muster – Unternehmen können ihre Forderungen als Factoring oder als ABS verkaufen. Das eine ist teuer, das andere kompliziert. [...], ENEP 16, vom 11.4.2007.

Financial Times (Walter Insolvenzverwalter, 2005): Im Namen der Gläubiger, S. 8, vom 1.11.2005.

Financial Times (Walter Deutsche Bahn, 2005): Offene Rechnung, S. 25, vom 3.2.2005.

Flick, U./Kardoff, E./Steinke, I. (Qualitative Forschung, 2000): Was ist qualitative Forschung?, S. 13-29, in: Flick, U./Kardoff, E./Steinke, I. (Hrsg.): Qualitative Forschung, Hamburg 2000.

Flucher, T., et al. (Mediation, 2003): Mediation im Bauwesen, Berlin 2003.

Form, S./Hüllmann, U. (Scorecards, 2002): Chance- and Risk-Scorecarding, in: Controlling; 14. Jg., Heft 12, S. 691-700.

Förschle, G. (Überwachungssysteme, 1999): Beurteilung der Überwachungssysteme bei börsennotierten AG/KGaA (§ 91, Abs. 2+4 AktG), in: Budde, W. D./Clemm, H./Ellroth, H./Förschle, G./Schnicke, C. (Hrsg.): Beck'scher Bilanz-Kommentar: Der Jahresabschluss nach Handels- und Steuerrecht, Konzernabschluss, Prüfung und Offenlegung § 238 und § 399 HGB, München 1999.

Frankfurter Allgemeine Zeitung (Porsche, 2006): Porsche: Keine Überlegungen zur Übernahme von Audi, 18.11.2006.

Franke, A. (Risikomanagement Industrieanlagenbau, 1997): Risiko-Controlling bei Projekten des Industrieanlagenbaus, in: Controlling; 9. Jg., Heft 3, S. 170-179.

Friedrichs, J. (Empirie, 1990): Methoden empirischer Sozialforschung, Opladen 1990.

Froot, K./Scharfstein, D. S./Stein, J. C. (Risk Management, 1994): A Framework for Risk Management, in: Harvard Business Review; Nov./Dec., S. 91-102.

Fühlbier, R. U. (Wissenschaftstheorie, 2005): Wissenschaftstheorie und Betriebswirtschaftslehre, S. 15-29, in: Horsch, A./Meinhövel, H./Paul, S. (Hrsg.): Institutionenökonomie und Betriebswirtschaftslehre, München 2005.

Funk, J. (Anlagengeschäft, 1986): Langfristiges Anlagengeschäft – Risikomanagement und Controlling, in: ZfbF; Sonderheft 20, S. 9-19.

Gallinger, G. W./Healey, P. B. (Liquiditätsmanagement, 1991): Liquidity Analysis and Management, 1991.

Gälweiler, A./Schwaninger, M. (Strat. Unternehmensführung, 1990): Strategische Unternehmensführung, 2. Aufl., Frankfurt a. M. et al. 1990.

Gareis, R. (Projektmanagement, 1991): Projektmanagement im Maschinen- und Anlagenbau, Wien 1991.

Gietl, G./Lobinger, W. (Risikomanagement, 2006): Risikomanagement für Geschäftsprozesse, München 2006.

Glaum, M. (Risikomanagement, 2000): Finanzwirtschaftliches Risikomanagement deutscher Industrie- und Handelsunternehmen, Industriestudie, Revision, P. D., Frankfurt a. M. 2000.

Glaum, M./Wirth, A. (Finanzinstrumente RM, 1998): Finanzinstrumente und Risikomanagement, in: ZfB; 68. Jg., Heft 2, Ergänzungsheft.

Gleißner, W. (Strat. Unternehmensführung, 2000): Risikopolitik und strategische Unternehmensführung, in: Der Betrieb; 53. Jg., Heft 33, S. 1625-1629.

Goldberg, S. R./Godwin, J. H. (Cash Management, 2003): Cash is King: Cash Management and Risks, in: The Journal of Corporate Accounting & Finance; Vol. 15, No. 1, S. 75-76.

Götze, U./Betz, S. (Risikomanagement, 2001): Risikomanagement, Heidelberg 2001.

Götze, U./Mikus, B. (Strat. Management, 1999): Strategisches Management, Chemnitz 1999.

Götze, U./Mikus, B. (Risikomanagement/Strat. Unternehmensführung, 2001): Risikomanagement mit Instrumenten der strategischen Unternehmensführung, in: Götze, U./Henselmann, K./Mikus, B. (Hrsg.): Risikomanagement, Heidelberg 2001.

Gralla, M. (Vertragsformen, 1999): Neue Wettbewerbs- und Vertragsformen für die deutsche Bauwirtschaft, Berlin 1999.

Gralla, M. (GMP Verträge, 2001): Garantierter Maximalpreis, in: Berner, F./Kochendörfer, B. (Hrsg.): Leitfaden der Bauwirtschaft und des Baubetriebs, Wiesbaden 2001.

Grass, M. (Working Capital, 1972): Control of Working Capital, A Programme of Management Priorities, Essex 1972.

Gundavelli, V. (Cash Flow, 2006): Treasury: Working Capital. 7 Steps Working., in: Financial Executive; May 2006, S. 52-54.

Günterberg, B./Wolter, H.-J. (Mittelstand, 2002): Kapitel 1: Mittelstand in der Gesamtwirtschaft – Anstelle einer Definition, in: Institut für Mittelstandsforschung (Hrsg.): Unternehmensgrößenstatistik 2001/02 – Daten und Fakten, Bonn 2002.

Guserl, R. (Risikomanagement, 1996): Risiko-Management im industriellen Anlagengeschäft, in: ZfB; 66. Jg., Heft 5, S. 519-535.

Guserl, R. (Risikomanagement Projektgeschäft, 1999): Controllingsystem und Risikomanagement bei projektorientierten Unternehmen, in: Controlling; 11. Jg., S. 425-430.

Haas, M. (Controlling, 1996): Finanzielles Controlling von Projekten im industriellen Großanlagenbau, Zürich 1996.

Hacking, I. (Raisonnement Scientifique, 2002): Vorlesungsunterlagen zum Kurs „Des styles de raisonnement scientifique“, Lehrstuhl „Philosophie et Histoire des Concepts“, Collège de France, www.college-de-france.fr/media/phi_his/UPL25186_ihacking.pdf.

Hahn, D. (Risiko-Management, 1987): Risikomanagement – Stand und Entwicklungstendenzen, in: ZfO; S. 137ff.

Hahn, D. (Unternehmensführung, 1987): Strategische Unternehmensführung – Grundkonzept, in: ZfO; 56. Jg, S. 137-150.

Hahn, D./Hungenberg, H. (PuK, 2001): PuK – Planung und Kontrolle, Planungs- und Kontrollsysteme, Planungs- und Kontrollrechnung. Wertorientierte Controllingkonzepte, Wiesbaden 2001.

Hahn, D./Krystek, U. (Früherkennung, 2000): Früherkennungssysteme und KonTraG, S. 73-95, in: Doerner, D./Horváth, P./Kagermann, H. (Hrsg.): Praxis des Risikomanagements, Stuttgart 2000.

Haller, M. (Risiko-Management, 1986): Risiko-Management – Eckpunkte eines integrierten Konzepts, in: SzU; 33, S. 7-43.

Hamann, M. (Claim Management, 1989): Claim Management, S. 979-990, in: Reschke, H. (Hrsg.): Handbuch Projektmanagement, Bd. 2, Köln 1989.

Handelsblatt (VW-Kauf, 2006): Porsche rüstet sich für VW-Kauf, 16. November 2006.

Handelsblatt (Walter Forderungen, 2007): Chronik eines angekündigten Todes, S. 8, Nr. 23, vom 2.2.05.

Hartge, M. (Factoring, 2005): Factoring: Auf der Suche nach der goldenen Mitte, in: Finance Magazin; Sonderdruck Jul/Aug 2005, S. 1-2.

Hauptverband der Deutschen Bauindustrie e. V. (Beschäftigte, 2007): Zahlen & Fakten: Beschäftigte im Bauhauptgewerbe von 1970 bis 2006, Download vom 5.6.2007, http://www.bauindustrie.de/.

Hauptverband der Deutschen Bauindustrie e. V. (Insolvenzen, 2007): Zahlen & Fakten: Insolvenzen und Neugründungen, Download vom 5.6.2007, http://www.bauindustrie.de/.

Hauptverband der Deutschen Bauindustrie e.V. (Baudatenkarte, 2005): Wichtige Baudaten, Berlin 2005.

Hauschildt, J. (Unternehmenskrisen, 2002): Unternehmenskrisen – Herausforderungen an die Bilanzanalyse, in: Hauschildt, J./Leker, J. (Hrsg.): Krisendiagnose durch Bilanzanalyse, 2002.

Hawking, D. (Factoring, 1993): The Business of Factoring, London et al. 1993.

Heim, H. M. (Controllinginstrumente, 2005): Aspekte des Einsatzes von Controllinginstrumenten in der mittelständischen Bauwirtschaft, Kochendörfer, B., Berlin 2005.

Heller Bank (Antragsbogen, 2006): Antragsbogen für Factoring in Kooperation mit Investitions- und Strukturbank Rheinland-Pfalz (ISB) GmbH.

Helten, E./Bittl, A./Liebwein, P. (Versicherung, 2000): Versicherung von Risiken, in: Doerner, D./Horváth, P./Kagermann, H. (Hrsg.): Praxis des Risikomanagements, Stuttgart 2000.

Hesse, M. (Factoring, 2007): Wie Factoring-Allianzen zum Erfolgsmodell werden, in: Börsen Zeitung; Nr. 230 vom 29.11.2005, S. 4.

Heymann/Horn (HGB Kommentar, 2006): Handelsgesetzbuch (Kommentar), Berlin 2006.

Hilpert, N./Rademacher, G./Sauter, B. (Projektmanagement, 2001): Projektmanagement und -controlling im Anlagen- und Systemgeschäft, Frankfurt a. M. 2001.

HOCHTIEF AG (Projektgeschäft, 2005): Besonderheiten im Projektgeschäft, HOCHTIEF AG, Essen 2005.

Hohenstein, G. (Cash Flow, 1990): Cash Flow – Cash Management, Wiesbaden 1990.

Holst, J./Holtkamp, W. (VaR, 2000): Risikoquantifizierung und Frühwarnsystem auf Basis der Value at Risk-Konzeption, in: Bilanzrecht und Wirtschaftsprüfung; 55. Jg., Heft 16, S. 815-820.

Hornung, K. (Risikocontrolling, 1999): Risikomanagement und -controlling, S. 65-74, in: Horváth, P. (Hrsg.): Controlling & Finance, Stuttgart 1999.

Hornung, K./Reichmann, T./Diederichs, M. (Risikomanagement, 1999): Risikomanagement – Teil I: Konzeptionelle Ansätze zur pragmatischen Realisierung gesetzlicher Anforderungen, in: Controlling; 11. Jg., S. 317-325.

Horváth, P. (Controlling, 2006): Controlling, 10. vollst. überarb. Aufl., München 2006.

Horváth, P./Gleich, R. (Risikocontrolling, 2000): Controlling als Teil des Risikomanagements, S. 99-126, in: Dörner, D./Horváth, P./Kagermann, H. (Hrsg.): Praxis des Risikomanagements, Stuttgart 2000.

Huch, B. (Risikomanagement, 2001): Risikomanagement in der Bauwirtschaft, in: Götze, W./Henselmann, K./Mikus, B. (Hrsg.): Risikomanagement, 2001.

Hügler, G. L. (Projektorganisationen, 1988): Controlling in Projektorganisationen, München 1988.

Hull, J. C. (Derivatives, 2003): Options, Futures and other Derivatives, Upper Saddle River, USA 2003.

Imboden, C. (Risikohandhabungsverfahren, 1983): Ein entscheidungsbezogenes Risikohandhabungsverfahren, Bern 1983.

Institut der Wirtschaftsprüfer (Handbuch, 1998): Wirtschaftsprüfer-Handbuch, Band II, Düsseldorf 1998.

Investitions- und Strukturbank Rheinland-Pfalz (ISB) GmbH (Pressemitteilung, 2005): ISB unterstützt Bauwirtschaft, Presseinformation vom 31.1.2005.

Isselstein, T./Schaum, F. (Auftragsfinanzierung, 1998): Auftragsfinanzierung und Financial Engineering, S.161-226, in: Kleinaltenkamp, M./Plinke, W. (Hrsg.): Auftrags- und Projektmanagement, Berlin 1998.

Jacob, D. /Baumgart, C. (Basel II, 2007): Die Auswirkungen von Basel II auf Projektfinanzierungen, S. 215-227, in: Liebchen, J. H./Viering, M. G./Zanner, C. (Hrsg.): Baumanagement und Bauökonomie – Aktuelle Entwicklungen, Wiesbaden 2007.

Jacob, D./Kochendörfer, B. (Infrastrukturvorhaben, 2002): Effizienzgewinne bei privatwirtschaftlicher Realisierung von Infrastrukturvorhaben: Wie effizient ist die Einbeziehung Privater bei öffentlichen Hoch- und Straßenbaumaßnahmen?, Köln: Bundesanzeiger 2002 – IV 2002.

Kallwass, W. (Privatrecht, 2004): Privatrecht, München 2004.

Kandlbinder, K. (Debitorenmanagement, 1980): Liquidität aus Debitoren, Frankfurt a. M. 1980.

Kantner, H.-G. (Insolvenzen, 2005): Unternehmer, die sich übernommen haben – Insolvenzursachen, Wien 2005.

Kaplan, R. (Accounting, 1982): Advanced Management Accounting, New Jersey 1982.

Kaplan, R. et al. (Balanced Scorecard, 1997): Balanced Scorecard – Strategien erfolgreich umsetzen, Stuttgart 1997.

Kaufhold, K. (Factoringmarkt, 1997): Der deutsche Factoringmarkt, S. 55-83, in: Hagenmüller, K. F./Sommer, H. J./Brink, U. (Hrsg.): Factoring-Handbuch, Frankfurt a. M. 1997.

Keitel, H.-P. (Bauindustrie, 2006): Strategische Unternehmensführung in der Bauindustrie, in: Skript für die Vorlesungen an der TU Berlin im Wintersemester 2006/07; S. 1-87.

Keitsch, D. (Risikomanagement, 2000): Risikomanagement, Stuttgart 2000.

Kindler, P. (Handelsrecht, 2003): Handelsrecht (Gesetzestexte), München 2003.

Klabbers, J. H. G. (Artifact Assessment, 2006): A framework for artifact assessment and theory testing, in: Simulation and Gaming; Vol. 37, No. 2, S. 155-173.

Klein, B./Crawford, R./Alchian, A. A. (Appropriable Rents, 1978): Vertical integration, appropriable rents and the competitive contracting process, in: Journal of Law and Economics; Vol. 21, S. 197-326.

Kleinaltenkamp, M. (B2B Typologien, 1994): Typologien von Business-to-Business Transaktionen – Kritische Würdigung und Weiterentwicklung, in: Marketing ZFP; 16. Jg., Nr. 2, S. 77-88.

Kleinaltenkamp, M. (Kundenintegration, 1997): Kundenintegration, in: Wirtschaftswissenschaftliches Studium; 26. Jg., Nr. 7, S. 350-354.

Kleinaltenkamp, M. (B2B Marketing, 2000): Einführung in das Business-to-Business Marketing, in: Kleinaltenkamp, M./Plinke, W. (Hrsg.): Technischer Vertrieb, Berlin et al. 2000.

Knight, F. H. (Risk, 1921): Risk, Uncertainty and Profit, Cambridge 1921.

Kochendörfer, B./Viering, M./Liebchen, J. (Bau-Projekt-Management, 2004): Bau-Projekt-Management, Wiesbaden 2004.

Kokalj, L./Paffenholz, G./Schröer, E. (Forderungsmanagement, 2000): Zahlungsverzug und Forderungsmanagement in mittelständischen Unternehmen, Wiesbaden 2000.

Koppelmann, U. (Outsourcing, 1996): Outsourcing, Stuttgart 1996.

KPMG (Risikomanagement, 1998): Integriertes Risikomanagement, KPMG, Berlin 1998.

Krämer, G. (Risiko, 2002): Das quantitative materielle Risiko bei betriebswirtschaftlichen Entscheidungen, in: StB; 53. Jg., S. 307-311.

Kratzheller, J. B. (Organisation Risikomanagement, 1997): Risiko und Riskmanagement aus organisationswissenschaftlicher Perspektive, Wiesbaden 1997.

Krippendorff, K. (Content Analysis, 1980): Content Analysis: An Introduction to Its Methodology, Beverly Hills 1980.

Kromschröder, B./Lück, W. (Unternehmensüberwachung, 1998): Grundsätze risikoorientierter Unternehmensüberwachung, in: Interne Revision; 33. Jg., Nr. 5, S. 237-248.

Krystek, U. (Unternehmenskrisen, 1987): Unternehmenskrisen: Beschreibung, Vermeidung und Bewältigung überlebenskritischer Prozesse in Unternehmungen, Wiesbaden 1987.

Krystek, U. (Krisen, 1989): Führung in Ausnahmesituationen: Akute Krisen und Chancen als Führungsaufgabe, in: ZfO; 58. Jg., S. 30-37.

Krystek, U. (Frühaufklärung, 1990): Controlling und Frühaufklärung, in: Controlling; Heft 2, S. 68-75.

Krystek, U. (Entwicklungstendenzen, 1990): Entwicklungstendenzen im Aufbau und Einsatz von Früherkennungssystemen, S. 419-442, in: Mayer, E./Weber, J. (Hrsg.): Handbuch Controlling, Stuttgart 1990.

Krystek, U. (Aufgaben, 1999): Neue Controlling-Aufgaben durch neue Gesetze? KonTraG und InsO als Herausforderung für das Controlling, in: krp; 43. Jg., S. 145-151.

Krystek, U. (Unternehmenskrisen, 2002): Unternehmenskrisen: Vermeidung und Bewältigung S. 87-133, in: Pastors, P., München (Hrsg.): Risiken des Unternehmens – Vorbeugen und meistern, Mering 2002.

Krystek, U. (Früherkennung, 2003): Bedeutung der Früherkennung für Unternehmensplanung und Kontrolle, S. 121-148, in: Horváth, P./Gleich, R. (Hrsg.): Neugestaltung der Unternehmensplanung – Innovative Konzepte und erfolgreiche Praxislösungen, Stuttgart 2003.

Krystek, U./Moldenhauer, R. (New Economy, 2004): Krisenmanagement bei Gründungs- und Wachstumsunternehmen: Lehren aus der New Economy, S. 221-245, in: Bickhoff, N./Blatz, M./Eilenberger, G. et al. (Hrsg.): Die Unternehmenskrise als Chance, Berlin 2004.

Krystek, U./Müller-Stewens, G. (Frühaufklärung, 1993): Frühaufklärung für Unternehmen: Identifikation und Handhabung zukünftiger Chancen und Bedrohungen, Stuttgart 1993.

Krystek, U./Müller, M. (Frühaufklärungssysteme, 1999): Frühaufklärungssysteme - Spezielle Informationssysteme zur Erfüllung der Risikokontrollpflicht nach KonTraG, in: Controlling; 11. Jg., S. 177-183.

Kühnel, W. (Order und Claim, 1989): Change Order und Claim – Vertragsmanagement im Anlagenbau, Frankfurt a. M. 1989.

Küppler, H. U./Weber, J. (Controlling, 1995): Grundbegriffe des Controlling, Stuttgart 1995.

Kupsch, P. (Risiko, 1973): Das Risiko im Entscheidungsprozess, Wiesbaden 1973.

Kupsch, P. (Risikosteuerung, 1975): Risiken als Gegenstand der Unternehmenspolitik, in: WiSt; 4. Jg., Heft 4, S. 153-159.

Kupsch, P. (Risikomanagement, 1995): Risikomanagement, Wiesbaden 1995.

Lachnit, L. (Projektleistungstätigkeit, 1994): Controllingkonzeption für Unternehmen mit Projektleistungstätigkeit, München 1994.

Lamnek, S. (Qualitative Forschung, 1995): Qualitative Sozialforschung, Band 2, Methoden und Techniken, Weinheim 1995.

Lange, K. W. (Risikoberichterstattung, 2001): Anforderungen an die Berichterstattung über Risiken in Lagebericht und Konzernlagebericht, in: Lange, K. W./ Wall, F. (Hrsg.): Aufgaben und Chancen aus betriebswirtschaftlicher und juristischer Sicht, München 2001.

Le Moniteur (Ranking, 2005): Sonderausgabe – Top 20 Bauunternehmen, in: Le Moniteur; November 2005, S. 3.

Lea, T./Trollope, W. (Factoring, 1996): A Guide to Factoring and Invoice Discounting, London et. al. 1996.

Leitner, F. (Unternehmensrisiken, 1915): Die Unternehmensrisiken, Berlin 1915.

Liebchen, J. H./Viering, M. G./Zanner, C. H. (PPP, 2007): Baumanagement und Bauökonomie - Aktuelle Entwicklungen, Wiesbaden 2007.

Lischke, T./Kirner, H. (Risikomanagementsysteme, 2000): Einführung und Organisation eines Risikomanagementsystems, in: Controller Magazin; 25. Jg., S. 44-49.

Löhr, D. (Prüffähiges Risikomanagement, 2000): Implementation eines prüffähigen Risikomanagementsystems – Anforderungen nach KonTraG, in: Controlling; Heft 8, S. 312-318.

Lück, W. (Umgang, 1998): Der Umgang mit unternehmerischen Risiken durch ein Risikomanagementsystem und durch ein Überwachungssystem – Anforderungen durch das KonTraG und Umsetzung in der betrieblichen Praxis, in: DB; 51. Jg., Heft 39, S. 1925-1930.

MacKie-Mason, J. K. (Asymmetric Information, 1990): Do Firms Care Who Provides their Financing, S. 63, in: Hubbard, G. (Hrsg.): Asymmetric Information, Corporate Finance, and Investment, Chicago 1990.

Markowitz, H. (Diversifizierung, 1952): Portfolio Selection, in: The Journal of Finance; Vol. 7, S. 77ff.

Martin, T. A./Bär, T. (Krisenfrüherkennung, 2002): Grundzüge des Risikomanagements nach KonTraG: Das Risikomanagementsystem zur Krisenfrüherkennung nach § 91 Abs. 2 AktG, Wien 2002.

Mayer, H. V. (Anerkennung, 1999): Mehr Anerkennung auch bei Banken, in: Unternehmermagazin; Nr. 6, S. 43-35.

Mayer, V. U. (Finanzierungsinstrument, 1997): Factoring als Finanzierungsinstrument, S.103-118, in: Hagenmüller, K. F./Sommer, H. J./Brink, U. (Hrsg.): Factoring-Handbuch, Frankfurt a. M. 1997.

Merten, K. (Inhaltsanalyse, 1995): Inhaltsanalyse, Opladen 1995.

Mertens, F. (Controlling-Instrumente, 1998): Einsatz von Controlling-Instrumenten in Bauunternehmen, Bonn 1998.

Metschies, U. (WiWo, 1995): Rausholen was geht, in: Wirtschaftwoche; 49. Jg. , Nr. 51, S. 110-112.

Mian, S. L./Smith, C. W. (Accounts Receivable, 1992): Accounts Receivable Management Policy: Theory and Evidence, in: Journal of Finance; Vol. 47, Nr. 1, S. 169-200.

Mian, S. L./Smith, C. W. (Financing Receivables, 1994): Extending Trade Credit and Financing Receivables, in: Journal of Applied Corporate Finance; Vol. 7, No. 1, S. 75-84.

Mikus, B. (Risikomanagement, 1996): Stichwort: Risikomanagement, in: Zeitschrift für Planung; 7. Jg., S. 105-110.

Mikus, B. (Make or Buy, 1997): Make or buy-Entscheidungen in der Produktion: Führungsprozesse – Risikomanagement – Modellanalysen, Wiesbaden 1997.

Mikus, B. (Risikomanagement im Führungsprozess, 1999): Zur Integration des Risikomanagements in den Führungsprozess, in: Zeitschrift für Planung; Heft 10, S. 85-110.

Mikus, B. (Risikobegriffe, 2001): Risikomanagement, in: Götze, W./Henselmann, K./ Mikus, B. (Hrsg.), Wiesbaden 2001.

Mikus, B. (RM im Führungsprozess, 2001): Zur Einbindung des Risikomanagements in den Führungsprozess, in: Götze, U./Henselmann, K./Mikus, B. (Hrsg.): Risikomanagement, Heidelberg 2001.

Mintzberg, H. (Decision, 1990): The Decision School: Reconsidering the Basic Promises of Strategic Management, in: SMJ; 11. Jg., S. 171-195.

Modigliani, F./Miller, M. H. (Irrelevance, original, 1958): The Cost of Capital, Corporation Finance and the Theory of Investment, in: American Economic Review; Vol. 48, S. 261-297.

Modigliani, F./Miller, M. H. (Irrelevance, short, 1969): Reply to Heins and Sprenkle, in: American Economic Review; Vol. 59, S. 292-295.

Müller, R. (Krisenmanagement, 1986): Krisenmanagement in der Unternehmung, Frankfurt a. M. 1986.

Oberparleitner, K. (Warenhandel, 1955): Funktionen und Risiken des Warenhandels, Wien 1955.

Osman, Y. (Verbriefungen, 2007): Neues Geld direkt vom Kapitalmarkt, in: Financial Times Deutschland; vom 31.5.2007, Sonderbeilage, S. 6.

Palia, D./Sopranzetti, B. J. (Accounts Receivable, 2004): Securitizing Accounts Receivable, in: Review of Quantitative Finance and Accounting; Vol. 22, S. 29-38.

Payne, C. (Cash Management, 2004): The ABCs of Cash Management, in: The Journal of Corporate Accounting & Finance; Nov./Dec. 2004, S. 3-8.

Pekrul, S. (Wettbewerbsfähigkeit, 2006): Strategien und Maßnahmen zur Steigerung der Wettbewerbsfähigkeit deutscher Bauunternehmen, Kochendörfer, B., Berlin 2006.

Peridon, L./Steiner, M. (Finanzwirtschaft, 1997): Finanzwirtschaft der Unternehmung, 9. überarb. u. erw. Aufl., München 1997.

Peridon, L./Steiner, M. (Finanzwirtschaft, 2004): Finanzwirtschaft der Unternehmung, 13. überarb. u. erw. Aufl., München 2004.

Petry, C. (Projektscorecards, 2005): Integrierte Planung, Steuerung und Kontrolle von Großprojekten, Berlin 2005.

Pfaffenholz, G. (Krisen, 1998): Krisenhafte Entwicklungen in mittelständischen Unternehmen, Bonn 1998.

Pfeiffer, W./Bischoff, P. (Investitionsgüterabsatz, 1974): Investitionsgüterabsatz, Sp. 918-938, in: Tietz, B. (Hrsg.): Handwörterbuch der Absatzwirtschaft, Stuttgart 1974.

Picot, A./Dietl, H./Frank, E. (Organisation, 2004): Organisation, 4. Aufl., Stuttgart 2004.

Pinkenburg, H. F. W. (Projektmanagement, 1980): Projektmanagement als Führungskonzeption in Prozessen tiefgreifenden organisatorischen Wandels, München 1980.

Pohl, A. (Preisbildung, 2004): Preisbildung im Projekt- und Anlagengeschäft, in: Backhaus, K./Voeth, M. (Hrsg.): Handbuch Industriegütermarketing, Wiesbaden 2004.

Pollanz, M. (Risk Adjusted BSC, 1999): Ganzheitliches Risikomanagement im Kontext einer wertorientierten Unternehmensführung (Risk Adjusted Balanced Scorecarding), in: Der Betrieb; 52. Jg., Heft 25, S. 1277-1281.

Porter, M. E. (Wettbewerbsstrategie, 1999): Wettbewerbsstrategie: Methoden zur Analyse von Branchen und Konkurrenten, Frankfurt a. M. 1999.

Porter, M. E. (Wettbewerbsvorteile, 1999): Wettbewerbsvorteile: Spitzenleistungen erreichen und behaupten, Frankfurt a. M. 1999.

Raiffa, H. (Negotiation, 1982): The Art and Science of Negotiation, Cambridge et al. 1982.

Reichmann, T. (Controlling, 1997): Controlling mit Kennzahlen und Managementberichten, München 1997.

Reichmann, T. (Systemgestützt, 2001): Controlling mit Kennzahlen und Managementberichten. Grundlagen einer systemgestützten Controlling-Konzeption, München 2001.

Reichmann, T./Form, S. (BCR, 2000): Balanced Chance- and Risk-Management, in: Controlling; Heft 4/5, S. 189-198.

Reider, R. (Cash Management, 2005): Understanding Effective Cash Management, in: The Journal of Corporate Accounting & Finance; Vol. 17, No. 1, S. 7-15.

Riedl, E. (Forderungen, 2005): Europäischer Vollstreckungstitel für unbestrittene Forderungen, Köln 2005.

Rödl, H. (Forderungsmanagement, 1998): Forderungsmanagement sichert den Überblick, in: GO; Heft 4/1998, S. 5.

Roos, A./Stelter, D. (Wertmanagement, 2000): Die Komponenten eines integrierten Wertmanagementsystems, in: Oetinger, B. v. (Hrsg.): Das Boston Consulting Group Strategie-Buch, München 2000.

Salek, J. G. (Receivables Management, 2006): Unlocking Greater Profitability From Receivables Management, in: Financial Executive; Vol. 22, No. 8, S. 55-56.

Saperstein, R. (Corporate Cash, 2006): Corporate Cash Management, in: Financial Executive; Nov. 2006, S. 24-25.

Schaeffer, M. L./Bernabe, J. B. (Credit Collections, 1999): Managing International Credit & Collections 2000, Yearbook, New York 1999.

Schanz, G. (Wissenschaftstheorie, 1987): Wissenschaftstheoretische Grundfragen der Führungsforschung, S. 2039-2047, in: Kieser, A./Reber, G./Wunderer, R. (Hrsg.): Handwörterbuch der Führung, Stuttgart 1987.

Scharpf, P. (Finanzrisiken, 2000): Finanzrisiken, S.255-309, in: Doerner, D./Kagermann, H. (Hrsg.): Praxis des Risikomanagements, Stuttgart 2000.

Schepers, C. (Factoring, 1994): Der Factoring-Markt in der Bundesrepublik Deutschland, Frankfurt a. M. 1994.

Schewe, G./Littkemann, J./Beckemeiner, P. O. (Kontrollsysteme, 1999): Interne Kontrollsysteme – Verhaltenswirkungen und organisatorische Gestaltung, in: WISU; 31. Jg., 11/99, S. 1483-1488.

Schierenbeck, H. (Risikocontrolling, 1996): Integriertes Risiko-Controlling, in: Bank Information; 10/96, S. 3-7.

Schierenbeck, H. (Ertragsorientiert, 1998): Risiko-Chancen-Kalkulationen im Rahmen einer ertragsorientierten Risikopolitik von Banken, in: Die Unternehmung; 52. Jg., S. 309-321.

Schiller, B./Tobiczyk, I./Marek, M. (Factoring, 2002): Factoring in Deutschland – Ergebnisse einer Umfrage, Paderborn 2002.

Schmalenbach Tagung (Risikomanagement und -controlling, 1999): Risikomanagement und Risikocontrolling, Berlin 1999.

Schmelcher, W. (Anlagenbau, 2000): Anlagenbau, S. 508-540, in: Dörner, D./ Kagermann, H. (Hrsg.): Praxis des Risikomanagements, Stuttgart 2000.

Schneider, D. (Risk, 2001): Risk Management als Betriebswirtschaftliches Entscheidungsproblem?, S. 181-206, in: Lange, K. W./Wall, F. (Hrsg.): Risikomanagement nach dem KonTraG: Aufgaben und Chancen aus betriebswirtschaftlicher und juristischer Sicht, München 2001.

Schön, D. (Risikocontrolling, 2004): Risikocontrolling und -management im Projektgeschäft, in: Controlling; 4./5. Heft, S. 287-290.

Schön, D./Diederichs, M./Busch, V. (Projektgeschäft, 2001): Chancen- und Risikomanagement im Projektgeschäft, in: Controlling; Heft 7, S. 379-387.

Schreck, O. (Finanzierungsformen, 2006): Handbuch Alternative Finanzierungsformen, Weinheim 2006.

Schwarz, W. (Factoring, 2002): Factoring, Stuttgart 2002.

Secker, J. (Factoring, 2006): Factoring und ergänzende Finanzdienstleistungen, AG, H. B., Mainz 2006.

Seraphim, K. (Debitorenmanagement, 1997): Die Übernahme des Debitorenmanagements, in: Hagenmüller, K. F./Sommer, H. J./Brink, U. (Hrsg.): Handbuch des nationalen und internationalen Factoring, Frankfurt a. M. 1997.

Sharpe, W. F. (Investments, 1995): Investments, 1995.

Siegel, D. D. (Management, 2005): New York Practice 4th edition, St. Paul 2005.

Siemens AG (Geschäftsbericht, 2007): Geschäftsbericht der Siemens AG 2006, München 2007.

Smith, J. E./Schnucker, C. (Factoring Decision, 1994): An Empirical Examination of Organizational Structure. The Economics of the Factoring Decision, in: Journal of Corporate Finance; Vol. 1, Nr. 1, S. 119-138.

Sopranzetti, B. J. (Factoring, 1998): The Economics of Factoring Accounts Receivable, in: Journal of Economics and Business; Vol. 50, S. 339-359.

Soufani, K. (Factoring, 2002): The Decision To Finance Account Receivables: The Factoring Option, in: Managerial and Decision Economics; Vol. 23, S. 21-32.

Srnka, K. J./Koeszegi, S. T. (Content Coding, 2007): From Words to Numbers: How to Transform Qualitative Data into Meaningful Quantitative Results, in: Schmalenbach Business Review, Vol. 59, No. 1, S. 29-57.

Standop, D. (Prognosemethoden, 2002): Qualitative Prognosemethoden, Sp. 1551-1562, in: Küpper, H.-U. et al. (Hrsg.): Handbuch Unternehmensrechnung und Controlling, Stuttgart 2002.

Statistisches Bundesamt (Wirtschaftszweige, 2003): Klassifikation der Wirtschaftszweige, www.destatis.de/downloads/klassifikation_2005.

Statistisches Bundesamt (Insolvenzstatistik, 2004): Umsatzsteuerstatistik 2003, Wiesbaden 2004.

Steinle, C./Thiem, H./Bosch, T. (Risikomanagement, 1997): Chancen- und Risikenmanagement: Konzeption, Ausgestaltung und Umsetzungshinweise, in: Zeitschrift für Planung; 8. Jg., S. 359-373.

Stern, J. M./Shiely, J. S./Ross, I. (EVA, 2002): Wertorientierte Unternehmensführung mit E(conomic) V(alue) A(dded), Strategie, Umsetzung, Praxisbeispiele Aus dem Amerikanischen von Bertheau, N., München 2002.

Structured Finance Group (Forderungsmanagement, 2006): Unsere Leistungen im Überblick, http://www.sfg-forderungsmanagement.de/.

Stieglitz, J. E./Weiss, A. (Imperfect Information, 1981): Credit rationing in markets with imperfect information, in: The American Economic Review; Vol. 71, No. 3, S. 393-410.

Stiepelmann, H. (PPP-Finanzierung, 2006): Public Private Partnership und Wirtschaftlichkeit, Vortrag am 30. Januar 2006 an der TU Berlin, Berlin 2006.

Storey, D. J. (Small Business, 1994): Understanding the Small Business Sector, London 1994.

Streitferdt, L. (Prognosemethoden, 2002): Quantitative Prognosemethoden, Sp. 1563-1572, in: Küpper, H.-U. et al. (Hrsg.): Handbuch Unternehmensrechnung und Controlling, Stuttgart 2002.

SüdFactoring (Dienstleistungen, 2006): Ihre Vorteile beim Factoring: Dienstleistungen, http://www.suedfactoring.de/Factoring/Vorteile.html.

Summers, B./Wilson, N. (Credit Management, 2000): Trade Credit Management and the Decision to Use Factoring: An Empirical Study, in: Journal of Business Finance & Accounting; Vol. 27, Nr. 1 u. 2, S. 37-68.

The Economist („Mittelstand“, 1998): Mittelstand or Mittelfall, vom 29.8.1998.

Thibaut, J. W./Harold, H. K. (Psychology, 1967): The Social Psychology of Groups, New York et al. 1967.

Tytko, D. (Projektfinanzierung, 1999): Grundlagen der Projektfinanzierung, Stuttgart 1999.

Ulrich, H. (Forschungsprozess, 1984): Management, Bern 1984.

Ulrich, H. (Systemorientierung, 2001): Systemorientiertes Management: Das Werk von Hans Ulrich, Bern et al. 2001.

Urmersbach, M. (Krisenmanagement, 2002): Grundlagen des Krisenmanagements für mittelständische Bauunternehmen, Kochendörfer, B., Berlin 2002.

VDI-Gesellschaft Entwicklung, Konstruktion, Vertrieb (Auftragsabwicklung, 1991): Auftragsabwicklung im Maschinen- und Anlagenbau, Düsseldorf 1991.

VOB (VOB 2006), Vergabe- und Vertragsordnung für Bauleistungen, Berlin 2006.

Wall, F. (Risiko, 2003): Stichwort „Risiko", in: Horváth, P./Reichmann, T. (Hrsg.): Vahlens großes Controllinglexikon, München 2003.

Weber, J. (Controlling, 2004): Einführung in das Controlling, 10. überarb. und akt. Ausgabe, Stuttgart 2004.

Weber, J./Weißenberger, B./Liekweg, A. (Tracking&Reporting, 1999): Risk Tracking and Reporting: Unternehmerisches Chancen- und Risikomanagement nach dem KonTraG, Düsseldorf et al. 1999.

Weber, J./Weißenberger, B./Liekweg, A. (Chancen- und Risikomanagement, 2001): Risk Tracking and Reporting – Ein umfassender Ansatz unternehmerischen Chancen- und Risikomanagements, in: Götze, U./Henselmann, K./ Mikus, B. (Hrsg.): Risikomanagement, Heidelberg 2001.

Weiber, R./Adler, J. (Kaufprozesse, 1995): Informationsökonomisch begründete Typologisierung von Kaufprozessen, in: ZfbF; 47. Jg., Nr. 1, S. 43-65.

Weisel, J. A./Harm, N./Bradley, C. F. (Factoring, 2003): Cash Factor, in: Strategic Finance; Vol. 85, No. 3, S. 29-35.

Weiskirch, B. (ABS, 2006): ABS Light: Liquidität für Wachstumschancen nutzen, in: Publikation Siemens Financial Services; S. 20-21.

Welge, M. K./Al-Laham, A. (Strat. Management, 2001): Strategisches Management, Wiesbaden 2001.

Wichmann, T./Nürnberg, M. (Softwareunternehmen, 2000): Risikomanagement in Softwareunternehmen, S. 751-785, in: Doerner, D./Kagermann, H. (Hrsg.): Praxis des Risikomanagements, Stuttgart 2000.

Wickel, H. P. (Zahlungsverzug, 2007): Offene Rechnungen – Trotz Wirtschaftsboom zahlen viele Firmen nur mit Verzug, in: Süddeutsche Zeitung; vom 8.3.2007, S. 39.

Williams, D. V. (Cash Flow, 2005): Trading on Cashflow, in: Company News; S. 16.

Williamson, O. E. (Markets, 1973): Markets and Hierarchies. Some Elementary Considerations, in: American Economic Review; 63. Jg., S. 316-325.

Williamson, O. E. (Transaction Cost, 1985): The Economic Institutions of Capitalism: Firms, Markets, Relational Contracts, New York 1985.

Winston, A./Winston, J. (Credit & Collection, 2006): Complete Guide to Credit & Collection Law, Aspen 2006.

Wirtschaftswoche (Porsche, 2006): Porsche könnte VW-Kauf stemmen, 11./12. 2006.

Wittmann, E. (Information, 1959): Unternehmung und unvollkommene Information, Köln et al. 1959.

Wolf, K. (Projektcontrolling, 2001): Das Projektcontrolling als Instrument des Risikomanagements – konzeptionelle Gestaltungshinweise, in: Kostenrechnungspraxis; 45. Jg., Heft 6, S. 341-346.

Wolf, K. (Frühaufklärungssysteme, 2002): Frühaufklärungssysteme: Begriff, Aufbau und Vorgehensweise sowie Einbindung in den operativen und strategischen Planungsprozess, in: Controller Magazin; 27. Jg., Heft 2, S. 127-132.

Wolter, H.-J./Hauser, H.-E. (Eigentümerunternehmen, 2001): Die Bedeutung des Eigentümerunternehmens in Deutschland – Eine Auseinandersetzung mit der qualitativen und quantitativen Definition des Mittelstands, S. 25-36, in: IfM (Hrsg.): Jahrbuch zur Mittelstandsforschung, Bonn 2001.

Wossidlo, P. (Reservierung, 1970): Unternehmenswirtschaftliche Reservierung, Berlin 1970.

Wunschel, A. (Konfliktbewätligung, 2007): Alternative Konfliktbewältigung im Bauwesen – Die Schlichtungsordnung für Bausachen im „Drei Säulen Modell“ der Deutschen Gesellschaft für Baurecht e.V., S. 246-261, in: Liebchen, J. H./ Viering, M. G./Zanner, C. (Hrsg.): Baumanagement und Bauökonomie – Aktuelle Entwicklungen, Wiesbaden 2007.

Yin, R. (Case Study, 2003): Case Study Research – Design and Methods, Thousand Oaks 2003.

Yu, L. (Risk Management, 2002): Risk Management in Practice, in: MIT Sloan Management Review; Fall 2002, S. 9.

Zander, R. (Entscheidungsverfahren, 2004): Entscheidungsverfahren für das Projektgeschäft der Investitionsgüterindustrie: Simulationsgestützte Kalkulation von Industrieprojekten, Hamburg 2004.

de Zeeuw, A. B. (Führungsinstrument, 2000): Risikomanagementsysteme als Führungsinstrument, in: Praxis Aktuell; Nr. 4, S. 70-73.

Die Zeit (Walter Krise, 2005): Die Baustellen der Bauindustrie, Nr. 4, vom 20.01.2005.

Zentralverband des Deutschen Handwerks e.V. (Risikoübernahme, 2006): Arbeitspapier zur Risikoübernahme für Factoringgeschäfte durch die Bürgschaftsbanken (Aufnahme in die Rückbürgschaftserklärung).

Zogg, E. (Systemorientiert, 1974): Systemorientiertes Projekt-Management, Zürich 1974.

SPRINGER NATURE

GPSR Compliance

The European Union's (EU) General Product Safety Regulation (GPSR) is a set of rules that requires consumer products to be safe and our obligations to ensure this.

If you have any concerns about our products, you can contact us on ProductSafety@springernature.com

In case Publisher is established outside the EU, the EU authorized representative is:

Springer Nature Customer Service Center GmbH
Europaplatz 3
69115 Heidelberg, Germany

Kolibri 360 GmbH
Ferdinand-Jühlke-Straße 7
99095 Erfurt, Deutschland
produktsicherheit@kolibri360.de